BANK- UND FINANZWIRTSCHAFTLICHE FORSCHUNGEN BAND 136

Institut für
Schweizerisches Bankwesen
der Universität Zürich

Schweizerisches Institut für
Banken und Finanzen
an der Hochschule St. Gallen

Options- und Wandelanleihen schweizerischer Gesellschaften

Emissionsmotive und Preiseffekte

von

Dr. Hansjörg Herzog

Verlag Paul Haupt Bern und Stuttgart

CIP-Titelaufnahme der Deutschen Bibliothek

Herzog, Hansjörg:
Options- und Wandelanleihen schweizerischer Gesellschaften :
Emissionsmotive und Preiseffekte /
von Hansjörg Herzog. –
Bern ; Stuttgart : Haupt, 1991
(Bank- und Finanzwirtschaftliche Forschungen ; Bd. 136)
Zugl.: St. Gallen, Hochschule, Diss., 1991
ISBN 3-258-04464-3
NE: GT

Alle Rechte vorbehalten
Copyright © 1991 by Paul Haupt Berne
Jede Art der Vervielfältigung ohne Genehmigung des Verlages ist unzulässig
Printed in Switzerland

Meinen Eltern

und meiner Sylvia

Vorwort des Herausgebers

Die empirische Analyse von Finanzmärkten hat in den letzten Jahren im deutschsprachigen Raum erheblich an Bedeutung gewonnen. Ein Anliegen dieser Forschungsrichtung besteht darin, Vorgänge und Institutionen auf Finanzmärkten einer systematischen ökonomischen Analyse zu unterwerfen, daraus Hypothesen abzuleiten und diese empirisch zu überprüfen. Dazu gehört insbesondere das Gebiet der Corporate Finance. Eine wesentliche Erkenntnis dieser in den fünfziger Jahren entstandenen Forschungsrichtung liegt darin, dass Finanzierungsentscheidungen und Kapitalkosten von Publikumsgesellschaften ganz erheblich durch die Kapitalmärkte beeinflusst werden. Die berühmte These von Modigliani und Miller postuliert sogar, dass unter bestimmten Bedingungen die Finanzierungs- und Dividendenpolitik einer Gesellschaft völlig irrelevant bezüglich des Unternehmenswerts sei. Diese provokative These bewirkte die Entstehung einer Forschungsrichtung, in welcher die Wechselwirkung zwischen Finanzierungsentscheidung und Kapitalmarkt eingehend analysiert wurde. Aktienpreise stellen in diesem Kontext die Grundlage für die Analyse der Determinanten unternehmerischer, insbesondere natürlich finanzwirtschaftlicher Entscheidungen dar.

Die meisten dieser Arbeiten sind in den Vereinigten Staaten entstanden. Dabei würden gerade unterschiedliche institutionelle Rahmenbedingungen schärfere Tests bezüglich der untersuchten Hypothesen bezüglich der Determinanten rationaler Finanzierungsentscheidungen erlauben. Auf dem Hintergrund dieser Literatur liefert die vorliegende Arbeit von Dr. Hansjörg Herzog eine äusserst interessante Analyse der Emissionsmotive und Aktienpreiseffekte von Options- und Wandelanleihen schweizerischer Publikumsgesellschaften. Die Bedeutung dieser Instrumente hat in den achtziger Jahren ständig zugenommen, und der Autor untersucht verschiedene Erklärungsansätze für deren Popularität. Ausgehend vom Argument, dass sich auf einem perfekten Kapitalmarkt durch das "bundling" verschiedener Anlageformen (Optionsanleihe = Straight bond + Warrant) kein ökonomischer Mehrwert erzeugen lässt, wird die Bedeutung von Informationsasymmetrien, Agency Costs, Transaktionskosten sowie Marktunvollkommenheiten empirisch analysiert.

Die Arbeit ist ein Musterbeispiel für eine Forschungsrichtung, deren Anliegen ganz wesentlich darin besteht, den Einfluss der Struktur von Kapitalmärkten auf die Kapitalkosten und damit den Wert der Unternehmungen zu verdeutlichen. Zwei Erkenntnisse werden auch durch die vorliegende Arbeit unterstrichen: Dass einerseits Kapitalmarktfriktionen jeglicher Art (Steuern, Uebertragungsbeschränkungen, unvollkommene Information) die Kapitalkosten erhöhen, was vom Kapitalmarkt erkannt und entsprechend in die Preise abdiskontiert wird; und dass anderseits kompetitive Kapitalmärkte innovativ genug sind, um Institutionen, Kontrakte und Prozesse zu entwickeln, welche kostenminimale Finanzierungsmöglichkeiten ermöglichen. Beide Erkenntnisse sind auf dem Hintergrund der institutionellen und regulatorischen Veränderungen des schweizerischen Kapitalmarkts in höchstem Masse relevant. Es bleibt zu hoffen, dass sich die Zahl der Arbeiten, welche sich diesen Fragestellungen theoretisch und empirisch zuwenden, in den nächsten Jahren weiter erhöht. Hansjörg Herzog ist mit der vorliegenden Arbeit ein gelungener und origineller Beitrag in dieser Richtung gelungen.

St. Gallen, im Februar 1991   Prof. Dr. Heinz Zimmermann

Vorwort

Meinen ganz speziellen Dank möchte ich meinem Referenten, Prof. Heinz Zimmermann, aussprechen. Seiner grossen Unterstützung und fordernden Betreuung ist nicht nur mein Interesse am Dissertationsthema, sondern auch an der Finanzmarktforschung im allgemeinen zuzuschreiben. Die lehrreichen Diskussionen mit ihm und seine kritischen Kommentare haben wesentlich zum Gelingen dieser Arbeit beigetragen.

Es ist mir ein echtes Bedürfnis, auch folgenden Personen zu danken:

- Prof. Benno Lutz für die Uebernahme des Korreferates
- Prof. Heinz Hauser und allen Mitarbeitern des Schweizerischen Instituts für Aussenwirtschafts-, Struktur- und Regionalforschung für die Unterstützung in der Anfangsphase meines Doktorstudiums
- Prof. Eduardo Schwartz für das Ermöglichen eines stimulierenden Gaststudiums an der UCLA. Der Aufenthalt in Los Angeles hat wesentlich zum besseren Verständnis der analytischen Aspekte der "Theory of Finance" beigetragen.
- Meinen Studienkollegen, Markus Bill und René Dubacher, für die gute Zusammenarbeit
- Thomas A. Widmer und Roland Bösiger für die wertvollen Programmierhilfen im empirischen Teil dieser Arbeit
- der Schweizerischen Kreditanstalt, Zürich; einerseits für die finanzielle Unterstützung und andererseits für die zuvorkommende Gewährung von Informationen aus der Praxis. Insbesondere seien hier Frau C. Welte und Frau U. Wiget sowie die Herren Dr. P. Affolter, C. Lubicz, E. Schmid und F. von Meyenburg erwähnt.
- Dr. Urs Diebold für die kritische Durchsicht des Manuskripts und die sehr interessanten Diskussionen.

Hansjörg Herzog
Winterthur, im Februar 1991

Inhaltsüberblick

1. Teil: <u>Deskriptive Analyse der Options- und Wandelanleihen schweizerischer Emittenten</u>

    1. Kap.: Options- und Wandelanleihen als Instrumente der Kapitalbeschaffung
    2. Kap.: Systematik der Options- und Wandelanleihensmärkte
    3. Kap.: Quantitative Bedeutung von Options- und Wandelanleihen
    4. Kap.: Beschreibung der Options- und Wandelanleihen schweizerischer Schuldner

2. Teil: <u>Motive für die Kapitalbeschaffung mittels Options- und Wandelanleihen</u>

    1. Kap.: Traditionelle Erklärungsansätze für die Verwendung von Options- und Wandelanleihen
    2. Kap.: Finanzmarkttheoretische Erkenntnisse der Kapitalbeschaffung
    3. Kap.: Bewertung von Options- und Wandelanleihen
    4. Kap.: Institutionelle Gründe für die Verwendung von Options- und Wandelanleihen
    5. Kap.: Informationsaspekte als Grund für die Verwendung von Options- und Wandelanleihen
    6. Kap.: Kontrollaspekte als Grund für die Verwendung von Options- und Wandelanleihen
    7. Kap.: Emissionsmotive bei Options- und Wandelanleihen: Schlussfolgerungen

3. Teil: <u>Preiseffekte von Options- und Wandelanleihensemissionen</u>

    1. Kap.: Einleitung
    2. Kap.: Ergebnisse von Ereignisstudien
    3. Kap.: Erklärungsansätze für Preiseffekte von Emissionen
    4. Kap.: Methodologie der Ereignisstudie
    5. Kap.: Daten
    6. Kap.: Die Preiseffekte im allgemeinen
    7. Kap.: Analyse der Preiseffekte
    8. Kap.: Zusammenfassung

Inhaltsverzeichnis

Vorwort i

Tabellenverzeichnis xi

Abbildungsverzeichnis xv

Abkürzungsverzeichnis xvii

Einleitung xix

1. Teil: Deskriptive Analyse der Options und Wandelanleihen schweizerischer Emittenten 1

1. Options- und Wandelanleihen als Instrumente der Kapitalbeschaffung 3
   1.1. Einleitung 3
   1.2. Fremdkapitalaufnahme mittels Anleihensobligationen 4
   1.3. Charakterisierung von Options- und Wandelanleihen 7
      1.3.1. Begriffsbestimmung 7
      1.3.2. Charakteristische Merkmale von Options- und Wandelanleihen 8
   1.4. Abgrenzung der Options- und Wandelanleihen von verwandten Finanzmarktinstrumenten 12
      1.4.1. "Exchange Offers" 12
      1.4.2. "Naked Warrants" 13
      1.4.3. Emission von Eigenkapital als Entstehungsgrund für Optionsscheine 13
      1.4.4. Traded Options und Stillhalter-Optionen 14
   1.5. Zusammenfassung 15

2. Systematik der Options- und Wandelanleihensmärkte 17
   2.1. Unterscheidung zwischen Primär- und Sekundärmarkt 17
   2.2. Unterscheidung zwischen öffentlichen und privaten Plazierungen 22
   2.3. Unterscheidung zwischen nationalen und internationalen Märkten 23

3.	**Quantitative Bedeutung von Options- und Wandelanleihen**	25
3.1.	Schweizerischer Kapitalmarkt	25
	3.1.1. Vergleich der Kapitalaufnahme über Anleihen und Kredite	25
	3.1.2. Options- und Wandelanleihen als Instrument der Fremdkapitalbeschaffung	27
	3.1.3. Bedeutung der Eigenmittelbeschaffung mit Options- und Wandelanleihen	31
3.2.	Internationaler Kapitalmarkt	35
	3.2.1. Vergleich der internationalen Kapitalaufnahme über Anleihen und Kredite	35
	3.2.2. Die Bedeutung von internationalen Options- und Wandelanleihen	37
	3.2.3. Die Bedeutung von Options- und Wandelanleihen im Schweizer Franken Auslandmarkt	41
3.3.	Die Bedeutung von Options- und Wandelanleihen in ausländischen Kapitalmärkten	43
	3.3.1. USA	43
	3.3.2. Japan	45
	3.3.3. Deutschland	46
4.	**Beschreibung der Options- und Wandelanleihen schweizerischer Schuldner**	48
4.1.	Einleitung	48
4.2.	Zusammenstellung der untersuchten Anleihen	48
4.3.	Uebersicht über die Möglichkeiten der Konditionengestaltung	51
4.4.	Anleihenskomponenten	52
	4.4.1. Währung/Markt	52
	4.4.2. Couponsatz/Emissionspreis	54
	4.4.3. Laufzeit/Kündigungsmöglichkeit/Teilrückzahlungen	55
	4.4.4. Anleihenssicherheiten	58
4.5.	Eigenkapitalkomponente	58
	4.5.1. Options-/Wandelobjekt	58
	4.5.2. Options-/Wandelfrist	60
	4.5.3. Eigenkapitalgehalt der OA/WA	62
	4.5.4. Verwässerungsschutz	63
	4.5.5. Besondere Aspekte bei der Ausübung/Wandlung	66
	4.5.6. Sicherstellung des Options- und Wandelrechts	68
4.6.	Zeichnungsmodalitäten von Options- und Wandelanleihen	74

2. Teil: Motive für die Kapitalbeschaffung mittels Options- und Wandelanleihen   77

1. Traditionelle Erklärungsansätze für die Verwendung von Options- und Wandelanleihen   79
   1.1. Vorteile von Options- und Wandelanleihen für die Investoren   79
   1.2. Vorteile von Options- und Wandelanleihen für die Emittenten   80
   1.3. Ergebnisse von Emittentenbefragungen   81
   1.4. Kritik an den traditionellen Erklärungsansätzen   83

2. Finanzmarkttheoretische Erkenntnisse der Kapitalbeschaffung   85
   2.1. Die Irrelevanzaussage von Modigliani/Miller   85
   2.2. Der Einfluss von Steuern und Bankrottkosten   86
      2.2.1. Die Steuervorteile und die Bankrottkostennachteile von Fremdkapital   86
      2.2.2. Kritik an der Kapitalstrukturerklärung durch Steuern und Bankrottkosten   87
   2.3. Der Einfluss von asymmetrisch verteilten Informationen   90
      2.3.1. Grundsätzliche Bedeutung von asymmetrisch verteilten Informationen   90
      2.3.2. Kapitalstruktur als Signal   92
      2.3.3. Dividenden als Signale   96
      2.3.4. Effiziente Signale   99
   2.4. Aspekte der Unternehmungskontrolle   101
      2.4.1. Konflikte zwischen Management und Aktionären   102
      2.4.2. Konflikte zwischen Aktionären und Gläubigern   104
      2.4.3. Kontrollkosten und Kapitalstruktur   107
      2.4.4. Kontrolle der Agency Costs   110
      2.4.5. Einfluss des Kampfes um Unternehmungskontrolle auf Finanzierungsentscheide   114
   2.5. Zusammenfassung und Uebersicht über empirische Ergebnisse   114

3. Bewertung von Options- und Wandelanleihen   119
   3.1. Einleitung   119
   3.2. Frühe Bewertungsmodelle   120
   3.3. Die Verwendung von Optionspreismodellen für die Bewertung von Options- und Wandelanleihen   124

3.4.	Bewertungsmodelle für Wandelanleihen	126
	3.4.1. Theorie	126
	3.4.2. Empirische Untersuchung	131
	3.4.3. Exkurs: Das Kündigungsverhalten der WA-Emittenten	132
3.5.	Bewertungsmodelle für Optionsscheine und Optionsanleihen	135
	3.5.1. Bewertung von Optionsscheinen	135
	3.5.2. Bewertung von Optionsanleihen	141
3.6.	Quantifizierung des Bewertungsfehlers von Warrants bei der Verwendung herkömmlicher Calloptionspreismodelle	145
3.7.	Zusätzliche Preisdeterminanten	155
	3.7.1. Ausübungsstrategien	155
	3.6.2. Lange Laufzeiten	159
	3.6.3. Verwässerungsschutz	160
3.8.	Empirische Studien zur Warrantbewertung	163
4.	**Institutionelle Gründe für die Verwendung von Options- und Wandelanleihen**	**167**
4.1.	Einleitung	167
4.2.	Steuereffekte von Options- und Wandelanleihen	168
4.3.	Emissionskosten von Options- und Wandelanleihen	169
4.4.	Clientèlen für Options- und Wandelanleihen	173
	4.4.1. Pensionskassen als Clientèle für Options- und Wandelanleihen	174
	4.4.2. Optionsanleihen als Ersatz für standardisierte Optionen	175
5.	**Informationsaspekte als Grund für die Verwendung von Options- und Wandelanleihen**	**179**
5.1.	Heterogene Erwartungen	179
5.2.	Asymmetrisch verteilte Informationen	180
5.3.	Unsicherheit bei der Risikobestimmung von Anleihen	184
	5.3.1. Hypothese	184
	5.3.2. Empirische Untersuchungen	186
5.4.	Informationsaspekte der Sicherstellung der Options- und Wandelobjekte	194
	5.4.1. Auswirkungen der Sicherstellung von Aktien auf das Problem der Risikounsicherheit	194
	5.4.2. Informationsübermittlung durch die Sicherstellung	198
5.5.	Zusammenfassung	201

6. Kontrollaspekte als Grund für die Verwendung von Options- und Wandelanleihen	203
6.1. Das Problem der bewussten Risikoveränderung	203
6.2. Eigennutzenmaximierung des Managements als Emissionsgrund	206
6.2.1. Hypothese	206
6.2.2. Empirische Untersuchungen	209
6.3. OA/WA als Instrument der Unternehmungskontrolle	212
6.4. Zusammenfassung	213
7. Emissionsmotive bei Options- und Wandelanleihen: Schlussfolgerungen	215

3. Teil: Preiseffekte von Options- und Wandelanleihensemissionen 221

1. Einleitung	223
1.1. Aufnahme einer neuen OA/WA	223
1.2. Aktienkursreaktion	225
1.3. Zusammenfassung	225
2. Ergebnisse von Ereignisstudien	226
2.1. Ergebnisse für Aktien, Preferred Stocks und Straight Bonds in den USA	226
2.2. Ankündigungseffekte von Wandelanleihen in den USA	227
2.3. Ankündigungseffekte auf dem schweizerischen Kapitalmarkt	229
3. Erklärungsansätze für Preiseffekte von Emissionen	231
3.1. Zusammenstellung der Hypothesen	231
3.2. Folgerungen aus den amerikanischen Ereignisstudien	234
3.2.1. Aktien- und Anleihensemissionen	234
3.2.2. Wandelanleihensemissionen	238
3.3. Interpretation der schweizerischen Ergebnisse	242
3.4. Implikationen für die Ankündigungseffekte von schweizerischen Options- und Wandelanleihen	243

4.	Methodologie der Ereignisstudie	246
	4.1. Einleitung	246
	4.2. Berechnung der Ueberschussrenditen	247
	4.3. Auswertung der Ueberschussrenditen	249
	4.4. Signifikanztests	250
	4.5. Vorzeichentest	254
	4.6. Zusammenfassung	254
5.	Daten	256
	5.1. Einleitung	256
	5.2. Bestimmung des Ankündigungszeitpunktes	257
	5.2.1. Gleichzeitige Ankündigung von mehreren OA/WA	257
	5.2.2. Fehlen eines Ankündigungsdatums	257
	5.2.3. Koppelung der Emissionsbekanntgabe mit weiteren Informationen	260
	5.3. Kursreihen	262
	5.4. Beschreibung der Stichprobe zur Berechnung des Ankündigungseffektes	263
	5.5. Bekanntgabe der Konditionen	268
6.	Die Preiseffekte im allgemeinen	270
	6.1. Ankündigung der Emissionsabsicht	270
	6.2. Bekanntgabe der Konditionen	276
	6.3. Unterscheidung der Ankündigungseffekte nach Märkten und Instrumenten	280
	6.3.1. Unterschied zwischen Schweizer- und Euromarkt	280
	6.3.2. Unterschied zwischen Options- und Wandelanleihen	283
	6.3.3. Differenzierung nach Markt und Instrument	284
	6.4. Unterscheidung der Ankündigungseffekte nach Options- und Wandelobjekt	286
	6.4.1. Wahl der Kursreihe: Börsenkapitalisierung oder Basiswert	286
	6.4.2. Unterscheidung der OA/WA nach dem Options- und Wandelobjekt	288
	6.5. Unterscheidung der Ankündigungseffekte nach dem Emissionsjahr	292
	6.6. Zusammenfassung	293

7. Analyse der Preiseffekte	295
7.1. Kursanstieg vor der Ankündigung	295
7.2. Positiver Ankündigungseffekt	298
7.2.1. Informationseffekt oder Marktpflege?	299
7.2.2. Emissionen mit Bezugsrecht	305
7.3. Kursrückgang nach der Ankündigung	307
7.3.1. Ergebnisbestimmende Emissionen	307
7.3.2. Abhängigkeit des Kursrückganges von den Ueberschussrenditen vor und während der Ankündigung	311
8. Zusammenfassung	313
Anhang 1: Verzeichnis der Optionsanleihens-Emissionen in Schweizer Franken	317
Anhang 2: Verzeichnis der Wandelanleihens-Emissionen in Schweizer Franken	321
Anhang 3: Verzeichnis der Optionsanleihens-Emissionen in Fremdwährung	323
Anhang 4: Verzeichnis der Wandelanleihens-Emissionen in Fremdwährung	324
Literaturverzeichnis	325

Tabellenverzeichnis

1.1	Definitionen betreffend der Eigenkapitalkomponente von OA/WA	11
1.2	Anteil der Options- und Wandelanleihen an den öffentlich aufgelegten Anleihen von schweizerischen Schuldnern auf dem SFr.-Inlandmarkt	28
1.3	Bedeutung der Options- und Wandelanleihen als Mittel der Eigenkapitalbeschaffung	34
1.4	Bedeutung von Options- und Wandelanleihen auf dem internationalen Kapitalmarkt	38
1.5	Anteil der Options- und Wandelanleihen an den öffentlich aufgelegten Anleihen auf dem amerikanischen Kapitalmarkt	45
1.6	Anteil der Wandelanleihen auf dem japanischen Kapitalmarkt	46
1.7	Zusammenstellung der öffentlich plazierten Options- und Wandelanleihen Schweizer Gesellschaften	50
1.8	Währungsstruktur der OA/WA von Schweizer Gesellschaften	53
1.9	Emissionspreise von OA/WA schweizerischer Gesellschaften	55
1.10	Durchschnittliche Laufzeiten der OA/WA schweizerischer Emittenten	56
1.11	Kündigungsklauseln bei OA/WA schweizerischer Gesellschaften	57
1.12	Gliederung der OA/WA nach dem Options-/Wandelobjekt	59
1.13	Durchschnittliche Options- und Wandelfristen von OA/WA schweizerischer Gesellschaften	61
1.14	Durchschnittlicher Equity Content von OA/WA schweizerischer Gesellschaften	63
1.15	Verwendung von Verwässerungsschutzklauseln bei Schweizer Franken-OA/WA	65
1.16	Methode der Sicherstellung der Options-/Wandelobjekte	72
1.17	Zeichnungsmodalitäten bei Schweizer Franken-OA/WA	74
2.1	Uebersicht über empirische Studien über die Kapitalstruktur von amerikanischen Unternehmen	117
2.2	Ausgangswerte des Zahlenbeispiels für die Fehlerberechnung herkömmlicher Warrantbewertungsmodelle	146
2.3	Fehler des normalen Optionspreismodells bei der Warrantbewertung	149
2.4	Bewertungsfehler bei einer durchschnittlichen OA-Emission	154
2.5	Analyse des Couponabschlags schweizerischer Optionsanleihen	166
2.6	Vergleich der Emissionskosten von OA/WA und von einer Kombination einer gewöhnlichen Anleihe mit einer Eigenkapitalerhöhung	171
2.7	Berechnungsbeispiel für einen Emissionskostenvergleich	172
2.8	OA/WA-Emissionen in Schweizer Franken von 1985 bis 1989	177
2.9	Gliederung der Anzahl emittierten OA/WA von schweizerischen Unternehmen nach Branchen	187
2.10	Gliederung des Emissionsvolumens von OA/WA schweizerischer Schuldner nach Branchen	188

2.11	Branchenvergleich von Volatilität und Verwendung von Options- bzw. Wandelanleihen	190
2.12	Vergleich der durchschnittlichen Emissionsvolumen von OA/WA mit gewöhnlichen Anleihen und Eigenkapitalerhöhungen	190
2.13	Einteilung der OA/WA-Emittenten nach der Höhe der Börsenkapitalisierung	192
2.14	Vergleich der Börsenkapitalisierung von Firmen, die OA/WA verwendeten und solchen, die OA/WA nicht verwendeten	193
2.15	Zusammenstellung von OA/WA ohne Hinterlegung der Basiswerte	196
2.16	OA/WA mit PS/GS als Basiswert: Unterscheidung nach der Börsenkapitalisierung der Emittenten	196
2.17	Vergleich zwischen der Entschädigung für das Halten der Sicherstellungstiteln und Putoptionswerten	198
2.18	Beziehung zwischen Besitzverhältnis und OA/WA-Verwendung	211
3.1	Ankündigungseffekte von amerikanischen WA: Literaturübersicht	228
3.2	Erklärungen für Ankündigungseffekte bei Aussenfinanzierung	231
3.3	Einflussrichtung der Verzerrungen in der Testanordnung	253
3.4	Detaillierte Vorgehensweise bei der Ereignisstudie	255
3.5	Für Untersuchung nicht berücksichtigte OA/WA: 1957 - 1976	256
3.6	Gesamtheit der OA/WA-Emissionen von Schweizer Firmen: 1977 - 1988	256
3.7	Zeitlicher Ablauf von OA/WA-Emissionen	258
3.8	Liste der Emissionen mit fehlenden Ankündigungsterminen	259
3.9	Liste der mit anderen Informationen verbundenen Emissionsankündigungen	261
3.10	Gesamtheit der Emissionen, wo ein Ankündigungseffekt berechnet wird	263
3.11	Gliederung der Ankündigungseffekt-Stichprobe nach Options-/Wandelobjekten	264
3.12	Vergleich der OA/WA-Merkmale der Stichprobe mit denen aller OA/WA von 1977 bis 1988	265
3.13	Vergleich der Branchenstruktur der Ankündigungseffekt-Stichprobe mit der aller OA/WA von 1977 - 1988	266
3.14	Verteilung der Ereignisse auf Gesellschaften	266
3.15	Stichprobe "Konditionseffekte"	269
3.16	Ankündigungseffekt von OA/WA-Emissionen	270
3.17	Ankündigungseffekt von OA/WA: 2-tägige Renditen	273
3.18	Ankündigungseffekte von OA/WA: 5-Tages-Renditen	274
3.19	Marktreaktion auf OA/WA-Emissionen: gesamte Stichprobe	275
3.20	Ankündigungseffekt der Konditionsbekanntgabe von OA/WA	276
3.21	Marktreaktion auf Bekanntgabe der Konditionen von OA/WA	277
3.22	Reaktion des Basiswerts auf die Konditions-Bekanntgabe	278
3.23	Marktreaktion auf Konditionsbekanntgabe bei Emissionen, wo auch ein Ankündigungseffekt berechnet wird	279

3.24	Vergleich der Ankündigungseffekte von OA/WA-Emissionen auf dem Schweizer- und dem Euromarkt	281
3.25	Ankündigungseffekte getrennt nach Options- und Wandelanleihen	283
3.26	Ankündigungseffekte getrennt nach Märkten und Instrumenten	285
3.27	Ankündigungseffekt von OA/WA-Emissionen: Vergleich der Preisreaktionen beim Basiswert und bei der Börsenkapitalisierung	287
3.28	Ankündigung von OA/WA: Vergleich von Eigenkapitaltiteln mit anderen Aktiven als Options- und Wandelobjekt	288
3.29	Ankündigung von OA/WA-Emissionen: Unterschiede aufgrund der Basiswert-Art	290
3.30	Ankündigung von OA/WA-Emissionen: Unterschied zwischen 1977-1984 und 1985-1988 emittierten Anleihen	292
3.31	Ergebnisbestimmende Ereignistypen	294
3.32	Vergleich der Ueberschussrenditen von hoch- mit tiefkapitalisierten Firmen vor der Ankündigung von OA/WA-Emissionen	297
3.33	Vergleich der Ueberschussrenditen von hoch- mit tiefkapitalisierten Firmen bei der Ankündigung von OA/WA-Emissionen	299
3.34	Vergleich des Ankündigungseffekts von OA/WA-Emissionen bei Banken mit dem bei anderen Gesellschaften	300
3.35	Vergleich der Ankündigungseffekte von erwarteten mit unerwarteten OA/WA-Emissionen	302
3.36	Preiseffekte von OA/WA-Emissionen vor der Ankündigung bei unterschiedlichem Ueberraschungsgrad	302
3.37	Vergleich der Ankündigungseffekte von erwarteten mit unerwarteten OA/WA-Emissionen von tiefkapitalisierten Firmen	303
3.38	Vergleich des Ankündigungseffekts von unerwarteten OA/WA-Emissionen bei hoch- und tiefkapitalisierten Firmen	304
3.39	Vergleich der Ankündigungseffekte von OA/WA-Emissionen mit und ohne Bezugsrecht	306
3.40	Vergleich der Ueberschussrenditen von hoch- mit tiefkapitalisierten Firmen nach der Ankündigung von OA/WA-Emissionen	308
3.41	Vergleich der Ueberschussrenditen von "erwarteten" mit "unerwarteten" OA/WA-Emissionen nach der Ankündigung	309
3.42	Korrelationskoeffizienten zwischen den Ueberschussrenditen in den Untersuchungsintervallen	312

Abbildungsverzeichnis

1.1	Finanzierungsarten	3
1.2	Formen der Fremdfinanzierung	5
1.3	Formen der Obligationenanleihen	6
1.4	Formen der Aussenfinanzierung	16
1.5	Zeitplan der Abwicklung einer Obligationen-Emission	21
1.6	Vergleich von Kreditaufnahmen und Anleihensemissionen in der Schweiz	26
1.7	Vergleich des Wachstums der Kredite und der Anleihen in der Schweiz	27
1.8	Inländisches Emissionsvolumen von Straight Bonds, Options- und Wandelanleihen	29
1.9	Emissionsvolumenanteil von Options-/Wandelanleihen an allen Anleihen privater Gesellschaften	30
1.10	Vergleich der Aktien- und der Options-/Wandelanleihens-Emissionen in der Schweiz	32
1.11	Relation des Aktienwertes von Options-/Wandelanleihen zum Aktienemissionsvolumen	33
1.12	Vergleich der internationalen Kreditaufnahmen und Anleihensemissionen	35
1.13	Internationale Kapitalaufnahme: Unterscheidung nach Instrumenten	36
1.14	Währungsanteile von internationalen Options- und Wandelanleihen	39
1.15	Gliederung der internationalen Options-/Wandelanleihen nach dem Schuldnerland	40
1.16	Anteil von Options-/Wandelanleihen an den öffentlich aufgelegten Schweizer Franken Auslandanleihen	42
1.17	Konditionengestaltung bei Options-/Wandelanleihen	52
1.18	Fremdwährungsanteile von Options-/Wandelanleihen schweizerischer Gesellschaften	54
1.19	Gliederung der Options-/Wandelobjekte nach Schweizer Franken- und Fremdwährungs-OA/WA	59
1.20	Gliederung der Options-/Wandelobjekte nach dem Emissionsjahr	60
1.21	Arten der Sicherstellung von Aktien	69
2.1	WA-Wert gemäss dem Brigham-Modell	123
2.2	WA-Wert gemäss dem Brennan/Schwartz-Modell	130
2.3	Zahlenbeispiel I: Firmenwertverlauf	137
2.4	Zahlenbeispiel I: Aktien- und Warrant-Wertverlauf	138
2.5	Zahlenbeispiel II: Verlauf des Firmen-, Aktien- und Warrantwerts	140
2.6	Firmen-, Aktien- und OA-Wert eines Zahlenbeispiels	143
2.7	Fehler des normalen Optionspreismodells bei verschiedenen relativen Emissionswerten	147

2.8	Fehler des normalen Optionspreismodells bei unterschiedlichen Verwässerungsfaktoren	149
2.9	Fehler des normalen Optionspreismodells	150
2.10	Fehler des normalen Optionspreismodells bei verschiedenen Standardabweichungen	150
2.11	Fehler des normalen Optionspreismodells bei verschiedenen Zinssätzen	151
2.12	Fehler des normalen Optionspreismodells bei verschiedenen Warrant-Laufzeiten	151
2.13	Fehler des normalen Optionspreismodells bei verschiedenen Ausübungspreisen	152
2.14	Emissionsvolumen und Anzahl Emissionen von Stillhalter-Optionen	177
2.15	Verwendung von Options-/Wandelanleihen nach Branchen: Anzahl von SFr.-Anleihen verglichen mit Gewichtung im SWISSINDEX	187
2.16	Verwendung von Options-/Wandelanleihen nach Branchen: Emissionsvolumen von SFr.-Anleihen verglichen mit Gewichtung im SWISSINDEX	189
2.17	Relation des durchschnittlichen Emissionsvolumens zwischen Options-/Wandelanleihen und gewöhnlichen Anleihen	191
2.18	Beziehung zwischen Kontrollstruktur und Verwendung von Options-/Wandelanleihen	212
3.1	Beziehung zwischen Verschuldungsgrad und Firmenwert	235
3.2	Zeitliche Uebersicht über das Testverfahren	248
3.3	Emissionen pro Jahr in der Stichprobe von 1977 - 1988	267
3.4	Ankündigungseffekt von Options-/Wandelanleihensemissionen	271
3.5	Ankündigungseffekte von Options-/Wandelanleihen: Stilisierte Marktreaktion	275
3.6	Preiseffekte bei der Bekanntgabe von OA/WA-Konditionen	277
3.7	Ankündigungseffekte von OA/WA-Emissionen auf Schweizer- und dem Euromarkt	281
3.8	Ankündigungseffekte von OA/WA-Emissionen: Unterschied zwischen Options- und Wandelanleihen	284
3.9	Ankündigungseffekte von OA/WA-Emissionen: Differenzierung nach Märkten und Instrumenten	285
3.10	Ankündigungseffekte von OA/WA-Emissionen: Unterschied zwischen Börsenkapitalisierungs- und Basiswert-Kursen	287
3.11	Ankündigungseffekte von OA/WA-Emissionen: Unterschied zwischen Eigenkapitaltiteln und anderen Aktiven als Basiswert	289
3.12	Ankündigungseffekte von OA/WA-Emissionen: Unterschied zwischen PS, Inhaber- und Namenaktien als Options-/Wandelobjekt	290
3.13	Ankündigungseffekte von OA/WA-Emissionen: Unterschied zwischen 1977-1984 und 1985-1988 emittierten Options-/Wandelanleihen	293
3.14	Vergleich des Kursverlaufs von hoch- mit tiefkapitalisierten Firmen vor der Ankündigung von OA/WA-Emissionen	297

Abkürzungsverzeichnis

a) Im Text

EK	Eigenkapital
Gl	Gleichung
GS	Genussscheine
Inh	Inhaber-Aktien
Nam	Namen-Aktien
NZZ	Neue Zürcher Zeitung
OA	Optionsanleihe
OS	Optionsschein
PS	Partizipationsscheine
St.A.	Stammanteile (von Genossenschaften)
WA	Wandelanleihe

b) In den Gleichungen

A_{it}	Ueberschussrendite des i-ten Wertpapiers am Tage t
a	Anzahl erwerbbare Aktien/PS pro OA/WA
BR	Wert eines Bezugsrechts
C	Wert einer Calloption
Cp	Coupon
CV	Konversionswert einer WA
d	Kursrückgangsfaktor eines binomialen Random Walks
DA_t	Durchschnittliche Ueberschussrendite am Tage t
$DIA_{T1,T2}$	Durchschnittliche Ueberschussrendite in der Zeit von T1 bis T2
DI_t	Durchschnittliche Rendite des Marktindexes
$DIS_{T1,T2}$	Durchschnittliche standardisierte Ueberschussrendite in der Zeit von T1 bis T2
DS_t	Standardisierte Ueberschussrendite des Stichprobendurchschnitts am Tage t
F	Nominalwert einer Anleihe
g	erwartete, konstante Wachstumsrate des Aktienkurses
I	Rendite des Marktindex
i	risikoloser Zinssatz

k	vom Investor verlangte Rendite einer WA
m	Anzahl erwerbbare Aktien/PS über Ausübung/Wandlung
n	Anzahl Aktien einer Unternehmung
N	Anzahl Jahre, die eine WA vom Investor gehalten wird, bzw. Anzahl Ereignisse in einer Stichprobe
OS	Wert eines Optionsscheins
P	Wert einer Putoption
q	Verwässerungseffekt durch Ausübung/Wandlung
r	1 + risikoloser Zinssatz
S	Aktienkurs
S_{it}	Standardisierte Ueberschussrendite des i-ten Titels am Tage t
s_i	geschätzte Standardabweichung des i-ten Titels
t	Zeit(-Index)
T	Laufzeit (eines Warrants)
T_s	Anzahl Tage der Schätzperiode
u	Kurssteigerungsfaktor eines binomialen Random Walks
X	Ausübungs-/Wandelpreis
V	Firmenwert
W	Wert einer WA
Z	Barabgeltung bei der Wandlung einer WA
µ	(erwartete Aktienkurs-)Rendite
σ	Standardabweichung (der Aktienkursrendite)

Einleitung

Unternehmen stehen mehrere Wege offen, sich das Kapital für ihre Investitionen zu beschaffen. Eine in der zweiten Hälfte der achtziger Jahre in der Schweiz recht oft benützte Variante ist die Emission von Options- und Wandelanleihen (OA/WA). Diese beiden Instrumente des Kapitalmarktes weisen die Besonderheit auf, dass sie weder eindeutig der Eigen- noch der Fremdmittelbeschaffung zugeordnet werden können. Sie stellen eine Kombination von gewöhnlichen Anleihen und reinen Aktien/PS-Emissionen dar und können so als eine der ältesten Innovationen im Kapitalmarkt betrachtet werden. In den USA tauchen WA erstmals Mitte des 19. Jahrhunderts auf, während in der Schweiz einige wenige WA zu Beginn des 20. Jahrhunderts emittiert werden. Regelmässige Verwendung finden sie hier jedoch erst ab 1960 (OA seit 1970).

Bei jeder Finanzinnovation stellt sich die Frage, weshalb sie entwickelt und eingeführt wird. Die Suche nach den Vorteilen für die Emittenten (Anbieter) und die Investoren (Nachfrager) drängt sich besonders auf, wenn ein neuartiges Produkt während einer langen Zeitperiode eine relativ grosse Verbreitung findet. Dieser Aspekt steht denn auch im Zentrum dieser Arbeit, indem die Motive für die regelmässige Verwendung von OA/WA durch schweizerische Gesellschaften und die Investorenreaktionen auf solche Emissionen analysiert werden sollen.

Die theoretischen Grundlagen für diese Untersuchung sind weitgehend vorhanden. Unter dem Begriff "Corporate Finance" existiert eine breite Literatur. Weil die Finanzmarktforschung in den angelsächsischen Ländern eine ungleich grössere Verbreitung gefunden hat als in Kontinentaleuropa, sind die Theorien und empirischen Studien zur Kapitalbeschaffung aber auf die amerikanischen Finanzmärkte ausgerichtet. Diese Beobachtung gilt auch für OA/WA. Im deutschsprachigen Raum sind kaum theoretische oder empirische Analysen über die Emissionsmotive und Preiseffekte dieser Instrumente zu finden. Allerdings stellen auch in den USA spezifische Untersuchungen über OA/WA eher eine Rarität dar, da dort diese Produkte nur eine relativ geringe Bedeutung erlangt haben. Die allgemeinen Erkenntnisse der "Corporate Finance" aus den USA lassen sich aber am Beispiel von OA/WA im schweizerischen Kapitalmarkt (und damit in einem anderen institutionellen Umfeld) untersuchen. Der Zweck dieser Arbeit wird dabei ein zweifacher sein, wobei die beiden Aspekte in einer engen Beziehung stehen und nicht immer präzise auseinander gehalten werden können:

a) Wie kann das Verhalten von schweizerischen OA/WA-Emittenten erklärt werden? Diese Betrachtungsweise ist somit positiver Art. Anhand theoretischer Ansätze wird eine möglichst akkurate Beschreibung der Realität angestrebt. Normative Aspekte wie die Frage der optimalen Finanzierungspolitik oder der optimalen Ausgestaltung und Konditionierung von OA/WA stehen nicht im Mittelpunkt. Erkenntnisse aus dieser empirischen Analyse sollen auf zwei Ebenen resultieren. Einerseits wird allgemein ein besseres Verständnis des Finanzierungsverhaltens von Schweizer Gesellschaften angestrebt. Andererseits werden die speziellen Charakteristiken von OA/WA diskutiert. Dieses Instrument wird deshalb ausgewählt, weil es seit rund eines Vierteljahrhunderts relativ oft benützt wird und deshalb im Vergleich zu anderen Arten von Finanzinnovationen eine breite Datenbasis vorliegt. Die Arbeit knüpft mit ihrer Fragestellung und Methodik an die Untersuchungen von Wydler [1987] über gewöhnliche Anleihen und Zimmermann [1986] über Eigenkapitalerhöhungen an.

b) Welche theoretischen Ansätze besitzen einen hohen Erklärungsgehalt in der schweizerischen Realität? Das besondere institutionelle Umfeld lässt erwarten, dass die für die USA entwickelten Modelle in der Schweiz nicht vorbehaltslos Gültigkeit haben. Am Beispiel von OA/WA wird deshalb geprüft, welche Erklärungsansätze auch in der Schweiz Erfolg versprechen und in welche Richtung sie eventuell an die hiesigen Besonderheiten angepasst werden müssen.

Der Aufbau der Arbeit richtet sich nach den im Mittelpunkt stehenden Fragen. Zum einen soll erklärt werden, weshalb OA/WA überhaupt zur Kapitalbeschaffung benützt werden. Insbesondere bedarf die rege Verwendung von OA von 1985 bis 1988 einer besonderen Erläuterung. Zum andern wird analysiert, wie die Investoren auf die Emission von OA/WA reagieren, bzw. welche Bedeutung sie diesem Finanzierungsentscheid beimessen. Zuerst sollen aber die charakteristischen Merkmale von OA/WA beschrieben werden. Die genaue Kenntnis dieser Wertpapierart bildet die Grundlage für die Analyse der beiden zentralen Fragestellungen.

Im ersten Teil der Arbeit erfolgt somit eine deskriptive Analyse der OA/WA. Zuerst wird das Instrument als solches beschrieben und erklärt, wie es sich als Mittel der Kapitalbeschaffung von den Alternativen unterscheidet (1. Kapitel). Auch die für die weiteren Untersuchungen relevanten Märkte werden dargestellt (2. Kapitel). Anschliessend wird die quantitative Bedeutung von OA/WA in der Schweiz, im Euromarkt und in einigen ausländischen Märkten aufgezeigt (3. Kapitel). Schliesslich werden die charakteristischen Merkmale von OA/WA genauer beschrieben (4. Kapitel). Untersucht werden alle Emissionen von schweizerischen Gesellschaften seit 1957.

Im zweiten Teil stehen die Emissionsmotive bei OA/WA im Mittelpunkt. Zuerst wird der traditionelle Erklärungsansatz diskutiert, wonach OA/WA für den Emittenten eine Kombination von billigem Fremdkapital und günstiger Eigenkapitalerhöhung darstellen (1. Kapitel). Die kritische Analyse zeigt, dass diese Betrachtung mögliche Opportunitätskosten der Ausübung/Wandlung ignoriert und die Verwendung von OA/WA nicht ausreichend erklären kann. Als Grundlage für die Suche nach alternativen Erklärungen werden anschliessend die relevanten theoretischen Erkenntnisse aus der "Corporate Finance"-Literatur zusammengefasst (2. Kapitel). Diese Analyse zeigt vier Ansatzpunkte auf, wie die Verwendung von OA/WA durch Schweizer Unternehmen erklärt werden kann. Erstens wäre denkbar, dass die Investoren OA/WA bei der Emission systematisch überbewerten. Um dies zu prüfen, wird die Preisbildung von OA/WA untersucht (3. Kapitel). Die theoretisch korrekte Bewertung der Options- und Wandelrechte ist allerdings von einer derartigen Komplexität, dass keine sicheren Aussagen über eine systematische Fehlbewertung von OA/WA möglich sind. Ein weiterer Grund für die Beliebtheit von OA/WA könnte durch institutionelle Besonderheiten der Schweiz erklärt werden (4. Kapitel). Untersucht werden besondere Vorteile bezüglich Steuern und Emissionskosten sowie die Existenz von speziellen Nachfragergruppen für die charakteristischen Merkmale von OA/WA. Als dritter Ansatz werden Informationsaspekte von OA/WA diskutiert (5. Kapitel). Dabei wird der Frage nachgegangen, ob OA/WA in einer besonderen Weise Informationsprobleme der Investoren lösen können und so den Emittenten zu tiefere Kapitalkosten verhelfen. Ferner wäre denkbar, dass OA/WA von den Gesellschaften nicht nur unter dem Gesichtspunkt der Mittelbeschaffung, sondern auch zur Uebermittlung von firmenspezifischen Informationen emittiert werden. Der vierte Erklärungsansatz befasst sich mit Fragen der Unternehmungskontrolle (6. Kapitel). Theoretisch könnten OA/WA für die Lösung von Problemen im Zusammenhang mit der bewussten Veränderung des Firmenrisikos eingesetzt werden. Durch die notwendige Sicherstellung von Aktien vor der OA/WA-Emission verliert dieses Argument allerdings an Bedeutung. Relevanter scheint aber der Interessenskonflikt zwischen Management und Aktionären zu sein. Eine zusammenfassende Würdigung der Erklärungsansätze macht deutlich, dass in der Schweiz kein alleiniger Grund für die OA/WA-Verwendung existiert. Vielmehr scheint eine Kombination verschiedener Aspekte das Verhalten der Emittenten am besten zu erklären (7. Kapitel).

Der <u>dritte Teil</u> der Arbeit widmet sich der Investorenreaktion auf die Bekanntgabe von OA/WA-Emissionen. Nach einer Darstellung der grundsätzlichen Bedeutung von Ereignisstudien (1. Kapitel) werden die Ergebnisse von Untersuchungen aus dem amerikanischen und dem schweizerischen Kapitalmarkt zusammengefasst und interpretiert (2. und 3. Kapitel). Im 4. Kapitel wird die Methodologie der Ereignisstudie für OA/WA schweizerischer Gesellschaften von 1977 bis 1988 erläutert. Da die Daten für die Untersuchung nicht ohne Probleme beschafft werden können, ist diesem Aspekt ein spezieller Abschnitt gewidmet (5. Kapitel). Anschliessend werden die Ergebnisse der Berechnungen präsentiert. Zuerst werden die allgemeinen Preiseffekte bezüglich der Bekanntgabe der Emissionsabsicht und der detaillierten Konditionen diskutiert (6. Kapitel). Dabei wird zwischen verschiedenen Stichproben unterschieden, um die charakteristischen Merkmale der Ankündigungseffekte zu erfassen. Es wird deutlich, dass drei Phasen zu unterscheiden sind. Die erste betrifft die 7. bis 2. Woche vor der Bekanntgabe der Emissionsabsicht. In dieser Periode ist ein statistisch signifikanter Anstieg der Aktien/PS-Kurse des Emittenten zu beobachten. Ein noch deutlicherer positiver Effekt zeigt sich in den letzten fünf Tagen vor der Ankündigung. Für die 20 Tage danach tritt ein ebenso signifikanter Kursrückgang ein. Die Preiseffekte dieser drei Phasen werden im 7. Kapitel im Detail zu erklären versucht. Diese Resultate werden schliesslich zusammengefasst und mit den Erklärungen aus anderen Ereignisstudien verglichen (8. Kapitel).

1. Teil

Deskriptive Analyse der Options- und Wandelanleihen schweizerischer Emittenten

1. Options- und Wandelanleihen als Instrumente der Kapitalbeschaffung

1.1. Einleitung

Die Finanzmarkttheorie untersucht die Spar-, Investitions- und Finanzierungsentscheidungen von Wirtschaftssubjekten (vgl. Brealey/Myers [1984], S. 3ff; Copeland/Weston [1983], S. 3ff; Jacob/Pettit [1984], S. 6ff; Wasserfallen [1986/87], S. 21ff). Sparen erlaubt die zeitliche Aufteilung des Konsums, die von der Einkommensentwicklung unabhängig ist. Damit verbunden ist der Investitionsentscheid des Privaten, d.h. die Anlagewahl der Ersparnisse. Daneben treffen auch die Unternehmen Investitionsentscheide, indem sie bestimmen, bei welchen Projekten die Summe der abdiskontierten erwarteten Erträge die Investitionskosten übersteigen und somit realisiert werden sollen. Schliesslich müssen sich die Unternehmen überlegen, wie sie sich ihre Investitionsvorhaben finanzieren wollen. Mit Fragen um diesen Kapitalbeschaffungsentscheid beschäftigt sich diese Arbeit.

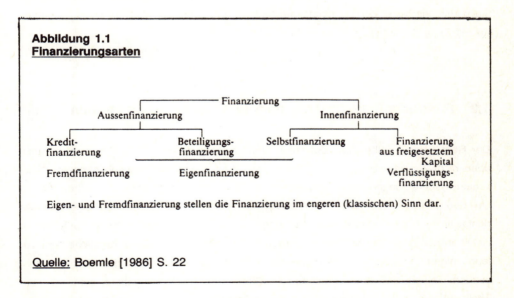

**Abbildung 1.1
Finanzierungsarten**

Eigen- und Fremdfinanzierung stellen die Finanzierung im engeren (klassischen) Sinn dar.

Quelle: Boemle [1986] S. 22

Ueber die allgemeine Bedeutung der Unternehmungsfinanzierung existiert eine umfangreiche Literatur (für eine knappe Zusammenfassung vgl. Löffler [1987], S. 5ff, und die dort zitierte Literatur). Die klassische Unterteilung nach Finanzierungsarten ist in Abbildung 1.1 dargestellt.

Im folgenden wird die Aussenfinanzierung im Mittelpunkt des Interesses stehen. Bei der <u>Beteiligungs</u>finanzierung hängt die Art und die Form weitgehend von der Unternehmungsform ab (stellvertretend für die umfangreiche Literatur: Boemle [1986a], S. 134ff). Für uns von Bedeutung wird die Eigenkapitalform bei der Aktiengesellschaft sein, wo zwischen Namenaktie, Inhaberaktie, Genussschein und Partizipationsschein (im folgenden mit PS abekürzt) unterschieden wird. Eine Systematisierung der <u>Fremd</u>finanzierung kann (wie in Abbildung 1.2 dargestellt) erfolgen, indem zwischen der eigentlichen Kreditfinanzierung und der Fremdkapitalaufnahme mittels (veräusserbaren) Wertpapieren unterschieden wird.

Die in dieser Arbeit zu untersuchenden Options- und Wandelanleihen (im folgenden mit OA/WA abgekürzt) stellen ein Instrument der Aussenfinanzierung dar, das sowohl Elemente der Fremd- als auch der Beteiligungsfinanzierung enthält und somit nicht eindeutig einem dieser beiden Kategorien zugeteilt werden kann. Es ist jedoch üblich, sie primär als Mittel der Fremdkapitalaufnahme und somit als eine spezielle <u>Anleihensart mit Eigenkapitalbezug</u> zu betrachten.

1.2. Fremdkapitalaufnahme mittels Anleihensobligationen

Der Begriff der Anleihe bzw. Obligation wird im Gesetz (Art. 1156ff OR) wohl benützt, aber nicht umschrieben. Für Literatur und Praxis sind Anleihensobligationen "Teilschuldverschreibungen einer grösseren, in der Regel langfristigen Anleihe, die zu gleichen Bedingungen auf einmal ausgegeben werden. Die Emission einer Anleihe richtet sich an eine Vielzahl von Personen. Die wichtigste wirtschaftliche Funktion der Anleihensobligation besteht darin, dass mit ihrer Hilfe selbst kleine Kapitalbeträge zur langfristigen Finanzierung herangezogen und der Unternehmung dienstbar gemacht werden können" (Boemle [1986a], S. 298f). Der Anleihensemittent schuldet dem Titelinhaber eine bestimmte Geldsumme und verpflichtet sich, diese zu verzinsen und

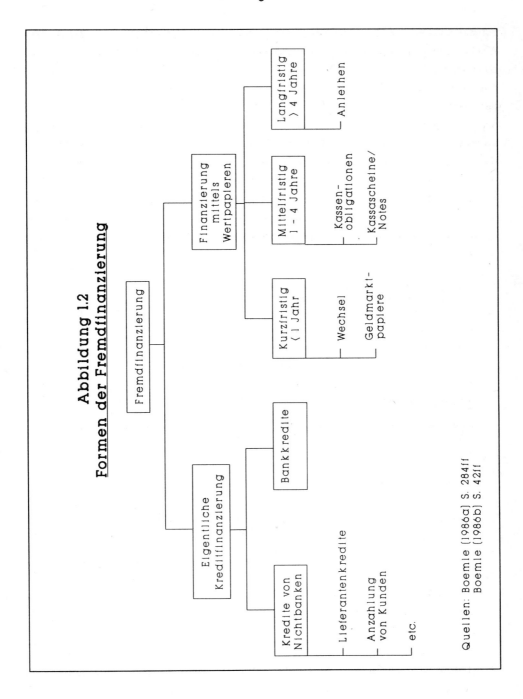

Abbildung 1.2
Formen der Fremdfinanzierung

Quellen: Boemle (1986a) S. 284ff
Boemle (1986b) S. 42ff

zurückzuzahlen. Diese allgemeine Charakterisierung definiert das Grundmuster von Anleihensobligationen; in der Praxis sind jedoch noch weitere Aspekte von Relevanz, so dass die konkrete Ausgestaltung eine Vielzahl von Differenzierungskriterien hervorruft. Wegen der fast unüberschaubar gewordenen Vielzahl von Innovationen seit Mitte der siebziger Jahre, kann denn auch kaum eine abschliessende Zusammenstellung aller Anleihensformen erfolgen. In Anlehnung an Löffler [1987] wird in Abbildung 1.3 zwischen traditionellen und neueren Anleihensformen unterschieden, wobei die Einteilung gewisser Arten etwas arbiträr bleibt. Für uns von besonderer Bedeutung ist, dass OA/WA zu den traditionellen Formen gezählt werden. Diese Tatsache findet in dieser Arbeit ihren Niederschlag, indem das zur Verfügung stehende Datenmaterial einen Zeithorizont von über 20 Jahren umfasst und man so besser abgestützte Analyseergebnisse erwarten darf, als bei jüngeren Anleihensinnovation.

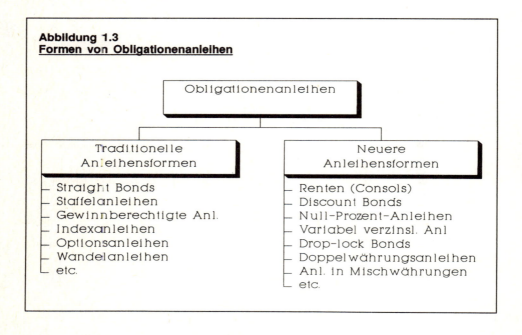

**Abbildung 1.3
Formen von Obligationenanleihen**

1.3. Charakterisierung von Options- und Wandelanleihen

1.3.1. Begriffsbestimmung

Während im Schweizerischen Obligationenrecht in Art. 1156ff allgemeine Bestimmungen zu gewöhnlichen Anleihensobligationen[1] aufgeführt sind, werden OA/WA im schweizerischen Recht nicht besonders geregelt (vgl. Forstmoser/Meier-Hayoz [1976], S. 233) und somit vom Gesetzgeber auch nicht definiert. Dies ist anders in der Bundesrepublik Deutschland, wo das Aktiengesetz (Art. 221, Abs. 1 AktG) vom 6. September 1965 den Begriff der "Wandelschuldverschreibung" definiert (vgl. Janssen [1982], S. 7). Demnach gelten jene Anleihen als Wandelschuldverschreibungen, bei denen dem Gläubiger ein Umtausch- oder Bezugsrecht auf Aktien eingeräumt wird. Dieser Oberbegriff umfasst somit sowohl OA als auch WA.

In der Schweiz wird der Begriff "Wandelschuldverschreibung" nicht benützt. In der Literatur werden OA/WA einzeln definiert und beschrieben. So gelten als <u>Optionsanleihen</u> (bonds with warrants) "...in Wertpapierform verbriefte ... Schuldverschreibungen, die mit einem Optionsschein versehen sind, der dem Inhaber das Recht (Optionsrecht) verleiht, Beteiligungspapiere (Aktien oder PS) innerhalb einer bestimmten Frist (Optionsfrist) zu einem im voraus festgesetzten Preis ... zu erwerben" (SKA [1986], S. 107). Andererseits sind <u>Wandelanleihen</u> (convertible bonds) "in Wertpapierform verbriefte ... Schuldverschreibungen, die mit einem Wandelrecht ausgestattet sind, wonach der Obligationär die Obligation in die in den Anleihebedingungen bestimmten Wertpapiere, meist Beteiligungspapiere (Aktien oder PS), innerhalb einer bestimmten Frist (Wandelfrist) und zu einem bestimmten Preis (Wandelpreis) wandeln kann" (SKA [1986], S. 100).

So definiert sind OA/WA Instrumente, die zugleich der Beschaffung von Fremd- und Eigenkapital dienen. Als beide Arten umfassenden Oberbegriff wird darum oft der Ausdruck der "eigenkapitalbezogenen Anleihen" (equity-linked bonds/issues) gebraucht. Diese Umschreibung führt jedoch zu Problemen, wenn sich das Optionsrecht nicht auf

---

[1] Unter gewöhnlichen Anleihen wird im folgenden die Form von Obligationen verstanden, die im englischen (und teilweise auch im deutschen) Sprachraum als "Straight Bonds" bezeichnet wird.

Beteiligungspapiere, sondern auf einen anderen Basiswert wie Devisen, Edelmetalle (v.a. Gold), andere Rohstoffe (v.a. Erdöl), Anleihensobligationen, Aktienindizes etc. bezieht.[2] In dieser Arbeit wird deshalb nur von eigenkapitalbezogenen Anleihen gesprochen, wenn ausschliesslich Obligationen mit einem Wandel- oder Bezugsrecht auf Beteiligungspapiere gemeint sind (OA/WA im engeren Sinne). Werden andererseits Anleihen mit einem Wandel- oder Bezugsrecht auf irgendeinen Basiswert betrachtet, wird in Ermangelung eines allgemein anerkannten Oberbegriffes nur von OA/WA (im weiteren Sinne) die Rede sein.

1.3.2. Charakteristische Merkmale von Options- und Wandelanleihen

OA/WA haben eine Anleihenskomponente, da in einem ersten Schritt Fremdkapital aufgenommen wird. Der Kapitalnehmer verpflichtet sich also, die verbriefte, mittel- oder langfristige Schuld zu den im voraus festgelegten Bedingungen zu verzinsen und zurückzuzahlen. Im Unterschied zu gewöhnlichen Anleihen (straight bonds), wird ihnen jedoch eine zusätzliche Bedingung angefügt. Bei OA erhält der Gläubiger zusätzlich das Recht, jedoch nicht die Verpflichtung, Finanztitel innerhalb einer bestimmten Frist zu einem festgelegten Preis zu kaufen[3]. Dieses Recht stellt eine besondere Art einer Calloption dar (zur Begriffsbestimmung von Optionen im allgemeinen vgl. Zimmermann [1988b], S. 13). Es wird in einem separaten Papier verbrieft, das als Optionsschein (im folgenden mit OS abgekürzt) oder Warrant bezeichnet wird. Dieses kann von der Anleihe abgetrennt und gesondert gehandelt werden. Von Bedeutung ist auch die Tatsache, dass bei Ausübung der Option die Anleihensschuld weiter bestehen bleibt, das Fremdkapital also nicht automatisch getilgt wird.

Ein etwas verwirrendes Bild bietet die Wortwahl im Zusammenhang mit OA. Anhand der 2 3/4% OA der Brauerei Eichhof 1987-97 sollen die relevanten Begriffe geklärt werden. (Für eine Uebersicht vgl. Tabelle 1.1.) Im Emissionsprospekt sind die Options-

---

[2] Theoretisch könnten auch WA in ein anderes Aktivum als Beteiligungspapiere gewandelt werden. Da es jedoch in der Praxis u.W. keine derartigen Beispiele gibt, beschränkt sich die Diskussion auf OA.

[3] Es ist auch möglich, eine Anleihe mit einem Recht zu versehen, den Basiswert zu verkaufen (Put-Option). Als Beispiel dafür sei die 2 1/4% Anleihe 1987-92 der IHF-Internationale Holding Fiat S.A. mit goldindexierten Verkaufsoptionen erwähnt. Diese Art von OA stellen jedoch seltene Ausnahmen dar.

bedingungen wie folgt festgelegt: "Je vier Optionsscheine berechtigen in der Zeit vom 1. Oktober 1987 bis zum 31. Juli 1991 zum spesenfreien Erwerb einer Namenaktie der Brauerei Eichhof von Fr. 500 Nennwert zum Preise von Fr. 2100."

Ein erster Aspekt ist die Optionsfrist, d.h. die Periode, während der der OS ausgeübt werden kann (im Beispiel: 1.10.87 - 31.7.91). Umstrittener ist der Begriff für das Verhältnis zwischen Anzahl benötigter OS und Anzahl dafür optierbarer Aktien. Die Ausdrücke Options- bzw. Bezugsverhältnis werden dafür parallel gebraucht. Entscheidend ist, dass das Verhältnis auf zwei (reziproke) Arten ausgedrückt werden kann (vgl. SKA [1986], S. 108) und man jeweils feststellen muss, ob damit die benötigte Anzahl OS für den Erhalt einer Aktie gemeint ist (z.b. Bank Vontobel [1988a]) oder die Anzahl beziehbarer Aktien mit einem OS (z.B. SBV [1986]). In dieser Arbeit wird unter Optionsverhältnis die letztere Beziehung verstanden, also die Anzahl Beteiligungspapiere pro OS (bei der OA der Brauerei Eichhof beträgt sie 0.25). Zu beachten ist, dass dieses Verhältnis unabhängig vom Nennwert der Obligation festgelegt wird. Es darf also nicht verwechselt werden mit der Frage, mit wievielen OS eine Anleihe ausgestattet ist (im Beispiel der Brauerei Eichhof ist eine Obligation im Nennwert von Fr. 5000 mit je fünf Warrants versehen). Deutsche Autoren beziehen diese Relation oft mit ein und verstehen unter Optionsverhältnis "die Stückzahl optierbarer Aktien je Anlageeinheit" (Janssen [1982], S. 98; im Falle der Brauerei Eichhof ergäbe dies 1.25 Aktien je Fr. 5000 nom. OA) oder das Verhältnis "vom Nennwert des Anleihebetrages zum Nennwert der dafür zu beziehenden Aktie" (Kjer [1981], S. 256; im Beispiel: Fr. 5000 Nennwert der Anleihe zu Fr. 625 Nennwert der optierbaren Aktien ergibt ein Verhältnis von 8).

Der dritte zu klärende Ausdruck bezieht sich auf den Preis, der beim Erwerb des Beteiligungspapieres zu bezahlen ist (im Beispiel Fr. 2100). Am häufigsten werden dafür die Ausdrücke Optionspreis bzw. -kurs oder Bezugspreis bzw. -kurs verwendet. Im Zusammenhang mit der im Mai 1988 eröffneten schweizerischen Optionsbörse, versucht die SOFFEX (Swiss Options and Financial Futures Exchange AG) eine einheitliche Wortwahl durchzusetzen und schlägt anstelle der obigen Ausdrücke den Begriff Ausübungspreis (Englisch: exercise price oder strike price) vor (vgl. SOFFEX [1987]). In dieser Arbeit wird dieser Ausdruck übernommen. Nicht zuletzt auch deshalb, da dieser Begriff weniger eine Verwechslung hervorruft mit dem Preis, den man für den Erwerb einer Option zahlen muss und den die SOFFEX als Optionspreis bezeichnet. Im folgenden wird diesem semantischen Vorgehen folgend, der Kaufpreis eines von der OA abgetrennten OS als <u>Optionsschein-</u> oder <u>Warrantpreis</u> bezeichnet.

Bei der <u>WA</u> erhält der Gläubiger ein Recht, aber keine Verpflichtung, die Anleihe zu einem im voraus festgelegten Verhältnis und während einer bestimmten Frist in Beteiligungskapital zu wandeln. Bei der Wahrnehmung dieses Rechtes geht also die Anleihensschuld unter. Es findet ein eigentlicher Tausch von Fremd- zu Eigenkapital statt, d.h. die Kapitalstruktur der Unternehmung wird verändert. Das Wandelrecht ist fest mit der Anleihensobligation verbunden und kann nicht separat gehandelt werden. Trotzdem kann die WA gedanklich in eine gewöhnliche Anleihe und ein Wandelrecht aufgetrennt werden. Letzteres stellt wiederum eine spezielle Art einer Calloption dar. Der Inhaber hat das Recht, zu einem bestimmten Preis Aktien oder PS zu erwerben. Von Besonderheit ist aber die Art der Bezahlung der Beteiligungspapiere. Im Gegensatz zur Ausübung eines OS, bezahlt bei der WA der Kapitalgeber nicht mit Geld, sondern durch Hingabe der Anleihensschuld. Daraus wird ersichtlich, dass WA eine Spezialform der OA sind. Nehmen wir nämlich an, dass ein Inhaber einer OA den OS ausübt und den Ausübungspreis bezahlt, indem er die verbleibende Anleihe (ex-warrant) an den OA-Emittenten verkauft, ist bezüglich der Finanzierungsströme kein Unterschied zur WA festzustellen. Bei einigen OA schweizerischer Schuldner in den siebziger Jahren ist dies von den Anleihensbedingungen ermöglicht worden, indem dem Ausübenden die Wahl gegeben wird, die neuen Aktien bar oder gegen Hingabe der Anleihe (ex-warrant) zu bezahlen.

Die Begriffe bei WA sind weniger umstritten als bei OA. (Für eine Uebersicht vgl. ebenfalls Tabelle 1.1.) Unter <u>Wandelfrist</u> wird die Zeitdauer verstanden, während der der Inhaber seine Anleihe zu den festgelegten Bedingungen in ein Beteiligungspapier umtauschen kann. Mit dem <u>Wandelpreis</u> wird ausgedrückt, zu welchem Preis die Obligationen in eine Aktie oder einen PS getauscht werden kann. Um ihn berechnen zu können, ist das <u>Wandelverhältnis</u> zu bestimmen. Diese Relation wird in der Literatur unterschiedlich definiert (vgl. Burkhalter [1978], S. 21). Einerseits wird damit zum Ausdruck gebracht, wieviele Obligationen für den Erhalt eines Beteiligungspapiers gewandelt werden müssen. Andererseits - und dieser Definition schliesst sich diese Arbeit an - besagt das Wandelverhältnis, wieviele Beteiligungspapiere bei der Wandlung einer Anleihe erhältlich sind. Folgendes Beispiel soll den Unterschied aufdecken: Die Wandelbedingungen der 6 1/4% WA von Pirelli 1981-89 sehen vor, dass eine Anleihe von Fr. 1000 nom. in vier PS von Fr. 100 nom. gewandelt werden kann. Zusätzlich zahlt Pirelli bei der Wandlung Fr. 100 je Anleihe in bar zurück. Nach der zweiten Definition beträgt somit das Wandelverhältnis 4. Der Wandelpreis beläuft sich auf Fr. 225 und berechnet sich, indem vom Nominalwert der Anleihe (Fr. 1000) die Barausschüttung von Fr. 100 abgezogen wird und dieser Betrag durch das Wandelverhältnis dividiert wird. Wie beim Optionsverhältnis verstehen demgegenüber deutsche Autoren oft unter dem Wandelverhältnis die Relation zwischen dem bei Konversion herzugebenden Nominalbetrag an der Obligation und dem Nominalwert der dafür zu erhaltenden Beteiligungspapiere (vgl. Rusch [1956], Janssen [1982], Heubel [1983]). In unserem Beispiel beträgt das derart errechnete Wandelverhältnis 2.5 (Fr. 1000 nom. Anleihe / [4 x Fr. 100 nom. PS]).

Tabelle 1.1
Definitionen betreffend der Eigenkapitalkomponente von OA/WA

Optionsanleihe

Optionsfrist	Periode, in der ein OS ausgeübt werden kann
Optionsverhältnis	bei Ausübung beziehbare Anzahl Aktien/PS pro OS
Ausübungspreis	Preis, der bei der Ausübung eines OS für die Aktie/PS bezahlt werden muss

Wandelanleihe

Wandelfrist	Periode, in der eine WA in Aktien/PS gewandelt werden kann
Wandelverhältnis	Anzahl Aktien/PS, die durch die Wandlung einer WA erhalten werden
Wandelpreis	Preis einer Aktie/PS, die durch die Wandlung einer WA erworben wird. Formel: (Nom.wert WA ± Barabgeltung) / Wandelverhältnis

Als charakteristisches Merkmal von OA/WA kann schliesslich festgestellt werden, dass Unternehmen im Zeitpunkt ihrer Emission einen Kapitalzufluss in Form von Fremdkapital erhalten. OA/WA stellen somit bei der Mittelbeschaffung eine Alternative zu anderen Arten von Fremdfinanzierung und insbesondere zu anderen Anleihensarten dar. Gleichzeitig sind eigenkapitalbezogene Anleihen aber auch ein Instrument der Beteiligungsfinanzierung und stehen damit in Konkurrenz zur "gewöhnlichen" Beschaffung von Eigenkapital durch Erstemissionen oder Kapitalerhöhungen (für eine Uebersicht vgl.

SKA [1986], S. 75ff). Ein wichtiger Unterschied zwischen diesen Alternativen besteht aber darin, dass bei OA/WA das Beteiligungskapital der Unternehmung nicht im Moment der Emission zufliesst, sondern Monate oder Jahre später und zudem mit einer sehr viel grösseren Unsicherheit verbunden ist. Denn neben dem für die Unternehmung nicht genau bestimmbaren Zeitpunkt der Ausübung bzw. Wandlung, der weitgehend vom Willen der Investoren abhängt[4], stellt sich die Frage, ob das Recht zum Bezug von Eigenkapital überhaupt ausgeübt wird, was letztlich vom Kursverlauf des Basiswertes abhängt.

1.4. Abgrenzung der Options- und Wandelanleihen von verwandten Finanzmarktinstrumenten

Die grundsätzliche Einordnung der OA/WA in die unterschiedlichen Formen der Kapitalbeschaffung erfolgte bereits. In diesem Abschnitt werden nun die Unterschiede gegenüber ähnliche Charakteristiken aufweisende Finanzaktionen untersucht, um die Besonderheit von OA/WA weiter verdeutlichen.

1.4.1. "Exchange Offers"

WA dürfen nicht mit reinen Austauschtransaktionen verwechselt werden, wie sie in den USA relativ häufig zu beobachten sind. In der Schweiz ist die Umwandlung von Fremd- in Eigenkapital vor allem bei Unternehmungssanierungen bekannt (vgl. Boemle [1986a]). Exchange Offers können im Gegensatz zu WA nicht nur einen Umtausch von Fremd- in Eigenkapital darstellen, sondern auch umgekehrt ein Angebot zur Rückgabe von Aktien gegen die Ausgabe von Anleihen. Der zweite und entscheidende Unterschied besteht darin, dass Exchange Offers keinen Zufluss von neuen Finanzmitteln bedeuten. Sie bewirken eine blosse Kapitalumstrukturierung. WA bewirken hingegen bei der Emission für die Unternehmung eine Liquiditätszunahme und auch eine Erhöhung der Passivseite der Unternehmungsbilanz.

---

[4] Die Unternehmung kann als Stillhalter der Calloption betrachtet werden.

1.4.2. "Naked Warrants"

Naked Warrants (auch "Snow White Warrants" genannt) sind nicht von OS zu unterscheiden, die von der zugrundeliegenden OA abgetrennt wurden. Auch die Naked Warrants berechtigen den Inhaber, gegen Bezahlung des Ausübungspreises Aktien (oder andere Finanztitel) zu beziehen. Ihr Entstehungsgrund ist jedoch unterschiedlich, da sie nicht mit einer Fremdkapitalaufnahme verbunden sind. In den USA ist ihre Ausgabe vor allem als Entschädigung für die Leistung von Emissionsbanken, als zusätzlicher Lohnbestandteil des höheren Managements oder als Ersatz von Bar- oder Stockdividenden verbreitet (vgl. Brealey/Myers [1984], S. 533). Auf dem schweizerischen Kapitalmarkt emittieren vor allem japanische Unternehmen solche Papiere, während Schweizer Firmen dieses Instrument der Eigenkapitalbeschaffung relativ selten benützen. Bis Ende April 1988 erfolgten durch acht Schweizer Unternehmen insgesamt neun (öffentliche) Emissionen von Naked Warrants (Zusammengestellt anhand Bank Vontobel [1988b] und Swiss Bank Corporation [1987]). Seither hat sich ihre Popularität etwas erhöht. I.d.R. werden sie gratis an die Aktionäre abgegeben (Jubiläums-Bonus u.d.g.). Vereinzelt werden sie auch nicht-öffentlich emittiert wie etwa bei Plazierungen von Versicherungen an ihre Kundschaft. Als Beispiel sei auf die auf den Namen von Versicherungsnehmern lautenden Warrants der Fortuna Lebens-Versicherungs-Gesellschaft vom Dezember 1986 und Oktober 1987 verwiesen.

1.4.3. Emission von Eigenkapital als Entstehungsgrund für Optionsscheine

Nicht nur die gleichzeitige Emission einer Anleihe kann die Grundlage für die Existenz von OS sein. Auch zu plazierenden Aktien/PS können Warrants angefügt werden, was hauptsächlich in den USA eine gewisse Verbreitung findet (vgl. Schlede/Kley [1987], S. 2; Weger [1985], S. 11). In der Schweiz sind in der zweiten Hälfte der achtziger Jahre vereinzelt ebenfalls solche Finanztransaktionen durchgeführt worden. Als Beispiel sei die Aktienkapitalerhöhung der Inspectorate International AG im Mai 1988 erwähnt, die den neuen Inhaberaktien einen OS beigefügt haben. Je zwei dieser Warrants berechtigten zum Erwerb einer weiteren Aktie zu einem Ausübungspreis, der um 40% über dem Emissionspreis der direkt emittierten Aktie liegt. Der Unterschied zur OA liegt also darin, dass der Unternehmung nur Eigen- und keinerlei Fremdkapital zufliesst.

1.4.4. Traded Options und Stillhalter-Optionen

Von der Anleihe abgetrennte OS unterscheiden sich in einigen Punkten von Optionen im engeren Sinne, wie den an einer speziellen Optionsbörse gehandelten Traded Options (z.B. an der SOFFEX) und den weniger standardisierten und längerfristigen Stillhalter-Optionen (vgl. Cox/Rubinstein [1985] S. 387ff, Kjer [1981] S. 12f und Zimmermann [1988b], S. 306f). Ein erster Unterschied ergibt sich daraus, dass der Entstehungsgrund von Traded Options und Stillhalter-Optionen nicht mit einer Fremdkapitalaufnahme verknüpft ist. In diesem Punkt entsprechen sie Naked Warrants. Der entscheidendere Aspekt ist jedoch, dass sie kein Finanzierungsinstrument der Unternehmung sind. Das Optionsrecht bezieht sich nicht auf von der Unternehmung neu zu emittierende sondern auf bereits existierende Beteiligungspapiere. Der Verkäufer (Stillhalter) der Option kann irgendein Wirtschaftssubjekt sein, der die Verpflichtung hat, bei Ausübung der Option die entsprechenden Titel anzudienen. Durch ihre Ausübung findet somit keine Eigenkapitalaufnahme von Unternehmen, sondern ein blosses Aktientauschgeschäft unter Kapitalanlegern statt[5].

In der Schweiz werden Traded Options und Stillhalter-Optionen erst seit Mitte der achtziger Jahre gehandelt. Den Anfang machten Banken, die auf bei ihnen von Dritten hinterlegten Namenaktien Stillhalter-Optionen emittierten, wobei die Laufzeiten ein Jahr übersteigen und damit grosse Aehnlichkeiten mit OS aufweisen. Ende Mai 1988 sind mehr als 20 solcher Titel an der Zürcher Vorbörse kotiert, wobei darunter auch Index-, "Basket"- und Put-Optionen figurieren. Und am 19. Mai 1988 wurde die SOFFEX und damit in der Schweiz auch der Handel mit standardisierten Traded Options eröffnet.

---

[5] Es muss aber angefügt werden, dass OS nicht zwingend ein Bezugsrecht auf <u>neue</u> Beteiligungspapiere beinhalten müssen. Zur Sicherstellung des Ausübungsrechtes einer OA können auch ausstehende Aktien oder PS hinterlegt werden (wie z.B. bei der 2 1/2% OA 1988-97 der Hilti AG, wo die Hälfte der ausübbaren PS von Aktionären zur Verfügung gestellt werden). Die selben Ueberlegungen gelten auch für WA.

1.5. Zusammenfassung

OA/WA sind für Unternehmen ein Instrument der Kapitalbeschaffung. Ihre Besonderheit liegt in der Verbindung von <u>sicherer</u>[6] Fremdkapital- und <u>unsicherer, zukünftiger Eigen</u>kapitalaufnahme. Ihnen stehen bei einer notwendigen Aussenfinanzierung eine breite Palette von Alternativen auf der Fremd- wie der Eigenmittelseite entgegen. In Abbildung 1.4 wird das System der Finanzierungsinstrumente zusammengestellt und die Einordnung von OA/WA sowie die Abgrenzung zu ähnlichen Transaktionen verdeutlicht.

---

[6] Von der Unsicherheit bezüglich des Emissionserfolges bei einer nicht von einem Emissionssyndikat fest übernommen OA/WA wird hier abgesehen.

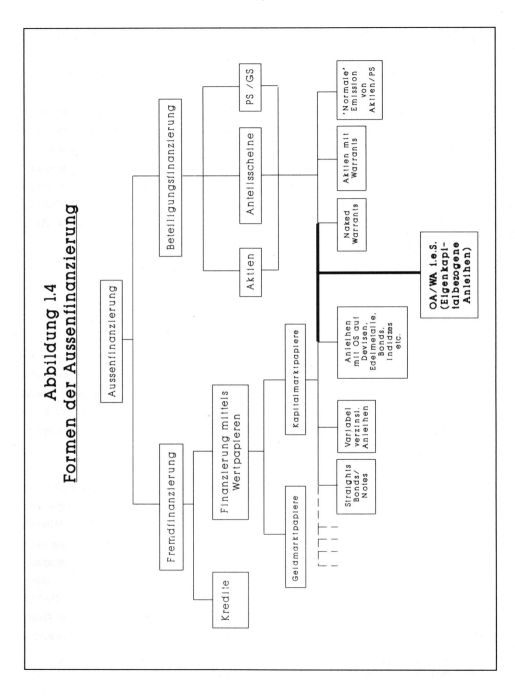

Abbildung 1.4
Formen der Aussenfinanzierung

2. Systematik der Options- und Wandelanleihensmärkte

Für die Analyse von OA/WA sind drei Unterscheidungsmerkmale von Anleihensmärkten bedeutungsvoll, die in diesem Kapital beschrieben werden. Bei der Frage nach Domizil und Währung wird die Möglichkeit des grenzüberschreitenden Kapitalverkehrs und damit der Unterschied zwischen nationalen und internationalen Anleihen untersucht. Um die Abgrenzung zwischen privaten und öffentlichen Plazierungen geht es in einem weiteren Punkt. Schliesslich wird zwischen dem Primär- und dem Sekundärmarkt unterschieden, wobei deren Besonderheiten dargestellt werden, soweit sie für diese Arbeit von Bedeutung sind.

2.1. Unterscheidung zwischen Primär- und Sekundärmarkt

Die Emission von OA/WA erfolgt auf dem Primärmarkt. Hier stellt der Investor den Unternehmen Kapital zur Verfügung, es entsteht die in Wertpapierform verbriefte Schuld. Will ein Gläubiger eine solche Forderung vor dem festgelegten Verfall veräussern, begibt er sich an den Sekundärmarkt, wo er sie an einen neuen Gläubiger verkaufen kann. Diese Möglichkeit ist eine wichtige Voraussetzung für die erfolgreiche Emission von langfristigen Schulden auf dem Primärmarkt.

Der Sekundärmarkt kann in unterschiedliche Organisationsstufen unterteilt werden. Die Kotierung an einer Effektenbörse ist die höchste Stufe und kommt für Forderungs- und Beteiligungspapiere nur in Frage, wenn sie bestimmte Anforderungen erfüllen (öffentliche Emission, Publizität, Volumen etc.).[7] Ist dies nicht der Fall, steht der weniger stark reglementierte ausserbörsliche Handel von nicht-kotierten Wertpapieren zur Verfügung. Obwohl diese Märkte nicht im Zentrum dieser Arbeit stehen werden, soll ihre Verbindung zum Primärmarkt betrachtet werden, da hier ein Besonderheit von OA/WA ersichtlich wird. Die Kursentwicklung eines Titels im Sekundärmarkt hat in der Regel keinen Einfluss auf die Kapitalströme bzw. die Kapitalstruktur der emittierenden

---

[7] Für eine Uebersicht vgl. Sigrist [1987].

Unternehmung.[8] Eine gewöhnliche Anleihe bewirkt für die Unternehmung im Zeitpunkt der Schuldentstehung einen Geldzufluss, der durch spätere Bewertungsschwankungen auf dem Sekundärmarkt nicht mehr verändert wird. Ebenso sind die Geldabflüsse im Zusammenhang mit dieser Anleihe grundsätzlich vom Börsenkurs unabhängig. Sie sind vielmehr durch den Couponsatz und die (zum voraus) festgelegten Rückzahlungsbedingungen bestimmt. Einschränkungen dazu sind nur anzubringen beim Rückzahlungszeitpunkt, wenn die Unternehmung eine vorzeitige Kündigungsmöglichkeit hat, beim Zinsaufwand, wenn es sich um eine variabel verzinsliche Anleihe handelt oder bei Anleihen, bei denen Zins- und/oder Rückzahlung in einer fremden Währung erfolgt. Die Besonderheit von OA/WA liegt nun darin, dass die beim Schuldner durch diese Instrumente hervorgerufene Kapitalströme <u>systematisch vom Sekundärmarkt abhängen</u>, da für die Ausübung und die Wandlung die Kurse der Basiswerte von Bedeutung sind.[9] Ein Bezug von Eigenkapital wird rationalerweise nur erfolgen, wenn der Aktienkurs über dem Ausübungs- bzw. Wandelpreis liegt.

Die Preisbildung auf dem Sekundärmarkt erhält so bei OA/WA eine Wichtigkeit, die bei anderen Kapitalmarktinstrumenten nicht zu beachten ist. Für den Schuldner bedeutet dies, dass er möglicherweise über ein Eingreifen auf diesen Märkten auch die Finanzierungsströme in Zusammenhang mit existierenden Instrumenten beeinflussen kann. Dies geschieht, indem die Unternehmen am Markt als Anbieter oder Nachfrager der eigenen Aktien oder PS auftritt. Diese in den USA oft beobachtete "Kurspflege" ist in der Schweiz wegen dem Verbot des Besitzes eigener Aktien nur über der Unternehmung nahestehende Dritte möglich. Aber auch ohne direkte Eingriffe am Markt können Firmen (bewusst oder unbewusst) Einfluss auf ihre Aktienkurse nehmen, indem sie den Investoren durch ihr Verhalten Informationen über die Unternehmung übermitteln.

In dieser Arbeit stehen jedoch Fragen um die Emission von OA/WA im Mittelpunkt. Darunter soll im weiteren die Gesamtheit aller Vorgänge verstanden werden, die auf

---

[8] Natürlich beeinflussen die Verhältnisse auf dem Sekundärmarkt die Kosten der Unternehmung für neu aufzunehmendes Kapital und so das Finanzierungsverhalten der Firma. Auch sind indirekte Auswirkungen denkbar, etwa wenn Uebernahmeaktionen von den Börsenkursen abhängen oder wenn bei der Dividendenfestlegung die Höhe der Aktienkurse eine Rolle spielt.

[9] Zu beachten ist jedoch, dass der Handel von OA/WA selbst keine derartige Bedeutung hat.

die innerhalb einer kurzen Zeitspanne und zu gleichen Bedingungen an einen grösseren Personenkreis erfolgende Unterbringung von Wertschriften ausgerichtet sind (vgl. Hämmerli [1986], S. 36). Ueber die (institutionellen) Besonderheiten des Primärmarktes existiert eine umfangreiche Literatur (vgl. Albisetti et.al. [1987], S. 252ff; Hämmerli [1986]; Schmid [1979], S. 204ff; SKA [1986]; UBS [1984]), so dass hier nur eine Zusammenfassung der wichtigsten Aspekte erfolgt.

Gesetzliche Vorschriften betreffen steuerliche Aspekte (Verrechnungssteuer, eidgenössische Stempelabgaben, kantonale Gebühren) und die Prospektpflicht für öffentliche Emissionen sowie die Kapitalexport-Bewilligungspflicht. Ansonsten ist die Emissionstätigkeit keinen besonderen rechtlichen Einschränkungen unterworfen. Die Emission von OA/WA kann wie bei gewöhnlichen Anleihen mit den folgenden Verfahren erfolgen:

a) Ist der Emittent selbst und ohne die Mitwirkung Dritter für die Plazierung der Anleihe verantwortlich, spricht man von einer Selbstemission. Das Plazierungsrisiko liegt alleine beim Emittenten. Diese Emissionstechnik findet bei OA/WA einzig bei grossen Banken Anwendung.
b) Bei der kommissionsweisen Plazierung verbleibt das Emissionsrisiko ebenfalls beim Schuldner. Ein Bankenkonsortium übernimmt aber den Vertrieb der Anleihe, fungiert also als Zeichnungs-, Zahl- und Verwaltungsstelle, ohne den Verkaufserfolg zu garantieren. Eine Sonderform stellt das Tenderverfahren dar, wo die Bildung des Emissionspreises wie bei einer Auktion den Marktkräften überlassen wird. Bisher wurden noch nie OA/WA im Tenderverfahren emittiert.
c) Der bei eigenkapitalbezogenen Anleihen häufigste Fall stellt die Festübernahme dar. Ein Bankenkonsortium übernimmt die Papiere zu festen Bedingungen (Emission i.e.S.) und verpflichtet sich, diese Titel im Markt zu plazieren. Hier werden somit die Banken zu den Risikoträgern, und das Unternehmen hat die Sicherheit, den abgemachten Anleihensbetrag auf das Liberierungsdatum hin zu erhalten.

Insbesondere im Fall der Festübernahme ist die Funktion und die Bedeutung der Banken interessant. In der Regel übersteigt eine OA/WA-Emission die Plazierungskraft einer einzigen Bank, weshalb sich mehrere Institute zu Emissionssyndikaten zusammenschliessen. Ein solches Konsortium tritt gegenüber dem Emittenten als Uebernehmer der Anleihe auf. Die mit der Federführung beauftragte Bank wird Lead Manager genannt (bei mehreren Banken spricht man von Co-Lead Managern). Dieses

Institut führt mit dem Schuldner die Verhandlungen und erstellt den Emissionsvertrag. Sie arbeitet auch die notwendigen Dokumentationen aus und zeichnet für die Verwaltungshandlungen verantwortlich, die insbesondere bei Ausübungen oder Wandelungen auch noch zu späteren Zeitpunkten anfallen. Der Lead Manager hat auch syndikatsintern die federführende Rolle inne, mit der Zuteilung unter den Konsorten als wichtigste Aufgabe. Neben dem Lead Manager und den übrigen Syndikatsmitgliedern können sich auch Unterbeteiligte an der Plazierung beteiligen, indem sie von einzelnen Syndikatsmitgliedern eine bestimmte Anzahl Titel zur Plazierung abgetreten erhalten.

Die typische Abwicklung einer festübernommenen Emission im schweizerischen Kapitalmarkt ist in Abbildung 1.5 dargestellt. Ausgangslage bildet der Entschluss einer Unternehmung, auf dem Markt Finanzmittel aufzunehmen. Weiter ist die Wahl des Finanzierungsinstruments zu treffen. Etwa 20 Arbeitstage vor dem geplanten Emissionsschluss muss diese entscheidende Frage geklärt sein. Die nächste Phase ist der Syndizierung gewidmet, also der Bildung des Uebernahmekonsortiums. Daraufhin werden die Emissionsdokumente erstellt. Darunter fallen der Emissions- und der Syndikatsvertrag, der Emissions- und Kotierungsprospekt und der Zeichnungsschein. Zu beachten ist, dass Prospekte von Rechts wegen nur bei öffentlichen Emissionen verlangt werden und dass aus unrichtigen und den gesetzlichen Erfordernissen nicht entsprechenden Angaben im Prospekt bei absichtlichem oder fahrlässigem Handeln eine Haftung entsteht (Art. 752 und Art. 1156 OR; vgl. Erb [1986]). Der Zeichnungsschein stellt demgegenüber eine Einladung an den potentiellen Investor dar, Offerten zum Kauf der Anleihen einzureichen.

Ein entscheidender Moment einer Emission ist die Festlegung der Konditionen (Pricing). Sie erfolgt in der Schweiz drei bis fünf Tage vor Beginn der Zeichnungsfrist (vgl. SKA [1986], S. 54). Sobald dies geschehen ist, kann der Prospekt gedruckt und verteilt oder in der Presse veröffentlicht werden. Da die Zeichnungsfrist etwa fünf Arbeitstage dauert, kann der Investor während ca. sieben Tagen die Konditionen beurteilen und auch neueste, in dieser Zeit anfallende Informationen berücksichtigen. Dass dieser Vorteil für die Anleger Auswirkungen auf die Preisbildung bei gewöhnlichen Anleihen hat, zeigt Wydler [1987]. Bei OA/WA verschärft sich diese Problematik noch, da neben den reinen Anleihens- auch die Options- bzw. Wandelrechtskonditionen festgelegt werden müssen. Gerade Aktienkurse können innerhalb von gut einer Woche beträchtliche Schwankungen aufweisen, so dass die Bestimmung des Ausübungs- bzw. Wandelpreises das schwierigste Problem für den Emittenten bzw. das Emissionssyndikat darstellt.

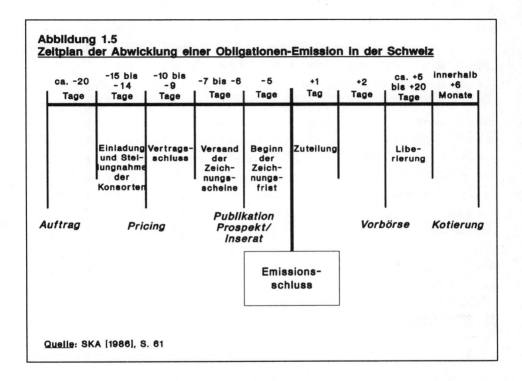

Nach Zeichnungsschluss erfolgt die Zuteilung des Anleihebetrages unter den Syndikatsmitgliedern und weiter an die Unterbeteiligten, Drittbanken und die Zeichner. Viel diskutiert ist dabei die Problematik der Kürzungen bei Ueberzeichnung der Anleihe ("Hot Issues", vgl. Hämmerli [1986], S. 368ff). Nicht gezeichnete Titel werden bei Festübernahmen unter den Syndikatsmitgliedern verteilt, während bei der kommissionsweisen Plazierung und bei der Selbstemission die kapitalaufnehmende Unternehmung das Risiko trägt. Den Schluss der eigentlichen Emission bildet die Titellieferung und die Liberierung. Ab diesem Moment kann der Emittent über den aufgenommenen Betrag abzüglich die Emissionskosten verfügen.

2.2. Unterscheidung zwischen öffentlichen und privaten Plazierungen

Bezüglich des angesprochenen Investorenkreises muss auf dem Kapitalmarkt zwischen zwei Plazierungsformen unterschieden werden (vgl. Hämmerli [1986], S. 21, 110, 410f; Löffler [1987], S. 81ff; SKA [1986], S. 29ff). Werden Investoren durch Prospekte und eventuell weitere Werbemassnahmen zur Zeichnung von Anleihen oder Beteiligungspapieren aufgefordert, spricht man von einer öffentlichen Plazierung. Um eine Privatplazierung handelt es sich demgegenüber, wenn Investoren ein Titel mündlich oder schriftlich angeboten wird. Die schriftliche Empfehlung wird Informations-Memorandum genannt und darf nicht mit Emissionsprospekten verglichen werden, da sie nach herrschender Lehre keine Haftungsansprüche gemäss Art. 1156 OR nach sich ziehen. Daraus hat sich in letzter Zeit eine intensive Diskussion um den Anlegerschutz bei Privatplazierungen entzündet (vgl. Hämmerli [1986], S. 341ff). In der Schweiz unterscheiden sich öffentliche und private Emissionen noch durch weitere Punkte. Privat plazierte Anleihen haben i.d.R. kürzere Laufzeiten, eine grössere Mindeststückelung, tiefere Emissionskosten und werden durch ad hoc Syndikate oder gar nur eine einzelne Bank zur Emission fest übernommen. Wegen dem fehlenden Prospekt ist auch keine Kotierung an einer schweizerischen Börse möglich, so dass der Sekundärmarkt für Privatplazierungen ausserbörslich (Telefonhandel) stattfindet.

OA/WA können öffentlich und privat emittiert werden. Für unsere Arbeit ergibt sich aber eine entscheidende Auswirkung aus den unterschiedlichen Informationsanforderungen. Mit dem Emissionsprospekt existiert bei öffentlichen Anleihen vorgeschriebenerweise eine Informationsquelle, die es in dieser Form bei Privatplazierungen nicht gibt. Es ist somit wesentlich schwieriger, sich einen Ueberblick über die Emissionsaktivitäten von Privatplazierungen zu verschaffen. Es werden darum gezwungenermassen in dieser Arbeit nur die öffentlich emittierten OA/WA analysiert werden.

2.3. Unterscheidung zwischen nationalen und internationalen Märkten

Auf nationalen Kapitalmärkten können einheimische Unternehmen in lokaler Währung unter der Federführung von einheimischen Bankinstituten Geld aufnehmen. Fremdkapitalinstrumente werden entsprechend Inlandanleihen (domestic bonds) genannt. OA/WA-Emissionen können aber auch über Landesgrenzen hinaus, auf internationalen Märkten, erfolgen (für eine Literaturübersicht vgl. Löffler [1987] S. 66ff, Schmid [1979] S. 254ff, UBS [1983] und Watson et.al. [1986]). Man spricht dann von Internationalen Anleihen (international bonds). Dabei sind zwei Kategorien zu unterscheiden:

a) Nationale Kapitalmärkte für Ausländer, auf denen Auslandanleihen (foreign bonds) emittiert werden
b) Eurokapitalmärkte mit Euroanleihen (euro bonds)[10]

Eine genaue Unterscheidung zwischen diesen beiden Kategorien ist teilweise schwierig. Allgemein werden Auslandanleihen durch die Identität von Emissionsland, Anleihewährung, Ausgabesyndikat, Plazierungs- und Handelsort charakterisiert. Gerade in der Schweiz sind in jüngster Zeit gewisse Abweichungen von dieser engen Definition zu erkennen, da sich z.B. auch ausländische Finanzinstitute, die sich in der Schweiz niedergelassen haben, an Emissionssyndikaten beteiligen können. Seit anfangs 1988 können sogar unter bestimmten Voraussetzung ausländisch beherrschte Banken die Federführung übernehmen. Bei Euroanleihen fehlt demgegenüber die Identität von Schuldner-, Währungs- und Plazierungsland. Sie werden von internationalen Bankensyndikaten übernommen und in mehreren Ländern gleichzeitig plaziert. Zudem zeichnen sich die Eurokapitalmärkte durch ein weitgehendes Fehlen von Restriktionen und Kontrollen aus, und es besteht kein zentraler Sekundärmarkt in einem Land. Von den für die Schweiz beschriebenen Charakteristiken des Primärmarktes sind auf den einzelnen Auslandanleihensmärkten und auf dem Euromarkt gewisse Abweichungen festzustellen. So wird z.B. der Zeitbedarf für die Emissionsabwicklung auf dem

---

[10] Zu beachten ist die teilweise unterschiedliche Sprachregelung. Die BIZ (vgl. BIZ [1987]), der IMF (vgl. Watson et.al. [1986]) und die Mehrzahl der Literatur verwendet die obigen Ausdrücke. Davon weicht z.B. die OECD ab (vgl. OECD [1987]), die anstelle des umfassenden Begriffes "international bonds" von "external bonds" spricht. "Euro bonds" nennt sie stattdessen "international bonds", während sie den Ausdruck "foreign bonds" in derselben Bedeutung gebraucht.

Euromarkt i.d.R. etwas kürzer sein. Auch weicht das Syndikatssystem etwas vom schweizerischen ab, indem der Euromarkt weitgehend auf den Emissionsmechanismen der amerikanischen und der britischen Kapitalmärkte beruht.

3. Quantitative Bedeutung von Options- und Wandelanleihen

3.1. Schweizerischer Kapitalmarkt

3.1.1. Vergleich der Kapitalaufnahme über Anleihen und Kredite

Um die Bedeutung von Anleihen mit Options- und Wandelrechten zu erfassen, erscheint es in einem ersten Schritt angezeigt, den Stellenwert von Anleihensemissionen als ein Mittel der Fremdkapitalaufnahme zu untersuchen. Dazu drängt sich der Vergleich mit der Kreditvergabe von Banken auf, also der Gegenüberstellung des Kommerz- und Emissionsgeschäftes. Die Emissionsseite beinhaltet öffentlich aufgelegte und privatplazierte Anleihen einheimischer Schuldner auf dem schweizerischen Kapitalmarkt. Davon sind reine Konversionen[11] sowie Rückzahlungen an den Kapitalmarkt[12] abzuziehen, um die Nettobeanspruchung des Kapitalmarktes zu erfassen. Statistische Probleme stellen sich bei den Konversionen und Rückzahlungen privatplazierter Anleihen, weil über deren Grössenordnung keine verlässlichen Angaben zu finden sind. Um das vergleichbare Nettokreditvolumen zu erhalten, wären Daten über Bankkredite an schweizerische Unternehmen notwendig. Auch hier ist das statistische Material mangelhaft, da nicht zwischen Ausleihungen an Private und Unternehmen unterschieden wird.

Abbildung 1.6 zeigt den Vergleich zwischen der Nettobeanspruchung des Kapitalmarktes und des Kreditmarktes seit 1960. Die Werte sind jedoch mit Vorsicht zu interpretieren, weil die Kapitalmarktaufnahmen wegen der Nichtberücksichtigung privatplazierter

---

[11] Konversion = Tilgung einer Anleihe bei gleichzeitiger Aufnahme einer neuen, entweder am Ende der Laufzeit oder nach einer vorzeitigen Kündigung.

[12] Rückzahlungen erfolgen am Ende der Laufzeit oder vorzeitig durch entweder zum voraus festgelegte Tilgungen (Amortisationen) oder dem Schuldner u/o Gläubiger vorbehaltene Kündigung.

Anleihen zu tief[13] und das Wachstum der inländischen Bankkredite wegen dem Einschluss von (Hypothekar-)Darlehen an private Haushalte zu hoch bewertet sind.

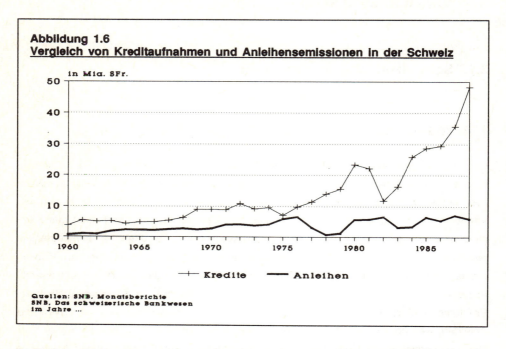

**Abbildung 1.6
Vergleich von Kreditaufnahmen und Anleihensemissionen in der Schweiz**

Quellen: SNB, Monatsberichte
SNB, Das schweizerische Bankwesen im Jahre ...

Zusätzliche Erkenntnisse gibt Abbildung 1.7, in der die Zuwachsraten der Nettobeanspruchung der Anleihen mit denjenigen der inländischen Bankkredite verglichen werden. Ausgehend vom Jahr 1960 stellt man bei den Krediten ein gleichmässigeres Wachstum fest. Die Nettobeanspruchung am Kapitalmarkt zeichnet sich demgegenüber vor allem seit Mitte der siebziger Jahre durch starke Schwankungen aus.[14] Gesamthaft gesehen hat sich das Verhältnis zwischen Kreditvergaben und Anleihensbegebungen in den letzten knapp 30 Jahren nicht grundsätzlich verändert, wenn man von einer kurzzeitigen Annäherung der absoluten Werte um 1975 absieht. Auf jeden

---

[13] Es gilt jedoch zu berücksichtigen, dass der Bruttoemissionswert von Privatplazierungen über die Jahre hinweg nur etwa in der Grössenordnung von 20% des entsprechenden Wertes der öffentlich aufgelegten Anleihen liegt.

[14] Die markanten Einbrüche in den Jahren 1976 bis 1978 und 1984 sind sowohl auf tiefere Bruttokapitalaufnahmen als auch auf höhere Konversionen/Rückzahlungen zurückzuführen. Einzig der Rückgang von 1983 ist nur durch sprungartig angestiegene Konversionen und Rückzahlungen zu erklären.

Fall kann nicht von einer dramatischen Tendenz zur Securitization in den achtziger Jahre gesprochen werden. Etwas anders sieht das Bild aus, wenn man anstelle der Nettobeanspruchung auf dem Kapitalmarkt die Neubeanspruchung (Bruttoemissionswert ./. Konversionen) mit dem Bankkreditwachstum vergleicht (vgl. Hämmerli [1986], S. 79). Ein Vergleich ab 1960 zeigt jederzeit ein höheres Emissionszuwachsvolumen, doch ist diese Gegenüberstellung m.E. weniger sinnvoll, wenn Rückzahlungen nur bei Krediten, nicht jedoch bei Anleihen berücksichtigt werden.

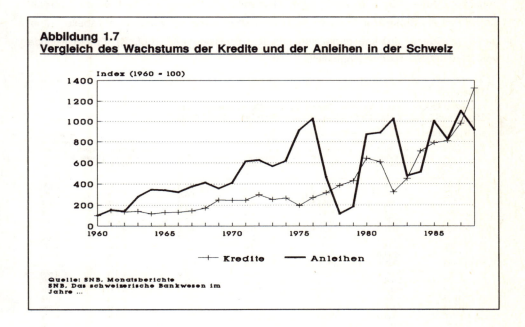

Abbildung 1.7
Vergleich des Wachstums der Kredite und der Anleihen in der Schweiz

3.1.2. Options- und Wandelanleihen als Instrument der Fremdkapitalbeschaffung

Um einen Ueberblick über die quantitative Bedeutung von OA/WA zu erhalten, wird in einem ersten Schritt deren Anteil an der Fremdkapitalaufnahme über öffentlich aufgelegte Anleihen berechnet.[15] Berücksichtigt werden dabei alle Schweizer Franken-Anleihen von schweizerischen Schuldnern, die mit einem Options- oder einem Wandel-

---

[15] Eine weitergehende Unterteilung nach Anleihensarten findet sich bei Hämmerli [1986], S. 111.

recht ausgestattet sind. Ein spezielles Abgrenzungsproblem stellen die Emissionen von Tochtergesellschaften ausländischer Firmen dar. Sie werden in dieser Arbeit dann als einheimisch betrachtet, wenn Aktien/PS vom Emittenten an einer Schweizer Börse unter den Inlandwerten kotiert sind. So wird z.B. die 2% WA der Cie. Financière Michelin 1988-97 als einheimische Emission miteinbezogen, während die 2 1/4% Gold-OA der IHF-Internazionale Holding Fiat 1987-92 nicht berücksichtigt wird. Ebenso finden vier OA Aufnahme, die von ausländischen Tochtergesellschaften für ihr schweizerisches Mutterhaus (Nestlé, Sandoz, Cementia und Maag) emittiert wurden, obwohl sie offiziell als Schweizer Franken-Auslandanleihen aufgelegt wurden. In Tabelle 1.2 ist die Bruttokapitalaufnahme gemessen mit dem Emissionswert (Kol. B) für die Periode von 1960 - 1988 zusammengestellt.

Tabelle 1.2
Anteil der Options– und Wandelanleihen an den öffentlich aufgelegten Anleihen von schweizerischen Schuldnern auf dem SFr.-Inlandmarkt

Jahr	Emissionswert aller öffentlichen Anleihen	Emissionswert aller öffentlicher Anleihen von privaten Schuldnern	Optionsanleihen Emissionswert	Wandelanleihen Emissionswert	Anteil der OA/WA an allen öffentl. Anleihen (D+E) / B	Anteil der OA/WA an allen öffentl. Anleihen privater Schuldner (D+E) / C
A	B	C	D	E	F	G
1960	916.3	801.9	0.0	21.1	2.3%	2.6%
1961	1082.9	1038.6	0.0	64.5	6.0%	6.2%
1962	1285.1	1055.6	0.0	2.0	0.2%	0.2%
1963	2286.7	1988.9	0.0	339.6	14.9%	17.1%
1964	2636.8	1842.4	0.0	0.0	0.0%	0.0%
1965	2857.8	1820.6	0.0	88.8	3.1%	4.9%
1966	2999.4	1582.3	0.0	3.0	0.1%	0.2%
1967	3384.7	1921.1	0.0	82.5	2.4%	4.3%
1968	2986.8	2100.5	0.0	179.0	6.0%	8.5%
1969	3331.9	2177.0	0.0	220.8	6.6%	10.1%
1970	3680.0	2524.3	2.0	12.8	0.4%	0.6%
1971	5406.4	3069.4	100.4	193.1	5.4%	9.6%
1972	4983.2	3015.0	199.8	46.3	4.9%	8.2%
1973	5084.1	2917.1	164.5	26.1	3.7%	6.5%
1974	5327.9	3264.7	15.0	55.8	1.3%	2.2%
1975	7360.9	4533.4	120.0	259.2	5.2%	8.4%
1976	8389.7	4331.5	10.0	100.2	1.3%	2.5%
1977	6714.2	4880.6	334.1	87.0	6.3%	8.6%
1978	9072.1	7620.5	80.0	326.0	4.5%	5.3%
1979	9694.4	7299.6	82.0	144.0	2.3%	3.1%
1980	9428.4	7223.9	260.0	457.0	7.6%	9.9%
1981	7804.1	6201.1	585.0	339.0	11.8%	14.9%
1982	9810.4	7240.5	600.0	270.6	8.9%	12.0%
1983	14873.8	10163.9	407.6	270.0	4.6%	6.7%
1984	9422.8	6449.3	545.0	0.0	5.8%	8.5%
1985	11205.6	8224.2	2298.0	190.0	22.2%	30.3%
1986	11054.3	9007.4	2923.0	45.0	26.8%	33.0%
1987	11726.6	9618.6	3670.2	92.1	32.1%	39.1%
1988	13826.9	11870.4	1769.6	809.9	18.7%	21.7%
Durchschnitt: 1960 - 1988					10.0%	13.9%
Durchschnitt: 1960 - 1969					4.2%	6.1%
Durchschnitt: 1970 - 1979					3.6%	5.4%
Durchschnitt: 1980 - 1988					15.7%	20.4%

Beträge in Mio sFr.

Quelle: Monatsberichte der Schweizerischen Nationalbank 1961 - 1989
Tabelle: Oeffentlich aufgelegte schweizerische Obligationenanleihen

Einen Eindruck von der zeitlichen Entwicklung vermittelt auch Abbildung 1.8.[16]

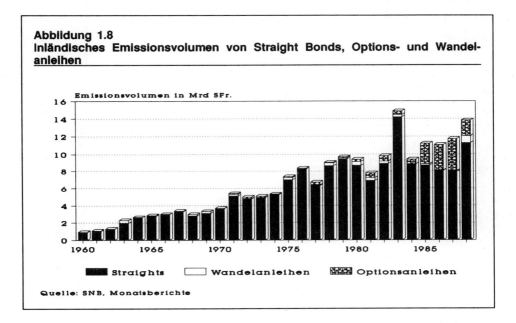

**Abbildung 1.8
Inländisches Emissionsvolumen von Straight Bonds, Options- und Wandelanleihen**

Quelle: SNB, Monatsberichte

Das Emissionsvolumen hat sich von 1960 bis 1988 rund verfünfzehnfacht. Innerhalb dieser Entwicklung haben OA/WA einen immer signifikanteren Einfluss gewonnen (Kol. D und E).[17] Insbesondere in den achtziger Jahren stellt ihr Emissionsvolumen mit 15.7% aller öffentlich aufgelegten Anleihen einen bedeutsamen Anteil dar (Kol. F).

---

[16] Da in den Statistiken der Schweizerischen Nationalbank alle Anleihen von in der Schweiz domizilierten Unternehmen unter den einheimischen Emissionen aufgeführt werden, sind die Abgrenzungskriterien beim Total aller Anleihen und bei den OA/WA nicht völlig identisch. Durch die Nichtberücksichtigung der OA/WA von ausländischen Tochtergesellschaften, die keine Aktien/PS an den Schweizer Börsen kotiert haben, wird der OA/WA-Anteil unterschätzt. Weil dies aber nur sehr selten vorkommt, kann diese Inkonsistenz vernachlässigt werden. Umgekehrt wird durch den Einbezug der OA von im Ausland domizilierten Tochtergesellschaften schweizerischer Konzerne der OA/WA-Anteil überschätzt, da solche Emissionen im Total aller Anleihen nicht berücksichtigt sind. Dieses Problem hat im Jahre 1987, in dem alle vier dieser OA emittiert wurden, eine gewisse Bedeutung. Bei Weglassen dieser Fälle ergibt sich für 1987 ein OA/WA-Anteil von 27.2% aller öffentlichen Anleihen, bzw. von 33.2% aller Emissionen privater Schuldner.

[17] Die Bedeutung der OA/WA wird noch etwas grösser, wenn anstelle des Emissionsvolumens die Neubeanspruchung durch Anleihen betrachtet wird. Da OA/WA nur in den wenigsten Fällen eine alte Schuld ablösen, steigt ihr Anteil bei dieser Berechnungsmethode in den meisten Jahren etwas an (der durchschnittliche Anteil an allen Anleihen von 1960 bis 1988 beträgt 12.3%).

Dieser wird noch höher, wenn man nur private Schuldner berücksichtigt (Kol. G). Dies ergibt sich daraus, dass öffentlich-rechtliche Körperschaften (Bund, Kantone und Gemeinden) gewichtige Emittenten von gewöhnlichen Anleihen sind, jedoch keine Mittel durch OA/WA aufnehmen.[18]

In der zeitlichen Entwicklung der Anteile von OA/WA am gesamten Emissionsvolumen sind drei Phasen zu erkennen (vgl. auch Abbildung 1.9):[19]

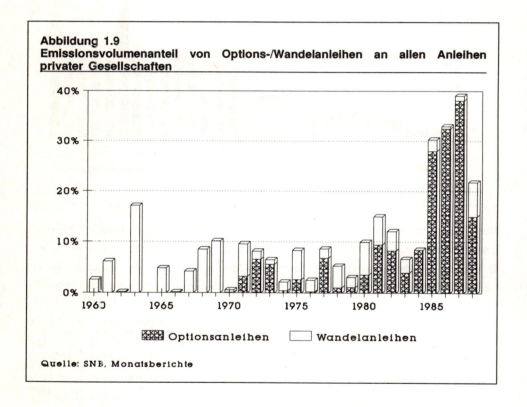

Abbildung 1.9
Emissionsvolumenanteil von Options-/Wandelanleihen an allen Anleihen **privater Gesellschaften**

Quelle: SNB, Monatsberichte

---

[18] Die Ausnahme ist eine OA des Kantons Jura mit OS zum Bezug von PS der Jurassischen Kantonalbank.

[19] Nahezu dasselbe Bild zeigt sich, wenn anstelle des Emissionsvolumens die <u>Anzahl</u> der Emissionen betrachtet werden. Da der durchschnittliche Emissionswert von OA/WA in der Regel über dem von gewöhnlichen Anleihen liegt, sind in diesem Falle die OA/WA-Anteile etwas tiefer (im Durchschnitt von 1960 bis 1988 7.0% bei allen Emittenten und 9.5% bei den privaten Schuldnern).

a) In den sechziger Jahre werden nur WA emittiert, wobei deren Popularität von Jahr zu Jahr starken Schwankungen unterliegt.
b) 1970 setzt die Kapitalaufnahme mittels OA ein. Der Gebrauch der beiden Instrumente bewegt sich danach bis 1980 in einer ähnlichen Grössenordnung, wobei der Anteil am Gesamtvolumen bei keiner Anleihensart 7% überschreitet.
c) In den achtziger Jahren gewinnen die OA markant an Bedeutung, während die Entwicklung der WA stagniert. Ab Mai 1985 setzt eine eigentliche OA-Euphorie ein, die erst mit dem Crash von Oktober 1987 gedämpft wird. Aber auch danach machen Anleihen mit Options-/Wandelrechten über einen Fünftel aller Obligationen von privaten Emittenten mit einem deutlichen Schwergewicht von OA aus.

3.1.3. Bedeutung der Eigenmittelbeschaffung mit Options- und Wandelanleihen

Eigenkapitalbezogene Anleihen sind nicht nur ein Fremdkapitalinstrument. Das Options- bzw. das Wandelrecht stellt auch eine potentielle Eigenmittelbeschaffung dar. In diesem Sinne können OA/WA als konkurrenzierende Instrumente zu erstmaligen Aktien/PS-Plazierungen oder Eigenkapitalerhöhungen betrachtet werden. In einem weiteren Schritt wird darum die quantitative Bedeutung der beiden Alternativen auf dem schweizerischen Kapitalmarkt verglichen.

Abbildung 1.10 zeichnet die zeitliche Entwicklung des Emissionsvolumens von öffentlich aufgelegten schweizerischen Aktienemissionen und -plazierungen und des Emissionsvolumens von öffentlich aufgelegten schweizerischen OA/WA wider. Von 1960 bis 1980 verlaufen die beiden Kurven recht parallel. In den achtziger Jahren steigen sie auch beide deutlich an, wobei jetzt doch grössere Unterschiede festzustellen sind. Die Aktienemissionen erlitten 1982 einen regelrechten Einbruch, weisen dafür aber 1986 und 1987 um so grössere Wachstumsraten auf. Nur in den Jahren 1982, 1985 und 1988 übersteigt das Emissionsvolumen der OA/WA dasjenige der Aktienemissionen. Dies schlägt sich auch auf das durchschnittliche Verhältnis von OA/WA zu Aktienemissionen wider, indem es in den achtziger Jahre markant höher liegt als von 1960 bis 1979 (1960 - 1979: 23.3%, 1980 - 1987: 66.0%).

Abbildung 1.10
Vergleich der Aktien- und der Options-/Wandelanleihens-Emissionen in der Schweiz

Quelle: SNB, Monatsberichte

Noch relevanter ist der Vergleich der Aktienemissionen mit dem Zufluss an Eigenkapital für den OA/WA-Emittenten, falls vollständig ausgeübt bzw. gewandelt wird. Dieser Aktienwert von OA/WA wird berechnet, indem die bei der Emission geltenden Konditionen zugrundegelegt werden[20]. Diese Betrachtungsweise abstrahiert von der Tatsache, dass die Ausübung/Wandlung erst - wenn überhaupt - zu einem späteren Zeitpunkt erfolgt. Die zeitliche Differenz und die Unsicherheit von Eigenkapitalbeschaffungen über OA/WA wird somit nicht berücksichtigt. In Tabelle 1.3 sind die entsprechenden Daten zusammengestellt, und Abbildung 1.11 vermittelt einen Eindruck von der zeitlichen Entwicklung der relativen Bedeutung des Aktienwertes von OA/WA.

---

[20] Berechnung bei <u>WA</u>: Anzahl emittierte Obligationen x Wandelverhältnis (Anzahl Beteiligungspapiere pro Obligation) x Wandelpreis. Falls die Bedingungen bei der Wandlung keine Barzahlung vorsehen, entspricht der Aktienwert genau dem Nominalbetrag der Wandelanleihe.
Berechnung bei <u>OA</u>: Anzahl der mit der Anleihe emittierten OS x Optionsverhältnis (Anzahl Beteiligungspapiere pro OS) x Bezugspreis.

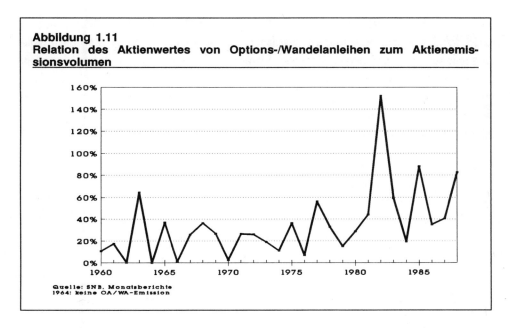

**Abbildung 1.11
Relation des Aktienwertes von Options-/Wandelanleihen zum Aktienemissionsvolumen**

Quelle: SNB, Monatsberichte
1964: keine OA/WA-Emission

Im Vergleich zum Emissionsvolumen steigt der Aktienwert von OA/WA ab 1984 deutlich weniger stark an, da ab diesem Zeitpunkt der Anteil an Beteiligungspapieren (=Equity Content), den man über OA/WA erhalten kann, sinkt und vereinzelt Anleihen mit einem Optionsrecht auf Gold und Bonds emittiert werden. Trotz dieser Tendenz ist die potentielle Eigenkapitalaufnahme über OA/WA im Vergleich zu den direkten Aktienemissionen in den achtziger Jahre deutlich höher als in den Jahren zuvor (durchschnittliches Verhältnis von 1960 - 1979: 22.8%; von 1980 - 1987: 49.1%).[21]

Die grössere Bedeutung der OA/WA im schweizerischen Kapitalmarkt seit 1985 ist also auch auf der Eigenkapitalseite sichtbar. Da jedoch in diesem Zeitraum auch die direkten Aktienkapitalerhöhungen deutlich zunehmen, fällt der Anstieg weniger drastisch aus wie beim Vergleich mit gewöhnlichen Anleihen. Von einer eigentlichen OA-Eupho-

---

[21] Wird anstelle des Emissionsvolumens die Anzahl der Emissionen verglichen, ergeben sich folgende Werte:
Durchschnitt 1960 - 1988: 11.1%
Durchschnitt 1960 - 1979: 5.9%
Durchschnitt 1980 - 1988: 18.6%
Dies bedeutet, dass der durchschnittliche Aktienwert von OA/WA deutlich über demjenigen der direkten Aktien/PS-Erhöhungen liegt und dass die Bedeutungszunahme der OA/WA in den achtziger Jahren stärker ausfällt, als wenn das Emissionsvolumen verglichen wird.

rie von 1985 bis 1987 kann somit nur bezüglich der Fremdmittelbeschaffung gesprochen werden, wobei berücksichtigt werden muss, dass auch in dieser Zeit die Kreditaufnahmen wesentlich bedeutungsvoller waren als die Anleihensemissionen. Trotzdem kann zusammenfassend gefolgert werden, dass Anleihen mit einem Options-bzw. Wandelrecht in den achtziger Jahren für schweizerische Unternehmen auf dem einheimischen Kapitalmarkt eine wichtige Rolle spielten, während sie vorher nur von marginaler Bedeutung waren.

Tabelle 1.3
Bedeutung der Options- und Wandelanleihen als Mittel der Eigenkapitalbeschaffung

Beträge in Mio SFr.

Jahr	Emissionswert von Aktienemissionen	Aktienwert von OA	Aktienwert von WA	Relative Bedeutung des Aktienwertes von OA und WA (C+D) / B
A	B	C	D	E
1960	193.30	0.00	21.00	10.9%
1961	372.63	0.00	64.90	17.4%
1962	661.59	0.00	2.00	0.3%
1963	524.05	0.00	336.40	64.2%
1964	567.81	0.00	0.00	0.0%
1965	281.60	0.00	103.40	36.7%
1966	257.83	0.00	3.00	1.2%
1967	321.46	0.00	83.00	25.8%
1968	502.48	0.00	182.00	36.2%
1969	819.98	0.00	219.00	26.7%
1970	544.20	2.00	12.80	2.7%
1971	998.49	68.00	195.60	26.4%
1972	1018.78	219.00	46.00	26.0%
1973	911.65	141.93	30.00	18.9%
1974	615.82	13.20	56.20	11.3%
1975	1089.87	120.00	273.00	36.1%
1976	1535.01	11.00	98.60	7.1%
1977	741.69	329.12	87.50	56.2%
1978	1090.48	31.20	326.00	32.8%
1979	1349.20	59.80	144.00	15.1%
1980	2267.07	227.50	424.50	28.8%
1981	2041.26	583.48	317.75	44.2%
1982	559.74	581.00	270.62	152.1%
1983	1027.38	341.15	270.00	59.5%
1984	1680.80	325.25	0.00	19.4%
1985	2305.24	1871.34	155.00	87.9%
1986	6140.48	2101.04	45.90	35.0%
1987	5151.81	1996.30	92.11	40.5%
1988	2356.35	1109.87	839.78	82.7%
		Durchschnitt: 1960 – 1988		39.1%
		Durchschnitt: 1960 – 1969		22.5%
		Durchschnitt: 1970 – 1979		22.9%
		Durchschnitt: 1980 – 1988		49.1%

Quelle: SNB, Monatsberichte, Tabellen:
- Oeffentlich aufgelegte schweizerische Obligationenanleihen
- Zusammenfassung der Anleihen in- und ausländischer Schuldner

3.2. Internationaler Kapitalmarkt

In diesem Abschnitt soll untersucht werden, ob OA/WA nur in der Schweiz eine grosse Bedeutung erlangt haben, oder ob sie auch auf den internationalen Märkten ein wichtiges Finanzierungsinstrument geworden sind.

3.2.1. Vergleich der internationalen Kapitalaufnahme über Anleihen und Kredite

Wie für den schweizerischen Kapitalmarkt soll zuerst die Bedeutung der internationalen Anleihefinanzierung in Relation zur internationalen Kreditvergabe aufgezeigt werden. Aufgrund von Daten der Bank für Internationalen Zahlungsausgleich ist diese Relation in Abbildung 1.12 dargestellt.

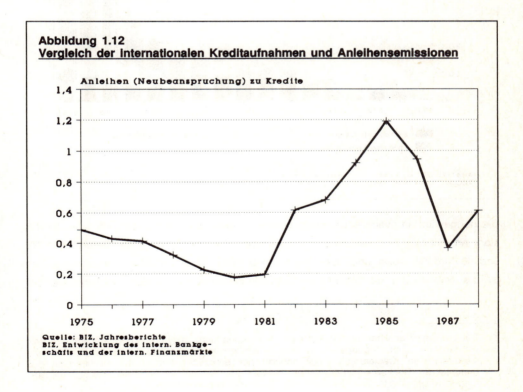

Abbildung 1.12
Vergleich der internationalen Kreditaufnahmen und Anleihensemissionen

Auch wenn das Zahlenmaterial mit einigen problematischen Punkten[22] behaftet ist, ist der sprunghafte Anstieg des Anteils von verbrieften Forderungen seit 1980 festzustellen; eine Entwicklung die jedoch in der zweiten Hälfte der achtziger Jahre eine gewisse Korrektur erfuhr. Trotzdem ist dieser Trend deutlich ausgeprägter als im Schweizerischen Kapitalmarkt.

Ein detailliertes Bild zeigt Abbildung 1.13, die aufgrund von OECD-Daten berechnet wird.

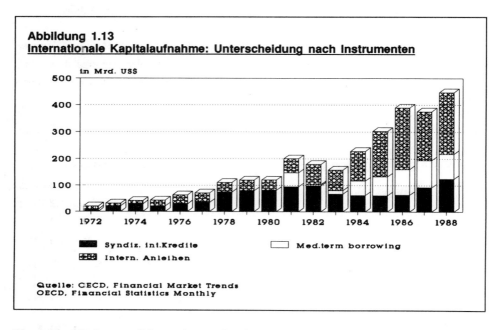

Die neugewährten syndizierten internationalen Kredite wachsen in den siebziger Jahren stark an, schwanken dann zwischen 1980 und 1987 jedoch in einem Bereich von 61 und 98 Mrd US-Dollar und überschreiten erst 1988 die $ 100 Mrd.-Grenze. Imposant ist die Entwicklung der verbrieften Schuldforderungen seit 1980. Insbesondere die

---

[22] Bei der Anleihensfinanzierung kann die Neubeanspruchung nur durch Schätzung ermittelt werden, ca über Tilgungen und Rückzahlungen keine Statistiken existieren. Bei der internationalen Kreditvergabe, die anhand der grenzüberschreitenden Forderungen der berichtenden Banken ermittelt werden, besteht das Problem im Feststellen der Doppelzählungen wegen Weitergabe zwischen den Banken (Interbankmarkt).

mittelfristigen Fazilitäten verzeichnen rasante Wachstumsraten.[23] Aber auch das Emissionsvolumen der neu aufgelegten internationalen Anleihen wächst von $ 40 Mrd. im Jahre 1980 auf $ 230 Mrd im Jahre 1988 und damit in einem signifikant stärkerem Ausmass als in der Schweiz im selben Zeitraum. Interessant ist auch die unterschiedliche Entwicklung von Euro- und Auslandanleihen. In den siebziger Jahren entfiel i.d.R. mehr als die Hälfte auf Auslandanleihen (Zwischen 1972 und 1979 schwanken die Anteile der Euroanleihen zwischen 28% und 62%, mit einem Mittel von 44%). In den achtziger Jahren verschiebt sich das Gewicht immer mehr zu den Euroanleihen (ihre Anteile schwanken zwischen 51% und 82%, mit einem Mittel von 70%).

3.2.2. Die Bedeutung von internationalen Options- und Wandelanleihen[24]

Bereits zu Beginn der sechziger Jahre emittieren vereinzelt amerikanische Unternehmen WA auf dem Euromarkt. Ein einmaliges Spitzenjahr stellt 1968 dar, indem über 50% der internationalen Anleihen mit einem Wandelrecht versehen sind. 1962 benützt auch zum ersten Mal eine japanische Unternehmung (Shin Mitsubishi) dieses Instrument und etwas später folgen, angeführt von niederländischen Firmen, Gesellschaften aus weiteren Ländern. Als erster schweizerischer Konzern emittiert Alusuisse 1969 eine WA. OA sind zu dieser Zeit wesentlich seltener anzutreffen. Den Beginn macht 1964 der italienische Stahlkonzern Finsider. Wiederum die Alusuisse ist 1971 der erste Schweizer OA-Emittent auf dem Euromarkt.

Detaillierte Angaben sind ab 1973 erhältlich. Tabelle 1.4 gibt einen Ueberblick über die Anteile von OA/WA am Emissionstotal der internationalen Anleihen.[25]

---

[23] Von 1981 bis 1985 dominieren die Note Issuance Facilities (NIFs); 1986 bis 1988 spielen die internationalen Geldmarktpapiere (Commercial Papers) die entscheidende Rolle.

[24] Die nachfolgenden Ausführungen basieren auf Aldred [1987] und den OECD Financial Market Trends [div. Jahrgänge], und dabei insbesondere auf der Ausgabe Nr. 20 (November 1981) mit dem Special Feature über Convertible Issues on External Bond Markets.

[25] Bis 1982 werden OA nicht gesondert ausgewiesen, weil sie nur eine marginale Bedeutung haben. Für die Periode von 1976 bis 1980, wo genauere Angaben zu finden sind, liegt ihr Anteil unter 1.0% (Mittelwert: 0.3%).

Tabelle 1.4
**Bedeutung von Options- und Wandelanleihen
auf dem internationalen Kapitalmarkt**

Jahr	Wandel- anleihen *	Options- anleihen *	Eigenkapital- bezogene Anleihen * B + C	Internationale Aktien- emissionen **
A	B	C	D	E
1973	5.8%			
1974	2.3%			
1975	2.0%			
1976	3.0%			
1977	3.7%			
1978	5.9%			
1979	9.1%			
1980	10.3%			
1981	9.2%			
1982	4.2%			
1983	9.3%	1.0%	10.3%	
1984	8.3%	1.4%	9.7%	2.8%
1985	4.1%	2.5%	6.6%	20.4%
1986	3.4%	8.4%	11.8%	29.7%
1987	10.1%	13.7%	23.8%	36.0%
1988	4.9%	12.9%	17.8%	11.0%

* prozentualer Anteil am Total der internationalen Anleihen (Emissionsvolumen)
** Verhältnis zum Emissionsvolumen der internationalen OA/WA

Quelle: OECD, Financial Market Trends
OECD, Financial Statistics Monthly, Section 1: International Markets

In den siebziger Jahren sind die eigenkapitalbezogenen Anleihen nur ein moderat benütztes Finanzierungsinstrument, mit etwa gleichen Anteilen wie im schweizerischen Kapitalmarkt. Ab 1980 werden OA/WA häufiger benützt. Insbesondere 1987 und 1988 erleben sie einen markanten Anstieg, wobei deren Anteile nicht die gleich hohen Werte wie in der Schweiz erreichen.[26] In Tabelle 1.4 sind zum Vergleich auch die internationalen Aktienemissionen aufgeführt, als Verhältniszahl zum Total der eigenkapitalbezogenen Anleihen (Kol. E). Auch wenn der durchschnittliche Equity Content bei den internationalen OA/WA unter 1 liegt, kann man folgern, dass bis 1988 die potentielle internationale Eigenkapitalaufnahme über "equity-linked bonds" um ein Mehrfaches über dem Emissionsvolumen von direkten internationalen Aktienplazierungen liegt.

In Abbildung 1.14 wird für die Zeit ab 1984 die Aufteilung der internationalen OA/WA-Emissionen auf die einzelnen Währungssegmente dargestellt. Der Anteil des US$ nimmt von 1984 bis 1988 von 50% auf 70% zu, währenddem in der gleichen Zeitperi-

---

[26] In absoluten Werten ist die Zunahme seit 1985 noch eindrücklicher: 1985: $11.3 Mrd., 1986: $26.9 Mrd., 1987: $43.0 Mrd., 1988: $ 41.0 Mrd.

ode dessen Anteil an der Gesamtheit der internationalen Anleihen von 62% auf 37% abnimmt. Besonders ausgeprägt ist diese Tendenz bei den OA, wo 1988 über 90% in US$ emittiert werden. Im Vergleich zum Gesamtmarkt ebenfalls einen überdurchschnittlichen Anteil an OA/WA weist der SFr-Auslandmarkt auf, obwohl dessen Anteil stetig schrumpft.[27]

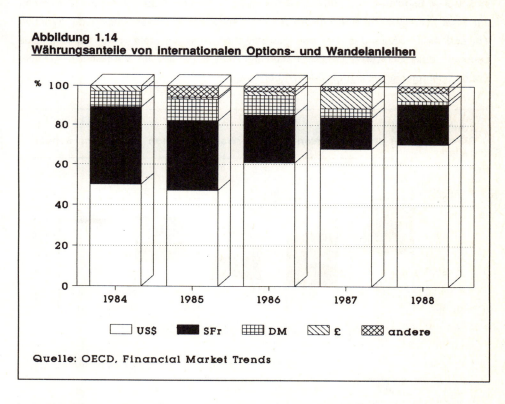

Interessant ist auch die Frage, aus welchen Ländern die Emittenten von international plazierten OA/WA stammen. Bei den WA lösen Ende der sechziger Jahre japanische Gesellschaften die vorher dominierenden amerikanischen Firmen als wichtigste Emittenten ab. Daneben benützen Ende der sechziger und anfangs der siebziger Jahre v.a. Unternehmen aus den Niederlanden, Grossbritannien, Schweden und der Schweiz

---

[27] Durchschnittlicher Anteil des Schweizer Frankens von 1984 bis 1988:
- an allen internationalen Anleihen: 11%
- an internationalen OA/WA: 22%

dieses Instrument. Zwischen 1976 und 1981 betragen die Anteile von japanischen Emittenten durchschnittlich 70%, gegenüber 10% von amerikanischen und 8% von schweizerischen Schuldnern. Bei den noch unbedeutenden OA dominieren bis 1981 deutsche und amerikanische Emittenten. Ab 1982 übernehmen jedoch auch in diesem Sektor japanische Kapitalnehmer die Spitzenposition. Die überragende Stellung japanischer Schuldner seit 1984 zeigt Abbildung 1.15. Der Anteil Schweizer Emittenten am Total der eigenkapitalbezogenen Anleihen schwankt in dieser Zeitperiode zwischen 1% und 4%[28], während er bei den gewöhnlichen Anleihen stets unter 1% liegt. Das bedeutet, dass Schweizer Gesellschaften auf dem Euromarkt im Vergleich zu Straight Bonds <u>überdurchschnittlich oft OA/WA benützen</u>.

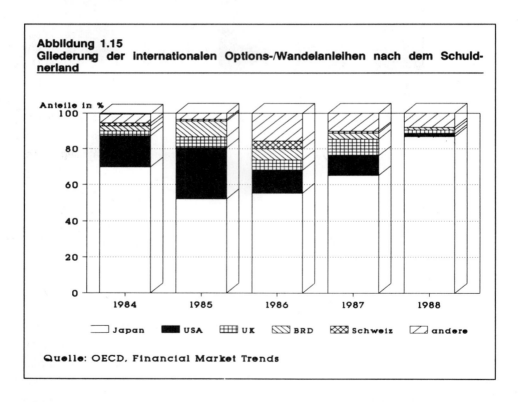

Abbildung 1.15
Gliederung der internationalen Options-/Wandelanleihen nach dem Schuldnerland

Quelle: OECD, Financial Market Trends

---

[28] Den aus OECD-Daten berechneten Werten ist eine gewisse Vorsicht entgegenzubringen, da die aufgeführten OA/WA-Emissionswerte für schweizerische Schuldner durchwegs von den eigenen Berechnungen (vgl. Abschnitt 5.2.) abweichen. I.d.R. liegen die OECD-Werte tiefer, was bedeutet, dass der schweizerische Anteil eher etwas höher sein dürfte.

Zusammenfassend ist auf das seit 1983 anhaltende starke Wachstum von OA/WA auf dem internationalen Kapitalmarkt hinzuweisen. Einerseits rührt diese Entwicklung vom Trend zur Aufnahme von Kapital mittels Wertpapieren her. Andererseits nimmt die Bedeutung von OA/WA innerhalb der gesamten Palette von Anleihensemissionen zu. Die uns besonders interessierenden schweizerischen Schuldner machen nur einen marginalen Teil in diesem Sektor aus. Jedoch benützen diese bei einem Gang an den Euromarkt im Vergleich zu gewöhnlichen Anleihen überdurchschnittlich oft OA/WA. Zudem fällt auf, dass die Bedeutungszunahme der eigenkapitalbezogenen Anleihen im Schweizer Kapitalmarkt seit 1985 wesentlich ausgeprägter als im Euromarkt erfolgt.

3.2.3. Die Bedeutung von Options- und Wandelanleihen im Schweizer Franken Auslandmarkt

In diesem Abschnitt sollen die Schweizer Franken Auslandanleihen als ein Segment des internationalen Kapitalmarktes speziell untersucht werden. Ein besonderes Problem stellt sich hier, indem zwischen öffentlich aufgelegten Anleihen und privat plazierten Notes unterschieden werden muss.[29] Wegen der grösseren Publizität liegen bei öffentlich emittierten OA/WA wesentlich bessere Daten als bei den entsprechenden Notes vor. So sind erste öffentliche OA/WA von ausländischen Schuldnern in der Schweiz bereits in den fünfziger Jahren plaziert worden (vgl. Dallèves [1963], S. 139). In den sechziger und siebziger Jahren werden insgesamt zwei WA und eine OA emittiert. Erst 1980 werden diese Instrumente in grösserem Ausmass benützt. Ihre Bedeutung wächst in den folgenden Jahren stark an und erreicht 1987 einen Anteil von 23% (vgl. Abbildung 1.16). OA verzeichnen dabei erst seit 1986 ein signifikantes Emissionsvolumen, wobei es gleich sprunghaft dasjenige WA übertrifft.[30] Die Ausland-

---

[29] Bis zum 29. Mai 1986 konnten die beiden Arten wegen speziellen Vorschriften für Notes hinsichtlich Laufzeit, Mindeststückelung und Depotpflicht gut unterschieden werden (vgl. Hämmerli [1986], S. 130f, 410f und 418). Danach hat die Schweizerische Nationalbank diese Bestimmungen aufgehoben. Die Banken halten jedoch weiterhin an der unterschiedlichen Plazierungspraxis fest. Insbesondere werden über neu auszugebende Notes keine Prospekte publiziert, sondern nur Kurzbeschreibungen (Informationsmemoranden) für die angestammte Kundschaft und für Drittbanken abgegeben.

[30] Nicht alle OA sind mit einem Bezugsrecht auf Eigenkapital versehen. 1986 sind zwei Anleihen mit Goldwarrants verbunden, was 8% des Emissionsvolumens aller OA ausmacht. 1987 sind vier Gold- und eine Erdöl-OA enthalten, mit einem Anteil von 16%.

anleihen auf dem schweizerischen Kapitalmarkt zeigen damit ein ähnliches Bild wie die Inlandanleihen, d.h. ein starkes Wachstum der Options- und Wandelpapiere in den achtziger Jahren. Allerdings liegt der Anteil von OA/WA bei Schweizer Emittenten seit 1985 noch wesentlich höher und rührt deutlich einseitiger von der Verwendung von OA her.

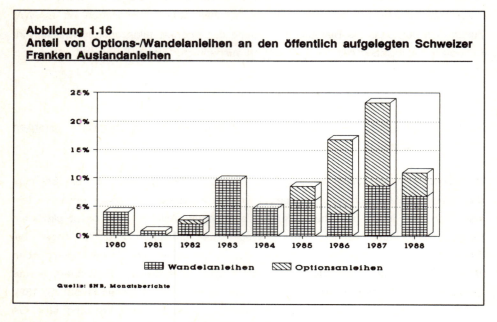

Abbildung 1.16
Anteil von Options-/Wandelanleihen an den öffentlich aufgelegten Schweizer Franken Auslandanleihen

Quelle: SNB, Monatsberichte

Ein Blick auf die Herkunft der OA/WA-Schuldner zeigt, dass bis 1984 fast ausschliesslich japanische Unternehmen diese Instrumente benützen. Von 1985 bis 1987 sind sie demgegenüber nur noch die drittwichtigsten Schuldner mit einem Anteil von 13%. Vermehrt OA/WA emittieren britische (16%) und amerikanische Konzerne (16%). Daneben benützen weitere elf in Ozeanien und Europa domizilierte Firmen diese Kapitalmarktinstrumente.

Bei den Notes ist es schwieriger, einen Ueberblick über die verwendeten Instrumente zu erhalten. Aus den Statistiken der Nationalbank kann entnommen werden, dass der Anteil von Notes mit Options- und Wandelrechten um einiges höher liegt als bei den öffentlichen Plazierungen und dass japanische Schuldner eine dominierende Rolle einnehmen. 1987 beispielsweise machen nicht-japanische Schuldner bei privatplazierten OA lediglich etwa einen Viertel aus.[31] Bei Wandelnotes liegt dieser Anteil nochmals deutlich tiefer (bei etwa 5%). Diese Dominanz von japanischen Equity-linked Notes wird in einer Untersuchung von Bischoff [1988] über OS japanischer Gesellschaften bestätigt. Zwischen 1983 und 1987 sind durchschnittlich 70% der Anleihen (bezogen auf das Emissionsvolumen) mit einem Eigenkapitalbezug versehen, wobei Wandelnotes die bedeutendere Rolle spielen.

3.3. Die Bedeutung von Options- und Wandelanleihen in ausländischen Kapitalmärkten

Um die Benützung von OA/WA in der Schweiz weiter zu beurteilen, soll die Bedeutung dieser Instrumente auf dem amerikanischen, deutschen und japanischen Inlandmarkt festgestellt werden. Ein Vergleich mit diesen Ländern lässt eine Schlussfolgerung zu, ob der OA-Boom von 1985 bis 1987 ein weltweites Phänomen oder eine schweizerische Besonderheit darstellt.

3.3.1. USA[32]

Obwohl das erste Wertpapier mit einem Wandelrecht anfangs des 17. Jahrhunderts in England[33] ausgegeben wurde, erreichten OA/WA zuerst in den USA eine gewisse Bedeutung. Die erste WA datiert aus dem Jahre 1843 für eine Eisenbahngesellschaft. Dieser Sektor hat denn auch dieses Finanzierungsinstrument in der zweiten Hälfte des 19. Jahrhunderts recht häufig benützt. Danach ist die Popularität von WA starken

---

[31] Im Gegensatz zu den von japanischen Firmen emittierten Anleihen sind diese nur etwa zu 20% mit einem Bezugsrecht für Eigenkapitalkapital verbunden. Die Mehrheit sind mit Goldwarrants, einige wenige mit Erdöl- und Währungswarrants versehen.

[32] Die nachfolgenden Ausführungen basieren auf Atkinson [1967], Mesler [1985], Pilcher [1955] und Stevenson/Lavely [1970].

[33] Das früheste aktenkundige Wandelrecht betrifft den Fall der London Water Company, bei der King Charles I während seiner Regenschaft erlaubt wurde, seine Aktien in Bonds zu konvertieren.

Schwankungen unterworfen. Ein hohes Emissionsvolumen ist inbesondere um 1905, von 1928 bis 1930, Ende der dreissiger Jahre und Mitte der fünfziger Jahre festzustellen. OA spielen demgegenüber in den USA eine wesentlich bescheidenere Rolle. Die erste Anleihe mit Warrants wird 1906 emittiert. Bis Mitte der sechziger Jahre bleiben sie ein kaum benütztes Instrument. Als Grund dafür führt Mesler [1985] an, dass sie einerseits in den Depressionsjahren häufig zur Reorganisation von in finanziellen Schwierigkeiten steckenden Firmen benützt und dadurch als sehr spekulatives Wertpapier betrachtet wurden. Andererseits weigerte sich die New York Stock Exchange, Warrants an ihrer Börse zu kotieren. Eine gewisse Akzeptanz erhalten sie erst, als AT&T 1970 eine OA mit einem hohen Emissionswert auflegt. Insbesondere Warrants erleben danach einen Aufschwung. Im Gegensatz zur Schweiz werden diese in den USA jedoch nicht zu einem überwiegenden Teil als Paket mit einer Anleihe emittiert. Neben OA werden sie häufig auch zusammen mit neuemittierten Aktien, als Ersatz von Dividendenzahlungen, als Kompensation bei Firmenübernahmen, bei Reorganisationen und für die Leistungen von Emissionsbanken (Underwriters) sowie als Teil der Gehaltszahlung an das obere Management abgegeben. Ueber die Verwendung von OA/WA seit 1960 gibt Tabelle 1.5 Aufschluss.

WA haben von 1970 bis 1987 einen Anteil am Emissionsvolumen von 5.3% an allen öffentlich aufgelegten Anleihen, wobei ihre Bedeutung in den achtziger Jahren nur wenig über der im Jahrzehnt zuvor liegt.[34] OA werden im selben Zeitraum deutlich weniger oft benützt. Sie spielen mit Ausnahme der Jahre 1983 und 1984 nur eine marginale Rolle. Ab 1985 werden sie im Directory of Corporate Financing nicht mehr gesondert ausgewiesen. Dies geschieht wohl wegen ihrer abnehmenden Bedeutung. Denn eine Durchsicht der Emissionskalender im Directory zeigt, dass nur sehr wenige OA nach 1985 emittiert werden. Im Gegensatz zur Schweiz sind also die WA das klar wichtigere Instrument innerhalb der eigenkapitalbezogenen Anleihen. Und als weiterer Unterschied muss festgehalten werden, dass in den USA Mitte der achtziger Jahre keine sprunghafte Zunahme der Bedeutung von OA/WA eintritt.

---

[34] Da der durchschnittliche Emissionswert von WA deutlich unter dem von gewöhnlichen Anleihen liegt, steigt der WA-Anteil auf etwa das Doppelte an, wenn die <u>Anzahl</u> der emittierten Anleihen untersucht wird.

Tabelle 1.5
**Anteil der Options- und Wandelanleihen an den öffentlich
aufgelegten Anleihen auf dem amerikanischen Kapitalmarkt**

Beträge in Mio US$

Jahr	alle öffentl. Anleihen	Wandelanleihen	Optionsanleihen	Anteil der Wandelanleihen	Anteil der Optionsanleihen
A	B	C	E	F	G
1960	5668	347	205	6.1%	3.6%
1965	7423	1183	38	15.9%	0.5%
1970	26727	1656	722	6.2%	2.7%
1971	29658	2995	1027	10.1%	3.5%
1972	21199	1858	425	8.8%	2.0%
1973	13983	485	56	3.5%	0.4%
1974	27790	463	21	1.7%	0.1%
1975	38419	1360	9	3.5%	0.0%
1976	32891	933	4	2.8%	0.0%
1977	28538	478	452	1.7%	1.6%
1978	24415	391	647	1.6%	2.7%
1979	29624	551	188	1.9%	0.6%
1980	46160	4122	440	8.9%	1.0%
1981	51877	4266	591	8.2%	1.1%
1982	60599	2765	638	4.6%	1.1%
1983	61850	6107	3581	9.9%	5.8%
1984	76556	4077	3131	5.3%	4.1%
1985	112366	7426	k.A.	6.6%	k.A.
1986	239136	10116	k.A.	4.2%	k.A.
1987	228834	9773	k.A.	4.3%	k.A.
Durchschnitt: 1960 - 1987 *				5.3%	2.1%
Durchschnitt: 1970 - 1979				4.1%	1.3%
Durchschnitt: 1980 - 1987 *				5.5%	2.8%

* für OA: bis 1984
Quelle: Dealers' Digest Inc., Directory of Corporate Financing, Semi-Annual Directory, New York

3.3.2. Japan

Für den internationalen Kapitalmarkt wurde bereits gezeigt, dass bei japanischen Unternehmen eigenkapitalbezogene Anleihen ein sehr beliebtes Finanzierungsinstrument sind. Diese Beobachtung kann teilweise auch auf dem japanischen Kapitalmarkt gemacht werden (vgl. Tabelle 1.6). In den achtziger Jahren steigt der WA-Anteil gemessen am Emissionsvolumen der privaten Anleihensschuldner stetig an und erreicht 1987 beinahe 15%.[35] Diese Entwicklung der eigenkapitalbezogenen Anleihen gleicht damit den Verhältnissen in der Schweiz, wobei die Bedeutungszunahme in Japan nicht ein derart grosses Ausmass angenommen hat wie bei uns.

---

[35] In den Statistiken werden OA nicht gesondert ausgewiesen.

Tabelle 1.6
Anteil der Wandelanleihen auf dem japanischen Kapitalmarkt

Beträge in Mrd. Yen

Jahr A	alle Anleihen privater Schuldner B	Wandelanleihen C	Anteil der Wandelanleihen D
1978	12768	293	2.3%
1979	13522	371	2.7%
1980	14745	105	0.7%
1981	15556	384	2.5%
1982	17999	492	2.7%
1983	19856	837	4.2%
1984	21207	1209	5.7%
1985	25834	1904	7.4%
1986	34183	2744	8.0%
1987	36684	5256	14.3%
	Durchschnitt: 1978 – 1987		6.4%

Quelle: Monthly Statistics of Japan

3.3.3. Deutschland[36]

Auf dem deutschen Kapitalmarkt werden die ersten eigenkapitalbezogenen Anleihen Mitte der zwanziger Jahre dieses Jahrhunderts emittiert. Sowohl OA als auch vor allem WA erleben in dieser Zeit eine gewisse Verbreitung, ohne dieselbe Bedeutung wie in den USA zu erlangen. Nach dem Zweiten Weltkrieg werden zuerst WA und ab 1967 auch wieder OA eingeführt. Allerdings spielen sie im deutschen Anleihensmarkt, wie die Industrieobligationen überhaupt, bis 1984 weiterhin nur eine untergeordnete Rolle (z.B. werden von 1967 bis 1984 nur neun OA aufgelegt). Ab 1985 setzt dann ähnlich wie in der Schweiz bei den OA eine stärkere Emissionstätigkeit ein (sieben OA von 1985 bis Mitte 1986). Von einer eigentlichen OA-Euphorie wie in der Schweiz kann jedoch in Deutschland nicht gesprochen werden. Die zeigt sich auch in den Emissionsstatistiken der Deutschen Bundesbank, wo Wandelschuldverschreibungen nicht

---

[36] Vgl. Dallwig [1935], Janssen [1982], Kjer [1981] und Schlede/Kley [1987].

gesondert ausgewiesen werden.[37] Angefügt werden muss jedoch, dass grosse deutsche Gesellschaften für Fremdkapitalaufnahmen öfters auf den Euromarkt ausweichen und dort darum OA/WA von deutschen Schuldnern auch eine grössere Bedeutung erlangt haben.

Abschliessend kann festgestellt werden, dass eigenkapitalbezogene Anleihen in den achtziger Jahren für Schweizer Firmen im Vergleich zum Ausland eine aussergewöhnlich grosse Bedeutung erlangt haben. Vor allem der OA-Boom von 1985 bis 1987 stellt eine Besonderheit dar, der nur noch mit der Emissionstätigkeit von japanischen Firmen auf dem Euromarkt und dem Schweizer Franken-Auslandmarkt verglichen werden kann. Diese überdurchschnittlich starke Benützung von OA/WA von Schweizer Gesellschaften stellt im folgenden den Hintergrund dar, vor dem dieses Instrument analysiert werden soll.

---

[37] Ein Vergleich mit der Zusammenstellung der OA-Emissionen in Schlede/Kley [1987] zeigt, dass z.B. 1985 das OA-Emissionsvolumen nur etwa 1% aller in Deutschland emittierten Schuldverschreibungen von Banken und Industriebetrieben darstellt.

4. Beschreibung der Options- und Wandelanleihen schweizerischer Schuldner

4.1. Einleitung

In diesem Kapitel erfolgt eine eingehendere Beschreibung der OA/WA schweizerischer Schuldner. Sie dient zwei Zwecken. Durch die theoretische Betrachtung der vielfältigen Komponenten sollen die Besonderheiten dieser Finanzierungsinstrumente dargestellt werden. Insbesondere soll die Vielzahl der Faktoren offengelegt werden, die den "Wert" von OA/WA beeinflussen. Zum andern wird die effektive Ausgestaltung der Konditionen durch schweizerische Schuldner untersucht. Diese deskriptive Analyse erlaubt Rückschlüsse auf institutionelle Besonderheiten dieser Finanzierungsinstrumente, wobei die zeitliche Entwicklung von besonderem Interesse ist. Die Ausgestaltung der OA/WA von Schweizer Gesellschaften wird im folgenden die Grundlage für die Untersuchung der Emissionsgründe (vgl. 2. Teil) und der Preiseffekte dieser Anleihensart (vgl. 3. Teil) darstellen.

4.2. Zusammenstellung der untersuchten Anleihen

Im Gegensatz zu den USA und Deutschland finden OA/WA in der Schweiz in der ersten Hälfte dieses Jahrhunderts keine Verbreitung. Die Literatur (Dallèves [1963], S. 139; Müller [1936], S. 5) führt für diese Zeitperiode lediglich drei WA-Emissionen auf.[38] Zudem findet eine OA[39] Erwähnung, bei der jedoch die Optionsscheine nur von Besitzern der Obligationenzertifikate ausgeübt werden können (vgl. Escher [1971],

---

[38] 1925 eine WA über Fr. 1'000'000.- der Société Générale d'Exploitations Industrielles, Basel, 1926 eine über Fr. 6'000'000.- der Union Financière de Genève und 1941 eine über Fr. 1'500'000 der Conservenfabrik Rorschach. Zudem plante Mitte der Zwanziger Jahre die Allgemeine Kinematographen AG, Zürich, einen Wandler über Fr. 1'200'000.-, deren Emission jedoch nicht durchgeführt wurde.

[39] Emission der Continentalen Gesellschaft für Bank- und Industriewerte, Basel, im Jahre 1930.

S. 20). Nach dem Zweiten Weltkrieg dauert es bis 1957 bis die Landis & Gyr Holding dieses Instrument wieder benützte. Mit einer Ausnahme (1964) wird seit 1960 jedes Jahr mindestens eine eigenkapitalbezogene Anleihe emittiert, wobei OA erstmals 1970 Verwendung finden.

Ausgewertet werden im folgenden <u>alle öffentlich plazierten OA/WA seit 1957</u>. Eine detaillierte Auflistung der Emissionen erfolgt in den Anhängen 1 bis 4. In Tabelle 1.7 ist zudem das jährliche Emissionsvolumen zusammengestellt, wobei einerseits zwischen OA und WA und andererseits zwischen Anleihen in Schweizer Franken und solchen in Fremdwährung unterschieden wird.

Hinzuweisen ist auf zwei Abgrenzungsprobleme. Erstens können Obligationen öffentlich oder privat plaziert werden. Da bei privat plazierten Kassascheinen keine Emissionsprospekte veröffentlicht werden und die Titel oft nur bei wenigen Banken und ohne Publizität einem beschränkten Kundenkreis angeboten werden, ist es kaum möglich, eine vollständige Liste solcher OA/WA zusammenzustellen. Selbst Emissionsspezialisten bei Banken können lediglich Beispiele anführen, ohne eine Gewähr für Vollständigkeit zu geben. Privatplazierungen bleiben deshalb von einer eingehenderen Analyse ausgeschlossen. Gerade jedoch bei den Optionskassascheinen hat es seit 1986 einige interessante Emissionen gegeben, auf die kurz eingegangen werden soll. So hat die Stadt Zürich im November 1986 eine Schuldverschreibung aufgelegt, die mit Optionen auf Namenaktien der Ciba-Geigy versehen sind.[40] Weiter emittierten im Frühjahr 1988 die von Moos Holding und die Wertheimer Holding sogenannte Going Public-Optionskassascheine.[41] Und zur selben Zeit offerierte die Swissair Kassascheine, die mit zwei Typen von Calloptionen (unterschiedlicher Ausübungspreis) und mit <u>Put</u>optionen auf ihre Genussscheine (GS) verbunden sind. Diese, meines Wissens in der Schweiz erstmalige, Kombination von Anleihe und "Put-Warrants" kann bei einem schlechten

---

[40] Es handelt sich dabei um die Ciba-Geigy Stillhalteroptionen der BZ-Bank, also nicht um eigentliche Warrants.

[41] Der Investor hat bei einem Going Public der Unternehmung während der Laufzeit der Obligation das Recht, Optionsscheine auf die neu emittierten Aktien zu beziehen, wobei der Ausübungspreis dem Emissionspreis entspricht. Der Kassaschein wird also mit <u>Optionen auf Warrants</u> verbunden. Diese Optionsscheine haben dann ihrerseits eine Laufzeit von zwei Jahren. Erfolgt kein Going Public oder verzichtet der Investor auf sein Recht zum Bezug von Warrants, wird ihm der Kassaschein bei Verfall zu 110.8% zurückbezahlt.

Tabelle 1.7
Zusammenstellung der öffentlich plazierten
Options- und Wandelanleihen Schweizer Gesellschaften

	SFr.-OA Anz.	Emvol	SFr.-WA Anz.	Emvol	FW-OA Anz.	Emvol	FW-WA Anz.	Emvol	Total Anz.	Emvol
1957	–	–	1	15.00	–	–	–	–	1	15.00
1960	–	–	1	21.08	–	–	–	–	1	21.08
1961	–	–	4	64.52	–	–	–	–	4	64.52
1962	–	–	1	1.99	–	–	–	–	1	1.99
1963	–	–	8	339.59	–	–	–	–	8	339.59
1965	–	–	4	88.76	–	–	–	–	4	88.76
1966	–	–	1	2.98	–	–	–	–	1	2.98
1967	–	–	2	82.51	–	–	–	–	2	82.51
1968	–	–	3	179.00	–	–	–	–	3	179.00
1969	–	–	2	220.79	–	–	1	259.20	3	479.99
1970	1	1.99	1	12.80	–	–	–	–	2	14.79
1971	1	100.40	5	193.14	1	143.22	1	98.86	8	535.62
1972	3	199.84	2	46.26	–	–	–	–	5	246.10
1973	5	164.49	2	26.14	–	–	–	–	7	190.63
1974	2	14.97	3	55.80	–	–	1	71.44	6	142.21
1975	1	120.00	4	259.20	1	52.43	2	134.72	8	566.35
1976	1	10.00	3	100.20	–	–	3	676.32	7	786.52
1977	5	334.10	3	87.00	–	–	1	288.24	9	709.34
1978	1	80.00	4	326.00	1	83.25	2	178.57	8	667.82
1979	3	82.00	3	144.00	–	–	3	527.37	9	753.37
1980	2	260.00	6	457.00	–	–	4	408.73	12	1125.73
1981	7	585.00	4	339.00	–	–	1	145.20	12	1069.20
1982	4	600.00	2	270.62	–	–	–	–	6	870.62
1983	8	407.60	2	270.00	4	678.12	6	554.90	20	1910.62
1984	6	545.00	–	–	5	542.63	2	146.60	13	1234.23
1985	23	2298.00	2	190.00	8	1014.00	4	609.07	37	4111.07
1986	40	2923.00	2	45.00	16	2589.32	–	–	58	5557.32
1987	49	3670.15	1	92.11	5	677.84	1	125.82	56	4565.92
1988	17	1769.93	10	809.89	–	–	2	211.35	29	2791.17
Total	179	14166.47	86	4740.38	41	5780.81	34	4436.39	340	29124.05

Total Optionsanleihen	220	19947.28
Total Wandelanleihen	120	9176.77
Total SFr.-Anleihen	265	18906.85
Total Fremdwährungsanleihen (FW)	75	10217.20

Bemerkungen – Emvol = Emissionsvolumen in Mio SFr.
  – Umrechnung bei FW-Anleihen zum Monatsmittelwert des Emissionsmonats
    Quelle: SNB, Monatsberichte, Tabelle: Devisenkurse in der Schweiz (Geld)
  – 1978: eine kombinierte OA/WA ist unter Fremdwährungs-OA aufgelistet

Kursverlauf des zugrundeliegenden Titels bewirken, dass die Unternehmung zur Rücknahme von GS und somit zur Eigenkapitalherabsetzung verpflichtet wird. Ebensowenig werden Anleihen in die Auswertung aufgenommen, die nur einem sehr beschränkten Personenkreis[42] angeboten werden, ohne aber eigentlichen Kassascheinen zu entsprechen. Zwischen 1961 und 1966 sind vier solcher WA von kleinen, jungen Unternehmen emittiert worden.[43]

Das zweite Problem betrifft die Festlegung der "Nationalität" des Schuldners. Dieses stellt sich hauptsächlich bei in der Schweiz domizilierten Finanzgesellschaften multinationaler Unternehmen. In dieser Arbeit wird die Abgrenzung so geregelt, dass solche Tochtergesellschaften als schweizerische Firmen betrachtet werden, wenn deren Aktien/PS als Inlandwert an Schweizer Börsen gehandelt werden.[44]

4.3. Uebersicht über die Möglichkeiten der Konditionengestaltung

OA/WA stellen eine Kombination einer Fremd- und Eigenkapitalbeschaffung dar. Entsprechend beinhalten sie eine Anleihens- und eine Aktienkomponente. Diese Besonderheit bewirkt, dass OA/WA-Emittenten mehr Entscheidungsparametern gegenüberstehen als bei gewöhnlichen Anleihen oder bei Eigenkapitalerhöhungen mittels Bezugsrechten. Eine Uebersicht über diese Aktionsparameter vermittelt Abbildung 1.17. In den folgenden Abschnitten wird untersucht, wie schweizerische Emittenten diese Konditionen konkret ausgestaltet haben. Dabei stehen die Aktienkomponenten im Mittelpunkt, da gerade diese die OA/WA charakterisieren. Die Fremdkapitalkomponenten werden

---

[42] Damit sind aber nicht die Fälle gemeint, wo eine Anleihe den <u>Aktionären</u> zur Zeichnung angeboten werden (Bezugsrechtsemission) oder wo ihnen ein Zeichnungsvorrecht eingeräumt wird.

[43] 1961: 6 1/2% Juvena Holding über SFr. 1'000'000.-; 1963: 6% Juvena Holding über Fr. 1'000'000.-; 1966: 6 1/2% Schilthornbahn über Fr. 2'500'000.- und 5 1/2% Société des remontées mécaniques, Zinal über Fr. 1'000'000.-

[44] Z.B. wird die 2 1/4% Gold-OA der IHF-Internazionale Holding FIAT SA, Lugano, 1987/92 nicht berücksichtigt, während die 2% WA der Compagnie Financière Michelin, Basel, 1988/97 als inländische Emission betrachtet wird.

sich demgegenüber im wesentlich nur in der Höhe des Couponsatzes bzw. des Emissionspreises von gewöhnlichen Anleihen unterscheiden. Für eine grundsätzliche Diskussion des Einflusses der Konditionsgestaltung und der einzelnen Aktionsparameter bei OA/WA ist auf Janssen [1982], Kjer [1981], Löffler [1987] und SKA [1986] verwiesen.

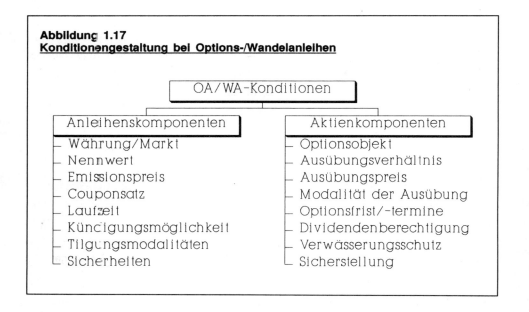

Abbildung 1.17
Konditionengestaltung bei Options-/Wandelanleihen

4.4. Anleihenskomponenten

4.4.1. Währung/Markt

Schweizer Unternehmen haben OA/WA nicht nur auf dem einheimischen Kapitalmarkt in Schweizer Franken emittiert. In Tabelle 1.8 sind darum die Anleihen nach der Währung aufgeteilt.

Tabelle: 1.8
Währungsstruktur der OA/WA von Schweizer Gesellschaften

Währung	Anzahl OA/WA	Emissionsvolumen in Mio SFr.
Schweizer Franken	265	18'906.9
US-Dollar	44	6'859.3
Deutsche Mark	19	2'009.8
Britisches Pfund	6	619.1
Französischer Franc	2	107.6
Japanischer Yen	1	213.6
ECU	1	177.2
Holländischer Gulden	1	147.4
Kanadischer Dollar	1	83.3

Einen Eindruck über die Anteile der einzelnen Fremdwährungen vermittelt zusätzlich Abbildung 1.18. Der relative grosse Anteil von US$-OA/WA deutet auf eine rege Emissionstätigkeit von schweizerischen Gesellschaften auf dem Euromarkt hin. Zudem ist ersichtlich, dass die Anleihen in Fremdwährung ein höheres durchschnittliches Emissionsvolumen (SFr. 136.2 Mio) aufweisen, als ihr Pendant in Schweizer Franken (SFr. 71.3 Mio). Dies erlaubt die keineswegs überraschende Feststellung, dass hauptsächlich Grossunternehmen am Euromarkt als Anbieter von OA/WA aufgetreten sind.

Bezüglich des Kapitalmarktes sind zwei Ergänzungen anzufügen. Erstens sind unter den Fremdwährungs-OA/WA auch solche zu finden, die auf einem nationalen Auslandsanleihenmarkt emittiert wurden und somit keine eigentliche Euroanleihen darstellen. Mindestens vier solcher Fälle können identifiziert werden (3 £-WA, 1 FF-OA). Zweitens sind auch zwei Anleihen berücksichtigt, die trotz ihrer Denomination in einer Fremdwährung auf dem Schweizerischen Kapitalmarkt aufgelegt wurden.[45]

---

[45] Beide stammen von der Winterthur Versicherungsgesellschaft (5% kombinierte OA/WA 1978/86 über Can$ 50 Mio. und 7% WA 1981/89 über US$ 80 Mio).

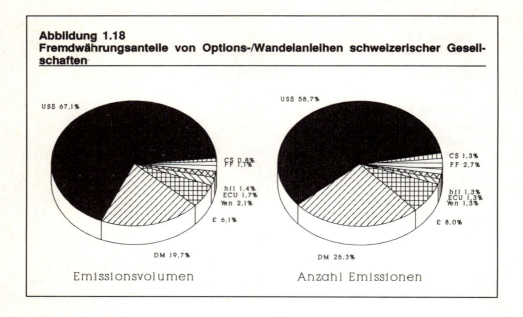

Abbildung 1.18
Fremdwährungsanteile von Options-/Wandelanleihen schweizerischer Gesellschaften

4.4.2. Couponsatz / Emissionspreis

Zwei Faktoren bestimmen die Höhe des Zinssatzes von OA/WA. Einerseits wird er von der Rendite beeinflusst, die die Investoren auf einer gewöhnlichen Anleihe des Schuldners verlangen würden. Hier spielt das allgemeine Zinsniveau und die Zinsstruktur sowie die Bonität des Schuldners die entscheidende Rolle. Andererseits ist die Höhe des Anteils der Anleihenskomponente von Bedeutung. Je höher der Aktienanteil einer OA/WA ist, d.h. je wertvoller das Ausübungs- bzw. Wandelrecht ist, desto relativ kleiner wird die Anleihenskomponente und desto mehr wird die Fremdkapitalaufnahme verbilligt. Diese Vergünstigung kann grundsätzlich auf zwei Arten seinen Niederschlag finden:

a) Erhöhung des Emissionspreises über den Nennwert der OA/WA
b) Senkung des Coupons unter das Niveau einer gewöhnlichen Anleihe

Ueber die Wahl des Emissionspreises bei den OA/WA der schweizerischen Schuldner gibt Tabelle 1.9 Auskunft.

Tabelle: 1.9
Emissionspreise von OA/WA schweizerischer Gesellschaften

Emissionspreis = 100%	294	(89.9%)
Emissionspreis < 98%	1	(0.3%)
Emissionspreis > 102%	3	(0.9%)
98% < Emissionspreis < 102%, nicht 100%	29	(8.9%)

Bei 13 Anleihen keine Angaben

Das Resultat ist eindeutig. Der Wert der Eigenkapitalkomponente wird über den Couponabschlag berücksichtigt. Lediglich dreimal wird der Emissionspreis erhöht.[46] Ausserdem ist ersichtlich, dass die Feinsteuerung der Konditionen in Ausnahmefällen über den Emissionspreis erfolgt. Nur bei knapp 9% der Emissionen weicht er um einige wenige Prozentpunkte von 100% ab.[47] Dies bedeutet, dass bei OA/WA i.d.R. mit anderen Aktionsparametern der genaue Wert bestimmt wird. Naheliegendste Determinante dafür dürfte der Ausübungs-/Wandelpreis sein. Als Besonderheit kann schliesslich die Emission einer Nullprozent-Anleihe von Hoffmann La Roche 1987/97 mit OS zum Bezug von Gold angeführt werden.

4.4.3. Laufzeit / Kündigungsmöglichkeit / Teilrückzahlungen

Der Zeitpunkt der Rückzahlung der Anleihe hängt von mehreren Aspekten ab. Der wichtigste ist die Laufzeit, d.h. der vertraglich festgelegte maximale Zeitraum vom Emissionszeitpunkt bis zur vollständigen Rückzahlung. In Tabelle 1.10 sind die durchschnittlichen Laufzeiten der OA/WA schweizerischer Gesellschaften zusammengestellt. Als Tendenz kann über die Jahre in allen Segmenten eine markante Verkürzung der Laufzeiten beobachtet werden. Besonders ausgeprägt liegt sie bei den im einheimischen Kapitalmarkt aufgelegten WA vor, wobei für diese Entwicklung v.a. die Emissionen von 1988 verantwortlich sind. Weiter fallen bei den Fremdwährungsanleihen die

---

[46] 4.5% OA Schweizerischer Bankverein 1987/97 mit Optionen auf den Bankverein-Index zu 111%; 5.25% OA Linth + Sprüngli 1987/97 zu 116%; 5% OA Gebrüder Sulzer 1988/95 zu 112%.

[47] Dies ist hauptsächlich bei WA in den sechziger- und den siebziger Jahren zu beobachten.

deutlich kürzeren Laufzeiten der OA auf, während bei den Schweizer Franken-Emissionen kaum ein Unterschied festzustellen ist.

Tabelle 1.10
Durchschnittliche Laufzeiten der OA/WA schweizerischer Emittenten (Angaben in Jahren)

	SFr-OA	SFr-WA[1]	Fremdwährungs-OA	WA
1957 - 1969	-	11.62	-	-
1970 - 1979	10.87	10.65	9.50	13.33[2]
1980 - 1988	10.10	7.57	7.87	10.00
1957 - 1988	10.20	9.88	7.99	11.43

durchschnittliche Laufzeit aller OA: 9.79
durchschnittliche Laufzeit aller WA: 10.34
durchschnittliche Laufzeit aller OA/WA: 9.98

[1] Vier WA, die als ewige Anleihen ausgestattet wurden, sind nicht berücksichtigt
[2] Eine WA von 1969 enthalten

Der Rückzahlungszeitpunkt wird ebenfalls durch eine eventuelle Kündigungsmöglichkeit des Schuldners beeinflusst. Von besonderer Bedeutung ist diese Klausel bei WA, wo durch eine Kündigung eine vorzeitige Wandlung provoziert werden kann, falls der Kurs des Basiswertes über dem Wandelpreis liegt. Es ist also zu erwarten, dass sich Unternehmen bei WA eher als bei OA eine solche Möglichkeit in den Anleihensbedingungen vorbehalten. Ueber die Verwendung von Kündigungsklauseln gibt Tabelle 1.11 Auskunft.

Die Vermutung wird bestätigt: WA sind öfter mit einer Kündigungsmöglichkeit für den Emittenten ausgestattet als OA. Bei den Euromarkt-Emissionen ist sogar nur eine WA ohne ein Kündigungsrecht versehen. Im Verlauf der achtziger Jahre hat zudem bei WA die vom Aktienkursverlauf abhängige Kündigungsklausel stark an Verbreitung gewonnen. Dies unterstreicht die Bedeutung, die bei vielen Emittenten die Kündigungsklausel für die Beeinflussung des Wandlungszeitpunktes hat. Ebenfalls eine gewisse Verwendung hat in den letzten Jahren eine Klausel gefunden, die der Unternehmung ein Kündigungsrecht einräumt, sobald ein bestimmter Anteil (i.d.R. 95 - 98%) der WA gewandelt wurden. 14% aller Schweizer Franken-WA sind mit dieser Möglichkeit versehen.

Tabelle 1.11
Kündigungsklauseln bei OA/WA schweizerischer Gesellschaften

	SFr-OA	SFr-WA	Fremdwährungs-OA	WA
Kündigungsklausel vorhanden	69.3%	77.5%	38.5%[1]	96.6%[2]
Durchschnittliche Laufzeitverkürzung[3]	2.7 J.	4.7 J.	3.1 J.	7.4 J.
Spezielle Kündigungsklausel[4]	-	19.8%	-	34.5%

[1] 2 OA nicht berücksichtigt, wo keine Angaben vorhanden sind
[2] 6 WA nicht berücksichtigt, wo keine Angaben vorhanden sind
[3] Durchschnittliche Zeitdauer von der erstmaligen Kündigungsmöglichkeit bis zum regulären Laufzeitende
[4] Gesellschaft erhält Kündigungsmöglichkeit, falls der Kurs des Basiswertes den Wandelpreis während einer bestimmten Anzahl aufeinanderfolgender Börsentage (i.d.R. 20 bis 30) um einen bestimmten Prozentsatz (i.d.R. 30 bis 50%) überschreitet

Auch dem Gläubiger kann ein Kündigungsrecht zugestanden werden. Solche Putoptionen haben bisher aber noch keine breite Verwendung gefunden. Auf dem Schweizer Kapitalmarkt sind sieben WA mit dieser Bestimmung versehen. Drei davon sind Anleihen der Landis & Gyr, die keinen festen Rückzahlungstermin vorsehen. Weitere drei Anleihen aus dem Jahre 1988 verbinden das Kündigungsrecht des Investors mit einer Rückzahlung, die zwischen 107% und 114% über dem Nennwert liegt. Diese Konstruktion bewirkt eine Absicherung für den WA-Besitzer, falls der Aktienkurs nicht über den Wandelpreis ansteigt. Auf dem Euromarkt haben zusätzlich vier Schweizer Emittenten ihre WA mit einer solchen Putoption versehen.

In den Emissionsbedingungen festgelegte vorzeitige Teilrückzahlungen (Tilgungen) sind bei OA/WA im Gegensatz zur Kündigungsklausel bedeutungslos. Nur bei drei WA und einer OA im einheimischen Kapitalmarkt sowie bei einer Euro-OA sind solche Bestimmungen zu finden.

4.4.4. Anleihenssicherheiten

Schweizer Gesellschaften emittieren OA/WA ausnahmslos, ohne besondere Sicherheiten bereitzustellen.[48] I.d.R. verpflichten sich die Emittenten nur, während der Laufzeit der OA/WA keine anderen Anleihen mit einer besonderen Sicherheit auszustatten, ohne die OA/WA gleichwertig sicherzustellen. In den achtziger Jahren ist sogar ein gewisser Trend zu beobachten, OA/WA mit einer Nachrangigkeitsklausel auszustatten. Diese bewirkt, dass die Anleihe im Rang hinter die übrigen Verpflichtungen zurücktritt. Auf dem Schweizer Kapitalmarkt sind bisher drei WA und 32 OA nachrangig emittiert worden. 33 dieser Anleihen stammen von Banken, wobei wiederum die fünf Grossbanken[49] mit 27 Emissionen den Hauptharst stellen. Der Grund dafür liegt bei den Eigenmittelvorschriften für Banken, indem diese nachrangige Anleihen als Eigenmittel ausweisen dürfen (vgl. Boemle [1986a] S. 34).

4.5. Eigenkapitalkomponente

4.5.1. Options-/Wandelobjekt

Die Wahl des Aktivums, das der Investor bei der Ausübung/Wandlung beziehen kann, stellt v.a. in der Schweiz ein wichtiger Entscheid dar. Im Gegensatz etwa zu den USA existieren bei schweizerischen Gesellschaften oft mehrere Titelkategorien. Eine Zusammenstellung über deren Verwendung als Options- und Wandelobjekte ist in Tabelle 1.12 ersichtlich.

Es zeigt sich, dass der Abschnittstitel "Eigenkapitalkomponente" eigentlich zu eng gewählt ist. Denn in neun Fällen werden Anleihen mit einem OS versehen, der zum Bezug von Gold oder einer weiteren Anleihe berechtigt, bzw. dessen Wert vom Stand

---

[48] Emissionen von Tochtergesellschaften, die i.d.R. in "Off-Shore" Finanzplätzen domiziliert sind, sind regelmässig mit einer Solidarbürgschaft des Stammhauses versehen.

[49] Schweizerische Bankgesellschaft, Schweizerischer Bankverein, Schweizerische Kreditanstalt, Schweizerische Volksbank, Bank Leu

eines Aktienindexes abhängt. Da diese Basiswerte aber die Ausnahme bilden, wird sich diese Arbeit im folgenden auf die eigenkapitalbezogenen Anleihen konzentrieren. Hier fällt der hohe Anteil der stimmrechtslosen Beteiligungspapiere auf. Aus Abbildung 1.19 kann ersehen werden, dass die PS/GS v.a. bei den Euromarktemissionen dominieren.

Tabelle: 1.12
Gliederung der OA/WA nach dem Options-/Wandelobjekt

	I	N/StA	PS/GS	Gold	Bond	Index
SFr-OA	32.4%	18.7%	44.0%	3.3%	1.1%	0.5%
SFr-WA	58.6%	20.7%	20.7%	-	-	-
Fremdwährungs-OA	25.6%	4.6%	69.7%	-	-	-
Fremdwährungs-WA	37.8%	-	62.2%	-	-	-
alle OA/WA	38.7%	13.7%	43.2%	1.7%	0.6%	0.3%

I = Inhaberaktien
N/StA = Namenaktien und Stammanteile von Genossenschaftne
PS/GS = Partizipations- und Genussscheine
Bond = gewöhnliche Anleihe
Index = SBV-Gesamtindex

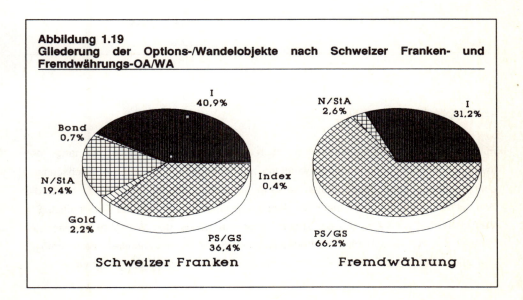

Abbildung 1.19
Gliederung der Options-/Wandelobjekte nach Schweizer Franken- und Fremdwährungs-OA/WA

Dies ist dadurch erklärbar, dass diese OA/WA in einem grossen Ausmass bei ausländischen Investoren plaziert werden und darum Titel ohne Stimmrecht bevorzugt werden. Es können aber auch zeitliche Unterschiede bei der Auswahl der Options-/Wandelobjekte beobachtet werden (vgl. Abbildung 1.20). Vor 1985 spielen die Inhaberaktien noch eine weitaus bedeutendere Rolle als PS/GS. Letztere werden also erst mit dem Beginn des OA-Booms zum dominierenden Basiswert.

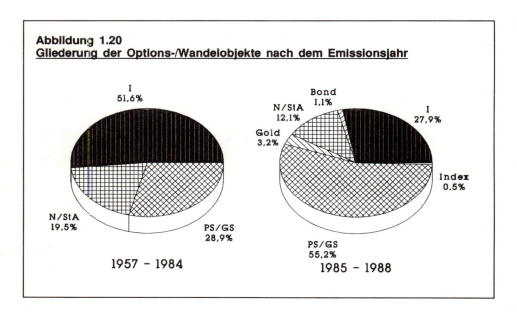

Abbildung 1.20
Gliederung der Options-/Wandelobjekte nach dem Emissionsjahr

4.5.2. Options-/Wandelfrist

Für den Wert einer OA/WA spielt es auch eine entscheidende Rolle, wie lange der Investor ein Recht auf Ausübung/Wandlung hat. In Tabelle 1.13 sind die durchschnittlichen Options- und Wandelfristen zusammengestellt. Es ist ersichtlich, dass die Wandelfrist im Durchschnitt mehr als doppelt so lange dauert wie die Optionsfrist. Ein Vergleich mit Tabelle 1.10 zeigt zudem, dass die Länge des Wandelrechts fast der Laufzeit der WA entspricht. Dies bedeutet, dass nur in Ausnahmefällen die letztmögliche Wandlung <u>vor</u> dem Rückzahlungstermin der Anleihensschuld festgelegt wird.

Tabelle 1.13
Durchschnittliche Options- und Wandelfristen von OA/WA schweizerischer Gesellschaften (Angaben in Jahren)

	SFr-OA[1]	SFr-WA[2]	Fremdwährungs-OA	WA
1957 - 1969	-	10.96	-	-
1970 - 1979	5.34	10.50	5.58	13.33[3]
1980 - 1988	4.39	7.47	5.12	10.00
1957 - 1988	4.48	9.59	5.16	11.43

durchschnittliche Länge der Optionsfristen: 4.61
durchschnittliche Länge der Wandelfristen: 10.14

[1] Nicht berücksichtigt sind 7 OA, wo das Ende der Optionsfrist in den Anleihensbedingungen nicht fest vorgeschrieben ist
[2] Nicht berücksichtigt sind 4 ewige WA ohne Wandelfristende und eine 1 WA, wo keine Angabe vorhanden ist
[3] Eine WA von 1969 enthalten

Die durchschnittliche Laufzeit der OS ist zwar kürzer als die der Wandelrechte. Mit 4.6 Jahren ist sie aber wesentlich länger als die Laufzeiten der standardisierten Optionen an der SOFFEX. Hier ist eine maximale Optionsfrist von 6 Monaten möglich. OS von OA stellen somit kein perfektes Konkurrenzprodukt zu den SOFFEX-Optionen dar.

Schliesslich bleibt anzufügen, dass die Ausübung bzw. Wandlung nicht sofort nach der Anleihensbegebung möglich ist. In der Regel beginnt dieses Recht erst etwa drei Monate nach Ende der Zeichnungsfrist. Die Diskussion der Bewertungsgrundsätze von OA/WA wird aber zeigen, dass dies normalerweise keinen Einfluss auf den Wert des Optionsrechts hat.

4.5.3. Eigenkapitalgehalt der OA/WA

Hier geht es um die Frage, wieviel Eigenkapital bei Ausübung/Wandlung mit einer OA/WA erworben werden kann.[50] Dieser Eigenkapitalgehalt ist von drei Faktoren abhängig:

a) dem Nennwert der Anleihe
b) der Anzahl Beteiligungspapiere, die mit einer Anleihe erworben werden können[51]
c) dem Ausübungs- bzw. dem Wandelpreis[52]

Er kann in einer Zahl ausgedrückt werden, die auch als "Equity Content" bezeichnet (vgl. SKA [1986], S. 111) und wie folgt berechnet wird

für OA: $\quad a \cdot X / F \quad$ (1.1)

für WA: $\quad (F \pm Z) / F \quad$ (1.2)

a bezeichnet die Anzahl erwerbbare Beteiligungspapiere pro OA/WA, X den Ausübungs-/Wandelpreis, F den Nominalwert der Anleihe und Z eine Zahlung bei der Wandlung.

In Tabelle 1.14 sind die Equity Content für die OA/WA von Schweizer Emittenten zusammengestellt, wobei für die Berechnung die im Moment der Emission gültigen Ausübungs- und Wandelbedingungen benützt werden.[53] Bei WA liegen sie sehr nahe bei 1. Dies bedeutet, dass i.d.R. keine Zahlungen bei der Wandlung vorgesehen sind. Der Eigenkapitalgehalt von OA ist im Durchschnitt kleiner. Bei den im einheimischen Markt aufgelegten OA fällt zudem der tiefere Equity Content in den achtziger im Vergleich zu den siebziger Jahren auf. Insbesondere in den Jahren 1985 bis 1988

---

[50] Von der Diskussion ausgeschlossen, sind hier selbstverständlich die Anleihen, die mit einem Optionsrecht versehen sind zum Bezug von Gold, Obligationen oder einer Barentschädigung abhängig vom Stand des SBV-Gesamtindexes.

[51] Bei WA entspricht dem die Zahl Beteiligungspapiere, in die eine WA gewandelt werden kann. Bei OA hängt dies davon ab, wieviele OS mit einer Anleihe verbunden sind und wieviele Titel pro Warrant bei der Ausübung bezogen werden können.

[52] Der Wandelpreis berechnet sich nach der Formel
(Nominalwert WA ± Zahlung bei Wandlung) / Anzahl Aktien pro WA

[53] Im Laufe der Zeit können sich diese wegen den Verwässerungsschutzbestimmungen bei Eigenkapitalerhöhungen verändern. Zudem können die Anleihensbedingungen während der Laufzeit ansteigende Ausübungs-/Wandelpreise vorsehen. Bei sieben WA und bei neun OA wurde bisher von dieser Möglichkeit Gebrauch gemacht.

nimmt er stetig von 0.794 auf 0.622 ab. Bei den Fremdwährungs-OA ist der umgekehrte Trend feststellbar, wobei eine zu weitgehende Interpretation durch die Tatsache eingeschränkt wird, dass in diesem Segment zwischen 1970 und 1979 lediglich drei Emissionen erfolgten.

Tabelle 1.14
Durchschnittlicher Equity Content von OA/WA schweizerischer Gesellschaften

	SFr-OA	SFr-WA	Fremdwährungs-OA	WA
1957 - 1969	-	1.017	-	-
1970 - 1979	0.892	1.006	0.674	1.000
1980 - 1988	0.787	0.978	0.938	1.000
1957 - 1988	0.801	1.000	0.917	1.000
Durchschnitt bei OA:	0.823			
Durchschnitt bei WA:	1.000			

4.5.4. Verwässerungsschutz

Je höher der Equity Content ist, desto mehr wird der OA/WA-Wert vom Options-/Wandelobjekt beeinflusst. Für den Investor droht von dieser Eigenkapitalverbundenheit auch eine Gefahr. Wenn die Unternehmung an die Aktionäre Teile des Firmenwerts ausschüttet, ohne auch die OA/WA-Gläubiger entsprechend zu berücksichtigen, wird sich ceteris paribus der Wert der Anleihen verringern. Eine Art von solchen Massnahmen sind Dividenden. Sie können in Form von Barzahlungen oder "Stock Dividends" (Abgabe von neuen Beteiligungspapieren) erfolgen. In beiden Fällen wird ceteris paribus der Aktien/PS-Kurs um die Höhe der Dividende sinken und so den OA/WA-Wert beeinträchtigen. Einen Schutz gegen diese Art der Verwässerung der Gläubiger-Ansprüche existiert bei schweizerischen Gesellschaften nicht. Bei der Bewertungen von OA/WA sind somit die zukünftigen Dividendenzahlungen als bedeutende Preisdeterminante miteinzubeziehen.

Eine andere, indirekte Art der Firmenwert-Ausschüttung kann den Wert von OA/WA ebenfalls beeinträchtigen. Falls neues Kapital von den Gesellschaften zu einem Preis aufgenommen wird, der unter dem Marktwert liegt, erleiden die alten Gläubiger[54] und die Altaktionäre zulasten der Neuinvestoren einen Verlust. Von Bedeutung ist dieser Aspekt in der Schweiz hauptsächlich bei Eigenkapitalerhöhungen (kann aber grundsätzlich auch bei jedem anderen Instrument eintreten). Um die Altaktionäre für diesen Nachteil zu entschädigen, wird ihnen ein Bezugsrecht für die neuen Beteiligungspapiere gewährt. Investoren müssen somit für die neu geschaffenen Titel doch den Marktpreis bezahlen, während die Altaktionäre durch das Bezugsrecht für die Verwässerung entschädigt werden. Wird nun den OA/WA-Besitzern kein adäquater Schutz gewährt, erleiden diese durch den Kursverlust auf dem Options-/Wandelobjekt eine Benachteiligung.

Im Gegensatz zu Dividendenausschüttungen werden die OA/WA in der Schweiz häufig gegen diesen nachteiligen Effekt von Bezugsrechtsemissionen geschützt. Dabei wird in Verwässerungsschutzklauseln i.d.R. nicht unterschieden, ob das Eigenkapital erhöht oder neue OA/WA ausgegeben werden.[55] Eine Zusammenstellung über die Verwendung von verschiedenen Arten des Verwässerungsschutzes bei Schweizer Franken-OA/WA[56] vermittelt Tabelle 1.15.[57]

Bei weniger als 10% der OA/WA liegt <u>kein</u> Verwässerungsschutz vor. Dies betrifft v.a. frühe Emissionen und WA. Am stärksten verbreitet, insbesondere bei OA in den achtziger Jahren, ist die Regelung, wonach der Ausübungs- bzw. Wandelpreis um den an der Börse gehandelten, <u>durchschnittlichen Bezugsrechtspreis gesenkt</u> wird.[58] Im

---

[54] Sofern es sich nicht um Kapital handelt, das ihrer Forderung <u>nach</u>gestellt ist.

[55] Lediglich bei drei WA gilt der Verwässerungsschutz nur für eine bestimmte Kapitalbeschaffungsart.

[56] Wegen dem Fehlen von Emissionsprospekten ist die genaue Art des Verwässerungsschutzes bei Euromarkt-Emission oft nicht feststellbar.

[57] Im 3. Kapitel des 2. Teiles dieser Arbeit werden die Auswirkungen der einzelnen Klauseln auf den OA/WA-Wert diskutiert.

[58] Die Klausel wird i.d.R. sinngemäss wie folgt formuliert:
"Sofern die Gesellschaft bis zum Ablauf der Options-/Wandelfrist unter Einräumung eines direkten Bezugsrechtes an ihre Aktionäre

Umfang der Verwässerungsentschädigung für die Altaktionäre müssen also die OA/WA-Besitzer weniger bei der Ausübung/Wandlung bezahlen. Diese Klausel hat aber öfters nur Gültigkeit, wenn der Ausgabepreis der neuen Aktien unter dem Ausübungs-/Wandelpreis liegt.[59]

Tabelle 1.15
Verwendung von Verwässerungsschutzklauseln bei Schweizer Franken-OA/WA

	Kein Schutz	gem.BR-Preis	Verwässerungsschutz durch Formel	direktes BR	indir. BR	Besonderes
OA	2.9%	66.5%	25.3%	2.9%	1.8%	0.6%
wovon 1970 - 1979	8.7%	-	65.3%	13.0%	13.0%	-
wovon 1980 - 1988	2.0%	76.9%	19.0%	1.4%	-	0.7%
WA[1]	23.2%	21.9%	31.7%	12.2%	4.9%	6.1%
wovon 1957 - 1969	46.1%	-	23.1%	15.4%	7.7%	7.7%
wovon 1970 - 1979	10.7%	10.7%	53.6%	14.3%	7.1%	3.6%
wovon 1980 - 1988	14.3%	53.6%	17.9%	7.1%	-	7.1%
OA und WA	9.5%	52.0%	27.4%	5.9%	2.8%	2.4%

[1] Nicht berücksichtigt sind vier WA, wo keine Angaben vorhanden sind

Ebenfalls von Bedeutung ist der Verwässerungsschutz, wo der Ausübungs-/Wandelpreis gemäss der folgenden Formel reduziert wird:

$$\text{Reduktion des Ausübungspreises} = \frac{\text{Ausübungs-/Wandelpreis ./. Ausgabe-, Wandel- od. Ausübungspreis pro neuen Titel}}{\text{Summe der beiden Bezugsverhältniszahlen}} \times \text{Verhältniszahl der neuen Titel*} \quad (1.3)$$

* Verhältniszahl der neuen Titel = Anzahl neue Titel, die aufgrund einer bestimmten Anzahl alter Titel direkt oder über das Wandel- bzw. Optionsrecht bezogen werden kann.

---

a) ihr Kapital durch Ausgabe neuer Aktien, PS oder anderer Beteiligungspapiere erhöht und/oder
b) Obligationen mit Wandel- oder Optionsrechten zum Bezug von Aktien und/oder PS begibt,
wird der Options-/Wandelpreis um den Betrag ermässigt, der sich aus dem Durchschnitt der täglichen Schlusskurse des Anrechtes (ab dem Options- bzw. Wandelobjekt) während der Dauer des Anrechtshandels an der Börse ergibt."

[59] 1988 und 1989 hatten genau die Hälfte dieser Verwässerungsklauseln eine solche Einschränkung.

Ein Zahlenbeispiel kann diese Klausel erklären. Es finde eine Eigenkapitalerhöhung statt, wobei 5 alte Inhaberaktien zum Bezug von 2 neuen zum Preise von 500 berechtigen. Der Ausübungspreis eines Optionsscheines auf Inhaberaktien betrage 1000. Der Ausübungspreis reduziert sich hier um (1000 - 500) x 2 / 7 = 142.85 auf 857.15.

Hauptsächlich bei WA spielt auch die Gewährung eines <u>direkten Bezugsrechtes</u> an die Besitzer von OA/WA eine gewisse Rolle. Hier schreibt die Verwässerungsschutzklausel vor, dass bei einer Eigenkapitalerhöhung den Inhabern des Optionsscheines bzw. der WA das gleiche Bezugsrecht auf die neuen Aktien eingeräumt wird wie den Aktionären. Der Verwässerungsschutz kommt ihnen also zugute, auch wenn nicht ausgeübt/ gewandelt wird. Demgegenüber wirkt sich die Gewährung eines <u>indirekten Bezugsrechts</u> nur bei der Ausübung/Wandlung aus. Bei dieser Variante wird für die sichergestellten Options-/Wandelobjekte ebenfalls ein Bezugsrecht ausgegeben. Dieses wird aber hinterlegt und kann erst bei der Ausübung/Wandlung bezogen werden. Dann nämlich hat der Investor das Recht, neben dem Options-/Wandelobjekt noch weitere Beteiligungspapiere zum ursprünglichen Emissionspreis der Kapitalerhöhung zu beziehen. Dieser relativ komplizierte Verwässerungsschutz hat lediglich in den sechziger- und siebziger Jahren eine beschränkte Anwendung gefunden und ist seither nicht mehr benützt worden.

4.5.5. Besondere Aspekte bei der Ausübung/Wandlung

Den Investor interessiert auch die <u>Dividendenberechtigung</u> der durch die Ausübung/ Wandlung bezogenen Beteiligungspapiere. Bei WA hat sich die Standardklausel eingebürgert, dass die neuen Titel mit einem Anrecht auf Dividenden für das Geschäftsjahr ausgestattet sind, in dem gewandelt wird. Schliesst das Geschäftsjahr beispielsweise per Ende Dezember und wird im März eine Dividende ausbezahlt, berechtigen Aktien, die im Februar gewandelt werden, <u>nicht</u> zum Bezug der einen Monat später auszuschüttenden Dividende. Die Zinsberechtigung der WA endet demgegenüber mit dem letzten eingelösten Coupon.[60] Ist beispielsweise der 31.3.

---

[60] In den Anleihensbedingungen wird diese Klausel sinngemäss wie folgt festgehalten: "Bei der Wandlung sind die Obligationen mit sämtlichen noch nicht fälligen Zinscoupons

Coupontag, erhält der Investor nur bis zu diesem Tage die Zinsvergütung, auch wenn er erst im Juli wandelt. Nur bei zwei Emissionen wird die Lösung gewählt, dass der Coupon des angefangenen Jahres bei der Wandlung nicht abgegeben werden muss, hingegen die Dividendenberechtigung der neuen Titel erst für das der Wandlung folgende Geschäftsjahr gilt. Vereinzelt sehen auch Bestimmungen eine spezielle Dividendenberechtigung vor, wenn bereits vor dem ersten Coupontag gewandelt wird.

Bei OS ist bei 159 OA (88.8%) die gleiche Regelung vorgesehen, wie sie bei WA hauptsächlich anzutreffen ist.[61] In 13 Fällen (7.3%) wird hingegen die für den Investor interessantere Möglichkeit gewählt, dass Titel bezogen werden können, die einen Anspruch auf alle nach der Ausübung des Optionsrechts zahlbaren Dividenden beinhaltet. Bei den restlichen OA werden spezielle Regelungen angewandt.

Bei der Ausübung von OS kann eine weitere Besonderheit von Bedeutung sein, die die **Modalität der Bezahlung des Ausübungspreises** betrifft. Bei zwölf OA (alle von 1970 bis 1977) geben die Anleihenbedingungen dem Investor die Wahl, die neuen Beteiligungspapiere gegen Barzahlung des Ausübungspreises oder gegen Hingabe der Obligation zum Nominalwert zu beziehen. Diese Regelung beinhaltet eine zusätzliche Option für den Investor, wobei die Hingabe der Anleihe dann interessant ist, wenn ihr Wert ex-Warrant unter dem Nominalwert liegt. Da dies wegen dem Couponabschlag bei OA i.d.R. der Fall ist, stellt dies für den Investor meistens eine lohnende Alternative dar und führt dazu, dass die Ausübung eigentlich einer Wandlung entspricht. Seit 1978 schliessen aber alle OA diese Möglichkeit aus.

---

einzureichen, wogegen die Aktien/PS mit Dividendenberechtigung für das laufende Geschäftsjahr ausgeliefert werden. Es findet keine Marchzinsverrechnung statt."
Die Wandlung am Coupontag selbst ist jeweils speziell geregelt, wobei in der Mehrzahl der Fälle die Anleihen ohne die am betreffenden Tag fälligen Coupons einzureichen sind.

[61] Die Standardklausel lautet hier
"Die gegen Optionsscheine erworbenen Aktien/PS haben erstmals Anspruch auf die Dividende für das Geschäftsjahr, in dem das Optionsrecht ausgeübt wird."

4.5.6. Sicherstellung des Options- und Wandelrechts

Ein besonderes Problem für schweizerische Unternehmen stellt die Schaffung der Options-/Wandelobjekte dar. Im speziellen wollen die Investoren die Gewissheit haben, dass die Unternehmung das Aktienlieferungsversprechen gemäss den Prospektangaben erfüllen wird. In den USA wird die Sicherstellung des Options- und Wandelrechts auf einfache Weise durch das "autorisierte Kapital" ermöglicht (vgl. Boemle [1986b], S. 142; Dallèves [1963], S. 76ff; Kormann [1965], S. 47). Dieses wird durch die Aktionärsversammlung festgelegt und stellt die Obergrenze dar, bis zu welchem Betrag die Verwaltung nach freiem Ermessen Aktien ausgeben kann. Ist das autorisierte Kapital genügend gross, erlauben diese rechtlichen Bestimmungen der Verwaltung, nach den eingehender Ausübungs- bzw. Wandelbegehren *laufend* neue Aktien an die Investoren abzugeben. Zudem dürfen die Unternehmen nach amerikanischem Recht ihre eigenen Aktien erwerben, was ihnen zusätzlich die Möglichkeit gibt, bereits ausgegebenes Gesellschaftskapital in Form von Vorratsaktien selbst zu halten und wandelwilligen Investoren wieder abzugeben.

Auch das deutsche Recht erlaubt eine problemlose Aktienausgabe (vgl. Dallèves [1963], S. 106ff; Kormann [1965], S. 48f). Im Aktiengesetz aus dem Jahre 1937 wird für OA/WA die bedingte Kapitalerhöhung ermöglicht. Die Hauptversammlung beschliesst dazu, das Aktienkapital bis zum für die Ausübung oder Wandlung benötigten Betrag **bedingt** zu erhöhen. In diesem Rahmen kann die Verwaltung auf Verlangen der Options- und Wandelobligationäre neue Aktien emittieren, ohne dass eine weitere Einwilligung der Aktionärsversammlung oder ein Handelsregistereintrag notwendig wird.

In der Schweiz existieren demgegenüber noch keine speziellen Bestimmungen über die Aktienkapitalerhöhung mittels wandelbaren Schuldverschreibungen. Folglich sind auch bei OA/WA die Regelungen über die Ausgabe neuer Aktien (Art. 650ff OR) anzuwenden. Jede Kapitalerhöhung erfordert somit grundsätzlich das zweimalige Zusammentreten der Generalversammlung, um die Erhöhung zu beschliessen und die Zeichnungen und die Liberierung der neuen Aktien festzustellen.[62] Auch müssen die Statuten

---

[62] Zur Vereinfachung können die neuen Aktien von einem Bankenkonsortium fest übernommen und auf den Tag der Generalversammlung einbezahlt werden, so dass der Kapitalerhöhungs- und der Feststellungsbeschluss gleichzeitig gefasst werden können.

jedesmal geändert und die Erhöhung im Handelsregister eingetragen werden. Eine Lösung wie in den USA oder in der Bundesrepublik Deutschland, dass von der Verwaltung jederzeit Aktien gemäss den eingehenden Konversionsbegehren ausgegeben werden können, ist demnach nicht möglich und bewirkt, dass die Sicherstellung der neuen Aktien wesentlich umständlicher erfolgen muss. Anders ist die Situation bei PS. Wegen dem Fehlen von rechtlichen Bestimmungen haben hier die Unternehmen eine viel grössere Freiheit bei der Emission. Die Ausgabe von neuen Titeln kann nach dem angelsächsischen System des autorisierten Kapitals erfolgen, d.h. in den Statuten wird durch die Generalversammlung ein Höchstbetrag festgelegt, innerhalb dessen die Verwaltung neue PS nach freiem Ermessen emittieren kann.

Für die Sicherstellung von Aktien bieten sich für schweizerische Emittenten von eigenkapitalbezogenen Anleihen zwei grundsätzliche Möglichkeiten an (vgl. Abbildung 1.21).

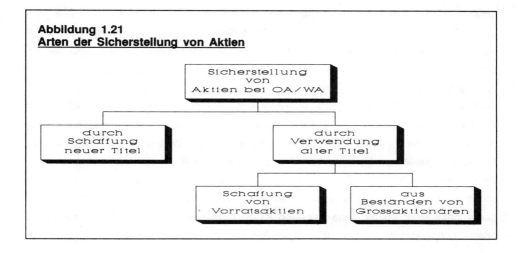

**Abbildung 1.21
Arten der Sicherstellung von Aktien**

Bei der Schaffung von neuen Titeln besteht die Idee darin, dass nur nach Bedarf (d.h. Konversionsbegehren) Aktien emittiert werden. Dies muss nach dem rechtlich vorgeschriebenen Prozedere mit Generalversammlungsbeschlüssen, Statutenänderung und Handelsregistereintrag geschehen (vgl. Dallèves [1963], S. 150ff; Kormann [1965], S. 119ff). Unternehmen bzw. deren Aktionäre müssen sich bei der Emission von OA/WA verpflichten, im Umfang der Ausübungsbegehren das Aktienkapital zu erhöhen und die neuen Aktien den Investoren zur Verfügung zu stellen. Die Altaktionäre müssen dabei auf ihr Bezugsrecht verzichten. All dies bedeutet jedoch, neben der grossen Umständlichkeit, keine vollkommene Sicherung des Optionsrechts, da die Generalversammlung theoretisch jederzeit auf ihre Beschlüsse zurückkommen kann[63]. Zudem ist dieses Prozedere nur möglich, wenn auf (einen) bestimmte(n) Zeitpunkt(e) hin und nicht während der gesamten Options- bzw. Wandelfrist ausgeübt werden kann.

Eine einfachere Methode ist die Hinterlegung von bereits ausgegebenen, alten Titeln. Diese Papiere können aus zwei unterschiedlichen Quellen stammen. Einerseits sind sie schon seit geraumer Zeit im Besitz eines oder mehrerer Aktionäre und werden durch diese(n) der Unternehmung zur Sicherstellung der Wandel- und Ausübungsbegehren zur Verfügung gestellt (vgl. Dallèves [1963], S. 148ff). Wandlungen führen in diesem Falle zu einer blossen Veränderung der Aktionärsstruktur. Diese Lösung kommt hauptsächlich in Betracht, wenn grosse Aktienpakete einem breiteren Publikum angeboten werden sollen, also einer besonderen Art eines "Going Public". Oekonomisch gesehen stellt diese Variante ein Schreiben einer Option dar, wobei die <u>alten Aktionäre als Stillhalter</u> auftreten.[64] Dieses Optionsrecht entspricht somit eher Traded Options als eigentlichen Optionsscheinen, da bei deren Ausübung kein neues Eigenkapital geschaffen wird.

Zum andern können alte Titel zur Sicherstellung verwendet werden, die ausschliesslich zu diesem Zweck geschaffen werden (vgl. Boemle [1986a], S. 311ff; Dallèves [1963], S. 141ff; Kormann [1965], S. 89ff; SKA [1986], S. 105f; Willener [1986]). Man spricht hier von sogenannten <u>Vorratsaktien</u>. Der Emittent muss in diesem Fall spätestens vor Beginn der Wandelfrist[65] mittels dem bekannten Kapitalerhöhungsverfahren neue Aktien schaffen, was auch sofort bilanzwirksam wird. Gemäss Art. 659 OR darf eine Aktiengesellschaft jedoch diese neuen eigenen Aktien nicht selbst erwerben. Ein Dritter (Bank oder Treuhandgesellschaft) wird an ihrer Stelle diese Papiere zeichnen und liberieren.

---

[63] Für die in diesem Zusammenhang auftauchenden rechtlichen Probleme wird auf die obengenannten Autoren und die dort zitierte Literatur verwiesen.

[64] Es bleibt die Frage der Entschädigung (Prämie) für die Stillhalter. Diese muss zwischen den alten Aktionären und der Unternehmung, die ja den Vorteil der tieferen Fremdkapitalkosten hat, ausgehandelt werden.

[65] In der Praxis wird die Kapitalerhöhung schon vor Emission der Anleihe durchgeführt.

Diese verpflichtet sich, diese neue Aktien zu verwalten und gemäss den eingehenden Wandelbegehren abzugeben. Die juristische Einordnung dieser Abmachungen zwischen Unternehmung und übernehmender Gesellschaft sind nicht völlig unumstritten, doch scheint man mehrheitlich von einem fiduziarischen Rechtsgeschäft auszugehen (vgl. Willener [1986], S. 45ff). Entscheidend ist, dass der treuhänderische Verwalter das Risiko des Aktionärs trägt. Wenn die Sicherstellungstitel von einer Bank übernommen werden, was die Regel ist, sehen die fiduziarischen Abmachungen vor, dass die Titel zum Nennwert gezeichnet werden. Dieser Betrag steht jedoch der emittierenden Unternehmung nicht zur Verfügung, da es einem unverzinslichen Sperrkonto gutgeschrieben wird. Die Bank verzichtet auf die Dividendenberechtigung und je nach Abmachung auch auf die Mitverwaltungsrechte (Stimmrecht). Dafür erhält sie für ihre treuhänderische Tätigkeit eine Kommission. Bei einer Ausübung gibt die Bank die Aktie dem Investor gegen Bezahlung des Ausübungspreises ab. Die Unternehmung erhält dafür von der Bank den Nennwert ab dem Sperrkonto sowie das Agio gutgeschrieben. Faktisch spielt somit die Bank die Rolle des Stillhalters von Optionen auf bereits existierende Aktien, wobei die Kommission eine Art Prämie darstellt.

Schliesslich stellt sich bei dieser Methode die Frage, was mit Sicherstellungstiteln geschieht, die bis zum Schluss der Frist nicht ausgeübt/gewandelt werden. Grundsätzlich stehen vier Möglichkeiten offen:

a) Der Treuhänder kann die Titel fest übernehmen (eventuell unter Dazuzahlung eines Agios)
b) die Titel können im Publikum plaziert werden, sei es durch einen Verkauf über die Börse oder mittels Bezugsrechten an die bisherigen Aktionäre
c) die Titel bleiben in treuhänderischer Verwahrung für eine spätere Verwendung (z.B. erneute Emission einer eigenkapitalbezogenen Anleihe)
d) die Titel werden mit einer Kapitalherabsetzung vernichtet.

Gemäss Aussagen von Emissionsspezialisten von Banken wird diese letzte Methode nahezu nie in Betracht gezogen, nur schon wegen dem rechtlich vorgeschriebenen, umständlichen Prozedere. Boemle [1986a, S. 317] erwähnt trotzdem das Beispiel der 9% OA der Interdiscount-Holding 1974/82, wo dieses Verfahren gewählt wurde.

Untersucht man die Methoden, die bisher für die Sicherstellung von Aktien durch Schweizer Emittenten von OA/WA benützt wurden, fällt die überragende Bedeutung der Verwendung alter Aktien auf (vgl. Tabelle 1.16).

Tabelle 1.16
Methode der Sicherstellung der Options-/Wandelobjekte

	Sicherstellung der Options/Wandelobjekte	
	durch Schaffung neuer Titel	durch Verwendung alter Titel
SFr-OA	0%	100%
SFr-WA	11.8%	88.2%
Fremdwährungs-OA	0%	100%
Fremdwährungs-WA	0%	100%

Die Art der Sicherstellung wird dabei ersichtlich durch einen eventuellen Vermerk in den Emissionsprospekten über hinterlegte Titel und durch die zeitliche Regelung des Ausübungs- und Wandelrechts.[66] Von den untersuchten Anleihen weisen nur zehn Schweizer Franken-WA diese Art der Sicherstellung auf. In allen anderen Fällen gelten die Rechte während einer bestimmten Laufzeit, sind also vom amerikanischen Optionstyp, d.h. die Aktien existieren bereits und sind treuhänderisch hinterlegt. Versucht man die Sicherstellung durch alte Titel weiter aufzuschlüsseln, stösst man auf das Problem, dass aus öffentlichen Informationen (Emissionsprospekte) kaum ersichtlich ist, von wem die Aktien liberiert wurden. Es ist möglich, dass eine Holding eine Anleihe mit einem Wandelrecht in Aktien einer Tochtergesellschaft emittiert und sie diese Aktien schon seit einiger Zeit in ihrem Besitz hat und durch diese Methode eine Plazierung eines Minderheitsanteils im Publikum erreichen will. Ebenso ist denkbar, dass eine Tochtergesellschaft neues Eigenkapital, verbunden mit einer Anleihe, aufnehmen will und durch Hinterlegung der Aktien bei der Holding auf einfachere und kostengünstigere Weise die Sicherstellung realisieren kann als bei einer Bank oder eine Treuhandgesellschaft.[67] Die umgekehrte Konstruktion, dass also eine Tochtergesellschaft Vor-

---

[66] Wie erwähnt, kann bei der Methode der Schaffung neuer Titel nur auf bestimmte Zeitpunkte hin gewandelt werden.

[67] Zu den rechtlichen Problemen, die speziell im Zusammenhang mit der Uebernahme von Vorratsaktien durch abhängige oder nahestehende Gesellschaften entstehen, siehe Willener [1986, S. 61ff].

ratsaktien der Holding übernimmt, ist auch möglich. In allen diesen Fällen ist anhand des Emissionsprospektes in der Regel nicht eruierbar, ob die sichergestellten Titel speziell für Wandlungszwecke geschaffen wurden oder ob sie bereits seit längerer Zeit existieren und aus den Beständen eines Grossaktionärs (Holding oder Tochtergesellschaft) stammen.[68]

Es sei nochmals erwähnt, dass diese Probleme bei einem Wandel- oder Optionsrecht auf PS nicht bestehen. Verfügt die Gesellschaft über genügend autorisiertes PS-Kapital, brauchen die Titel nicht schon vor der Emission von einem Dritten liberiert zu werden.[69] Auch bei Obligationen mit einem Optionsrecht auf andere Objekte als Beteiligungspapiere ist die Sicherstellung mit keinen besonderen Problemen verbunden. Bei Gold-OA z.B. schreibt der Emittent (oder ein mit ihm geschäftlich verbundener Dritter) Calloptionen auf Gold. Entscheidend ist, dass die Investoren die Gewissheit haben, dass ihre Ausübungsbegehren erfüllt werden, was bei physischer Auslieferung durch treuhändischer Hinterlegung abgesichert werden kann. Bei einem "cash settlement" hängt sie hingegen weitgehend von der Bonität des Emittenten ab.

Anzufügen bleibt, dass mit der geplanten Aktienrechtsreform eine Vereinfachung der Sicherstellung des Wandelrechts bei Aktien angestrebt wird. So sieht der Entwurf über die Revision des Aktienrechts vom 23. Februar 1983 für die Ausgabe von Aktien an Gläubiger von OA/WA die Möglichkeit der <u>bedingten Kapitalerhöhung</u>, analog dem deutschen Recht, vor.

---

[68] Die 2 1/2% OA 1988/97 der Hilti ist ein seltenes Beispiel dafür, dass im Emissionsprospekt angeführt wird, dass die für die Wandlung hinterlegten Titel von <u>Altaktionären</u> zur Verfügung gestellt werden (und nicht durch eine spezielle Kapitalerhöhung geschaffen worden sind).

[69] Vgl. zu diesem Zweck die Bestimmungen im Emissionsprospekt bei der oben genannten 2 1/2% OA der Hilti: "Im weiteren [neben der Hinterlegung von PS durch Aktionäre] haben die Verwaltungsräte der Hilti ... die Schaffung von je 100000 PS ... beschlossen mit der Verpflichtung, diese während der Optionsfrist nach Massgabe der Ausübung von Optionen auszugeben". In der Regel werden jedoch von den Emittenten auch die PS bei einem Dritten treuhänderisch hinterlegt, um den potentiellen Anleihenszeichnern eine grössere Sicherheit für das Wandel- oder das Optionsrecht zu geben.

4.6. Zeichnungsmodalitäten von OA/WA

OA/WA können auf drei Arten zur Zeichnung aufgelegt werden:

a) <u>Freie Zeichnung</u>: Alle Investoren haben gleichermassen ein Recht auf den Bezug von OA/WA.
b) <u>Konversionsangebot</u>: Die OA/WA soll eine alte, zur Rückzahlung fällige Anleihe ablösen. Die Gläubiger dieses Titels haben ein Vorrecht auf den Bezug von OA/WA.
c) <u>Bezugsrechtsemission</u>: Die OA/WA wird den Aktionären[70] zur Zeichnung angeboten. Dabei ist das Recht je nach den Zeichnungsbedingungen handelbar und an andere Investoren verkaufbar oder nicht handelbar und unverkäuflich. Im letzteren Fall spricht man von einer Vorrechtszeichnung.

Bei Fremdwährungs-Anleihen, die auf dem Euromarkt plaziert werden, kommt ausschliesslich die freie Zeichnung zur Anwendung. Bei OA/WA in Schweizer Franken hingegen sind alle drei Arten anzutreffen (vgl. Tabelle 1.17).

Tabelle 1.17
Zeichnungsmodalitäten bei Schweizer Franken-OA/WA

	Freie Zeichnung	Bezugsrechts-Emission	Konversion
OA	79.9%	17.9%	2.2%
wovon 1970 - 1979	21.7%	69.6%	8.7%
wovon 1980 - 1988	88.5%	10.2%	1.3%
WA	34.9%	60.5%	4.6%
wovon 1957 - 1969	32.1%	64.3%	3.6%
wovon 1970 - 1979	20.7%	69.0%	10.3%
wovon 1980 - 1988	51.7%	48.3%	-
OA und WA	65.3%	31.7%	3.0%

Zwischen OA und WA fällt ein deutlicher Unterschied auf. Bei OA dominieren die freien Emissionen, während WA hauptsächlich über Bezugsrechte den Altaktionären zum

---

[70] Und unter Umständen die Besitzer von Warrants und WA (vgl. Abschnitt 4.5.6.).

Kauf angeboten werden. Seit 1980 wird zwar auch eine knappe Mehrheit der WA frei plaziert, doch fällt gerade in dieser Zeitperiode auf, dass bei den OA fast keine Bezugsrechtsemissionen mehr getätigt werden.

2. Teil

Motive für die

Kapitalbeschaffung mittels

Options- und Wandelanleihen

1. Traditionelle Erklärungsansätze für die Verwendung von Options- und Wandelanleihen

Der Hintergrund für die Analyse im 2. Teil der Arbeit bildet die Frage, mit welchen Instrumenten sich Gesellschaften die benötigten Finanzmittel beschaffen. Im speziellen werden die Charakteristiken von OA/WA im Vergleich zu ihren Finanzierungsalternativen untersucht. Das Ziel dieser Diskussion soll sein, Motive für die Verwendung von eigenkapitalbezogenen Anleihen zu finden. Insbesondere soll geklärt werden, weshalb OA in der Schweiz seit Mitte der achtziger Jahre eine so grosse Verbreitung finden. In diesem Sinne wird die Analyse positiver, und nicht normativer Natur sein, da nicht die Suche nach optimalen Verwendungsregeln und Ausgestaltungskriterien von OA/WA im Mittelpunkt steht.

Bereits schon in den sechziger und siebziger Jahren, als OA/WA noch relativ unbedeutende Kapitalmarktinstrumente darstellten, werden in Literatur und Praxis Gründe für ihre Verwendung diskutiert. Diese traditionellen Erklärungsansätze werden im 1. Kapital vorgestellt. Dabei wird gezeigt, dass sie nicht ausreichen, auf alle Fragen eine konsistente Antwort zu geben. Mit Hilfe der Finanzmarkttheorie wird darum in den folgenden Kapiteln nach weiterführenden Ansätzen gesucht.

1.1. Vorteile von Options- und Wandelanleihen für die Investoren

Obwohl die Emittenten im Mittelpunkt stehen, soll in einem ersten Schritt die Investorensicht geklärt werden. Denn ohne eine entsprechende Nachfrage der Kapitalgeber, könnten OA/WA gar nicht emittiert werden. In Praxis und Literatur (vgl. etwa Burkhalter [1978] S. 12ff, Löffler [1987] S. 173ff und 198ff, Weber [1967] S. 203ff) herrscht weitgehend Einigkeit über die Vorteile für die Anleger.[1] OA/WA

---

[1] OA werden nur "cum warrant" betrachtet. Die besonderen Anlagecharakteristiken von OS werden hier nicht weiter analysiert, da die OA "cum warrant" emittiert werden und

verbinden die Sicherheit einer Anleihe mit dem Kurssteigerungspotential einer Aktie. Der Investor kann also die Entwicklung der Unternehmung abwarten und erhält während dieser Zeit Zinszahlungen, bevor er sich für eine Risikobeteiligung entschliesst. In diesem Sinne vereinigen OA/WA die positiven Aspekte der beiden Grundformen: sie haben ein kleineres Risiko als Aktien, werfen einen (vom Konkursrisiko abgesehen) sicheren Zinsertrag ab und haben ein grösseres Kurssteigerungspotential als gewöhnliche Anleihen. Diese Vorteile können aber vom Investor nicht gratis erworben werden. Denn OA/WA weisen tiefere Couponsätze als gewöhnliche Anleihen auf und haben ein tieferes Kursgewinnpotential als Aktien der gleichen Firma. Somit sind sie a priori für Investoren weder gut noch schlecht. Vielmehr können sie als eine Zwischenform von Straight Bonds und Aktien, mit all deren relativen Vor- und Nachteilen, bezeichnet werden. Inbesondere weisen sie eine Rendite-Risiko-Charakteristik auf, die zwischen den beiden Grundformen liegt. Eine Anlage in OA/WA hängt somit primär von der Risikoaversion des Investors bzw. von dessen subjektiven Erwartungen bezüglich Rendite und Risiko und seiner optimalen Portfoliopolitik (Diversifikation) ab.

1.2. Vorteile von Options- und Wandelanleihen für die Emittenten

Weshalb nehmen Firmen mittels OA/WA Kapital auf? Auf diese Frage wird in Praxis und Literatur immer wieder die gleiche Antwort gegeben, die im folgenden mit "traditionell" bezeichnet wird. In der amerikanischen Literatur taucht sie v.a. in den sechziger und siebziger Jahre auf (vgl. etwa Atkinson [1967] S. 76ff, Hoffmeister [1977], Stevenson/Lavely [1970]), während sie in der deutschsprachigen Literatur bis in die jüngste Zeit zu finden ist (vgl. etwa Boemle [1986a] S. 307ff, Burkhalter [1978] S. 16ff, Dallèves [1963] S. 39ff, Janssen [1982] S. 11ff, Löffler [1987] S. 170ff und 193ff, Weber [1967] S. 137ff). Das Argument lautet, dass OA/WA eine ausgesprochen vorteilhafte Kombination von billigem Fremdkapital und potentiell günstiger Eigenmittelaufnahme darstellen. Werden sie mit gewöhnlichen Anleihen verglichen, fällt der tiefere

---

zwischen OA "cum warrant" und OA "ex warrant" eine feste (Arbitrage-)Beziehung ("cum" = "ex" + Warrant) besteht.

Couponssatz auf, den sie durch die Beifügung eines Options/Wandelrechts erhalten. Weiter erlauben OA/WA die Ansetzung eines Ausübungs-/Wandelpreises der über dem aktuellen Aktienkurs und damit über dem Emissionspreis einer gewöhnlichen Eigenkapitalerhöhung liegt.[2] Sowohl die Eigen- als auch die Fremdmittel können so scheinbar zu einem günstigeren Preis beschafft werden. Als Variante dazu wird vereinzelt angefügt, dass OA/WA auch als erfolgreicher Notbehelf betrachtet werden können, wenn eine direkte Emission von Aktien (zu einem gewünschten Preis) nicht möglich ist und der Kapitalmarkt auf diesem Wege für eine Firma verschlossen bliebe.

So argumentiert, erscheinen OA/WA beinahe als ein "Perpetuum Mobile" des Finanzmarktes. Mit einer einfachen Konstruktion kann sich eine Gesellschaft günstigere Mittel beschaffen und im Vergleich zur Emission einer gewöhnlichen Anleihe oder zu einer sofortigen Eigenmittelaufnahme die Kapitalkosten reduzieren. Der einzige Nachteil scheint die Ungewissheit zu sein, ob in der Zukunft wirklich ausgeübt/gewandelt wird.

1.3. Ergebnisse von Emittentenbefragungen

Im Sinne der traditionellen Erklärungsansätze wurden empirische Untersuchungen durchgeführt, um das Hauptmotiv für OA/WA-Emissionen herauszufinden. Wenn diese Instrumente günstiger sind als reine Anleihens- und Aktien/PS-Emissionen, steht logischerweise die Frage im Mittelpunkt, ob Unternehmen OA/WA primär zur Beschaffung von Fremd- oder von Eigenkapital emittieren. Ueberwiegt also der relative Vorteil gegenüber einer Eigenkapitalerhöhung (und rechnet die Firma fest mit einer zukünftigen Ausübung/Wandlung) oder steht der relative Vorteil gegenüber einem Straight Bond im Vordergrund? Vier Autoren führten zu diesem Zweck in den USA Befragungen von Emittenten durch. In drei Untersuchungen wird die Eigenkapitalbeschaffung als eindeutiges Hauptmotiv festgestellt: Pilcher [1955] (Zeitperiode: 1948 -

---

[2] Manchmal wird auch das Argument vertreten, dass dieser Vorteil in der Schweiz eine ganz besonders grosse Bedeutung hat (vgl. Burkhalter [1978] S. 136), da Eigenkapitalerhöhungen mittels Bezugsrechte an die Altaktionäre in der Regel zu einem markant unter dem aktuellen Kurs liegenden Emissionspreis erfolgen. Diese Ueberlegung übersieht jedoch, dass das Bezugsrecht eine Entschädigung für die Verwässerung darstellt, somit eine dividendenähnliche Auszahlung ist, der Altaktionär damit à-priori keinen Verlust erleidet und für neue Aktien doch genau der Marktwert gezahlt werden muss.

1953, 82% der befragten Firmen geben dieses Primärmotiv an), Brigham [1966] (1961 - 1963, 73%) und Geu [vgl. Janssen [1982] S. 22f] (1953 - 1966, 55%). Einzig Hoffmeister [1977] kommt bei einer Stichprobe von 1970 - 1972 zu keinem eindeutigen Resultat. Bei seiner Befragung stellen beinahe ebenso viele WA-Emittenten die Fremdkapitalaufnahme in den Vordergrund.

Eine ähnliche Studie erstellte Burkhalter [1978] für die Schweiz. Er versandte an alle Firmen, die am 1.1.1975 eine OA oder WA ausstehend hatten, einen Fragebogen. Von den angeschriebenen 27 Gesellschaften antworteten 19. Die Auswertung der Antworten lassen den Autor eine klare Schlussfolgerung ziehen. 74% der Firmen geben an, dass ihr Hauptemissionsgrund die Eigenkapitalbeschaffung zu einem höheren Emissionspreis ist, als es mit einer gewöhnlichen Aktienkapitalerhöhung möglich ist.[3] Nur eine Gesellschaft nennt die Aufnahme von günstigerem Fremdkapital als Primärmotiv. Burkhalter [1978] schliesst daraus, dass OA/WA ein Instrument mit tieferen Eigenkapitalkosten sind und dass einzelne Gesellschaften dies ausnützen. Diese These findet seiner Ansicht nach dadurch Unterstützung, dass die Firmen auf eine entsprechende Frage mehrheitlich die Dividendenrendite als die richtige Grösse für die Messung der Eigenkapitalkosten nennen. Er folgert daraus, dass die Dividendenrendite (und damit die Kapitalkosten) durch den höheren Emissionspreis von Aktien bei OA/WA auf einfache Weise gesenkt werden kann. Wenn aber diese Ueberlegungen zutreffen und der Grund für die Verwendung von OA/WA derart einfach erklärt werden kann, taucht die Frage auf, weshalb nicht mehr (alle) Firmen von diesem finanzierungstechnischen "Trick" profitieren.

---

[3] Emissionsspezialisten einer Schweizer Grossbank haben in persönlichen Gesprächen die Auffassung geäussert, dass auch Ende der achtziger Jahre die Emittenten von OA/WA fest mit der Ausübung/Wandlung rechnen, dass also OA/WA bewusst als Instrumente der Eigenmittelbeschaffung benützt werden.

1.4. Kritik an den traditionellen Erklärungsansätzen

Die Idee eines "Perpetuum mobile" im Kapitalmarkt erweckt Misstrauen. Die vorgebrachten Argumente werden darum in diesem Abschnitt kritisch hinterfragt (vgl. Brennan/Schwartz [1982] oder Lewellen/Racette [1973, S. 777], die feststellen "...the treatment of [the question of convertible debt financing] remains essentially in the realm of folklore, the typical story being that convertibles contain the "best elements" of both equity and straight debt or that they provide a vehicle for issuing equity at a "bonus" price higher than the current price. Closer examination reveals that either view is arrant nonsense ...").

Hauptansatzpunkt der Kritik ist die Wahl der Alternative zu den OA/WA. Denn der Vergleich mit einer gewöhnlichen Anleihe und einer Eigenkapitalerhöhung, die zum selben Zeitpunkt erfolgen, missachtet gerade die Besonderheit von OA/WA.[4] Da die Eigenmittelaufnahme nicht zum Zeitpunkt der Emission erfolgt, sondern erst während einer im Prinzip unbekannten zukünftigen Zeitperiode, müssen OA/WA sinnvollerweise mit einem Finanzierungspaket verglichen werden, das eine <u>heutige Anleihens</u>- und eine <u>zukünftige Eigenkapitalsemission</u>[5] beinhaltet. Hier wird nun klar, dass der tiefere Couponsatz der OA/WA (im Vergleich zur gewöhnlichen Anleihe) durch das Risiko eines <u>Opportunitätsverlustes</u> beim Emissionspreis des Eigenkapitals erkauft wird.[6] Ein einfaches Zahlenbeispiel mag dies illustrieren. Eine Firma habe eine WA zu 1000.- emittiert. Diese kann in eine Aktie gewandelt werden, wobei der Aktienkurs zum Zeitpunkt der Emission 900.- beträgt. Betrachten wir nun drei unterschiedliche hypothetische Aktienkurse bei Laufzeitende:

---

[4] Bei allen im vorangehenden Abschnitt zitierten Befragungen ist dieser Mangel feststellbar. In den Fragen wird immer nur dieser Vergleich vorgegeben, so dass m.E. die Antworten fast zwangsläufig in die vorliegende Richtung ausfallen.

[5] Zum besseren Verständnis kann man sich dieses Finanzpaket so vorstellen, dass zuerst die gewöhnliche Anleihe emittiert und zu einem späteren Zeitpunkt für die Rückzahlung dieser Anleihe Eigenkapital aufgenommen wird.

[6] Burkhalter [1978] berücksichtigt in seinem Fragebogen diese entscheidende Ueberlegung in keiner Weise.

a) Der Aktienkurs bleibt (unverändert)[7] bei 900.-: die WA werden nicht gewandelt, die Firma kann also kein Eigenkapital aufnehmen.
b) Der Aktienkurs steigt auf 1001.-: die WA sind knapp "in-the-money" und werden gewandelt; die Eigenkapitalaufnahme erfolgt (nahezu) zum aktuellen Aktienkurs.
c) Der Aktienkurs steigt auf 1400.-: die WA werden gewandelt, wobei für die Gesellschaft die Eigenmittelaufnahme um 400.- ungünstiger ausfällt im Vergleich zum alternativen Finanzierungspaket, wo zuerst eine gewöhnliche Anleihe emittiert wird und bei Laufzeitende (und Rückzahlung) eine Aktienkapitalerhöhung durchgeführt wird. Dieser entgangene höhere Emissionserlös des Eigenkapitals stellt Opportunitätskosten der WA dar.

Es ist ersichtlich, dass der Vorteil des günstigeren Fremdkapitals kein "sicherer Gewinn" für den Emittenten darstellt. So führt Fall c) ex-post gesehen zu einem "Verlust" für die Altaktionäre, der den "Gewinn" aus dem tieferen Couponsatz übertreffen kann. Fall a) und b) hingegen sind ex-post im Vergleich zur Alternative von Vorteil, da die Aktienkapitalerhöhung zu den gleichen Konditionen erfolgt[8], während der WA-Laufzeit jedoch tiefere Zinskosten anfallen. Bei korrekt bewerteten OA/WA kompensiert der tiefere Couponsatz also gerade den Nachteil aus dem möglichen Opportunitätsverlust der Ausübung bzw. Wandlung.[9]

Zusammenfassend kann festgehalten werden, dass die richtige Alternative zu OA/WA (heutige Aufnahme von Fremdkapital und eventuelle zukünftige Eigenkapitalaufnahme zu einem heute schon festgelegten Emissionspreis, aber ex-ante unbestimmter Menge) die Begebung einer gewöhnlichen Anleihe und eine spätere Aktienemission zu einem heute noch unbestimmten Preis ist. Traditionelle Erklärungsansätze für die Verwendung von OA/WA genügen somit in der bisher diskutierten Form nicht. Um das "OA/WA-Puzzle" zu lösen, müssen andere Gründe gefunden werden.

---

[7] Von der Möglichkeit einer vorzeitigen Wandlung soll in allen Fällen abgesehen werden.

[8] Bzw. im Fall a) erfolgen kann, denn die Nicht-Wandlung der WA kann durch eine sofortige "normale" Kapitalerhöhung zu 900.- kompensiert werden. (Von höheren direkten Emissionskosten soll abgesehen werden.)

[9] Für den Fall von OS beweisen Galai/Schneller [1978, S. 1336f], dass bei korrekter Bewertung eine solche Emission das Vermögen der bisherigen Aktionäre nicht verändert.

2. Finanzmarkttheoretische Erkenntnisse der Kapitalbeschaffung

Die Analyse von speziellen Finanzierungsinstrumenten hängt eng mit der generellen Frage nach Leitlinien der Mittelbeschaffung zusammen. Im Mittelpunkt der (Corporate Finance-) Literatur steht dabei die Diskussion um die (optimale) Kapitalstruktur, wofür eine Vielfalt von theoretischen und empirischen Studien vorliegt.[10] Im folgenden sollen diese zusammengefasst dargestellt werden mit dem Ziel, Ansatzpunkte für befriedigendere Erklärungen für die Verwendung von eigenkapitalbezogenen Anleihen zu finden. Dieser Abschnitt stellt aber auch die theoretische Grundlage für den 3. Teil dieser Arbeit dar, wo die Marktreaktion auf die Bekanntgabe von OA/WA-Emissionen untersucht wird.

2.1. Die Irrelevanzaussage von Modigliani/Miller

In einem der meist diskutierten Artikel der Finanzmarktforschung zeigen Modigliani/Miller [1958], dass unter bestimmten Annahmen der Wert einer Unternehmung nur durch die Aktivseite einer Bilanz determiniert wird. Nur reale Faktoren (Investitionen) bestimmen also den Firmenwert[11]. Die entscheidenden Annahmen für dieses Ergebnis sind:[12]

a) die Investitionspolitik der Unternehmung ist fest vorgegeben
b) es sind perfekte Kapitalmärkte gegeben (allen Individuen stehen die relevanten Informationen kostenlos zur Verfügung und es bestehen keinerlei Transaktionsko-

---

[10] Uebersichtsartikel zur Kapitalstrukturdiskussion sind beispielsweise zu finden in Barnea/Haugen/Senbet [1985], Brealey/Myers [1984, S. 331ff] Chen/Kim [1979], Copeland/Weston [1983, S. 382ff], Myers [1984] und Zimmermann [1986, S. 76ff].

[11] Unter Firmenwert wird der gesamte Marktwert aller Aktiven bzw. aller Passiven einer Unternehmung verstanden.

[12] In ihrem Artikel erwähnen Modigliani/Miller noch weitere Annahmen, die sich jedoch für die obige Aussage als nicht bedeutsam erweisen (vgl. Copeland/Weston [1983, S. 384ff] oder Zimmermann [1986, S. 78ff] und die dort zitierte Literatur der "Annahmendiskussion").

sten)
c) die Kapitalmärkte sind effizient.

Durch Finanztransaktionen können die Unternehmen somit keine realen Werte schaffen. Der gesamte Firmenwert kann wie ein Kuchen betrachtet werden, für den es irrelevant ist, wie er in Stücke geschnitten wird. Die Aufnahme von Fremdkapital bringt somit weder Vor- noch Nachteile, die Frage nach einer optimalen Kapitalstruktur ist belanglos. Der Grund dafür liegt im Arbitrageargument, dass die Investoren (als Aktionäre der Firma) nicht auf einen Leverage angewiesen sind, da sie ihn durch entsprechende Portfolioumschichtungen selber "produzieren" können. Demensprechend hat jedes Finanzinstrument dieselbe risikoadjustierte Rendite und die Kapitalkosten einer Unternehmung sind von der Kapitalstruktur unabhängig.

Für OA/WA bedeutet dies, dass der Unterschied ihrer Kapitalkosten zu denjenigen von Aktien oder gewöhnlichen Anleihen nur vom unterschiedlichen systematischen Risiko abhängt (für ein einfaches Berechnungsbeispiel vgl. Copeland/Weston [1983] S. 421f). Analytische Herleitungen dieses Ergebnisses präsentieren Lewellen/Racette [1973] und McDaniel [1983]. Unter den gemachten Annahmen beeinflussen also OA/WA den Firmenwert nicht, und sie sind im Vergleich zu alternativen Finanzpaketen lediglich ein Plazebo.

2.2. Der Einfluss von Steuern und Bankrottkosten[13]

2.2.1. Die Steuervorteile und die Bankrottkostennachteile von Fremdkapital

Es muss also untersucht werden, inwieweit durch eine Lockerung der Annahmen Gründe für die Verwendung von Fremdkapital im allgemeinen und von OA/WA im speziellen gefunden werden können. Eine erste Erklärung setzt bei Unternehmungssteuern ein. Da Fremdkapitalzinsen im Gegensatz zu Dividenzahlungen für die Firma

---

[13] Für eine Literaturübersicht vgl. etwa Barnea/Haugen/Senbet [1985] S.14ff, Chen/Kim [1979] S. 374ff, Copeland/Weston [1983] S. 396ff und S. 441ff, Zimmermann [1986] S. 92ff.

steuerabzugsberechtigt sind, erhöht die Verwendung von Fremdkapital ceteris paribus den Firmenwert im Ausmass des Produktes von Steuersatz mal Marktwert des Fremdkapitals. Je höher also der Leverage ist, um so höher wird der Firmenwert, was bedeutet, dass Unternehmen mit Vorteil gar kein Eigenkapital emittieren.

Mit dieser Erkenntnis beginnt aber die Suche nach Nachteilen von Fremdkapital, da in der Realität kaum Firmen ohne Eigenkapital gefunden werden. Naheliegender Ansatzpunkt ist das mit dem Leverage ansteigende Konkursrisiko. Die Bankrottgefahr an sich vermindert den Firmenwert nicht, da dieses Risiko in einem effizienten Markt von den Wirtschaftssubjekten in den Preisen entsprechend berücksichtigt wird. Dies gilt aber nicht, wenn der Konkurs nicht kostenlos möglich ist. Einerseits können Ausgaben <u>direkter</u> Natur anfallen wie Anwaltsgebühren, Gerichtskosten, Wert der von Mitarbeitern aufgewendeten Zeit für die Konkursabwicklung, Reorganisationskosten etc. Andererseits sind auch <u>indirekte</u> Bankrottkosten denkbar wie Opportunitätskosten der während des Konkurses gebundenen Mittel, Wertverluste durch Produktionsunterbrüche während der Reorganisation etc. Die Gefahr solcher tangiblen oder intangiblen Ausgaben bewirkt ex ante einen tieferen Firmenwert, je höher der Leverage, und damit die Konkurswahrscheinlichkeit, ist.

Die Steuervor- und Bankrottkostennachteile von Fremdkapital können die Existenz einer optimalen Kapitalstruktur erklären. Gemäss mikroökonomischen Ueberlegungen liegt dies dort, wo der erwartete Grenzgewinn von Steuern gerade dem erwarteten Grenzverlust der Bankrottkosten entspricht.

2.2.2. <u>Kritik an der Kapitalstrukturerklärung durch Steuern und Bankrottkosten</u>

Diese Erkenntnis wird jedoch durch zwei Einwände relativiert. Erstens stellt sich die (empirische) Frage, wie bedeutungsvoll die Bankrottkosten in der Realität sind. Eine erste Untersuchung dazu stammt von Warner [1977], der bei Konkursen von elf Eisenbahngesellschaften zwischen 1933 und 1955 feststellt, dass die direkten Kosten im Durchschnitt nur etwa ein Prozent des Firmenwertes vor dem Bankrott betragen und mit steigender Firmengrösse relativ abnehmen. Myers [1977] argumentiert jedoch, dass die <u>in</u>direkten Bankrottkosten von entscheidender Dimension sind. Altman [1984] versucht darum in einer Untersuchung über 12 Handels- und sieben Industriebetrieben die gesamten Konkurskosten zu quantifizieren. Er kommt zum Schluss, dass sie keineswegs von einer vernachlässigbaren Grössenordnung sind. Das Problem seiner Untersuchungsmethode ist jedoch, dass sie nicht zwischen Cashflow-Einbussen, die zur Möglichkeit des Konkurses führen, und solchen, die als Resultat der Konkursmöglichkeit (Bankrottkosten) entstehen, unterscheiden kann. Die Relevanz von Bankrottkosten für die Kapitalstruktur ziehen Haugen/Senbet [1978, 1988] auch aus einem anderen Grund in Zweifel. Sie vergleichen den Konkursfall (und die dabei anfallenden Bankrottkosten) mit der Reorganisation des notleidenden Betriebs. Durch einen Aufkauf der Schulden durch die Aktionäre oder Dritte (z.B. Banken) kann die Unternehmung umstrukturiert werden, ohne dass Bankrottkosten anfallen. Da Haugen/ Senbet die Kosten dieser informalen Reorganisation in einem effizienten Markt als klein betrachten, folgern sie, dass mögliche Bankrottkosten bedeutungslos für die Kapitalstruktur sein müssen. Sie diskutieren auch mögliche Behinderungen dieser Umstrukturierungen, wie das Free Rider-Problem auf Seiten der Altaktionäre und vor allem der Obligationäre. Sie weisen aber nach, dass dieses Problem in einem gut funktionierenden Markt durch entsprechende Bestimmungen in den Finanzkontrakten kostenlos eliminiert werden kann. Zudem kritisieren sie die Schlussfolgerung von Altman [1984], da dieser Liquidationen und Bankrotte vermischt. Haugen/Senbet argumentieren, dass die Liquidierung eines Betriebs von den Zukunftsaussichten, nicht jedoch von der Kapitalstruktur abhängt. Bei der Annahme rational handelnder Kapitalmarktteilnehmer besteht nämlich kein Grund, dass Obligationäre, die durch den Konkurs die Kontrolle über den Betrieb erhalten, rascher liquidieren als Aktionäre.

Der zweite Einwand betrifft die Nichtberücksichtigung der Besteuerung von Privatpersonen. Miller [1977] erweitert die bisherigen Ueberlegungen[14], um die Annahme, dass die

---

[14] Eine ähnliche Kritik bringen Litzenberger/Talmor [1988] vor, indem sie zeigen, dass unter gewissen Umständen auch ohne Existenz von privaten Einkommenssteuern die Kapitalstruktur irrelevant ist. Wenn nämlich der Kapitalmarkt hinreichend perfekt ist und sich die Investoren Portfolios kreieren können, deren Erträge das gesamte Ausmass des aggregierten realen Konsums umspannen, können sich die Wirtschaftssubjekte in einem gesamtwirtschaftlichen Gleichgewicht auch vollständig gegen die Auswirkungen der staatlichen Steuer(- und Geld)politik absichern. Mögliche Vorteile des Fremdkapitals bei Unternehmenssteuern berühren darum die Kapitalgeber nicht, und die Maximierung des Unternehmenswerts ist keine Bedingung mehr für die Nutzenmaximierung der Investoren. Bei Vorhandensein von Unternehmens- und Einkommenssteuern sind jedoch äusserst komplexe Wertpapiere notwendig, um sich gegen Veränderungen der Steuerpolitik zu hedgen, so dass in der Realität die Kapitalstruktur wohl weiter relevant sein wird.

Investoren keine Steuern für Erträge aus der Anlage von Aktien, jedoch für erhaltene Fremdkapitalzinsen entrichten müssen. Unter diesen Voraussetzungen zeigt er, dass bei Abwesenheit von Bankrottkosten für die einzelne Unternehmung keine optimale Kapitalstruktur existiert, die Irrelevanzaussage somit in einem geänderten Umfeld wieder gilt. Der Grund für dieses Ergebnis liegt darin, dass die für Fremdkapitalerträge progressiv besteuerten Investoren nur Anleihen nachfragen, sofern sie für ihren Steuernachteil mit entsprechend höheren Bruttozinssätzen entschädigt werden. Der Anteil von Fremdkapital hat somit keinen Einfluss auf den Firmenwert.[15] Hingegen werden "Financial Leverage Clientèlen" existieren, d.h. die Investoren werden abhängig von ihren marginalen Steuersätzen Anleihen von Firmen mit einem bestimmten Verschuldungsgrad bevorzugen. Millers Ergebnis wird inzwischen von einigen Autoren teilweise relativiert. So existieren Modelle, wo Fremdkapital trotzdem den Firmwert beeinflusst, wenn

a) die Investoren Zinseinnahmen und Dividenden, nicht aber Kapitalgewinne versteuern müssen (vgl. Litzenberger/Van Horne [1978]),
b) die Möglichkeit besteht, dass wegen ungenügender Erträge der Zinssatzsteuervorteil nicht ausgenützt wird und dass andere Arten von Steuervorteilen existieren (vgl. DeAngelo/Masulis [1980]),
c) das Portfoliorisiko bei risikoaversen Investoren berücksichtigt wird (vgl. Kim [1982]).

Zusammenfassend kann festgehalten werden, dass Steuern und Bankrottkosten alleine keine befriedigende Erklärung für eine (optimale) Verwendung von Fremdkapital liefern. Und sicher können sie keine Begründung für OA/WA abgeben. Denn selbst wenn sie eine optimale Kapitalstruktur determinierten, wäre es unverständlich, weshalb Firmen ihren angestrebten Verschuldungsanteil durch hybride Finanztitel und nicht durch entsprechende Emissionen von "einfachen" Aktien und Anleihen erreichen wollen. Denn einerseits stehen OA/WA nahezu den gleichen Problemen hinsichtlich erwarteten Bankrottkosten wie gewöhnliche Anleihen gegenüber. Andererseits werfen OA/WA bei gleichem Emissionspreis wegen dem tieferen Coupon eine tiefere Steuerersparnis für den Emittenten ab. Für den Fall, dass eine Unternehmungs-, aber keine Personalsteuer und Bankrottkosten existiert, liefern Lewellen/Racette [1973] einen analytischen

---

[15] Auf gesamtwirtschaftlicher Ebene wird jedoch eine optimale Menge von Fremdkapital existieren, welche von der Relation der Unternehmungs- und der Personalsteuersätze bestimmt wird.

Beweis dafür. Somit liegen weiterhin keine rationalen Gründe vor, weshalb OA/WA a priori ein besseres Instrument als ein Emissionsmix von Aktien und gewöhnlichen Anleihen sein sollten.

2.3. Der Einfluss von asymmetrisch verteilten Informationen

2.3.1. <u>Grundsätzliche Bedeutung von asymmetrisch verteilten Informationen</u>

In der bisherigen Diskussion wird unterstellt, dass alle Marktteilnehmer die gleichen Informationen besitzen. Diese Annahme entspricht aber kaum je der Realität. In diesem Abschnitt wird darum untersucht, inwieweit asymmetrisch verteiltes Wissen Ansätze für eine bessere Erklärung der Kapitalstruktur von Firmen liefern kann.

Es ist intuitiv einsichtig, dass einzelne Marktteilnehmer mehr und besseres Wissen über Vorgänge innerhalb einer Unternehmung haben als andere. Zu den Insidern werden typischerweise das Management, der Verwaltungsrat und ev. Banken und spezielle Aktionärsgruppen gezählt. Der grosse Rest des Kapitalmarktes wird sich hingegen in der Regel mit einem tieferen Informationsstand begnügen müssen, sei es, weil die Insider gewisse Fakten geheim halten, sei es, weil die Informationsgewinnung zeit- und kostenaufwendig ist. Die Folge davon ist, dass die Marktpreise nicht alle Informationen reflektieren und dass das Management als Insider den Wert seiner Finanztitel besser beurteilen und eventuell aus zweierlei Gründen daraus Profit schlagen kann:

a) Sind alle Finanztitel gleichermassen überbewertet, kann die Firma "günstiges" neues Kapital aufnehmen. Selbst wenn keine Investitionsprojekte mit einem positiven Nettobarwert existieren, kann so das Management die Situation für die Altaktionäre vorteilhaft ausnützen.

b) Ist ein Titel (z.B. Aktien) relativ zu einem anderen (z.B. Obligation) überbewertet, kann die Firma den zu teuren verkaufen und mit dem Erlös den zu günstigen zurückzahlen.

Solche Massnahmen zulasten der weniger gut informierten Investoren sind für das Management jedoch keineswegs so einfach durchführbar, wie es auf den ersten Blick erscheinen mag. Solange sich nämlich Outsider rational verhalten, werden diese den Wissensvorsprung der Insider und die damit für sie verbundenen Gefahren antizipieren. Jedes Wort, v.a. aber auch jede Tat der Unternehmensführung wird von den Marktteilnehmern auf diesen Gesichtspunkt hin untersucht. Bei einer Emission von Eigenkapital z.B. wird der rational handelnde Investor zu eruieren versuchen, ob diese aufgrund einer Ueberbewertung der Aktien erfolgt, oder weil die Firma aussichtsreiche Investitionsprojekte verwirklichen möchte. Er wird nicht nur den hinter der Finanzierungsaktion stehende <u>Investitionsentscheid</u> beurteilen, sondern auch den <u>Finanzierungsmodus</u> unter die Lupe nehmen. Finanzierungsentscheide stellen so nicht nur "reale" Handlungen von Unternehmen dar, sondern sind gleichzeitig für Outsider immer auch ein Signal, d.h. eine Uebermittlung von neuen Informationen. Dieser wechselseitige Zusammenhang von Finanzaktionen und Signalen muss analysiert werden, falls der Einfluss von asymmetrisch verteilten Informationen untersucht werden will. Dabei ist zu beachten, dass grundsätzlich alle Arten von Finanzentscheiden zu berücksichtigen sind. So sind nicht nur Kapitalaufnahmen, sondern auch Dividendenzahlungen, Schuldenrückzahlungen, Aktiensplits etc. einzubeziehen.

Bei dieser Analyse sind zwei Arten von Signalen zu unterscheiden. Wenn das Management die Reaktion der Outsider bei ihren Entscheiden nicht berücksichtigt, sprechen wir von <u>unbewussten</u> Signalen. Die Unternehmungsführung schaut hier nur auf ihre (besseren) Informationen und verfolgt darauf basierend eine für sie optimale Politik. Mit der Finanzaktion will sie keine bestimmten Informationen über Investitionsaussichten und/oder Firmenbewertung übermitteln. Demgegenüber bezieht das Management bei <u>bewussten</u> Signalen von Anfang an die Reaktion der Investoren mit ein. Sie wissen, dass die Outsider ihren Entscheid interpretieren und auf für sie neue Informationen untersuchen werden. Bei korrekten Ueberlegungen hat also die Unternehmungsführung alternative Mittel in den Händen, um wertvolles Wissen weiterzuvermitteln. Im Gegensatz dazu ist dies im Modell von Modigliani/Miller [1958] kein Problem, da dort die Mittel für den Wissenstransfer annahmegemäss kostenlos zur Verfügung stehen und somit gar keine Informationsasymmetrien entstehen können.

Was sind nun die grundsätzlichen Ueberlegungen, dass ausgerechnet Finanzierungsentscheide ein wichtiges Mittel sind, um die realen Aussichten einer Firma zu signalisieren? Eine erste Voraussetzung ist, dass <u>keine andere günstigere Art existiert, zuverlässig, glaubwürdig und vollständig Wissen zu übermitteln</u>. Aktionen wie Geschäftsberichte, Pressekonferenzen, Aktionärsbriefe etc. müssen diesbezüglich also unvollkommen bleiben. Weiter muss die Firma einen <u>Anreiz haben, Signale überhaupt übermitteln zu wollen</u>. Dieser Aspekt kann nun gerade auf dem Finanzmarkt von grosser Bedeutung sein. Stellen wir uns z.B. eine Unternehmung vor, die eine aussergewöhnliche Erfindung gemacht hat und so ein in ihren Augen hoch rentables Investitionsprojekt verwirklichen möchte. Gelingt es dieser Firma nicht, den Investoren die Güte ihres Projektes (und damit den gestiegenen Firmenwert) zu übermitteln, wird sie nur zu schlechten Konditionen Kapital aufnehmen können und damit zu hohe Finanzierungskosten bezahlen müssen. Das Management wird also alles Interesse haben, den wahren Firmenwert auf glaubwürdige Weise zu signalisieren, so dass sie auf dem Kapitalmarkt von den schlechteren Firmen unterschieden werden kann.

Um zu sinnvollen Aussagen zu kommen, muss weiter sichergestellt werden, dass die <u>Signale von den Outsidern eindeutig verstanden</u> werden. "Schlechte" Firmen dürfen keinen Anreiz haben, das gleiche Signal wie "gute" Firmen zu geben. Diese Bedingung wird zu einem entscheidenden Punkt und ist grundsätzlich auf zwei Arten herleitbar. Entweder sorgt die Anreizstruktur des Managements dafür, dass diese die Wahrheit sagen wollen. Oder die Uebermittlung von falschen Signalen hat für die Unternehmung ungünstigere finanzielle Folgen im Vergleich zur Uebermittlung der wahren Informationen.

2.3.2. <u>Kapitalstruktur als Signal</u>

Da Steuern und Bankrottkosten nur teilweise Antworten auf Finanzierungsfragen geben, haben Signalling-Modelle in den letzten Jahren in der Literatur eine grosse Bedeutung erlangt. Die Auswirkung von asymmetrisch verteilten Informationen auf das Finanzierungsverhalten wird zum ersten Mal von Ross [1977] und Leland/Pyle [1977] diskutiert. Ross zeigt, dass ein Signalling-Gleichgewicht existiert, falls die Manager mit einer Strafzahlung belegt werden, wenn ihre Firma Konkurs macht. In diesem Modell können Firmen die Güte ihrer Projekte mit dem Leverage signalisieren. Je besser die Aussichten des Projektes sind, desto mehr wird es mit Fremdkapital finanziert. Die

Investoren interpretieren dieses Signal korrekt, da sie wissen, dass Manager nur einen hohen Leverage anstreben, wenn die Konkurswahrscheinlichkeit klein ist. Im Modell von Leland/Pyle wird demgegenüber ein Unternehmer-Eigentümer betrachtet, der extern Mittel aufnehmen will. Dieser übermittelt die Firmenqualität mit dem Anteil an Eigenkapital, das er in seinen Händen behält. Je höher dieser Anteil ist, desto höher interpretieren die Outsider den wahren Firmenwert. Zudem sind höhere Anteile des Unternehmers am Eigentum mit höheren Fremdkapitalaufnahmen verbunden, sofern der Anteil einen Mindestbetrag erreicht. Für unsere Zwecke genügen diese Modelle jedoch noch nicht, da Ross eine sehr spezifische Anreizstruktur für Manager unterstellt und Leland/Pyles Typ des Unternehmer-Eigentümers bei grösseren Aktiengesellschaften in der Schweiz wohl nur selten in dieser Form existiert.

Grossen Einfluss auf die nachfolgende Signalling-Literatur hat das Modell von Myers/Majluf [1984], das die grundsätzliche Problematik der Uebermittlung von Informationen mittels Finanzaktionen darstellt. Ausgangslage ihrer Ueberlegungen ist die Situation, wo eine Firma finanzielle Mittel in Form von Aktien aufnehmen muss, um ein Investitionsprojekt durchführen zu können. Der Nutzen einer solchen Emission liegt in den Erträgen, die die Investitionskosten übersteigen (positiver Nettobarwert). Sind die Investoren (im Gegensatz zum Management) jedoch unvollständig über den Firmenwert informiert, kann die Emission eventuell auch mit Nachteilen verbunden sein. Sind nämlich die bisherigen Aktiven der Firma am Kapitalmarkt <u>unter</u>bewertet, müssen die neuen Aktien zu einem zu tiefen Preis verkauft werden, was eine Verwässerung für die Altaktionäre bedeutet. Maximiert das Management den Aktienwert der Altaktionäre und antizipieren dies die Investoren, kennen alle Kapitalmarktteilnehmer die Entscheidungsregel: Uebersteigen die Vor- die Nachteile, wird emittiert und somit investiert. Es wird also um so eher neues Eigenkapital aufgenommen, je höher der Nettobarwert der Investition ist und je tiefer die Unterbewertung bzw. je höher die Ueberbewertung der bisherigen Aktiven ist.

Dieses Prinzip hat folgende Auswirkungen:

a) Der Ankündigungseffekt einer Emission ist a priori nicht klar, da für die Outsider immer die Gefahr besteht, dass eventuell nur emittiert wird, da die Aktien überbewertet sind und die Mittel in ein Projekt investiert werden, dass (fast) keinen positivien Nettobarwert abzuwerfen verspricht.

b) Es gibt Situationen, wo der Vorteil eines positiven Nettobarwerts vom Nachteil der Unterbewertung überwogen wird und das Management folglich auf eine Investition verzichtet. In diesen Fällen führen die Informationsasymmetrien zu Wohlfahrtsverlusten.
c) Liquiditätsreserven sind von Nutzen. Durch selbst erarbeitete Mittel kann eine Firma obige Wohlfahrtsverluste verhindern. Innen- wird also der Aussenfinanzierung vorgezogen.

Wird in diesem Modell die Möglichkeit von Fremdkapitalemissionen einbezogen, stellt sich die entscheidende Frage, ob die Auswirkungen von Ueber-/Unterbewertungen bei Aktien oder Obligationen grösser sind. In der Regel wird dies beim Eigenkapital zutreffen.[16] Das bedeutet, dass die eventuellen Nachteile einer Aussenfinanzierung bei Fremdkapital kleiner sind. Sind die bisherigen Aktiven überbewertet, will das Management also Aktien emittieren. Bei einer Unterbewertung hingegen bringt eine Anleihensemission mehr Vorteile für die Altaktionäre.

Myers/Majlufs Modell erhält vor allem deshalb eine grosse Beachtung, da es einige Aspekte des in der (v.a. amerikanischen) Realität beobachtbaren Finanzierungsverhalten erklären kann. Firmen ziehen Innen- der Aussenfinanzierung vor. Die Dividendenpolitik wird den Investitionsmöglichkeiten angepasst, und wenn schon Mittel aufgenommen werden müssen, wird Fremdkapital vorgezogen. (Myers [1984] nennt diese Ueberlegungen "Pecking Order Theory".) Das Modell hat jedoch den Nachteil, dass es die Verwendung von Aktienkapital nicht erklären kann. Denn die Investoren antizipieren das Verhalten des Managements, dass Aktien nur bei bestehender Ueberbewertung emittiert werden sollen, und werden darum auf eine solche Finanzierungsaktion nicht eingehen. Damit kann auch die Verwendung von OA/WA nicht ausschliesslich im Rahmen dieses Ansatzes erklärt werden.

Eine Weiterführung und gewisse Verallgemeinerung präsentiert Narayanan [1988]. Er unterstellt, dass auch die Insider den Wert des Investitionsprojektes nicht genau kennen. Ihr Informationsvorsprung besteht lediglich in einer besseren Einschätzung der Wahrscheinlichkeitsfunktion der Investitionserträge. Damit fällt Myers/Majlufs Möglichkeit weg, risikoloses Fremdkapital zu emittieren, was das Unterinvestitionsproblem lösen

---

[16] Eine Ausnahme zu dieser Regel kann v.a. dann eintreten, wenn zwischen In- und Outsidern unterschiedliche Einschätzungen über das Firmenrisiko bestehen.

würde. Zudem besteht bei Narayanan nur eine Informationssymmetrie bezüglich des neuen Projektes, womit er auch Signalling-Gleichgewichte für junge Firmen oder für ältere, sehr stabile Firmen, bei den kaum eine Ungewissheit über den Wert der bisherigen Aktiven besteht, herleiten kann. Narayanan zeigt, dass grundsätzlich emittiert (und investiert) wird, falls die Insider mit einem positiven Nettobarwert rechnen. Zusätzlich besteht jedoch auch ein gewisser Anreiz, bei einer Ueberbewertung des Projektes durch den Markt, auch bei negativen Barwerten zu investieren. Diese Situation kann bei Eigen- wie bei Fremdfinanzierung eintreten. Es kann jedoch gezeigt werden, dass Fremdkapital den Altaktionären von guten Firmen mehr nützt als eine Aktienemission. Dadurch kann das Management den wahren Wert der Investition mit einer Anleihensemission signalisieren und sich damit von schlechteren Firmen abheben und so bessere Konditionen verlangen. Da Firmen mit schlechteren Projekten mit einer höheren Konkurswahrscheinlichkeit konfrontiert sind, haben sie keinen Anreiz dieses Signal zu imitieren. Es resultiert das gleiche Ergebnis wie bei Myers/Majluf, nur begründet sich hier der Wohlfahrtsverlust aus asymmetrisch verteilten Informationen aus Ueberinvestitionen.

Zu grundsätzlich gleichen Resultaten kommt auch Blazenko [1987], der aber von der Annahme abweicht, dass das besser informierte Management das Vermögen der Altaktionäre maximiert. Vielmehr unterstellt er, dass der Nutzen der Geschäftsleitung vom Firmenwert abhängt[17] und dass die Manager risikoaverses Verhalten zeigen. Unter diesen Bedingungen existiert ein Signalling-Gleichgewicht, bei dem höhere Projektwerte mit mehr Fremdkapitalaufnahme übermittelt werden. Dieses Signal kann von Managern von schlechteren Firmen nicht imitiert werden, da für sie ein zu hohes Risiko entstünde.

Den speziellen Fall des Unternehmer-Eigentümers im Kontext des Myers/Majluf-Modells untersucht Bradford [1987]. Die Besonderheit liegt hier darin, dass die Unternehmer selber neue Aktien[18] zum Emissionspreis kaufen oder verkaufen können und dies die Outsider wahrnehmen. Daraus resultiert, dass das Unterinvestitionsproblem von Myers/Majluf teilweise gelindert wird und somit kleinere Wohlfahrtsverluste

---

[17] Dies kann z.B. der Fall sein, wenn die Manager (teilweise) in Form einer Gewinnbeteiligung entlöhnt werden oder wenn ihre Reputation stark vom Firmenwert abhängt.

[18] Es wird nur der Fall einer Aktienkapitalerhöhung untersucht.

entstehen, was zu höheren Firmenwerten (schon bevor der genaue Finanzierungs-/ Investitionsentscheid bekannt wird) führt. Analog Leland/Pyle [1977] können die Unternehmer den Projektwert durch die Höhe der eigenen Käufe bzw. Verkäufe von neu emittieren Aktien signalisieren. Bei einer bestehenden Ueberbewertung werden sie netto neue Aktien verkaufen, und umgekehrt. Bradford kann damit eine gewisse Erklärung geben, weshalb in Firmen mit Unternehmer-Eigentümern Aktien- dem Fremdkapital nicht derart stark unterlegen ist.

John [1987] zeigt schliesslich an einem sehr grundsätzlichen Modell, dass nicht nur die Kapitalstruktur als Signal verwendet werden kann. Finanzierungs- und Investitionszeitpunkt sind bei ihm zeitlich getrennt und im Moment der Finanzierung kennen die Insider die Qualität der Investition.[19] Hier kann das Management ebenso gut mit den Bedingungen signalisieren, die sie freiwillig bei der Aufnahme von Kapital eingeht. Je besser ihre Erwartungen sind, desto eher wird sie sich verpflichten, dass sie dieses (im Vergleich zur Geldmarktanlage) risikovollere Projekt auch wirklich unternimmt. Je restriktiver diese Bedingungen sind, um so bessere Projekte werden signalisiert. Diese Art der Informationsübermittlung ist jedoch in der Realität wohl nur mit Schwierigkeiten anwendbar. Es scheint, dass Signale mit der Kapitalstruktur einfacher zu übermitteln sind, was solche Modelle auch intuitiv verständlicher macht.

2.3.3. Dividenden als Signale[20]

Es gibt aber noch weitere Finanzaktionen die als Signal in Betracht kommen. Allen voran steht die Ausschüttung von Dividenden. Wie bei der Kapitalstrukturfrage steht man auch bei der Erklärung von Dividenden vor Problemen, wenn man eine Finanzwelt betrachtet, bei denen die Annahmen von Modigliani/Miller [1958] gelten. Der Versuch liegt darum nahe, auch Dividenden als Mittel der Informationsübermittlung zu erklären. Das bekannteste Modell dazu stammt von Miller/Rock [1985]. Es geht von der Logik aus, dass die Mittelverwendung (Investitionen und Dividenden) der

---

[19] Explizit kennen sie die Höhe des möglichen Cashflows bei Erfolg, nicht jedoch die Wahrscheinlichkeit, dass der Erfolg auch wirklich eintritt.

[20] Für eine Literaturübersicht vgl. Miller [1987].

Mittelherkunft (Aussenfinanzierung und Cashflow) entsprechen muss. Wenn die externe Mittelaufnahme und die Investitionsausgaben als fix betrachtet werden, sind Dividendenzahlungen für Outsider eine Information, um die laufenden Gewinne der Unternehmung zu ermitteln. Unerwartete Dividendenerhöhungen stellen hier ein (unbewusstes) Signal für unerwartete Gewinnsteigerungen dar. Rationale Investoren nehmen aber auch die Gefahr wahr, dass dies das Management durch bewusste Falschsignale ausnützen will. In dieser Umwelt zeigen Miller/Rock, dass ein Signalling-Gleichgewicht bestehen kann. Höhere Dividenden sind dabei ein (bewusstes) Signal für bessere Gewinnaussichten. Glaubwürdig wird diese Informationsübermittlung durch die Tatsache, dass Ausschüttungen mit Kosten verbunden sind, da mit deren Zunahme die Wahrscheinlichkeit auf einen Verzicht auf Investitionen mit einem positiven Nettobarwert ansteigt. Diese Kosten sind für "schlechte" Firmen relativ höher wie für "gute". Im Ausmass wie auf lohnende Investitionen verzichtet wird, kommt es zu Wohlfahrtsverlusten. Festzuhalten bleibt auch, dass Kapitalaufnahmen als negative Dividendenzahlungen betrachtet werden können und darum für sie die gleichen Ergebnisse mit umgekehrtem Vorzeichen gelten. Die Emission von Eigen- oder Fremdkapital ist also ein gleichermassen negatives Signal, das vom Markt mit einem Kursverlust quittiert wird.

Eine andere Art von Kosten von Dividenden, die diese als Signal glaubwürdig machen, steht bei John/Williams [1985] im Vordergrund. Es wird unterstellt, dass die Investoren auf Dividendeneinkommen eine Steuer bezahlen müssen.[21] Dadurch kann prinzipiell der gleiche Signalisierungs-Mechanismus hergeleitet werden. Ein Unterschied zu Miller/Rock [1985] besteht jedoch darin, dass Dividenden nur dann bezahlt werden, wenn die kumulierte Liquiditätsnachfrage der Unternehmung (für exogen vorgegebene Investitionen) und der Investoren (für Konsumzwecke) die Liquiditätsreserven der Unternehmung übersteigt. Ist dies nicht der Fall, kann das Management das Vermögen der Altaktionäre maximieren, indem sie neue Aktien nur ihnen zur Emission anbietet oder indem sie Aktien von ihnen zurückkauft.

---

[21] Im Modell von Miller/Rock [1985] würde eine solche Steuer Dividenden als Signale zum Verschwinden bringen. Positive Geschäftsaussichten würden dann nur noch über Kapitalrückzahlungen signalisiert.

Ambarish/John/Williams [1987] haben dieses Modell weiterentwickelt, indem sie die Investitionshöhe[22] als zweites, gleichzeitig verwendbares Signal einbeziehen. Sie argumentieren, dass dies in vielen Fällen eine günstigere Signalisierung erlaubt, als durch Dividenden alleine. Im Signalling-Gleichgewicht wählen gute Firmen Dividenden und Investitionen so, dass sie wegen den damit verbundenen Kosten (Steuern bei Dividenden und Ueber- bzw. Unterinvestition) von schlechteren Konkurrenten auf dem Kapitalmarkt nicht imitiert werden können. Als interessantes Resultat weisen die Autoren nach, dass private Informationen, die sich hauptsächlich auf bestehende Aktiven beziehen, zu einer Signalisierung durch Unterinvestition führt, da dadurch tiefere marginale Kosten anfallen. Umgekehrt ist zu erwarten, dass junge Wachstumsfirmen, wo v.a. Unsicherheit über die Investitionsprojekte besteht, eher zu Ueberinvestitionen neigen und dass deren Ankündigung von Kapitalaufnahmen zu einer positiven Marktreaktion führt.

In einem leicht abgewandelten Modell präsentiert demgegenüber Williams [1988] einen Fall, wo Firmen im Gleichgewicht eine optimale Investitionspolitik (keine Wohlfahrtsverluste) betreiben. Hier wird der wahre Firmenwert nur durch die Höhe der mit Kosten (Steuern) verbundenen Dividenden signalisiert. Je besser die Aussichten sind, um so höhere Ausschüttungen gewähren die Insider. Den Saldo aus vorhandener Liquidität, Kosten für die Investitionen und Dividendenzahlungen begleichen die Manager durch Aktienverkäufe oder -rückkäufe.

Die bisherige Darstellung von Signalling-Modellen hat gezeigt, dass mehrere Möglichkeiten denkbar sind, wie Firmen ihre besseren Informationen dem Kapitalmarkt übermitteln können. Einerseits kann die Mittelaufnahme an sich ein Signal darstellen. Andererseits sind Situationen denkbar, wo die Art der Finanzierung Wissen vermittelt. Als Tendenz zeigt sich, dass die Aussenfinanzierung eher als negatives, und die Fremd- im Gegensatz zu Eigenmittelaufnahme eher als positives Indiz zu werten ist. Ein Merkmal all dieser Modelle ist jedoch, dass die (glaubwürdige) Signalisierung mit Kosten verbunden ist. Somit stellt sich auch die Frage, welches die effizienteste Art der Informationsübermittlung ist.

---

[22] Da die Mittelherkunft der -verwendung entsprechen muss, kann anstelle der Investitionshöhe analog der Nettobetrag der Aussenfinanzierung als Signal betrachtet werden.

2.3.4. Effiziente Signale

Gibt es Finanzaktionen, die ein günstigeres Signalisieren ermöglichen? Oder anders gefragt, unter welchen Bedingungen ist welches Finanzinstrument die effizienteste Art, wertvolle Informationen zu übermitteln? Die optimale Lösung stellen kostenlose Signale dar. Wie in den letzten beiden Abschnitten gezeigt, ist die Signalisierung mit Kosten verbunden, "if the production of the signal consumes resources or if the signal is associated with a loss in welfare generated by deviations from allocation and/or distribution of claims in perfect markets" (Franke [1987] S. 809). Bisher wurden erst wenige Modelle ohne Signalling-Kosten entwickelt. Eines stammt von Heinkel [1982], der die Kapitalstruktur als Signalmöglichkeit untersucht. Die Intuition, dass dieses Signal kostenlos sein kann, ergibt sich aus der Aussage von Modigliani/Miller [1958], dass die Leveragehöhe ohne Auswirkungen auf den Firmenwert ist. Die entscheidende Annahme für ein Signalling-Gleichgewichts ist, dass der Firmenwert mit dem Kreditrisiko _positiv_ korreliert sein muss. Je höher also der von den Insidern erwartete Firmenwert ist, desto höher ist auch das Risiko. Dies bedeutet, dass bei einem gegebenen Nennwert der Anleihenswert eine abnehmende Funktion des Firmenwerts darstellt. Wenn nun die Insider bessere Informationen über den wahren Firmenwert haben und den Wert der von ihnen selbst gehaltenen Aktien maximieren, kommt es für sie zu einem Tradeoff. Geben sie eine höhere als die wahre Qualität an, können sie Anleihen mit zu günstigen, Aktien hingegen mit zu schlechten Konditionen erhalten und umgekehrt. Im Gleichgewicht signalisieren sie kostenlos den wahren Wert, der von den Outsiders entsprechend erkannt wird. Risikovollere Firmen (und damit solche mit höherem erwarteten Wert) haben dabei einen höheren Leverage als risikolosere.

Die Investitionshöhe und die Finanzierungsart als Signal betrachten Constantinides/ Grundy [1986]. Ihre entscheidende Annahme für das Auftreten von kostenlosem Signalling besteht in der Möglichkeit von Aktienrückkäufen. Weitere Modellcharakteristiken betreffen die besser informierten Manager:

a) sie besitzen einen allgemein bekannten Anteil an den Aktien der Firma
b) sie sind risikoneutral
c) sie besitzen für die optimale Investitionspolitik selbst zu wenig Liquidität
d) während der Finanzierungsaktion verkaufen sie keine ihrer Aktien bzw. kaufen keine neu emittierten Wertpapiere.

Die Insider geben nun die geplante Investition und die Finanzierungsart bekannt und versichern gleichzeitig, dass das zuviel aufgenommene Kapital mittels Aktienrückkäufen den Outsidern zukommt.[23] Damit wird dem Anreiz, den Wert der neuen Finanztitel zu übertreiben, eine Gegenkraft entgegengestellt, da der zu hohe Mittelzufluss wieder an die Outsider gelangt. Analog lohnt sich auch eine Untertreibung des Firmenwertes nicht. Die Autoren weisen nach, dass die Insider den wahren Firmenwert übermitteln wollen und auch kostenlos können. Die Existenz eines Gleichgewichts hängt von der spezifisch gewählten Finanztransaktion ab. Diese selbst wird davon beeinflusst, in welcher Relation der Firmenwert zur geplanten Investition und zur Informationsstruktur der Insider steht.

Während in den obigen beiden Modellen restriktive Annahmen für kostenloses Signalling formuliert werden, leitet Franke [1987] allgemeinere Voraussetzung dafür ab. Er zeigt, dass gundsätzlich zwei Bedingungen genügen:

a) Die Outsider betrachten die Erhöhung des relativen geldmässigen Angebots eines Wertpapiertyps als ein negatives Signal für die Qualität dieses Papiers. Sie reduzieren demgemäss ihren dafür offerierten Preis. Diese "Outsider-Rationality Condition" stellt sicher, dass das Problem der "adverse selection" nicht auftritt.

b) Die marginalen Wechselkurse zwischen zwei Wertpapieren müssen im Primär- und Sekundärmarkt identisch sein. Wäre dies nicht der Fall, könnten Insider Arbitragemöglichkeiten im Sekundärmarkt ausnützen, da der Handel dort anonym und somit ohne Signalisierung von Informationen erfolgt.

Das konkrete Gleichgewicht hängt auch in diesem Modell von der spezifischen Informationsstruktur ab.

Zusammenfassend kann festgehalten werden, dass die Analyse der Auswirkungen von asymmetrisch verteilten Informationen die Diskussion über die Kapitalstruktur belebt und zu interessanten empirisch testbaren Hypothesen geführt hat. Es gibt einige Indizien, dass es für die Unternehmen von Bedeutung ist, wie der Markt konkrete Finanztransaktion bezüglich unbekannten Informationen interpretiert. Firmen haben sich also zu entscheiden, wie sie Wissen übermitteln wollen. Es ist darum naheliegend, das

---

[23] Falls so zuwenig Mittel aufgenommen werden, verpflichten sich die Insider, den Rest durch Aktienverkäufe an Outsider zu beschaffen.

Vorliegen von konkreten Finanzierungsarten und -instrumenten in diesem Lichte zu beurteilen. Für unsere Arbeit im Vordergrund steht die Frage, ob OA/WA das Informationsproblem speziell gut lösen können. Im 5. Kapitel wird deshalb genauer untersucht werden, unter welchen Bedingungen sich diese Instrumente als besonders günstige Signale eignen können.

2.4. Aspekte der Unternehmungskontrolle[24]

Bisher wurden die Unternehmen als eine Einheit betrachtet, wo die Maximierung des gesamten Firmenwerts im Interesse aller Beteiligten liegt. Ein solches Bild zeichnet aber die Realität zu einfach wider. Vielmehr drängt sich auf, eine Unternehmung als eine Kooperation von verschiedenen Gruppen anzusehen, wie dem Management, Arbeitnehmern, Kunden, Lieferanten, Aktionären, Gläubigern und einem weiteren Umfeld (Staat, "Oeffentlichkeit" etc.). Der entscheidende Punkt dieser Betrachtungsweise liegt darin, dass die Interessen dieser Gruppen keineswegs immer identisch sind. Im folgenden werden wir uns auf Interessenskonflikte zwischen drei Gruppen in offenen Grossunternehmen konzentrieren, dem Management (Entscheidungsträger), den Aktionären (Entscheidungskontrolle und Tragen des Residualrisikos) und den Gläubigern (keine Entscheidungsbefugnisse). Im Mittelpunkt steht dabei die Frage, wie sich Finanzierungs-/Kapitalstrukturentscheide auf die drei Interessensblöcke niederschlagen. Zwei Aspekte müssen bei dieser Analyse unterschieden werden:

a) Konflikte, die von der Trennung von Besitz und Kontrolle herrühren, also zwischen dem Management und den Aktionären auftreten

b) Konflikte, die zwischen Kapitalgebergruppen auftreten. Hier stehen sich die Aktionäre und die Fremdkapitalgeber gegenüber.

---

[24] Für eine Literaturübersicht vgl. Barnea/Haugen/Senbet [1985] und Jensen/Smith [1985].

2.4.1. Konflikte zwischen Management und Aktionären

In grossen, offenen Unternehmen sind in der Regel die Entscheidungsbefugnisse und der Besitz der Firma nicht in der gleichen Person vereint. Durch diese Trennung entstehen Probleme, die in einer Einzelunternehmung nicht auftreten. Die Aktionäre, die das Residualrisiko tragen, sind die Eigentümer. Das Entscheiden über das Firmenverhalten überlassen sie aber Drittpersonen (Agenten), die in ihrem Auftrag Managementtätigkeiten ausführen.[25] Oft unterstellt die Theorie vereinfachend eine Interessenskongruenz zwischen Management und Aktionären. Wird diese Annahme aber fallengelassen, treten "agency costs" hervor, die aus der unterschiedlichen Interessenslage von Entscheidungs- und Risikoträgern resultieren und die sich auf das Firmenverhalten auswirken. Die "agency"-Literatur untersucht diese Problematik, indem sie unterstellt, dass sowohl die Auftraggeber (Aktionäre) als auch die Agenten (Management) ihre persönliche Wohlfahrt in den Vordergrund stellen.

Für die Aktionäre bedeutet dies, den Vermögenswert ihrer Firmenanteile zu maximieren. Das Wohlergehen der Manager hängt demgegenüber vom Salär und weiteren pekuniären und nicht-pekuniären Vorteilen ab, wie Ansehen, Respekt, Machthunger, aber auch dem privaten "Konsum" von Firmenressourcen (Firmenwagen, aufwendige Geschäftsessen etc.) ab. Während z.B. das Ansehen als erfolgreicher Manager relativ stark mit der Höhe des Firmenwerts korreliert ist, gibt es andere Aspekte von Managerverhalten, das Kosten für die Aktionäre verursacht. Jensen/Meckling [1976] untersuchen diesen Zusammenhang und vergleichen ihn mit der Situation eines Unternehmer-Eigentümers. Während dieser die gesamten Kosten seines "Managerkonsums" selber trägt, ist dies in Firmen, wo Kontrolle und Eigentum getrennt sind, nicht der Fall. Je kleiner der Anteil des Managements am Eigenkapital ist, desto grösser wird der Anreiz, sich persönliche Vorteile zu Lasten des Firmenwerts zukommen zu lassen. Die zunehmende Emission von Eigenkapital an aussenstehende Investoren ist mit steigenden "agency costs" verbunden.

Jensen/Meckling unterstellen weiter allen Marktteilnehmern rationale Erwartungen. Dies bedeutet, dass die Investoren das für sie schädliche Verhalten der Manager antizipie-

---

[25] Auch Aktionäre können gewisse Entscheidungsfunktionen innerhalb einer Firma übernehmen. Insbesondere die Entscheidungskontrolle steht ihnen zu. Für eine detaillierte Diskussion dieser Frage sei auf Fama/Jensen [1983b] oder auf Vock [1987] verwiesen.

ren. Der Preis, den sie für Aktien zu zahlen bereit sind, berücksichtigt somit den Interessenskonflikt zwischen ihnen und den Entscheidungsträgern. Das führt dazu, dass die Manager die Vermögenseffekte ihres Verhaltens selber tragen müssen.

Diese Kosten der Trennung von Eigentum und Kontrolle können durch spezielles Verhalten, das aber auch Kosten verursacht, verhindert werden. So können die Aktionäre durch geeignete Kontrolle und Ueberwachung ("monitoring") das schädliche Verhalten der Manager eindämmen, etwa durch vom Firmenerfolg abhängige Entlöhnung, aufwendige Rechnungsprüfung, Festlegung von Ausgaberestriktionen etc. Oder die Entscheidungsträger können sich bezüglich ihrer Managementtätigkeiten selber Bindungen ("bonding") auferlegen. In beiden Fällen kommt die Kostenreduktion dem Management durch einen höheren Aktienpreis zugute. Sie werden somit die Höhe des an Outsider abzugebenden Eigenkapitals gemäss den anfallenden "agency costs" optimieren. Der gesamte Nachteil aus der Trennung von Eigentum und Kontrolle ist somit die Summe der "monitoring"- und der "bonding"-Kosten sowie dem übrigbleibenden Firmenwertverlust durch schädliches Managementverhalten (suboptimale Ressourcenallokation). Abhängig ist dieses Ergebnis insbesondere von der Natur der "monitoring costs" und der Präferenzstruktur der Manager.

Die Analyse des Interessenskonflikts zwischen Aktionären und Management zeigt die Bedeutung der Eigennutzenmaximierung der Manager bei allen Entscheiden auf. Dies gilt auch für die Frage der optimalen Kapitalstruktur, wie Grossman/Hart [1982] in einem Modell zeigen. Sie nehmen an, dass der Nutzen, den Manager aus der Firma ziehen können, bei einem Bankrott verloren geht. Die Entscheidungsträger haben somit keinen Anreiz, Fremdkapital zu emittieren. Liegt dies jedoch im Interesse der Aktionäre, kommt es zu einem Interessenskonflikt und einer entsprechenden Tieferbewertung der Firma. Emittieren die Manager trotzdem Fremdkapital, geben sie sich selber einen Anreiz im Interesse der Aktionäre zu handeln. Diese quittieren das mit einer Höherbewertung der Unternehmung, was den Managern wiederum erlaubt, mehr Kapital von aussenstehenden Investoren zu erwerben und potentiell mehr Vorteile aus dem Managementverhalten zu ziehen. Eine empirische Bestätigung für den Zusammenhang von "monitoring costs" und Leverage geben Friend/Lang [1988]. Sie testen die Hypothese, dass die Gefahr, bei Bankrott persönliche Vorteile zu verlieren, die Manager zu einem zu tiefen Leverage verleitet. Die Autoren stellen fest, dass das Vorhandensein von bedeutenden Aktionären ohne Managementfunktion (und somit tieferen Ueberwachungskosten) zu einer höheren Fremdkapitalaufnahme führt. Sie interpretieren dies als Evidenz, dass auch Kapitalstrukturentscheide vom Manager-Selbstinteresse beeinflusst wird.

2.4.2. Konflikte zwischen Aktionären und Gläubigern

Die mit dem Interessenskonflikt zwischen Management und Aktionären verbundenen Kosten von Eigenkapital lassen die Frage aufkommen, weshalb überhaupt Kontrolle und Eigentum einer Firma aufgetrennt wird. In einer Unternehmung, wo ein Manager-Eigentümer lediglich Fremdkapital aufnimmt, können diese Kontrollkosten vermieden werden. Zwei Gründe können als Erklärung angeführt werden. Erstens sind residuale Ansprüche in Form von Aktien auch mit grossen Vorteilen verknüpft (vgl. Fama/Jensen [1983a]). Ihr spezieller Charakter erlaubt eine Spezialisierung auf Unternehmungsführung und auf Risikotragen durch diejenigen Wirtschaftssubjekte, die die entsprechenden Funktion besonders effizient erfüllen können.

Zweitens ist auch die Aufnahme von Fremdkapital mit "agency costs" verbunden. Smith/Warner [1979] unterscheiden vier Quellen von Nachteilen aus dem Interessenskonflikt von Eigen- und Fremdkapitalgebern:

a) Dividendenzahlungen
b) Verwässerung der Gläubiger-Ansprüche
c) Investition in zu risikoreiche Projekte
d) Unterlassung von sinnvollen Projekten

Die ersten beiden Aspekte leuchten unmittelbar ein. Durch Dividendenzahlungen wird Firmenvermögen an die Aktionäre ausgeschüttet, das somit nicht mehr für die Rückzahlung der Fremdkapitalschuld zur Verfügung steht. Sind die Ausschüttungen von genügend grossem Ausmass, steigt das Risiko für die Gläubiger, was zu einer Minderbewertung des Anleihenswerts führt. Diese Umverteilung von Obligationären zu Aktionären kann im Extremfall zur völligen Enteignung der Gläubiger führen, wenn die Eigentümer die Firma liquidieren und den Erlös in Form einer Dividende an sich auszahlen. Aehnlich verhält es sich, wenn die Ansprüche der Alt-Gläubiger verwässert werden, indem die Firma zusätzliches Fremdkapital aufnimmt, das zur bestehenden Schuld gleichgestellt oder gar vorrangig ist. Auch diese Aktion führt zu einer Umverteilung zu Gunsten der Aktionäre.

Stärker diskutiert werden die Auswirkungen von Fremdkapital auf das Investitionsverhalten. Ein Argument lautet, dass das Vorhandensein von Fremdkapital die Aktionäre zu Investitionen in risikoreichere Projekte motivieren kann (vgl. Jensen/Meckling [1976]). Die Begründung dafür liegt im Umstand, dass die Gläubiger bei Verfall ihres Anspruchs einen fixen Betrag (oder den verbleibenden Firmenwert, falls die Schuld notleidend wird) zurückbezahlt erhalten. Die Aktionäre, als Besitzer der residualen Ansprüche, haben dagegen Anrecht auf den verbleibenden Teil des Firmenwerts nach Rückzahlung aller Schulden. Investitionen in risikoreichere Projekte bewirken, dass die zukünftigen Firmenwerte einem grösseren Schwankungsbereich ausgesetzt sind. Für Firmenwerte, die unter dem Rückzahlungsbetrag liegen, tragen die Obligationäre weiterhin im selben Ausmass das Risiko. An den durch das Eingehen von grösseren Risiken resultierenden höheren Firmenwerten profitieren jedoch nur die Aktionäre[26]. In diesem Ausmass haben diese also einen Anreiz zu einer "asset substitution" in Richtung eines höheren Firmenrisikos. Dies lässt Anleihen im Wert sinken, was zu einer Umverteilung des Firmenwerts von Gläubigern zu Aktionären führt. Jensen/ Meckling [1976] zeigen, dass dies für Firmeneigentümer sogar optimal sein kann, wenn der Nettobarwert der risikoreicheren Investition negativ ist, da der Vorteil aus der "Enteignung" der Gläubiger den Nachteil aus einem tieferen Firmenwert übersteigt.

Eine zweite Art von durch Fremdkapital provozierte suboptimale Investitionspolitik analysiert Myers [1977]. Er betrachtet eine Firma mit Wachstumschancen, d.h. mit Aktiven, deren Wert mindestens teilweise von zukünftigen Investitionsentscheiden abhängen[27]. Sie können in diesem Sinne als Calloptionen betrachtet werden, deren

---

[26] Diese Ueberlegung kann mit Hilfe der Optionspreismethodologie illustriert werden. Wie Black/Scholes [1973] vermerken, können die Aktionäre als Besitzer von Calloptionen auf den Firmenwert betrachtet werden. Der Ausübungspreis ist der Rückzahlungsbetrag des Fremdkapitals. Liegt der Firmenwert bei Verfall über diesem Betrag, üben die Aktionäre die Option aus, d.h. sie zahlen die Gläubiger aus und übernehmen die Firma. Eine Erhöhung der Varianz des zugrundeliegenden Aktivums erhöht den Wert einer Option. Eine Investition in ein risikoreicheres Projekt bewirkt also ceteris paribus eine Wertsteigerung der Aktien (vgl. Merton [1974]).

[27] Myers argumentiert, dass der Wert von sehr vielen Aktiven von zukünftigen Investitionsentscheiden abhängt. Z.B. kann auch der Wert von schon bestehenden Projekten durch

Ausübungspreis den Kosten der zukünftigen Investition entspricht. In einer solchen Firma wird bei Vorhandensein von Fremdkapital eine andere Investitionspolitik betrieben, als wenn sie nur mit Eigenkapital finanziert ist. Die Aktionäre üben die "Option" (Finanzierung einer Investition) nur aus, wenn der erwartete Nettobarwert nicht nur die Investitionskosten, sondern auch die Rückzahlung der Schulden decken. Liegt aber der erwartete Erlös zwischen der Summe dieser beiden Komponenten und den Investitionskosten, ist eine Durchführung dieses Projekts für die Aktionäre nicht optimal. Man beachte, dass in diesem Fall die Investition in einer nur mit Eigenkapital finanzierten Unternehmung getätigt würde. Das Vorhandensein von Fremdkapital kann also den Anreiz beeinträchtigen, alle "guten" zukünftigen Investitionen auszuführen, was zu einer Senkung des Gegenwartswerts dieser Firma führt. Myers folgert daraus, dass sich Firmen mit vielen "Wachstumschancen" weniger mit Fremdkapital finanzieren als solche, deren Wert hauptsächlich von bestehenden Aktiven abhängt.

Die Folgen des Unterinvestitionsproblems zeigen auch deutlich, wer in einem Markt mit sich rational verhaltenden Wirtschaftssubjekten die Kosten des Fremdkapitals trägt. Die Gläubiger werden die Anreize der Aktionäre und die damit verbundene Tieferbewertung der Unternehmung antizipieren. Entsprechend werden sie für das Zurverfügungstellen von Kapital einen höheren Preis verlangen. Die "agency costs" der Fremdfinanzierung tragen also die Aktionäre. Diese Ueberlegung gilt genau gleich für die anderen Quellen der Fremdkapital-Kontrollkosten. Die Gläubiger nehmen auch die Möglichkeit von Dividendenausschüttungen, von Verwässerung ihrer Ansprüche durch zusätzliche Fremdgeldaufnahme und von Investitionen in zu risikoreiche Projekte wahr. Auch hier werden letztendlich die Aktionäre mit den Kosten belastet. Diese haben somit einen Anreiz diese Kosten durch glaubwürdige Selbstbeschränkung ("bonding") zu senken (analog den "agency costs" aus den Interessenskonflikten zwischen Management und Aktionären). Ebenso wird das Problem in dem Ausmass gemildert, wie die Gläubiger das Verhalten der Aktionäre kontrollieren und darauf Einfluss nehmen können ("monitoring"). Da jedoch beide Massnahmen selbst auch mit Kosten verbunden sind, werden diese nur soweit ergriffen, wie die totalen Kontrollkosten des Fremdkapitals minimiert werden.

---

entsprechende Unterhaltsarbeiten, Marketingaktionen, Massnahmen bezüglich dem zu verwendenden Material und den anzustellenden Arbeitskräften etc. beeinflusst werden. "Wachstumschancen" sind deshalb sehr breit zu verstehen. Dies deutet auf eine entsprechend grosse Relevanz dieses Problems hin.

Theoretisch könnten diese "agency costs" zum Verschwinden gebracht werden, indem die Interessen der Kapitalgeber vereint werden (vgl. Barnea/Haugen/Senbet [1985] S. 63ff). Die Aktionäre müssten dazu einen proportionalen Anteil am Fremdkapital erwerben und die Anleihensgläubiger einen entsprechenden Anteil am Eigenkapital. Das Problem liegt jedoch darin, dass die Auftrennung von Eigen- und Fremdkapital einzigartige Risiko-Ertragscharakteristiken hervorbringt. Ist der Kapitalmarkt unvollkommen, führt die Preisgabe dieser Eigenheiten zu Verlusten im Diversifikationspotential. Wie das Eigenkapital scheint also auch das Fremdkapital mit Kontrollkosten verbunden zu sein, die nicht vernachlässigt werden können.

2.4.3. Kontrollkosten und Kapitalstruktur

In diesem Abschnitt sollen die verschiedenen Kosten aus den Interessenskonflikten zwischen Management, Aktionären und Gläubigern zusammengefügt und in die bisherige Kapitalstrukturdiskussion integriert werden. Eine erste Einsicht der Kontroll-Problematik ist, dass Aussenfinanzierung im allgemeinen mit "agency costs" verbunden ist. Daher wäre es optimal, wenn Investitionsprojekte durch reine Innenfinanzierung ermöglicht würden.[28] Wegen den beschränkten Mitteln lässt sich in diesem Fall jedoch kein beliebiges Wachstum realisieren. Damit werden Vorteile preisgegeben, die eine Firma durch einen grösseren Mittelzufluss hätte (Skaleneffekte, weitere Ausnützung von speziellem Managementwissen etc.). Zudem verliert der "Eigentümer-Manager" die Diversifikationsvorteile, wenn er einen grossen Teil seines Vermögens in seine eigene Firma investiert. Da die Aussenfinanzierung also sowohl mit Vor- als auch mit Nachteilen verbunden ist, lässt sich theoretisch für jede Firma ein optimaler Finanzierungsgrad bestimmen. Dieser liegt dort, wo der Grenznutzen gerade den Grenzkontrollkosten des externen Kapitals entspricht (vgl. Jensen/Meckling [1976] S. 349f).

Weiter kann dieser Ansatz für die Frage des optimalen Fremdfinanzierungsgrades angewendet werden, wenn berücksichtigt wird, dass sowohl das Eigen- als auch das Fremdkapital mit "agency costs"-Problemen verbunden sind. Da in einem sich rational

---

[28] Damit wird neben dem Vorliegen von asymmetrisch verteilten Informationen eine weitere Teilerklärung für die von Myers [1984] vorgebrachte "Pecking Order Theory" gegeben, die besagt, dass Firmen die Innen- der Aussenfinanzierung vorziehen.

verhaltenden Markt die Wertpapiere die Kontrollkosten der Aussenfinanzierung reflektieren, haben die "Eigentümer-Manager" alles Interesse, die totalen "agency costs" so tief als möglich zu halten. Bei einem gegebenen Niveau der Innenfinanzierung ist somit die Kapitalstruktur optimal, wenn die Summe der Kosten von Eigen- und Fremdkapital ihr Minimum erreicht. Dies ist der Fall, wenn sich die Grenzkosten der beiden Kapitalarten entsprechen (vgl. Jensen/Meckling [1976] S. 344ff).

Für die praktische Relevanz stellt sich die Frage nach dem konkreten Verlauf der marginalen Kontrollkosten. Für Firmen, an denen das Management fast keine Beteiligung hält, werden wohl die marginalen "agency costs" von Eigenkapital sehr klein sein (vgl. Barnea/Haugen/Senbet [1985] S. 58). Der Konsum von Managementvorteilen hängt hier nicht von der Finanzierungsart ab. Für offene Grossunternehmen steht somit nicht der Tradeoff zwischen den Kosten von Eigen- und Fremdkapital im Vordergrund. Die Kontrollkosten der Verschuldung können jedoch mit anderen Aspekten der Kapitalstrukturdiskussion (wie in Kapiteln 2.2. und 2.3. diskutiert) verbunden werden. Existiert z.B. ein Steuervorteil von Fremdkapital, wird der Tradeoff zwischen diesem Vorteil und den "agency costs" den optimalen Leverage einer Firma bestimmen. Ebenso können Bankrottkosten als zusätzlicher Nachteil zu den Kontrollkosten hinzugefügt werden.[29] Ein solches Modell stellen Barnea/Haugen/Senbet [1981] vor. Sie gehen vom Miller-Gleichgewicht (vgl. Kapitel 2.2.) aus, wo der Steuervorteil in seiner Gesamtheit verschwindet und auf Unternehmensebene der Firmenwert nicht von der Leveragehöhe abhängt. Durch die Berücksichtigung von "agency costs" von Fremdkapital verändert sich dieses Ergebnis.[30] Zusätzliche Verschuldung wird nur noch eingegangen, wenn die höheren Kontrollkosten durch einen tieferen Zinssatz kompensiert werden (die Kreditnachfragekurve ist nicht mehr horizontal wie im Miller-Gleichgewicht).[31] Für die einzelne Unternehmung existiert wieder eine optimale Kapitalstruktur.

---

[29] Einige Autoren stellen Bankrottkosten als Teilaspekt des "agency"-Problems dar und betrachten die beiden Punkte als eine Einheit (vgl. z.B. Barnea/Haugen/Senbet [1985]).

[30] Zusätzlich berücksichtigen sie auch noch den Einfluss von Steuerumgehungsaktionen der Investoren. Sind diese ebenfalls mit Kosten verbunden, verändert sich die Kreditangebotskurve und das Gleichgewicht wird noch mehr vom Miller-Fall abweichen.

[31] Diese Analyse gleicht dem Modell von DeAngelo/Masulis [1980]. Anstelle von "agency costs" berücksichtigen diese jedoch alternative Steuervorteile (besondere Abschreibungssätze etc.), deren Höhe mit zusätzlicher Verschuldung tendenziell abnimmt. Dieser Aspekt führt ebenfalls zu einer nicht-horizontalen Kreditnachfrage und zu einer optimalen Kapitalstruktur der Unternehmung.

Dieses Ergebnis hängt wesentlich von den "agency costs" des Fremdkapitals ab. Ob diese in der Praxis tatsächlich mit einem höheren Leverage ansteigen, ist letztlich eine empirische Frage. Green/Talmor [1986] zeigen aber analytisch, dass das von Jensen/Meckling [1976] analysierte Problem der Investition in risikoreichere Projekte ("asset substitution") mit ansteigendem Leverage zunimmt. Sie können weiter ableiten, dass die "agency costs" mit einer Erhöhung des Fremdkapitalanteils monoton ansteigen. Den Verlauf der Grenzkosten können sie aber ohne weitere Annahmen nicht festlegen. In der Gleichgewichtsanalyse von Jensen/Meckling [1976] oder von Barnea/Haugen/Senbet [1981] sind also Ecklösungen (nur Eigen- bzw. Fremdkapital) denkbar. Doch können hinreichende Bedingungen für ein Gleichgewicht ohne Ecklösungen formuliert werden.

Als weiterer Schritt bietet sich die Integration von asymmetrische Informations- mit "agency"-Modellen an.[32] Eine grundsätzliche Diskussion dazu liefert John [1987]. Er modelliert drei Fälle mit

a) asymmetrisch verteilter Information über den erwarteten Ertrag einer Investition (Outsider können im Finanzierungszeitpunkt eine entscheidende Firmencharakteristik nicht direkt beobachten)
b) einem "agency"-Problem à la Jensen/Meckling [1976], indem Outsider die für sie optimale Investitionspolitik nicht durchsetzen können (nach der Finanzierung, aber vor dem Investitionsentscheid erkennen die Insider die Risikocharakteristik des Projekts)
c) einem "signalling-agency"-Problem als Kombination von a) und b) (die Outsider können weder den erwarteten Investitionserlös im Finanzierungszeitpunkt noch die Risikocharakteristik im Moment der Investitionsentscheidung beobachten).

Die Fälle unterscheiden sich somit durch eine unterschiedliche zeitliche Struktur des Publikwerdens von Erwartungswert und Risiko eines Projekts. Das Ergebnis von Fall a) wurde bereits in Abschnitt 2.3.1. diskutiert. Für Fall b) kommt der Autor zum bekannten Schluss, dass Fremdkapital die Insider zum Ergreifen von zu risikoreichen Projekten veranlasst. Diese "agency costs" müssen von den Insidern getragen werden, weshalb diese optimalerweise nur Eigenkapital (da dieses annahmegemäss mit keinerlei

---

[32] Manche Autoren ordnen asymmetrisch verteilte Informationen als Teilproblem der "agency"-Diskussion zu (vgl. Barnea/Haugen/Senbet [1985]).

Kontrollkosten verbunden ist) emittieren. Diese Lösung erweist sich als paretooptimal. Im Fall c) lässt sich ebenfalls ein Gleichgewicht herleiten. Dieses zeichnet sich dadurch aus, dass die Firmen eine zu risikoreiche Investitionspolitik betreiben und dass sie trotz Vorliegen von Kontrollkosten Fremdkapital emittieren. Der Grund dafür liegt darin, dass <u>gerade die "agency costs" das Signalling-Gleichgewicht bewirken</u>. Da eine optimale Investitionspolitik von den Gläubigern nicht durchgesetzt werden kann, wählen die Firmen eine Kapitalstruktur, die ihnen einen Anreiz gibt für die Verfolgung von risikoreicheren Projekten. Das wiederum ist ein Signal für gute Ertragserwartungen der Insider im Zeitpunkt der Finanzierung. In diesem Gleichgewicht wird somit eine Leverageerhöhung <u>wegen</u> den "agency costs" von Fremdkapital (die das Signal glaubhaft machen) mit einem positiven Ankündigungseffekt verbunden sein.

Ein ähnliches Modell, wo "agency"-Probleme von Fremdkapital zu einem "signalling"-Gleichgewicht führen, stammt von Heinkel/Zechner [1988]. Sie betrachten Firmen, die vor dem Auftreten von Investitionsprojekten und asymmetrisch verteilter Information über deren Qualität, ihre Kapitalstruktur bestimmen. Die Ausgabe von Eigenkapital bewirkt hier Anreize zu Ueberinvestitionen. Dies rührt daher, dass im Markt die Aktien zu einem <u>durchschnittlichen</u> Preis emittiert werden. Somit gibt es Firmen, für die sich auch Projekte mit einem negativen erwarteten Nettobarwert wegen des zu hohen Emissionspreises von Aktien lohnen. Diese Suboptimalität kann aber dank dem "agency"-Problem von Fremdkapital korrigiert werden. Wird nämlich bereits vor Auftreten des Projekts Fremdkapital aufgenommen, geben sich die Insider einen Anreiz zu Unterinvestitionen, wie sie Myers [1977] beschrieben hat. Die Autoren zeigen, dass ein optimaler Leverage existiert, wo sich die beiden Effekte aufheben und so zu "first best" Resultaten (wertmaximierende Investitionspolitik) führt.

2.4.4. <u>Kontrolle der Agency Costs</u>

In abstrakter Weise wurde bisher erklärt, aus welchen Gründen in Grossunternehmen Kontrollkosten auftreten können und welche Auswirkungen diese auf die Kapitalstruktur von Gesellschaften haben können. Dabei ist es wichtig zu erkennen, dass diese Kosten bei sich rational verhaltenden Investoren bei der Firma (d.h. dem Management bzw. den Aktionären) anfallen. Die Entscheidungsträger werden darum alles Interesse haben, sie so tief wie möglich zu halten. Mit welchen Massnahmen dies konkret erreicht werden kann, soll in diesem Abschnitt untersucht werden. Insbesondere interessiert, wie sich die Kontrollkostenminimierung auf Finanzierungsentscheide auswirkt, bzw. ob sich durch die Berücksichtigung von Agency Problemen komplexere Finanzierungsinstrumente erklären lassen.

Zuerst soll ein "automatischer Mechanismus" zur Kontrolle des <u>Konflikts zwischen Management und Aktionären</u> untersucht werden, wie ihn Fama/Jensen [1983b] beschreiben. Gemeint sind der Kapital- und Arbeitsmarkt, die disziplinierend auf das Verhalten der Manager wirken. Der zentrale Aspekt ist dabei, dass die Konkurrenzsituation auf dem <u>Arbeitsmarkt</u> eine Entlöhnung der Manager in Abhängigkeit ihrer Performance erzwingt. Schlechte Leistungen und zu hoher "Konsum" von Unternehmungsressourcen wirken sich negativ auf die Reputation der (höheren) Kader aus, was mittel- und langfristig Folgen für ihre Anstellung und ihre finanzielle Kompensation hat. Fama [1980] diskutiert die Bedingungen, damit der Arbeitsmarkt das Management-Aktionär-Kontrollproblem lösen kann. Entscheidend ist dabei, dass die Entlöhnung im nachhinein vollständig der erbrachten Leistung angepasst wird ("ex post settling up"). Fama folgert aus seiner Analyse, dass bei Vorliegen von Konkurrenz im Arbeitsmarkt starke Kräfte wirken, die das Verhalten der Manager weitgehend, wenn auch nicht vollständig, im Sinne der Aktionäre beschränken.

Das durch den Arbeitsmarkt nicht gelöste Kontrollproblem kann durch einen gut funktionierenden <u>Kapitalmarkt</u> weiter eingedämmt werden. Der "market for corporate control" kann dabei als der Ort betrachtet werden, wo sich Managementteams um die Rechte streiten, über Unternehmungsressourcen zu verfügen (vgl. Jensen/Ruback [1983]). Wirken sich schlechte Leistungen der Unternehmungsführung negativ auf den Kurswert der Aktien nieder, entsteht für sie die Gefahr, dass Aussenstehende die Gesellschaft über den Kapitalmarkt zu übernehmen versuchen. Die Ueberwachung der Management-Performance findet in diesem Sinne weniger durch die Aktionäre, als durch Mitkonkurrenten um die Unternehmungsführung statt.

Inwieweit der Arbeits- und der Kapitalmarkt im obigen Sinne wirken können, hängt weitgehend von den rechtlichen Rahmenbedingungen ab. Wird der durch die Konkurrenzsituation angetriebene Mechanismus nicht oder nur wenig behindert, wird das Agency Problem weitgehend irrelevant. Für die Schweiz deutet aber einiges daraufhin, dass dies nicht vollständig gewährleistet ist. Es ist darum naheliegend, nach "künstlichen" Konstruktionen zu suchen, die dieselbe Wirkung entfalten. Im Vordergrund stehen dabei Entlöhnungsformen für Manager, die die Entschädigungshöhe an den Firmenerfolg knüpfen.[33] Als speziell geeignetes Instrument werden an Führungskräfte abgegebene Calloptionen auf Aktien der eigenen Unternehmung diskutiert. Unter gewissen Bedingungen kann gezeigt werden, dass diese das Agency Problem vollkommen lösen können (vgl. Haugen/Sen-bet [1981]). Dies gilt, wenn die Vermögensgewinne auf den Calls, hervorgerufen durch den optimalen Arbeitseinsatz, gerade die durch den Verzicht auf persönlichen "Konsum" von Unternehmungsressourcen entgangenen Vorteilen entspricht. Auch wenn die Analyse von Haugen/Senbet nicht unbestritten ist (vgl. die Kritik von Farmer/Winter [1986]), deuten empirische Ergebnisse von Agrawl/Mandelker [1987] daraufhin, dass in den USA dieses Instrument tatsächlich für diesen Zweck eingesetzt wird. In ihrer Studie wird nachgewiesen, dass Manager, die Calloptionen als Teil ihrer Entlöhnung erhalten, ein signifikant anderes Investitionsverhalten (Eingehen von höheren Risiken) und Finanzierungsverhalten (Anstreben eines höheren Leverage) zeigen.

Nicht auf Marktkräfte verlassen kann man sich bei der Eindämmung der <u>Kontrollprobleme zwischen Aktionären und Gläubigern</u>. Hier sind Anleihenskonstruktionen zu wählen, die sicherstellen, dass die Eigentümer bestimmte umverteilungswirksame Massnahmen nicht treffen können/wollen. Entsprechend werden Investoren den Obligationen einen höheren Wert beimessen. Alle Arten von Anleihensbedingungen, die den Schuldner irgendwie einschränken, können darum als Mittel betrachtet werden, Agency Costs zu verringern. Eine zusammenstellende Analyse solcher Klauseln vermitteln Smith/Warner [1979].

Eine erste Art sind Restriktionen, die direkt die Produktions- und die Investitionspolitik betreffen. Sie sollen verhindern, dass die Aktionäre Massnahmen ergreifen, die das Firmenrisiko vergrössern und entsprechend den Anleihenswert verringern. Da aber solche Bestimmungen wenig praktikabel sind, sind sie in der Realität kaum zu finden. An deren Stelle treten Klauseln, die einfacher zu überwachen sind und die indirekt ähnliche Wirkungen entfalten. Eine solche Art sind durch Sicherheiten geschützte Schulden. Sie verringern die Monitoring Costs" der Gläubiger und mildern das von

---

[33] Für eine Uebersicht über die Vor- und Nachteile von verschiedenen Kompensationsformen vgl. Jensen/Smith [1985] S. 102ff.

Myers [1977] analysierte Unterinvestitionsproblem (vgl. Stulz/Johnson [1985]). Ferner können in den Anleihensbedingungen Restriktionen über die Dividendenausschüttung und die Aufnahme zusätzlichen Fremdkapitals enthalten sein. Beide verkleinern das Umverteilungsproblem zwischen Gläubigern und Aktionären auf direktem Weg. Ueber die Beeinflussung der zur Verfügung stehenden Mitteln wird zudem auch indirekt die Investitionspolitik des Unternehmens berührt. Bei Dividendenrestriktionen existiert denn auch empirische Evidenz, dass diese in den USA tatsächlich eingesetzt werden, um den Interessenskonflikt zwischen Aktionären und Gläubigern zu kontrollieren (vgl. Kalay [1982]).

Weiter sind Klauseln denkbar, die den Schuldnern bestimmte Aktivitäten auferlegen, die die Ueberwachungskosten der Investoren verkleinern (Informationspflicht, Anwendung bestimmter Buchhaltungstechniken etc.). Schliesslich interessieren Restriktionen, die die Rückzahlungsmodalitäten regeln. Dazu gehören vorzeitige Tilgungszahlungen und Kündigungsklauseln für den Schuldner. Gerade bei letzteren kann die Agency Theorie die beste Erklärung für deren Existenz liefern. Einerseits erlaubt die vorzeitige Rückzahlungsmöglichkeit, Kontrollkosten im Zusammenhang mit dem Unterinvestitionsproblem einzudämmen (die Schuld wird vor der Investition zurückbezahlt und später, wenn sich die verbesserten Firmenaussichten in den Marktpreisen niedergeschlagen haben, wird erneut eine Anleihe aufgenommen). Andererseits wird die "Asset Substitution"-Gefahr gemildert, da die Kündigungsklausel bei Firmenwertrückgängen an Wert verliert. In den USA findet Thatcher [1985] für diese Erklärung von vorzeitigen Rückzahlungsbedingungen eine empirische Bestätigung. Für uns von besonderem Interesse ist, dass auch Konversionsklauseln als Instrument zur Reduktion von Agency Costs angesehen werden können (vgl. Jensen/Meckling [1976], Smith/Warner [1979]). Die Wandelungsmöglichkeit von Anleihen soll dabei die Anreize der Aktionäre dämpfen, über Durchführung von risikoreicheren Projekten eine Umverteilung zulasten der Gläubiger zu erreichen. Diese Argumentation wird im 6. Kapitel für OA/WA von schweizerischen Unternehmen genauer analysiert werden.

2.4.5. Einfluss des Kampfes um Unternehmungskontrolle auf die Finanzierungsentscheide

Finanzierungsaktionen beeinflussen nicht nur die Höhe der für Investitionen verfügbaren Mittel, sondern regeln auch die Eigentumsverhältnisse an der Unternehmung. Darum ist nicht auszuschliessen, dass Finanzentscheide auch im Lichte des Kampfes um die Verfügungsgewalt über die Unternehmungsressourcen getroffen werden. Ersichtlich wird dies v.a. bei Firmen, um die ein Uebernahmekampf entbrannt ist. Die Aufnahme von fremden Mitteln dient in solchen Fällen offensichtlich mehr dem Abwehrkampf als dem bewussten Anstreben einer optimalen Kapitalstruktur. Interessanter für unsere Zwecke ist die Frage, ob dies bereits schon vor dem Auftreten eines solchen Konflikts Einfluss auf das Finanzierungsgebaren und die Kapitalstruktur hat. Eine breite Literatur zu diesem Thema existiert noch nicht (vgl. Israel [1988] und Stulz [1988]). Es ist aber ersichtlich, dass das Management bzw. die Aktionäre mit der Ausgabe von Fremdkapital die Eigentumsstruktur zu ihren Gunsten beeinflussen und so die Wahrscheinlichkeit einer erfolgreichen Uebernahme verkleinern können. Israel zeigt zudem, dass ein bestimmter Leverage auch die finanzielle Verhandlungsposition des Managements für künftige Uebernahmeverhandlungen optimieren kann.

2.5. Zusammenfassung und Uebersicht über empirische Ergebnisse

Bei der Analyse des Finanzierungsverhaltens von Unternehmen können zwei Aspekte unterschieden werden:

a) Die Frage nach der <u>optimalen Kapitalstruktur</u>. Hier soll geklärt werden, in welcher grundsätzlichen Form die notwendigen Mittel beschafft werden, d.h. ob sie als Schuldverschreibung oder als Beteiligungskapital aufgenommen werden.
b) Die Frage nach den <u>Finanzierungsinstrumenten</u>. Hier steht die konkrete Durchführung von Finanzaktionen im Vordergrund, d.h. auf welche Art das angestrebte Finanzziel erreicht werden soll.

In den vorangehenden Abschnitten wurden Einflussfaktoren für eine optimale Kapitalstruktur diskutiert. Es zeigt sich, dass die theoretischen Auswirkungen möglicher Determinanten recht gut erforscht sind und dass starke Argumente gegen die Irrelevanzhypothese von Modigliani/Miller vorliegen. Aber die entscheidende Frage, welche Faktoren <u>konkret</u> die Kapitalstruktur von Firmen beeinflussen, ist in der Literatur noch nicht allgemein anerkannt geklärt. Ein besonderes Problem stellen dabei Anpassungskosten dar (vgl. Myers [1984]). Denn selbst wenn die Bestimmungsgründe für die Kapitalstruktur bekannt wären, würde das effektive Finanzgebaren noch nicht restlos erklärbar sein. Der Grund dafür liegt unter anderem darin, dass Refinanzierungsaktionen nicht kostenlos möglich sind. Die tatsächliche Kapitalstruktur wird darum in der Realität zwangsläufig von einer möglichen Zielgrösse abweichen. Schwierigkeiten schafft dies v.a. für empirische Tests, die letztlich Klarheit über das Finanzierungsverhalten der Unternehmen verschaffen müssten. Ersichtlich wird das Problem, wenn eine grosse Varianz bei den Fremd-/Eigenkapital-Verhältnissen vorliegt. Sind die Anpassungskosten klein, dürften die Abweichungen auf Unterschiede bei den Determinanten der Kapitalstruktur zurückzuführen sein, oder aber die Manager kümmern sich nicht um eine optimale Lösung. Muss jedoch mit grossen Anpassungskosten gerechnet werden, sind langfristige Abweichungen vom Optimum möglich. Die Theorie müsste in diesem Falle weniger die Einflussfaktoren der Kapitalstruktur, sondern die der Anpassungskosten erklären können.

Trotz dieses kaum lösbaren Dilemmas soll im folgenden der Erkenntnisstand zusammengefasst werden, um eine Uebersicht und vor allem auch eine <u>Wertung der theoretischen Erklärungen</u> vorzunehmen. In diesem Sinne scheint die "Pecking Order Theory" (vgl. Myers [1984]) die zurzeit plausibelste Erklärung anzubieten. Sie geht von asymmetrisch verteilten Informationen aus. Externe Finanzierung hat damit immer auch eine Signalfunktion für die Investoren. Wie Myers/Majluf [1984] zeigen, besteht darum die Gefahr, dass die Geldgeber geplante Emissionen von Fremd- und insbesondere von Eigenkapital als schlechte Neuigkeit über die Firma interpretieren. Liquiditätsreserven sind so für das Management von Nutzen, wenn Projekte mit einem positiven Nettobarwert anstehen, die dazu notwendigen Mittel aber im Kapitalmarkt nur zu einem zu tiefen Preis erhältlich sind. Innenfinanzierung wird darum prinzipiell vorgezogen. Zudem werden die Dividenden den mittel- und längerfristigen Investitionsmöglichkeiten angepasst. Mögliche Abweichungen zwischen Innenfinanzierung und Ausgaben ("sticky" Dividenden, unvorhergesehene Schwierigkeiten bei Investitionsvorhaben etc.) werden in erster Linie über die Liquiditätsreserven und Wertschriftentransaktionen ausgeglichen. Werden trotzdem externe Mittel benötigt, wird in erster Linie Fremdkapital aufgenommen, da hier eine mögliche Unterbewertung kleinere Auswirkungen für die Altaktionäre hat. An diesem Punkt setzen auch alternative Bestimmungsgründe der optimalen Kapitalstruktur ein. Eventuelle Steuervorteile werden in solchen Situationen die Tendenz zu Anleihensemissionen verstärken. Bankrott- und Kontrollkostennachteile hingegen setzen der Fremdkapitalaufnahme eine Grenze und bewirken, dass auch eine Eigenkapitalbeschaffung in Betracht gezogen wird. Dieser Versuch einer Synthese verschiedener Theorien kann wohl die Struktur der Passivseite von Firmen grundsätzlich erklären, lässt jedoch noch keine Antworten zu Fragen der Finanzinstrumentenwahl zu. Insbesondere ist in diesem Kontext noch nicht klar, welchen Stellenwert OA/WA einnehmen. Eine mögliche Richtung hat die Diskussion von Kontrollproblemen aufgezeigt. Wie asymmetrische Informationen das Grundgerüst der Kapitalstrukturanalyse bildet, scheinen "Agency Costs" der entscheidende Ansatzpunkt für die Erklärung der konkreten Ausgestaltung von Finanzinstrumenten zu sein.

Abschliessend soll der Stand der empirischen Erkenntnisse über die Kapitalstrukturfrage in den USA zusammengefasst werden. In Tabelle 2.1 sind die seit Mitte der achtziger Jahre publizierten Arbeiten aufgelistet. Zu beachten ist, dass ein Vergleich der Studien nur mit Schwierigkeiten möglich ist, da sie sich im Untersuchungszeitraum und v.a. in der Testmethodologie zum Teil stark unterscheiden.[34] Trotzdem fallen einige Besonderheiten auf:

a) Es gibt kein Faktor, der in allen Studien eindeutig signifikant, bzw. nicht signifikant ist.
b) In den Studien, wo Evidenz für Agency Probleme vorliegt, sind diese auch eindeutig der dominierende Faktor.
c) Auswirkungen von asymmetrisch verteilten Informationen sind in Kapitalstrukturtests methodologisch sehr schwierig zu erfassen. Wo dies trotzdem versucht wird, deuten die Resultate auf eine Signifikanz dieser Determinante hin.
d) Am wenigsten Einfluss auf die Kapitalstrukturentscheidung scheint das Vorhandensein von speziellen Steuervorteilen zu haben, die nicht von der Aufnahme von

---

[34] Für die Details bezüglich der Untersuchungsmethoden wird auf die zitierten Artikel verwiesen.

Fremdkapital abhängen (z.B. besondere Abschreibungssätze bei Investitionen etc.), was gegen das Modell von DeAngelo/Masulis [1980] spricht.

Tabelle: 2.1
Uebersicht über empirische Studien über die Kapitalstruktur von amerikanischen Unternehmen

Autoren	Evidenz vorhanden	Keine Evidenz vorhanden
Ang/Peterson [1986] 170 Firmen 1971, 1974, 1977	**Agency Costs (Unter-investitionsprob.)** Asymmetr. Informat.	Bankrottkosten Steuern Transaktionskosten
Auerbach [1985] 143 Firmen 1958 - 1977	Bankrottkosten	von FK unabhängige Steuervorteile Steuervorteile von FK Agency Costs
Bradley/Jarrell/ Kim [1984] 851 Firmen 1962 - 1981	Steuervorteile von FK Bankrottkosten Agency Costs	von FK unabhängige Steuervorteile
Fischer/Heinkel/ Zechner [1989] 999 Firmen 1977 - 1985	Steuervorteile von FK Bankrottkosten	
Kim/Sorensen [1986] 168 Firmen 1978 - 1980	**Agency Costs (Unter-investitionsprob.)** von FK unabhängige Steuervorteile Steuervorteile von FK	Firmengrösse (Trans-aktionskosten)
Titman/Wessels [1988] 469 Firmen	**Liquidationskosten** **Firmengrösse (Trans-aktionskosten)** Asymmetr. Informat.	von FK unabhängige Steuervorteile Agency Costs

Bemerkung: Wo in den Studien bezüglich Signifikanz Unterschiede vermerkt werden, sind Einflussfaktoren mit einer besonders starken Evidenz in Fettschrift notiert.
FK = Fremkapital

Es verbleibt die Schlussfolgerung, dass auch die bisherigen empirischen Untersuchungen die Kapitalstrukturfrage nicht definitiv beantworten können. Andererseits liegt aus den vorliegenden Ergebnissen auch keine Evidenz gegen den oben gemachten Versuch einer Synthese der einzelnen Theorien vor. Bei der Analyse der Verwendungszwecke von OA/WA ist diese darum als theoretisches Gerüst durchaus brauchbar. Jedoch sind bisher gemachte Annahmen weiter zu lockern und Details innerhalb des Gesamtbildes genauer zu betrachten, um konkrete Gründe für OA/WA-Emissionen zu finden.

Folgende Ansatzpunkte bieten sich dabei als erfolgsversprechend an:

a) Untersuchung der Preisbildung von OA/WA: liegen Gründe vor, dass OA/WA systematisch falsch bewertet werden und darum für Firmen ein besonders günstiges Instrument darstellen?
b) Untersuchung von institutionell bedingten Besonderheiten: vervollständigen OA/WA einen unvollkommenen Markt oder sind sie aus Emissionskostengründen ein bevorzugtes Instrument?
c) Untersuchung von Informationsasymmetrien: sind OA/WA ein besonders geeignetes Signalling-Instrument?
d) Untersuchung von Kontrollproblemen: sind OA/WA eine Folge von Agency Problemen?
e) Bei Versagen der obigen Lösungsansätze bietet sich als unbefriedigendere Alternative an, OA/WA als Folge von "irrationalem" Verhalten zu betrachten. In diese Kategorie gehört das Argument, dass die Verwendung dieses Instrumentes nicht weiter erklärbaren "Modeströmungen" unterliegt (vgl. Abt [1986] S. 143f).

3. Bewertung von Options- und Wandelanleihen

3.1. Einleitung

Aus theoretischer Sicht sind OA/WA a priori <u>kein günstigeres</u> Finanzierungsinstrument als die Alternative einer sofortigen Fremdkapital- und einer späteren Eigenkapitalaufnahme. Für die Gewährung eines Options-/Wandelrechts und der damit verbundenen unsicheren Eigenmittelbeschaffung zu noch unbekannten Opportunitätskosten kann ein entsprechend tieferer Couponsatz auf der Anleihensschuld festgelegt werden. Bei korrekter Bewertung haben somit OA/WA keinen natürlichen Vorteil gegenüber anderen Arten der Kapitalbeschaffung. Falls jedoch eigenkapitalbezogene Anleihen <u>aus der Sicht des Managements im Markt systematisch überbewertet</u> werden, könnte ein Grund für deren Verwendung vorliegen.

Grundsätzlich sind drei Varianten denkbar, wie eine solche Ueberbewertung entstehen kann:

a) Das <u>Management</u> betrachtet (ex-ante) die vom Markt verlangten Kapitalkosten der OA/WA fälschlicherweise als zu tief.
b) Die <u>Investoren</u> bewerten (ex-ante) OA/WA fälschlicherweise zu hoch.
c) Kombination von a) und b).

Diese Fehlbeurteilungen können entweder von "falschen" Erwartungen über preisbestimmende Faktoren und/oder von unkorrekten Bewertungsmodellen herrühren. In diesem Kapitel soll der <u>zweite</u> Aspekt analysiert werden. Es wird somit unterstellt, dass Emittenten und Investoren über alle Preisdeterminanten identische Erwartungen haben.[35]

---

[35] Diese Annahme wird in vielen Fällen nicht als realistisch angesehen (vgl. Abschnitt 2.3.). Sie wird darum im 5. Kapitel fallengelassen, wo die Auswirkung von heterogenen Erwartungen, insbesondere über betriebliche Preisdeterminanten, untersucht werden.

Ein nahezu unlösbares empirisches Problem stellt die Bestimmung des vom Management als richtig betrachteten Emissionspreises dar. Selbst wenn die Entscheidungsträger diesen Wert explizit bestimmt haben, besteht kaum die Chance, ihn als Aussenstehender zu erfahren. Auch eine Befragung erscheint nutzlos, denn das Management wird kaum offen zugeben, dass die OA/WA ihres Erachtens überbewertet ist.

In diesem Kapitel soll darum der theoretisch richtige Emissionspreis analysiert werden. Systematische Abweichungen davon deuten auf Marktineffizienz hin, die im Falle von OA/WA-Ueberbewertungen von den Emittenten ausgenützt werden können.[36] Dazu wird der Stand theoretischer Erkenntnisse überblicksmässig dargestellt und mit Besonderheiten des schweizerischen Kapitalmarktes verglichen. Da über die Anleihenskomponente von OA/WA weniger Unsicherheit herrscht, werden die Einflussfaktoren für den Wert des Options-/Wandelrechts im Mittelpunkt der Untersuchung stehen. Ziel ist dabei weniger, ein perfektes Preismodell zu entwickeln, als die Bestimmungsgründe des OA/WA-Wertes zusammenzustellen. Damit sollen einerseits die charakteristischen Merkmale dieses Instruments detailliert dargelegt werden, um ein besseres Verständnis für deren Verwendung zu erhalten. Andererseits sind die Grundzüge der OA/WA-Bewertung zu verstehen, um abzuklären, ob systematische Ueberbewertungen ein entscheidender Emissionsgrund darstellen können.

3.2. Frühe Bewertungsmodelle

Die theoretischen Bewertungsmodelle in den sechziger Jahren betrachten den Preis einer WA als die Summe des erwarteten "Bondwertes" und des erwarteten Konversionswertes (Produkt von Wandelverhältnis und Aktienkurs) (vgl. Poensgen [1965, 1966]). Der "Bondwert" entspricht dabei dem Wert, den eine ansonsten identische Anleihe ohne Konversionsrecht (= "Straight Bond") hat.

---

[36] Genau genommen ist das Vorliegen einer solchen Situation noch keine sichere Erklärung für die Verwendung von OA/WA, da auch das Management ein unkorrektes Bewertungsmodell anwenden und den selben "falschen" Marktpreis als "richtig" betrachten kann. Es kann aber angenommen werden, dass die Emittenten (und die sie beratenden Spezialisten der Emissionsbanken) tendenziell ein besseres Bewertungsmodell als die heterogene Schar der Investoren haben. Zu hohe Emissionspreise wären damit mindestens ein Indiz für diese Erklärung von OA/WA.

Bei der Bestimmung dieser Erwartungswerte stellen sich zwei grundlegende Probleme (vgl. Ingersoll [1977a] S. 289f):

a) In Ermangelung eines besseren Ansatzes werden die Erwartungswerte auf einen <u>bestimmten</u> zukünftigen Zeitpunkt hin ermittelt. D.h. es muss a priori festgelegt werden, wie lange der Investor die WA zu halten gedenkt ("investor's horizon"). Ein spezielles Problem stellt dabei die Berücksichtigung der vorzeitigen Kündigungsmöglichkeit durch den Emittenten dar.

b) Es muss die Rate bestimmt werden, mit der die Erwartungswerte abdiskontiert werden.[37]

Exemplarisch soll das Modell von Brigham [1966] als das wohl bedeutendste dieser Zeit vorgestellt werden.[38] Damit wird das Prinzip und die Probleme dieser Art der Bewertung eines Wandelrechts aufgezeigt. Ausgangspunkt ist die folgende Formel:

$$W_0 = (\sum_{t=1}^{N} Cp / (1+k)^t) + (TV / (1+k)^N) \quad (2.1)$$

W_0 = Wert der WA zum Zeitpunkt t=0
Cp = jährliche Couponzahlung der WA
k = vom Investor verlangte Rendite der WA
N = Anzahl Jahre, die die WA vom Investor gehalten wird ("investor's horizon")
TV = Wert der WA nach N Jahren ("terminal value").

Eine entscheidende Grösse ist offensichtlich TV. Sie kann vier Werte annehmen:

a) Kündigungspreis, falls die WA nach einer Kündigung zur Rückzahlung eingereicht wird
b) Nominalwert, falls die WA bis zum Ende der Laufzeit gehalten wird und dann zur Rückzahlung eingereicht wird

---

[37] Für diese Probleme werden verschiedene Lösungsansätze entwickelt. Baumol/Malkiel/Quandt [1966] unterstellen, dass historische Werte das Verhalten der Investoren bestimmen und somit der "investor's horizon" aus ex-post Grössen berechnet werden kann. Jennings [1974] wendet das Capital Asset Pricing Model (CAPM) an, um die Diskontrate endogen bestimmen zu können. Und Weil/Segall/Green [1968] umgehen das Problem, indem sie die Einflussfaktoren des WA-Werts mittels ökonometrischen Tests bestimmen.

[38] Z.B. baut Burkhalter [1978] seine Untersuchungen über schweizerische OA/WA auf diesem Modell auf.

c) Konversionswert, falls die WA konvertiert wird
d) Marktpreis (W^N), falls die WA verkauft wird.

Um TV bestimmen zu können, macht Brigham Annahmen über das Kündigungsverhalten des Emittenten, das Konversionsverhalten der Investoren und die erwarteten Aktienkurse (bzw. Konversionswerte). Konkret wird unterstellt, dass die Firmen die Anleihe zu künden gedenken, wenn der Konversionswert den Nominalwert um einen zum voraus bestimmten Prozentsatz übersteigt und dass die Investoren dieses Verhalten antizipieren. So wird TV vom Konversionswert bei der Kündigung bestimmt und diesem gleichgesetzt. Noch entscheidender ist aber die Annahme, dass sich der erwartete Konversionswert (CV_t) über die Zeit wie folgt entwickelt:

$$CV_t = [\ S_o\ /\ X\ ]\ (1 + g)^t\ F \qquad (2.2)$$

S_o = heutiger Aktienkurs
X = Wandelpreis (F / X = Wandelverhältnis)
F = Nominalwert der Anleihe
g = erwartete, konstante Wachstumsrate des Aktienkurses.

Dieser deterministische Verlauf des Basiswertes ermöglicht die Berechnung des Investitionshorizontes (N), der wie TV in der Bewertungsformel für WA (Gl. 2.1) eingesetzt werden kann. Wird nun der Marktpreis der WA als W_o eingesetzt, ergibt sich k, die vom Markt verlangte Rendite für die WA. Ist umgekehrt diese verlangte Rendite bekannt, kann der theoretische WA-Wert berechnet werden. Brigham macht jedoch keine Angaben über die Bestimmung von k. Dies wäre aber notwendig, um ein Modell zu erhalten, mit dem WA-Preise getestet werden können.

Es ist offensichtlich, dass die erwartete, konstante Wachstumsrate des Aktienkurses zur entscheidenden Grösse wird. Divergierende Ansichten über g werden zu beträchtlichen Unterschieden des WA-Wertes führen. Brigham schlägt als naheliegende Lösung vor, die <u>erwartete</u> Wachstumsrate der in der <u>näheren Vergangenheit beobachteten</u> gleichzusetzen. Dieser Ansatz führt dazu, dass nach einer Phase steigender Aktienkurse g von den Marktteilnehmern höher angesetzt wird. Dies bewirkt ceteris paribus eine Verkürzung des Investitionshorizonts (N)[39] und ein Anstieg des WA-Wertes gemäss

---

[39] Eine Sensitivitätsanalyse am numerischen Beispiel von Brigham (S. 40f) zeigt, dass N sehr stark auf Aenderungen von g reagiert.

(2.1).[40] Revidieren nach einer Hausse nur die Investoren g nach oben, nicht jedoch die Emittenten, könnte dieser Bewertungsansatz erklären, weshalb Firmen vorzugsweise nach einer Phase steigender Aktienkurse WA emittieren. Die Schuldner würden in diesem Fall in den Augen der Emittenten WA überbewerten.

Das Modell kann auch graphisch dargestellt werden (vgl. Abbildung 2.1). Die bekannte Charakteristik, dass bei tiefem Konversionswert (d.h. kleinem t) der "Bondwert" eine Grenze für den WA-Wert nach unten ("Bondfloor") darstellt, findet durch die dick ausgezogene Linie (= Mindestwert der WA) ihre Entsprechung.

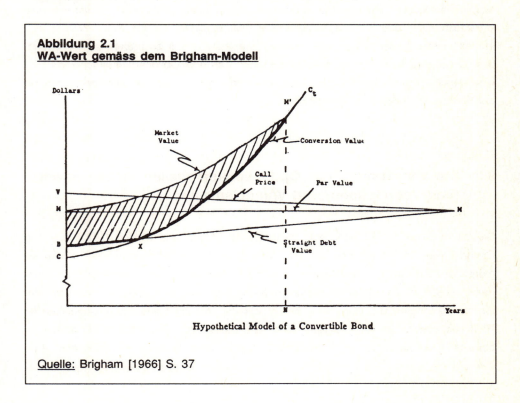

Abbildung 2.1
WA-Wert gemäss dem Brigham-Modell

Hypothetical Model of a Convertible Bond.

Quelle: Brigham [1966] S. 37

---

[40] Dies gilt nur, falls der durch die kürzere Abdiskontierungszeit von TV hervorgerufene Wertzuwachs grösser ist als der Wert, der in dieser Zeit eingebüssten Couponszahlungen. Dies ist bei relativ tiefen Couponszahlungen, wie sie gerade bei WA anzutreffen sind, der Fall.

Der grosse Nachteil dieses Modells besteht darin, dass die Unsicherheit über die künftige Aktienkursentwicklung (Varianz der erwarteten Renditen) nicht explizit berücksichtigt wird, da die Annahme einer konstanten Wachstumsrate den Kursverlauf determiniert. Zudem sind auch andere Annahmen von einer gewissen Unbestimmtheit, so dass dieses Modell in der Praxis kaum genaue Aussage über den "richtigen" Preis einer WA liefern kann.

Für OA existierten zur selben Zeit keine besonderen Modelle. Hin-gegen werden Bewertungsansätze für OS vorgeschlagen, die aber die gleichen Probleme wie die WA-Modelle aufweisen. Die Ansätze beinhalten faustregelartige Formeln, ökonometrische Untersuchungen und im fortgeschrittensten Fall Modelle, die auf einer Wahrscheinlichkeitsverteilung der Aktienkurse beruhen, die jedoch nicht zu präferenzfreien Lösungen führen. Auch wird nicht speziell zwischen OS und Optionen unterschieden. Für eine detailliertere Darstellung der Warrantbewertung bis Mitte der siebziger Jahre sei auf Gastineau [1988, S. 171ff] verwiesen.

3.3. Die Verwendung von Optionspreismodellen für die Bewertung von Options- und Wandelanleihen

Die bahnbrechenden Arbeiten von Black/Scholes [1973] und Merton [1973] über die Optionsbewertung öffnen den Weg für neue OA/WA-Preisbildungsmodelle.[41] Diese ermöglichen, mit weniger restriktiven Annahmen über den Aktienkursverlauf[42] als Brighams konstanter erwarteter Wachstumsrate den Wert von derivativen Finanzinstrumenten zu berechnen. Die Bewertung beruht auf der Bildung eines Options-äquivalenten Portfolios von risikoloser Obligation und des Basiswerts. Die Möglichkeit, dieses zu bewerten und die ökonomisch plausible Annahme, dass Arbitrage zwischen dem Portfolio und der Option ausgeschlossen wird, macht diese Modelle theoretisch robust.

---

[41] Auf eine grundlegende Diskussion der Optionsbewertung wird in Anbetracht der Fülle von Literatur verzichtet. Für eine überblicksmässige Darstellung ist auf Cox/Rubinstein [1985], Ingersoll [1987, insbesondere 14. und 17. Kapitel] und Zimmermann [1988b] verwiesen.

[42] In ihrer einfachsten Form wird unterstellt, dass die Aktienkurse einem Diffusionsprozess (Black/Scholes-Methodologie) oder einem binomialen Random-Walk (Cox/Ross/Rubinstein-Methodologie) folgen (vgl. Literatur in obiger Fussnote).

Die naheliegendste Anwendung dieser Modelle für OA/WA besteht darin, eigenkapitalbezogene Anleihen in den "Bondwert" und das Options-/Wandelrecht aufzutrennen und letzteres direkt mit der Formel für Call-Optionen zu bewerten. Diese Methode ist öfters in der Praxis anzutreffen.[43] Eine zweite Möglichkeit speziell für WA zeigt Margrabe [1978] auf mit seiner Bewertungslösung für Austauschoptionen. Hier wird das Wandelrechts als Option, die Obligation gegen Beteiligungspapiere auszutauschen, betrachtet. Diese Option kann bewertet werden, falls der Aktienkurs, der entsprechende Straight Bond-Wert, die Renditenvolatilitäten und die Korrelation zwischen den Renditen beider Titeln bekannt ist.

Beide Ansätze stellen jedoch nur eine <u>Approximation</u> dar und dürfen nicht als völlig korrekt betrachtet werden.[44] Verantwortlich dafür ist der grundlegende Unterschied zwischen Optionen und OS (vgl. Cox/Rubinstein [1985, S. 387ff]). Während erstere von <u>Investoren</u> geschaffen werden, werden OS von <u>Gesellschaften</u> emittiert. Das Schreiben von Optionen verändert den Kapitalbestand einer Firma nicht. Demgegenüber stellen OS (mit oder ohne Verknüpfung mit einer Anleihe) Finanzierungsinstrumente ("corporate securities") dar, die bei der Emission zu einem Mittelzufluss für die Unternehmen führen, der sich in der Unternehmungsbilanz niederschlägt. Der entscheidende Unterschied ist also der Basiswert des Optionsrechts. Als Instrument der Kapitalbeschaffung ist der OS selbst <u>Teil des Firmenwertes</u>, und sein Preis hängt von diesem und <u>nicht direkt vom Aktienwert</u> wie bei einer Option ab. Eine Ueber- oder Unterbewertung von OA/WA ist somit relativ zu den anderen Finanztiteln einer Unternehmung zu verstehen. Ein zu hoher Preis bedeutet z.B., dass die Investoren gleichzeitig das Aktienkapital und andere Anleihen relativ unterbewerten.

Die gleiche Ueberlegung gilt auch für die Bewertung des Wandelrechts. Bei WA wird aber die direkte Anwendung von Calloptionsformeln wegen der Nichtabtrennbarkeit des Wandelrechts aus den folgenden Gründen noch zusätzlich erschwert:[45]

---

[43] Z.B. werden in der "Finanz + Wirtschaft" Berechnungen der Bank Vontobel publiziert, in denen faire Werte von schweizerischen OS mit der Black-Scholes-Formel ermittelt werden.

[44] Die erkennt auch Margrabe [1978], in dem er seinen Ansatz für die Bewertung von Austauschoptionen z.B. für die Bewertung einer Aktienaustauschofferte zwischen zwei Firmen, <u>nicht</u> jedoch für WA anwenden will.

[45] Ein vierter Grund könnten Put-Optionen darstellen, also das Recht der Investoren auf eine vorzeitigen Rückzahlung der WA zu einem i.d.R. ueber pari festgelegten Preis. Diese

a) Eine Kündigungsklausel des Emittenten beeinträchtigt das Konversionsrecht der WA (nicht jedoch das Ausübungsrecht des OS).
b) Das Ausübungsverhalten wird durch Dividendenzahlungen auf dem Basiswert unterschiedlich betroffen. OS-Besitzer brauchen die Anleihe ex Warrant bei der Bestimmung des optimalen Ausübungszeitpunktes nicht in Betracht zu ziehen. Für sie stellt sich nur die Frage, ob die Dividendenzahlung den OS-Wert so stark verringert, dass eine vorzeitige Ausübung optimal wird. Demgegenüber spielt bei WA die Couponhöhe eine Rolle, da durch die Konversion zukünftige Zinsansprüche gelöscht werden. Nicht jede Situation zur vorzeitigen Ausübung eines OS wird darum auch ein optimaler Wandeltermin darstellen. Der "Ausübungspreis einer WA" entspricht den zukünftigen Coupon- und Nennwertrückzahlungen, die mit der Konversion aufgegeben werden. Folglich stellt eine WA ein Paket dar aus einer gewöhnlichen Anleihe und einem OS mit veränderlichem Ausübungspreis, der dem Anleihenswert entspricht (vgl. Cox/Rubinstein [1985] S. 400).
c) Falls der Kapitalmarkt unvollkommen ist, kann die Möglichkeit der Trennung von Anleihe und OS die Palette der erreichbaren Rendite-Risiko-Bündeln verbreitern. Dies würde der separaten Handelbarkeit von OS einen zusätzlichen Wert verleihen, die die WA nicht hat.[46]

3.4. Bewertungsmodelle für Wandelanleihen

3.4.1. Theorie

Auch wenn das Wandelrecht nicht mit einer Calloption identisch ist, kann die Optionspreismethodologie bei der Bewertung von WA angewandt werden. Wie Black/Scholes [1973, S. 649ff] schon feststellen, können die Aktionäre als Besitzer von Calloptionen auf den Firmenwert betrachtet werden. Die Bewertungsprinzipien derivativer Finanztitel

---

Klausel, die den WA-Wert vergrössert, hat aber auf dem schweizerischen Kapitalmarkt bisher noch keine grosse Bedeutung erlangt. Neben drei Anleihen ohne eigentlichem Verfalldatum sehen von 1957 bis 1988 nur vier WA eine Putoption vor.

[46] Dieser Aspekt wird in Abschnitt 4.4.2. ausführlicher diskutiert.

können darum auf die Kapitalstruktur einer Firma übertragen werden.[47] Die erste Anwendung erfolgte für nicht-risikolose Anleihen (vgl. Merton [1974]). Für WA wurden bisher drei solcher Modelle entwickelt. Die ersten beiden stammen von Ingersoll [1977a] und Brennan/Schwartz [1977]. Ingersoll präsentiert Lösungen für kündbare 0%-WA und für ewige, nichtkündbare WA mit kontinuierlichen Couponzahlungen. Das Brennan/Schwartz-Modell kann diskrete Coupon- und Dividendenzahlungen verarbeiten und gilt für kündbare WA mit endlicher Laufzeit. Grundlage ist in beiden Modellen die Annahme, dass die Gesellschaft nur Aktien und WA ausstehend hat und der <u>Firmenwert</u> einem Diffusionsprozess gemäss Gl. (2.3) folgt.[48]

$$dV/V = \mu\, dt + \sigma\, dz \qquad (2.3)$$

V = Firmenwert
μ = augenblickliche, erwartete Rendite
σ = augenblickliche Standardabweichung der Rendite
dt = infinitesimal kleine Zeitzunahme
dz = Wiener Prozess (= $\lim_{t \to 0} \sqrt{t} \cdot \tilde{u}$, wobei $\tilde{u}$ eine standard-normalverteilte Zufallsvariable ist).

Wie aus der Optionspreistheorie bekannt, kann daraus eine stochastische, partielle Differentialgleichung hergeleitet werden, die der WA-Wert (W) erfüllen muss:

$$1/2\, \sigma^2\, V^2\, W_{VV} + r V W_V - r W + W_t = 0 \qquad (2.4)$$

Die Subskripte bedeuten partielle Ableitungen
r = 1+i, wobei i dem risikolosen Zinssatz entspricht, der als bekannt und konstant angenommen wird.

Abweichungen zur Bewertung von Calloptionen auf Aktien treten bei der Bestimmung der Nebenbedingungen (Grenzen) der partiellen Differentialgleichung auf. Neben den für die WA einfach anpassbaren oberen und unteren Wertgrenzen und Bedingungen

---

[47] Für eine Literaturübersicht vgl. Brealey/Myers [1984] S. 429ff, Cox/Rubinstein [1985] S. 375ff oder Ingersoll [1987] S. 410ff.

[48] Man beachte den Unterschied zum Ansatz, wo WA in eine Anleihens- und eine Wandelrechtskomponente aufgetrennt werden und erstere nach herkömmlicher Bondpreistheorie und letztere direkt als Calloption auf die <u>Aktien</u> bewertet werden. In den Modellen von Ingersoll und Brennan/Schwartz hängt der Wert des Aktienkapitals und der WA vom Firmenwert ab, und beide werden <u>gleichzeitig</u> berechnet. Es geht hier also bildlich gesprochen darum, den Wert der Gesellschaft auf die beiden Finanzinstrumente aufzuteilen.

bei Verfall sowie der Berücksichtigung von diskreten Dividendenzahlungen, muss der Einfluss der Zinszahlungen, der frühzeitigen Konversionsmöglichkeit und der Kündigungsklausel verarbeitet werden. Unter der An-nahme, dass Investoren und Emittenten eine optimale Konversions-[49] bzw. Kündigungsstrategie[50] verfolgen und dies beide auch von der anderen Seite annehmen, kann gezeigt werden, dass

a) es nie optimal ist, eine ungekündigte WA zu wandeln, ausser unmittelbar vor einer Dividendenzahlung, einer negativen Aenderung der Konversionsbedingung (z.B. Erhöhung des Wandelpreises) oder bei Verfall (vgl. Brennan/Schwartz [1977] S.1702f)

b) die Firma, die WA kündigt, sobald der WA-Wert (W) den Kündigungspreis erreicht (vgl. Brennan/Schwartz [1977] S. 1703). In diesem Moment entspricht W dem Konversionswert, was eine weitere Nebenbedingung der Differentialgleichung ergibt.

Ingersoll kann für seine Fälle analytische Lösungen in der Black-Scholes-Tradition herleiten. Für die wirklichkeitsnäheren Annahmen von Brennan/Schwartz ist dies nicht möglich. Hier muss der WA-Wert mit komplexen, numerischen Methoden bestimmt werden.

In zweierlei Hinsicht bringt eine Weiterentwicklung von Brennan/Schwartz [1980] eine Annäherung an die Realität:

a) Zinssatzunsicherheiten werden berücksichtigt, indem angenommen wird, dass r stochastisch ist und einem "mean-reverting"-Diffusionsprozess folgt:

$$dr = \alpha (\mu_r - r) dt + r \sigma_r dz_r \quad (2.5)$$

α = Anpassungskoeffizient
μ_r = langfristiger Wert von r

b) Früher emittiertes Fremdkapital wird berücksichtigt. Die Passivseite besteht nun aus einer gewöhnlichen Anleihe, einer WA und aus Aktien.

---

[49] Maximierung von W

[50] Minimierung von W, da dadurch der Wert des ausstehenden Aktienkapitals maximiert wird.

Die resultierende partielle Differentialgleichung wird wesentlich komplexer, und zwei Nebenbedingen (Konversionsbedingung und Wertgrenzen bei Verfall) müssen angepasst werden. Auch in diesem Modell kann der WA-Wert nur auf numerischem Weg bestimmt werden. Dabei wird zuerst der Wert der gewöhnlichen Anleihe nach Verfall berechnet. Dieser kann in die Nebenbedingungen eingesetzt werden, worauf W bestimmbar wird. Interessant ist, dass Brennan/Schwartz im ökonomisch sinnvollen Bereich nur kleine Resultatsabweichungen zu ihrem ersten Modell finden, wo sie den Zinssatz als konstant betrachten.

Obwohl die drei Modelle durch ihre theoretische Folgerichtigkeit bestechen, sind sie für die Bestimmung der WA-Preise in der Schweiz aus zwei Gründen nicht praktisch anwendbar:

a) I.d.R. weisen die Emittenten eine wesentlich vielschichtigere Kapitalstruktur auf (Inhaber-, Namenaktien, PS, mehrere ausstehende Anleihen mit unterschiedlichen Konditionen (insbesondere Nachrangigkeit), Bankkredite, Kreditoren). Die Werte all dieser Kapitalarten müssten in einem völlig korrekten Berechnungsmodell gleichzeitig mit dem WA-Wert bestimmt werden.
b) Der Firmenwert der Gesellschaft muss bekannt sein.

Zusätzlich macht die analytische und rechnerische Komplexität diese Modelle für den praktischen Gebrauch nahezu unbrauchbar (vgl. Gastineau [1988] S. 235). Hingegen ermöglichen sie eine vertiefte Einsicht in die Bewertungsprinzipien und die Preisdeterminanten von WA. Eine grafische Darstellung eines Zahlenbeispiels zeigt dies auf (vgl. Abbildung 2.2). Aehnlichkeiten zu Abbildung 2.1 sind unübersehbar. Anstelle der Zeit (die den Aktienwert determiniert) ist aber auf der Abszisse der Firmenwert abgetragen. Es ist ersichtlich, dass bei hohen Firmenwerten der WA-Wert (W) konvex ist und somit in einem gewissen Bereich durch den von Brigham beschriebenen "bond floor" bestimmt wird. Ab einem genügend kleinen Firmenwert kehrt dies jedoch in eine konkave Beziehung um. W fällt hier rasch, was die Gefahr der Nichtrückzahlbarkeit der Anleihe widerspiegelt.

Brennan/Schwartz [1977, S. 1709ff und 1980, S. 924ff] stellen auch die Einflussrichtung aller berücksichtigten Preisdeterminanten zusammen:

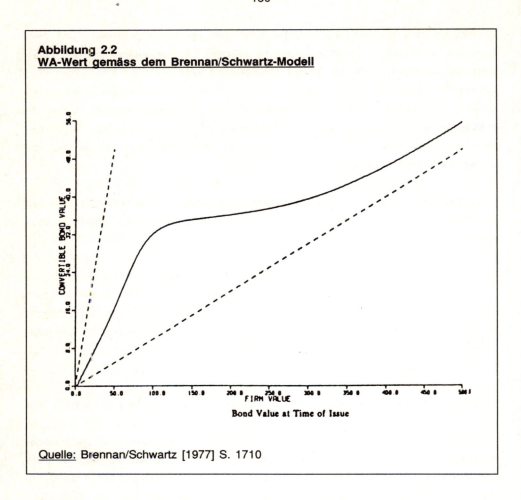

Abbildung 2.2
WA-Wert gemäss dem Brennan/Schwartz-Modell

Quelle: Brennan/Schwartz [1977] S. 1710

a) Der Wert der WA <u>steigt an</u> bei
   - höherem Firmenwert
   - höherer Varianz des Firmenwertes, wenn der Firmenwert so hoch ist, dass der erwartete Gewinn aus den besseren Konversionsaussichten den erwarteten Verlust aus der ansteigenden Konkurswahrscheinlichkeit überwiegt
   - höheren Couponzahlungen
   - höherem Kündigungspreis
   - späterem erstmaligen Kündigungstermin oder gar bei Wegfall der Kündigungsklausel

b) Der Wert der WA sinkt bei
- höherem Zinssatz
- höherem Konversionspreis
- höheren Dividendenzahlungen
- höherer Varianz des Firmenwertes, wenn der Firmenwert so tief ist, dass der erwartete Verlust aus der ansteigenden Konkurswahrscheinlichkeit den erwarteten Gewinn aus den besseren Konversionsaussichten überwiegt.

Auffallend sind die abweichenden Ergebnisse zur Optionsbewertung bei der Firmenwertvarianz[51] und beim Zinssatz[52]. Bei einem höheren r überwiegt somit der erwartete Verlust auf dem Anleihenswert der WA gegenüber dem erwarteten Gewinn auf dem Wandelrecht.

3.4.2. Empirische Untersuchung

Eine Anwendung dieser Bewertungsmethode hat in der Schweiz bisher noch nicht stattgefunden. Für die USA existiert hingegen eine solche empirische Untersuchung über WA-Preise im Sekundärmarkt (vgl. King [1986]). Diese zeigt gerade auch die Probleme mit diesem Modellansatz auf. Die Hauptschwierigkeit liegt darin, dass der Firmenwert nicht festgestellt werden kann, da viele WA-Emittenten eine komplexe Kapitalstruktur besitzen und für einige Finanzinstrumente keine Marktpreise existieren. King beschränkt sich daher auf Firmen, die nur Aktien, gewöhnliche Anleihen und eine WA auf ihrer Passivseite aufweisen. Zudem unterstellt er, dass der Aktienkurs dem gleichen Diffusionsprozess folgt wie der Firmenwert. Diese Annahme bedeutet, dass die Straight Bonds als völlig risikolos betrachtet werden. Als Varianz setzt King die historische Aktienkursvolatilität ein, auch wenn sie wegen dem Leverageeffekt überschätzt wird. Weitere Annahmen betreffen die erwarteten Dividendenzahlungen (Extrapolation der letzten Ausschüttung) und den Zinssatz, der als konstant unterstellt wird. Schliesslich stellt sich das Problem, dass oft die Aktien und die WA nicht

---

[51] Eine Option ist immer wertvoller, je grösser die Varianz des zugrundeliegenden Aktienkurses ist.

[52] Eine Calloption ist wertvoller, je grösser der Zinssatz ist.

gleichzeitig gehandelt werden, bzw. dass bei den WA gar keine Abschlüsse getätigt werden. Die zweite Schwierigkeit löst King, indem er für die Untersuchung Geldkurse verwendet.

Für die Berechnungen wird der numerische Lösungsalgorithmus von Brennan/Schwartz [1977] angewandt. Die Modellwerte für die Stichprobe von 103 WA am 31.3.1977 liegen in der Regel recht nahe bei den Marktpreisen (bei über 90% der WA sind sie nicht mehr als 10% entfernt). Deutlich höhere Modellpreise sind hauptsächlich in den Fällen feststellbar, wo Geldkurse herangezogen werden mussten. Ein Folgetest zeigt zudem, dass WA, die gegenüber dem Modell unterbewertet sind, drei Jahre später eine überdurchschnittlich hohe Rendite aufweisen. Als Folgerung dieser empirischen Untersuchung kann festgehalten werden, dass

a) die praktische Anwendung eines theoretisch korrekten WA-Bewertungsmodells äusserst schwierig ist. Insbesondere bezüglich der Kapitalstruktur und dem Firmenwertverlauf müssen Kompromisse gemacht werden;
b) für die USA trotz dieser Schwierigkeiten recht gute Ergebnisse resultieren, indem die Modellwerte eine bessere Voraussage über die künftigen WA-Preise erlauben als die Marktpreise.

3.4.3. Exkurs: Das Kündigungsverhalten der WA-Emittenten[53]

Wie gesehen, ist für die Aktionäre eine Kündigung der WA optimal, sobald der WA-Wert den Kündigungspreis erreicht. Für die zum Teil speziellen Klauseln bei Schweizer Schuldnern (vgl. 1. Teil, Abschnitt 4.4.3.) gilt analog, dass gekündigt werden sollte, sobald die Kündigungsbedingung erfüllt ist. Ingersoll [1977b] und Constantinides/Grundy [1987] stellen jedoch fest, dass diese Regel bei amerikanischen WA nicht eingehalten wird. Ingersoll berechnet, dass die Median-Unternehmung seiner Stichprobe die WA kündigte, als der Konversionswert 43.9% über dem Kündigungspreis lag. In Constantinides/Grundys Untersuchungen sind nur 29.3% der WA innerhalb eines Jahres

---

[53] Vereinzelt wird auch den WA-Gläubigern ein Kündigungsrecht zugestanden (Put-Option). Dieses schützt ihn vor einem Wertzerfall der WA unter den Kündigungspreis, solange die Firma die Anleihe bei einer Kündigung voll zurückzahlen kann.

nach dem erstmaligen Erreichen des Kündigungssignals gekündigt worden. Folgende Erklärungen werden für dieses auf den ersten Blick irrational erscheinende Verhalten der Firmen angeboten:

a) Die Firma muss eine Kündigungsfrist einhalten, was zu einer gewissen Unsicherheit führt, ob nach deren Ablauf der Konversionspreis noch über dem Kündigungspreis liegt. Ist dies nicht der Fall, reichen die Investoren die WA zur Rückzahlung ein, was die Firma zu einer mit Transaktionskosten verbundenen neuen Mittelaufnahme zwingt. Ein Kündigungsverzug drängt sich darum auf, bis so hohe WA-Werte erreicht werden, dass diese Unsicherheit nahezu verschwindet. Ingersoll [1977b, S. 467ff] zeigt aber, dass diese Ueberlegung nicht die ganze empirisch festgestellte Verzögerung erklären kann.

b) Die Investoren verhalten sich irrational, indem sie vor Verfall nicht wandeln, obwohl es wegen Dividendenzahlungen optimal wäre. Dies führt zu einer Vermögensumschichtung von den WA-Inhabern zu den Aktionären. Antizipieren die Unternehmen ein solches Verhalten, künden sie somit die WA optimalerweise nicht (vgl. Ingersoll [1977] S. 319). Constantinides/Grundy finden eine gewisse empirische Bestätigung für diese "sleeping investor"-These, indem sich in 34 von 59 untersuchten Fällen ein Abwarten der Kündigung ex-post auch tatsächlich für die Firma (bzw. deren Aktionäre) gelohnt hat.

c) Mikkelson [1981, 1985] stellt fest, dass die Bekanntgabe einer Kündigung zu einem statistisch signifikanten Aktienkursrückgang führt. Dieser ist zudem mit dem Verlust des Steuervorteils auf dem Fremdkapital signifikant korreliert. Eine Interpretation dafür ist, dass die Kündigung eine Leverageveränderung wegen der erzwungenen Wandelung bewirkt und dies zu einem Firmenwertverlust und zur entsprechenden Aktienkurskorrektur führt. Dies bedeutet, dass eine WA rationalerweise nicht oder erst später gekündigt wird. Diese Erklärung ist aber nur konsistent, wenn angenommen wird, dass die Aktionäre eine mögliche Kündigung der WA nicht berücksichtigen und davon überrascht werden. Ueberdies muss die Meinung vorherrschen, dass die Firma die Leverageänderung innerhalb der nahen Zukunft nicht wieder durch eine entsprechende Refinanzierung rückgängig macht.

d) Mit dem negativen Ankündigungseffekt in Einklang ist das Signalling-Modell von Harris/Raviv [1985]. Es zeigt, dass Manager mit positiven Ertragserwartungen unter Umständen die WA optimalerweise <u>nicht</u> künden. Umgekehrt besteht bei schlechten Erwartungen ein starker Kündigungsanreiz. Die Kündigung stellt somit für die Investoren ein negatives Signal dar. Eine empirische Bestätigung dieses Ansatzes erbringen Ofer/Natarajan [1987]. Sie berechnen einen signifikant schlechteren Ertragsverlauf für Firmen nach einer WA-Kündigung als für Unternehmen, die ausstehende WA nicht künden.

e) Eine ähnliche Erklärung postulieren Constantinides/Grundy [1987]. Im Gegensatz zu Harris/Raviv hängt ihre Argumentation aber nicht von der Annahme ab, dass die Manager-Entlöhnung mit dem Aktienkurs der Firma gekoppelt ist. Sie unterstellen, dass der (freiwillige) Konversionsentscheid der WA-Inhaber wesentlich vom "yield advantage" (Couponzahlung ./. Dividendenzahlung) der WA abhängt. Verzichtet eine Firma auf eine Kündigung, obwohl es für sie nach der "naiven" Erklärung optimal wäre, stellt dies ein Signal für zukünftiges Dividendenwachstum dar, da höhere Ausschüttungen rascher zur freiwilligen Konversion führen. Dieser Weg kann für die Firma vorteilhaft sein, da eine Kündigung mit Kosten verbunden ist (Emissionskosten, negativer Ankündigungseffekt, keine Möglichkeit "sleeping investors" auszunützen). Empirische Untersuchungen von Constantinides/Grundy stützen ihr Modell. Sie stellen fest, dass WA eher gekündigt werden, wenn der "yield advantage" gross ist (eine baldige freiwillige Konversion unwahrscheinlich ist) und dass Firmen, die WA nicht künden, tatsächlich ein signifikant höheres Dividendenwachstum aufweisen.

Es existieren also Gründe, dass Firmen rationalerweise ihre WA nicht sofort künden, sobald der WA-Wert den Kündigungspreis erreicht. Die Grenzbedingungen für den Konversionswert müssten somit beim Ingersoll- und beim Brennan/Schwartz-Modell entsprechend angepasst werden. Voraussetzung ist jedoch, dass die Kündigungspolitik des Emittenten richtig antizipiert wird. Unsicherheit über diesen Aspekt wird somit die korrekte WA-Bewertung weiter erschweren.

3.5. Bewertungsmodelle für Optionsscheine und Optionsanleihen

OA könnten prinzipiell nach der gleichen Methode wie WA bewertet werden. Die partielle Differentialgleichung und die Nebenbedingungen müssten so angepasst werden, dass der Abtrennbarkeit des OS Rechnung getragen wird. D.h. die vorzeitige Ausübung beeinflusst die Couponzahlungen nicht, und der OS-Wert wird durch eine Kündigungsklausel auf der Anleihe nicht eingeschränkt. M.W. wurde bisher noch kein derartiges komplexes Modell entwickelt. Hingegen existieren solche Bewertungsansätze für Warrants. Deren Ergebnisse können zum relativ einfach festellbaren "Bondwert" (Anleihenswert-ex-Warrant) dazu addiert werden, um den theoretisch korrekten OA-Preis zu bestimmen. In einem ersten Schritt werden darum die Bestimmungsgründe des OS-Wertes untersucht. Diese Analyse wird anschliessend durch den Einbezug der Anleihenskomponente ergänzt.

3.5.1. Bewertung von Optionsscheinen

OS können zu zwei unterschiedlichen Zeitpunkten einen Mittelzufluss bewirken, der den gesamten Firmenwert und den Wert jedes Finanztitels der Unternehmung beeinflusst:

a) bei der Emission des OS (bzw. der OA)
b) bei der Ausübung des OS.

Den Einfluss des zweiten Effekts untersuchen Galai/Schneller [1978]. Sie stellen fest, dass Investoren gegen Bezahlung des Ausübungspreises neu emittierte Aktie erhalten und damit einen entsprechenden Anteil am Firmenwert beanspruchen. Die Ausübung wird aber nur vollzogen, wenn das Vermögen danach grösser ist als der zu bezahlende Ausübungspreis:

$$(n S + m X) / (n + m) > X \qquad (2.6)$$

S = Aktienkurs
n = Anzahl "alte" Aktien

X = Ausübungspreis
m = Anzahl OS (wobei der Einfachheit halber unterstellt wird, dass ein OS für den Bezug einer Aktien berechtigt).

Der linke Term stellt den Wert einer Aktie nach Ausübung dar (der Zähler entspricht dem gesamten Firmenvermögen nach Ausübung, der Nenner der neuen Anzahl Aktien). Durch Umformung kann gezeigt werden, dass dieser Ausdruck äquivalent der Bedingung S > X ist. Der Investor übt nur aus, wenn der Aktienkurs grösser ist als der Preis, den er für die Aktie bezahlen muss. Der OS-Besitzer kauft sich so mit einem zu tiefen Preis in den Firmenwert ein. Die Ausgabe von neuen Aktien bewirkt also eine Verwässerung für die alten Aktionäre, und der Kurs der neuen Aktien wird tiefer sein als im Fall, wo keine OS ausgeübt werden[54].

Galai/Schneller zeigen weiter, dass sich der Wert eines OS proportional zum Wert einer identisch konditionierten Calloption (C) auf Aktien einer identischen Firma ohne Warrants verhält:

$$OS = C\,[1 / (1 + m/n)] = C\,[1 / (1 + q)] \quad (2.7)$$

Angenehm an dieser Lösung für den Warrantwert ist, dass C mit den bekannten Formeln für Calloptionen berechnet werden kann und lediglich um den Verwässerungseffekt (q) korrigiert werden muss. Die Annahmen bei der Herleitung dieser Formel sind jedoch restriktiv. Einerseits werden rein aktienfinanzierte Firmen betrachtet. Anderseits wird unterstellt, dass der Erlös aus der OS-Emission als Dividende an die Aktionäre ausbezahlt wird. So sind sie zwei Gesellschaften mit dem gleichen Firmenwert vergleichbar, wobei er bei der Unternehmung mit Warrants zwischen Aktionären und OS-Inhabern aufgeteilt wird. Ein Zahlenbeispiel I mag dies erhellen.[55] Wir unterstellen, dass der Firmenwert (V) einem binomialen Random Walk folgt, wobei im Zeitpunkt t=1 der Firmenwert (V_1) entweder $u \cdot V_0$ oder $d \cdot V_0$ und in t=2 entweder $u^2 V_0$, $u \cdot d \cdot V_0$ oder $d^2 V_0$ beträgt. Abbildung 2.3 zeigt den Firmenwertverlauf für u=1.2, d=0.8 und V_0=86.52.

---

[54] Dies bedeutet aber nicht, dass der Aktienkurs im Moment der Ausübung schlagartig an Wert verliert. Dies würde eine Arbitragemöglichkeit eröffnen, die in einem effizienten Markt nicht bestehen kann. Der potentielle Verwässerungseffekt wird vielmehr von den Investoren eskompiert und findet in den Aktienkursen schon vor der Ausübung entsprechenden Niederschlag.

[55] Dieses und die folgenden Beispiele bauen auf Berechnungen von Crouhy/Galai [1988] auf.

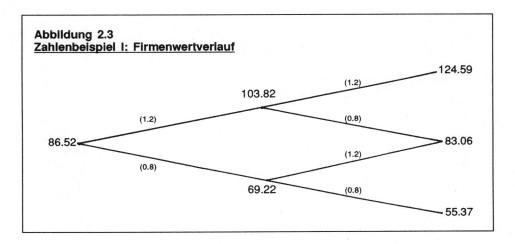

Abbildung 2.3
Zahlenbeispiel I: Firmenwertverlauf

Bei einer rein aktienfinanzierten Unternehmung entspricht der Firmenwert dem Aktienkapital. Wenn wir annehmen, dass nur eine Aktie dieser Firma (n=1) existiert, gilt $V_t=S_t$. Ferner unterstellen wir, dass nur ein OS (m=1) mit dem Ausübungspreis von 90 und der Laufzeit von 2 Perioden emittiert wird und der Emissionserlös dem Aktionär ausbezahlt wird. V_0 beträgt somit weiterhin 86.52, muss aber die Beziehung erfüllen

$$V_0 = n\ S_0 + m\ OS_0 \qquad (2.8)$$

Bleibt die Investitionspolitik und der Firmenwertverlauf durch den Finanzierungsakt unverändert, kann OS_0 mit Gl. (2.7) berechnet werden. Der Wert einer Calloption auf Aktien/PS einer identischen (= gleicher Firmenwert), rein aktienfinanzierten Firma ergibt sich aus der binomialen Optionspreisformel von Cox/Ross/Rubinstein

$$C_0 = 1/r^2\ \{[C_{uu}(r-d)^2 + 2C_{ud}(u-r)(r-d) + C_{dd}(u-r)^2] / (u-d)^2\} \qquad (2.9)$$

r (1 + risikoloser Zinssatz) nehmen wir mit 1.1 an. C_{uu} entspricht dem Wert der Calloption bei Verfall, wenn der Firmenwert zweimal angestiegen ist. Er berechnet sich als max[S_{uu}-X, 0] und beträgt in unserem Beispiel 34.59. Analog gilt $C_{ud}=C_{dd}=0$. Diese Werte in (2.9) eingesetzt, ergibt C_0 = 16.08. Schliesslich kann der Verwässerungseffekt (q=1) berücksichtigt werden, und es resultiert ein OS-Wert von 16.08 / 2 = 8.04. Der Verlauf des Aktien- und Warrant-Werts dieser Firma ist in Abbildung 2.4 dargestellt.

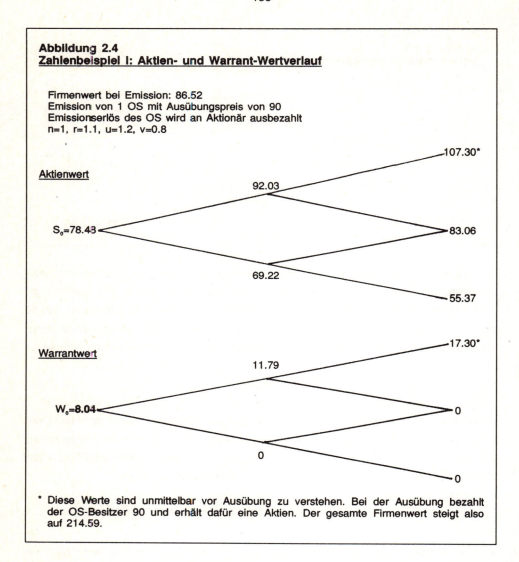

Dieser Ansatz hat jedoch den Mangel, dass er den Mittelzufluss bei der Emission ignoriert. Er ergibt nur in zwei speziellen Fällen völlig korrekte Ergebnisse:

a) Es existiert eine zweite, rein aktienfinanzierte Firma, die den gleichen Firmenwert wie die Unternehmung <u>nach</u> der OS-Emission hat, so dass der korrekte Calloptionspreis festgestellt werden kann. Ein solcher Zufall liegt aber in der Realität wohl nie vor.

b) Die OS-Emission verändert den Firmenwert nicht. Dieser Fall ist nur von Bedeutung, wenn Unternehmen OS gratis an die Aktionäre abgeben, wie es in der Schweiz seit 1986 vereinzelt geschah.

Behält die Gesellschaft jedoch den Emissionserlös, erhöht sich das Umlaufvermögen. Von entscheidender Bedeutung ist, wie diese zusätzlichen Mittel verwendet werden. Für die weitere Analyse wird die Annahme gemacht, dass sich die Volatilität des gesamten Firmenwertes nach der Warrant-Finanzierung nicht ändert. Die zusätzlichen Mittel werden also so investiert, dass weder positive noch negative Skaleneffekte im Vergleich zur bisherigen Produktion resultieren. Crouhy/Galai [1988] zeigen, dass sich der Warrantwert unter diesen Umständen berechnen lässt, sofern eine rein aktienfinanzierte Unternehmung mit der gleichen Firmenwertvolatilität existiert. Die Aktien dieser Unternehmung werden für die Bildung eines risikolosen Portfolios benötigt.[56] Die Ausschliessung von Arbitragemöglichkeiten erlaubt die korrekte Berechnung der Aktien- und OS-Werte nach der Cox/Ross/Rubinstein-Methodologie.

Für ein zweites Zahlenbeispiel mit denselben Werten (S_0=86.52, n=m=1, u=1.2, d=0.8, r=1.1, X=90) ergibt dies einen OS-Preis von 13.48. Die Verläufe des Firmen-, Aktien- und Warrantwerts sind in Abbildung 2.5 dargestellt. Die Werte in Klammern stellen die Wachstumsraten während einer Periode dar. Man beachte, dass der OS wertvoller ist als im Galai/Schneller-Fall (Gl. 2.7). Die Erklärung dafür ist, dass die Mittel der Warrantemission für Investitionen genutzt werden. Diese erhöhen den Firmenwert, wovon auch der OS-Investor profitiert. Der Ansatz von Galai/Schneller ergibt für diesen Fall nur korrekte Ergebnisse, falls wir eine zweite aktienfinanzierte Firma mit dem gleichen Firmenwertverlauf wie in Abbildung 2.5 finden.

Wie hoch ist aber der Wert einer Calloption auf die Aktien der warrant-finanzierten Firma? Galai/Schneller [1978, S. 1336] und Crouhy/Galai [1988, S. 16] zeigen, dass sich Calloptions- und OS-Wert genau entsprechen. Dies ist verständlich, wenn wir die Werte der Calloption bei Verfall betrachten. Sie betragen [27, 3, 0], also gleich viel wie beim OS. Die Intuition dahinter ist, dass im Aktienkurs die mögliche Ausübung eskompiert wird. Der Verwässerungseffekt schlägt so genau gleich auf die Option durch, ob-

---

[56] Alternativ kann unterstellt werden, dass die Aktiven der Firma wie Wertpapiere gehandelt und für das risikolose Portfolio gebraucht werden können.

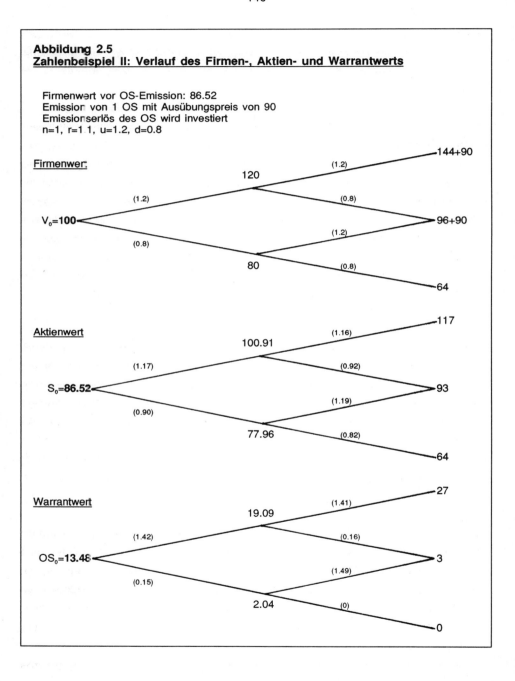

Abbildung 2.5
Zahlenbeispiel II: Verlauf des Firmen-, Aktien- und Warrantwerts

wohl sie ihn nicht hervorruft. Diese Erkenntnis kann aber nicht für eine einfachere Bewertung von Warrants ausgenützt werden, da die Ausgabe von OS die Aktienkursvolatilität (σ_a), wie in Abbildung 2.5 ersichtlich, in zweierlei Hinsicht verändert:

a) Sie ist kleiner als vor der Warrantemission. Dies rührt vom höheren Risiko des OS her, der bei gleichbleibender Firmenwert-Volatilität die Aktie weniger risikant macht.
b) Sie ist nicht konstant. Crouhy/Galai [1988, S.17ff] beweisen dies für den allgemeinen Fall und zeigen auch, dass diese Inkonstanz um so höher ist, je grösser der Verwässerungsfaktor ist. Dieses Problem wäre lösbar, wenn σ_a in einem deterministischen Verhältnis zu anderen bekannten Faktoren stünde. Die Aktienkursvolatilität hängt aber unter anderem vom OS-Wert, und damit von allen Faktoren, die den Warrant-Preis beeinflussen, ab.[57] Daraus ergibt sich, dass der Aktien- und der Warrant-Wert gleichzeitig bestimmt werden muss. Ein rekursiver Weg, der zuerst σ_a berechnet und diesen Wert anschliessend für die Optionsbewertung verwendet, ist nicht möglich.

Der Bewertung von OS stellt sich somit ein Dilemma. Entweder kann ein Modell verwendet werden, das den Firmenwert als Basiswert hat (OS = f[V, σ_V, ...]). Dieses ist theoretisch korrekt, stellt jedoch bei der praktischen Durchführung Probleme, da V und σ_V bekannt sein müssen. Oder der OS-Wert wird als Funktion des Aktienkurses und dessen Volatilität betrachtet. Diese Lösung ist von den erforderlichen Daten her wesentlich einfacher, liefert jedoch keine inhärent korrekten Ergebnisse.

3.5.2. Bewertung von Optionsanleihen

Die bisherigen Ueberlegungen können mit einer Modifikation auf die Bewertung von OA übertragen werden. Diese betrifft den zusätzlichen Mittelzufluss bei der Emission durch die Fremdkapitalaufnahme. Sie bewirkt, dass OA weniger risikant als Aktien sind und dass eine OA-Emission die Aktienkursvolatilität erhöht, wenn die Volatilität des

---

[57] Je höher der OS-Wert ist, desto geringer ist der Anteil der Aktionäre am gesamten Firmenwert und desto kleiner ist σ_a.

Firmenwertes durch die Verwendung der zusätzlichen Mittel nicht verändert wird.[58] Ein Zahlenbeispiel mag dies verdeutlichen. Der Firmenwert soll durch eine OA-Emission von 86.52 auf 200 erhöht werden. Es existiert eine Aktie, und es wird eine Anleihe mit einem Warrant emittiert, der zum Bezug einer neuen Aktie zum Preis von 90 berechtigt. Zur Vereinfachung wird unterstellt, dass die OA keine Couponzahlungen vorsieht (0%-Anleihe), dass die Anleihe wie der OS eine Laufzeit von zwei Perioden hat und mit dem risikolosen Zinssatz abdiskontiert werden kann[59]. Da in diesem Fall mit der Crouhy/Galai-Methode keine analytische Lösung mehr hergeleitet werden kann, müssen die Gleichgewichtswerte der Aktien und der OA auf numerischem Weg bestimmt werden. Abbildung 2.6 zeigt die Lösungen für den Firmenwert, den Aktienkurs, den OA- und den Warrantwert sowie die Anleihenskomponente der OA. Um den Firmenwert auf 200 zu erhöhen, muss die 0%-OA mit einem Nominalwert von 113.56 und einem Emissionspreis von 113.48 (99.93%) versehen werden.

Folgende Aspekte sind zu beachten:

a) Der OS ist <u>wertvoller</u> als bei der reinen OS-Emission. Die zusätzlichen Mittel der Anleihe heben den Firmenwert auf ein höheres Niveau, von dem auch der OS-Inhaber profitiert.
b) Die Volatilität des Aktienkurses liegt <u>über</u>, diejenige der OA <u>unter</u> derjenigen des Firmenwertes.
c) Die Volatilität des Aktienkurses ist nicht konstant.

Welche Auswirkungen haben diese Erkenntnisse für die praktische Anwendung? Wird der Emissionspreis einer OA bestimmt, indem der OS als Calloption auf die Aktie dieser Firma approximiert und die Aktienkursvolatilität anhand historischer Daten geschätzt wird, wird der OS und damit die OA ceteris paribus <u>unter</u>bewertet. In unserem Zahlenbeispiel würde der Aktienkursverlauf von Abbildung 2.3 unterstellt und somit C=16.08 berechnet, im Vergleich zum korrekten OS-Wert von 19.63. Dies rührt

---

[58] Falls die Anleihenskomponente im Vergleich zum OS-Wert sehr klein ist, kann σ_s durch eine OA-Emission auch verkleinert werden. In der Realität wird eine solche Situation allerdings kaum eintreten.

[59] In unserem Beispiel stellt die Verwendung des risikolosen Zinssatzes keine Vereinfachung dar, da die Anleihe bei Verfall in jedem Fall zum Nennwert zurückgezahlt werden kann (kein Konkursrisiko).

daher, da der Mittelzufluss der OA ignoriert und damit die höhere Volatilität des Aktienkurses nicht berücksichtigt wird. Der Fehler wird um so grösser, je höher die Anleihenskomponente relativ zum Firmenwert vor der Emission und zur Warrantkomponente ist.

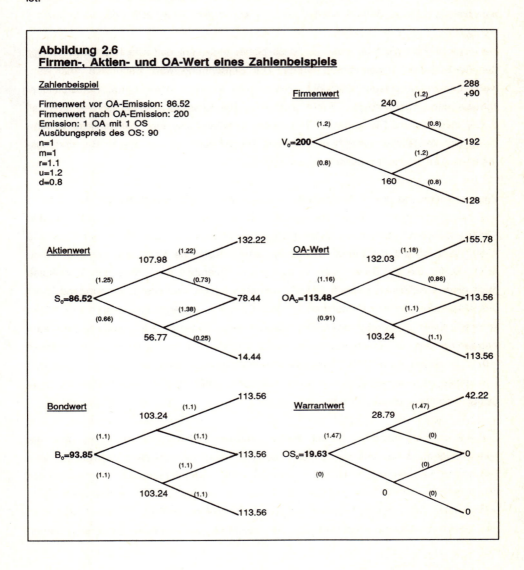

**Abbildung 2.6
Firmen-, Aktien- und OA-Wert eines Zahlenbeispiels**

Zu beachten ist auch, dass der Verwässerungseffekt der Ausübung berücksichtigt ist. Selbst die verwässerten Aktienkurse von Abbildung 2.6 weisen für die OA-Inhaber einen vorteilhafteren Verlauf auf als der für die Calloptionsberechnung unterstellte Aktienkurs-prozess von Abbildung 2.3. Eine Verwässerungskorrektor des Calloptionspreises gemäss Galai/Schneller (Gl. 2.7) würde den Fehler also noch vergrössern.

Der Hinweis darf nicht unterbleiben, dass bisher eine sehr einfache Kapitalstruktur vor der OA-Emission angenommen wurde. Die Berechnung wird wesentlich erschwert, wenn bereits zu diesem Zeitpunkt Fremdkapital in vielfältigster Form, Partizipationsscheine und sogar andere OA/WA existieren. Die Emission beeinflusst den Wert all dieser Kapitalarten. Die korrekte OA-Bewertung würde also eine gleichzeitige Bestimmung der Werte aller Finanztitel bedingen. Die Anwendung der obigen Berechnungsmethode wird dadurch praktisch verunmöglicht.

Zusammenfassend kann festgestellt werden, dass sich grundsätzlich das Bewertungsproblem von OA um den unterstellten Verlauf des Basiswerts dreht. Die korrekte Analyse schliesst gleichzeitig einen identischen Prozess für den Firmenwert und die Aktien aus, sobald die Firma mindestens eine zusätzliche Kapitalart aufweist. Wenn also z.B. für die OS-Berechnung vereinfachend unterstellt wird, dass die Aktienkurse nach einer OA-Emission einem Diffusionsprozess folgen, bedeutet dies zwingend, dass der Aktienkurs und der Firmenwert vor der Emission keinem Diffusionsprozess folgen konnte.[60] Oder umgekehrt betrachtet, bewirkt jede Änderung der Kapitalstruktur eine Aenderung des Aktienkursprozesses. Diese Problematik wurde erstmals von Geske [1979] in einem Modell für Optionen erfasst. Die Aktie wird als Calloption auf den Firmenwert angesehen. Die eigentliche Calloption stellt folglich eine Option auf eine Option ("compound option") dar.

Schliesslich sei nochmals betont, welch grossen Einfluss die Annahme über die Mittelverwendung hat. Als derivativer Finanztitel hängt der OS-Wert massgeblich vom Firmenwert und dessen Volatilität ab. Wenn eine Unternehmung den Emissionserlös als "financial slack" ("Kriegskasse") für eventuell in der Zukunft anfallende Investitionsprojekte hält oder in Projekte mit tiefem Risiko-Rendite-Profil investiert, wird dies den OS-Wert verkleinern im Vergleich zu Hoch-Risiko-Investitionen. Es scheint darum,

---

[60] Dies erschwert die Schätzung der historischen Volatilitäten.

dass die Schwierigkeit, das zukünftige Investitionsgebaren und damit die Varianz des Firmenwerts korrekt zu erfassen, das theoretische Problem der korrekten Bewertung dominiert.

3.6. Quantifizierung des Bewertungsfehlers von Warrants bei der Verwendung herkömmlicher Calloptionspreismodelle

Zur Quantifizierung des Bewertungsfehlers wird ein Resultatsvergleich zwischen herkömmlichen Optionsmodellen (Black-Scholes- bzw. Binomialansatz) und einem theoretisch korrekten Modell[61] angestellt. Das Ziel dieser Analyse soll sein, den Fehler aufgrund der Nichtberücksichtigung der Mittelzuflüsse bei der Emission der OA und bei der Ausübung der OS zu quantifizieren. Dazu wird ein Lösungsalgorithmus für die korrekte Bewertung des Warrants entwickelt, der sich nach dem gleichen Prinzip wie beim Erklärungsbeispiel (vgl. Abbildung 2.6) richtet.[62] Die ganze Laufzeit des OS wird in 30 Perioden unterteilt, in denen der Firmenwert jeweils entweder um den konstanten Faktor u ansteigt oder d sinkt.[63] Da kein analytischer Lösungsweg existiert, muss der Warrantwert auf iterativem Weg bestimmt werden. Für den Verfallzeitpunkt wird in einem ersten Schritt ein Bondwert angenommen. Daraus kann der Warrantwert bei Verfall und in Anwendung des Bewertungsprinzips gemäss Gl. 2.9 bei der Emission berechnet werden. Dieses Resultat sollte zusammen mit dem abdiskontierten, angenommenen Bondwert und dem alten Firmenwert dem neuen Firmenwert entsprechen. Die sich hier ergebende Differenz zeigt an, wie der zu Beginn angenommene Bondwert bei Warrantverfall korrigiert werden muss. Dieses Verfahren wird solange wiederholt, bis die Differenz genügend klein wird.

---

[61] Wobei nicht vergessen werden darf, dass dieser Ansatz nur inhärent korrekt ist, falls Arbitrage mit den (handelbaren) Firmenaktiven möglich ist (vgl. Fussnote 56).

[62] Für die wertvolle Mithilfe bei der Programmierung des Bewertungsmodells danke ich Roland Bösiger.

[63] In Anwendung der bei der Optionsbewertung üblichen Annahme von lognormalverteilten Kursen wird bei den Berechnungen (im Gegensatz zum Erklärungsbeispiel) die Beziehung u = 1/d unterstellt.

Wie im Erklärungsbeispiel wird die OA in den Berechnungen als risikolos betrachtet. Damit wird unterstellt, dass der Wert der Anleihenskomponente mit dem risikolosen Zinssatz abdiskontiert werden kann. Auch wird die OA als Nullcoupon-Bond ausgestaltet. Dies verhindert Firmenwertausschüttungen durch Zinszahlungen während der OS-Laufzeit.[64] Weiter werden folgende Annahmen gemacht, die jedoch für beide Berechnungsansätze gleichermassen gelten und somit für die Feststellung des Fehlers von herkömmlichen Optionspreismodellen nicht von Belang sind:

a) keine Dividendenzahlungen oder ähnliche Firmenwertausschüttungen (alternativ kann ein perfekter Verwässerungsschutz für die OS-Inhaber bei solchen Finanztransaktionen unterstellt werden)
b) konstanter risikoloser Zinssatz während der Warrantlaufzeit
c) konstante Varianz des Firmenwerts (korrektes Modell) bzw. des Aktienwerts (herkömmliches Modell)
d) kein Einfluss von anderen Faktoren als dem Firmen-/Aktienwert, deren Varianz, dem Ausübungspreis, dem Zinssatz und der Optionslaufzeit.

Die Berechnungen erfolgen anhand eines Zahlenbeispiels, deren Ausgangswerte in Tabelle 2.2 zusammengefasst sind.

Tabelle 2.2
Ausgangswerte des Zahlenbeispiels für die Fehlerberechnung herkömmlicher Warrantbewertungsmodelle

Standardabweichung des Firmenwerts bzw. des Aktienkurses (σ):	20%
Laufzeit des Optionsscheines (T):	4 Jahre
Risikoloser Zinssatz p.a. (i):	5%
Verhältnis Ausübungspreis zu Aktienkurs bei der Emission (X/S):	1
Verhältnis Firmen- zu OA-Emissionswert bei der Emission (V/OA):	10
Verhältnis Anzahl alte Aktien zu Anzahl neue über die Ausübung von Warrants beziehbaren Aktien (Verwässerungsfaktor) (n/m):	10

Als erstes wird die Abweichung des Warrant-Preises bei <u>unterschiedlich grossen relativen OA-Emissionvolumen</u> berechnet, d.h. bei variierenden V/OA-Verhältnissen. Der

---

[64] Im Vergleich zu OA mit Couponzahlungen wird der Warrantwert tendenziell überschätzt, da keine Reduktionen des Firmenwerts auftreten, die den OS-Wert bei Verfall beeinträchtigen.

Fehler wird in Prozenten im Vergleich zum korrekten Wert angegeben.[65] Der Optionswert aufgrund der herkömmlichen Methodologie (im folgenden "normale Option" genannt) wird mit dem gleichen Computerprogramm festgestellt.[66] Zusätzlich wird auch die Abweichung des gemäss Galai/Schneller [1978] um den Verwässerungseffekt korrigierten Optionspreises (vgl. Gl. 2.7) untersucht. Die Ergebnisse dieser Berechnungen sind in Abbildung 2.7 dargestellt.

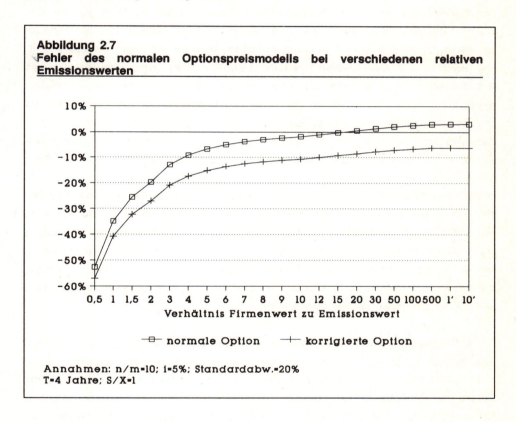

Abbildung 2.7
Fehler des normalen Optionspreismodells bei verschiedenen relativen Emissionswerten

Annahmen: n/m=10; i=5%; Standardabw.=20%
T=4 Jahre; S/X=1

---

[65] Es sei nochmals darauf hingewiesen, dass hinter dem als "korrekt" ermittelten Wert die Annahme von Crouhy/Galai [1988] steht, dass eine dem Warrant entsprechende Hedge-Position mit dem Firmenwert gebildet werden kann. Ein solches Vorgehen, das das Handeln mit den realen Aktiven einer Unternehmung voraussetzt, ist wohl nur in der theoretischen Welt eines völlig kompletten Finanzmarktes perfekt möglich.

[66] Konkret entspricht dies einer Berechnung nach dem Binomialmodell von Cox/Ross/Rubinstein mit 30 Perioden. Ein Vergleich mit anderen Optionsbewertungsprogrammen ergab eine völlige Uebereinstimmung mit den eigenen Ergebnissen.

Es ist ersichtlich, dass bei hohen relativen OA-Emissionswerten herkömmliche Optionspreismodellen den korrekten Warrantwert unterschätzen. Beträgt der Mittelzufluss der OA mehr als einen Viertel des Firmenwertes, beläuft sich der Fehler auf über 10%. Bei einem Verhältnis von ungefähr 15 (z.B. eine OA von SFr. 20 Mio. bei einem Firmenwert von SFr. 300 Mio.) entspricht hingegen der Wert einer Calloption demjenigen eines OS. Bei noch grösseren Verhältnissen bewirkt die Verwendung der Black-Scholes-Methodologie zu hohe Warrantwerte. In diesem Bereich dominiert also der den OS-Wert beeinträchtigenden Verwässerungseffekt bei der Ausübung über den Mittelzuflusseffekt bei der Emission. Interessant ist zudem, dass der um den Verwässerungseffekt korrigierte Calloptions-Wert (gemäss Galai/Schneller) immer ein schlechteres Resultat ergibt als das reine Calloptions-Preismodell. Offensichtlich ist es besser, weder den Emissionsmittelzufluss- noch den Ausübungseffekt zu berücksichtigen, als das Resultat nur um letzteres zu korrigieren. Bei der Wertbestimmung von OS zum Zeitpunkt der OA-Emission ist somit bei der Verwendung von Calloptions-Preismodellen von einer Verwässerungskorrektur gemäss Gl. 2.7 abzusehen.

In Abbildung 2.8 wird der Einfluss des Verwässerungseffektes bei der Ausübung auf den Fehler der normalen Calloptions-Preismodelle aufgezeigt. Wiederum ist ersichtlich, dass eine Korrektur gemäss Galai/Schneller in jedem Falle schlechtere Resultate ergibt. Ohne Korrektur wird der wahre Warrantwert bei einer hohen Verwässerung (tiefes Verhältnis zwischen alten zu neuen Aktien) überschätzt und bei einer kleinen Verwässerung unterschätzt. Bei einer Relation von ungefähr 6 entspricht der Wert einer Calloption genau dem eines Warrants.

Der Emissionseffekt wird in der Praxis nicht unabhängig vom Ausmass der Verwässerung bei der Ausübung sein. Bei grösseren OA-Emissionen werden auch mehr neue Aktien geschaffen und für die Ausübung bereitgestellt. Die beiden Verhältnisse, die die Grösse beider Mittelzuflüsse messen, werden sich darum im ungefähr gleichen Rahmen bewegen. Deshalb wird in einer weiteren Berechnung der Fehler des normalen Optionspreismodells bestimmt bei gleichzeitiger Variation der Verhältnisse von Firmen- zu OA-Emissionswert und Anzahl alte zu Anzahl neue Aktien (vgl. Abbildung 2.9 und Tabelle 2.3).

Wiederum ergibt der Galai/Schneller-Ansatz (korrigierte Option) in jedem Fall deutlich schlechtere Resultate. Der Fehler einer gewöhnlichen Calloption ist demgegenüber relativ klein. Erst wenn die beiden Relationen unter 1.5 fallen (also bei aussergewöhnlich grossen Kapitalaufnahmen), übersteigt der Fehler 10%.

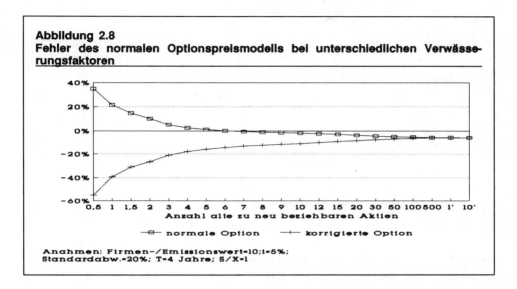

Abbildung 2.8
Fehler des normalen Optionspreismodells bei unterschiedlichen Verwässerungsfaktoren

Annahmen: Firmen-/Emissionswert=10;i=5%;
Standardabw.=20%; T=4 Jahre; S/X=1

Tabelle 2.3
Fehler des normalen Optionspreismodells bei der Warrantbewertung

Verhältnis V_0 / OA_0 und n / m	Korrekter Warrantwert	Wert Call-option	Fehler Calloption	Wert der korrig. Calloption	Fehler korrig. Callopt.
1	28.691	25.049	-12.69%	12.524	-56.35%
1.5	27.687	25.049	-9.53%	15.029	-45.72%
2	27.117	25.049	-7.63%	16.699	-38.42%
5	25.949	25.049	-3.47%	20.874	-19.56%
8	25.624	25.049	-2.25%	22.266	-13.11%
10	25.513	25.049	-1.82%	22.772	-10.74%
15	25.361	25.049	-1.23%	23.483	-7.41%
20	25.284	25.049	-0.93%	23.856	-5.65%
50	25.144	25.049	-0.38%	24.558	-2.33%
100	25.097	25.049	-0.19%	24.801	-1.18%
1000	25.054	25.049	-0.02%	25.024	-0.12%

Annahmen für Berechnungen:
Laufzeit des Warrants: 4 Jahre
risikoloser Zinssatz (p.a.):   5%
Standardabweichung des Firmenwertes (p.a.):   20%
Aktienkurs: 100
Ausübungspreis: 100

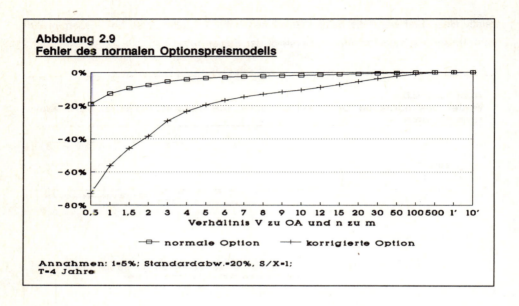

Abbildung 2.9
Fehler des normalen Optionspreismodells

Annahmen: i=5%; Standardabw.=20%, S/X=1;
T=4 Jahre

Der Einfluss der anderen Preisdeterminanten wird in den Abbildungen 2.10 bis 2.13 dargestellt. Dabei werden die beiden Verhältnisse (V / OA und n / m) jeweils als 10 angenommen.

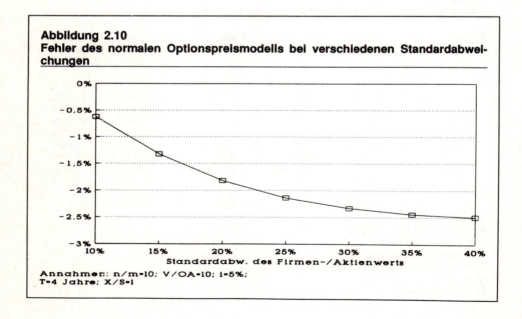

Abbildung 2.10
Fehler des normalen Optionspreismodells bei verschiedenen Standardabweichungen

Annahmen: n/m=10; V/OA=10; i=5%;
T=4 Jahre; X/S=1

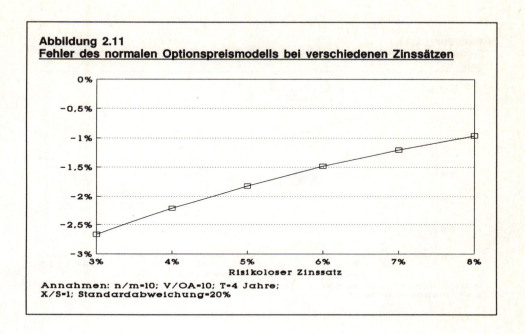

Abbildung 2.11
Fehler des normalen Optionspreismodells bei verschiedenen Zinssätzen

Annahmen: n/m=10; V/OA=10; T=4 Jahre;
X/S=1; Standardabweichung=20%

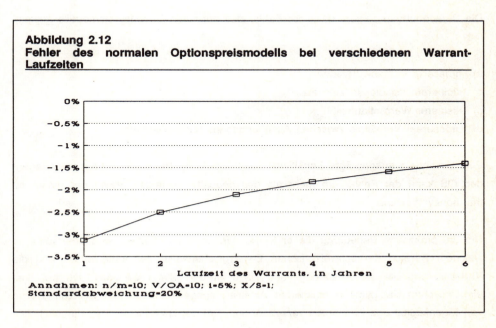

Abbildung 2.12
Fehler des normalen Optionspreismodells bei verschiedenen Warrant-Laufzeiten

Annahmen: n/m=10; V/OA=10; i=5%; X/S=1;
Standardabweichung=20%

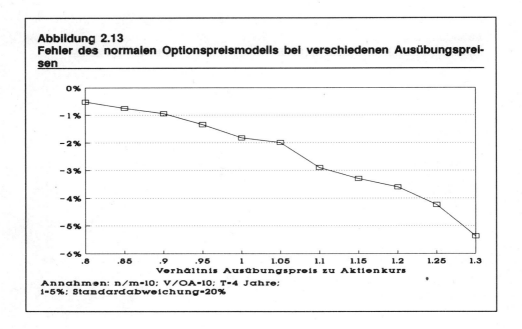

Abbildung 2.13
Fehler des normalen Optionspreismodells bei verschiedenen Ausübungspreisen

Die Berechnungen zeigen, dass der Fehler des normalen Optionspreismodells <u>ansteigt</u> mit

a) grösserer Firmenwertvarianz
b) kleinerem risikolosen Zinssatz
c) kleinerer Warrantlaufzeit
d) grösserem Verhältnis zwischen Ausübungspreis und Aktienkurs

Eine besonders ausgeprägte Sensitivität zeigt Aspekt d). Bei stark in-the-money liegenden OS kann der Fehler um mehr als das doppelte ansteigen gegenüber einem at-the-money Warrant.

Um die praktische Bedeutung dieser Berechnungen abzuschätzen, wird untersucht, in welchem Bereich bei schweizerischen OA typischerweise der Mittelzufluss und die Verwässerung bei der Ausübung liegt. Dazu werden alle 1987 und 1988 auf dem einheimischen Kapitalmarkt emittierten Anleihen ausgewertet, die mit OS zum Bezug von Eigenkapital des Emittenten versehen sind. Bei der Berechnung des durchschnittlichen Verwässerungseffekts wird der Nominalwert des für die Ausübung sichergestellten Eigenkapitals (m) in Beziehung gestellt zum Nominalwert des vor der Emission ausstehenden Aktien- und PS-Kapitals (n).[67] Für 57 OA der Jahre 1987 und 1988 resultiert ein arithmetisches Mittel des Verhältnisses (n/m) von 22.3 und ein Medianwert von 12.9 (Minimum: 2.6, Maximum: 175).[68]

Ein besonderes Problem ist die Feststellung des relativen Mittelzuflusses bei der Emission. Theoretisch müsste der Firmenwert (V) eruiert werden. Da dies in der Praxis kaum möglich ist, wird stattdessen die Börsenkapitalisierung verwendet.[69] Dieser Ansatz ist mit zwei Annahmen adäquat. Entweder wird unterstellt, dass der OA-Emittenten keinerlei Fremdkapital aufweist. Oder es steht die Ueberlegung dahinter, dass alles Fremdkapital der Unternehmung absolut risikolos ist, und somit dessen Wert von der OA-Emission nicht beeinflusst wird und dass die Börsenkapitalisierung einem Diffusionsprozess unterliegt. Da beide Annahmen sicherlich nicht vollständig der Realität entsprechen, wird mit der Börsenkapitalisierung der tatsächliche Firmenwert tendenziell unterschätzt. Die folgenden Ergebnisse zeigen darum die obere Grenze des Bewertungsfehlers von gewöhnlichen Optionspreismodellen auf. Für den relativen Mittelzufluss (Verhältnis von Börsenkapitalisierung vor der Emission und Emissionswert der OA) werden 1987/88 ein arithmetisches Mittel von 12.2 und ein Medianwert von 9.2 berechnet.

Im weiteren werden folgende durchschnittliche Preisdeterminanten verwendet:

a) Laufzeit des Warrants: 4.6 Jahre
b) Verhältnis von Ausübungspreis und aktuellem Aktienkurs: 1
c) Risikoloser Zinssatz: 4%
d) Standardabweichung der Börsenkapitalisierung: 27% (gemäss Dubacher/Zimmermann [1989])

---

[67] Die Sicherstellungstitel für frühere OA/WA werden beim ausstehenden Eigenkapital nicht berücksichtigt.

[68] In einem Fall konnten die notwendigen Informationen nicht beschafft werden.

[69] Börsenkapitalisierung = Zu Marktpreisen bewertetes ausstehendes Eigenkapital. Sie wird per Oktober des Emissionsjahres (gemäss SBG Aktienführer) erhoben. Auf eine genaue Feststellung im Emissionszeitpunktes wurde verzichtet, da dieser Ansatz sowieso nur eine Näherung an den wahren Firmenwert darstellt.

Der Bewertungsfehler bei der Verwendung eines gewöhnlichen Calloptionsmodells für eine durchschnittliche OA-Emission ist in Tabelle 2.4 dargestellt. Für das arithmetische Mittel wird der korrekte Preis des Warrants um 3.5% und für die Medianwerte um 3.8% unterschätzt. Diese Werte sind nicht von einer gravierenden Grössenordnung. Diese Schlussfolgerung ergibt sich hauptsächlich aus der Sensitivität des Warrantwertes bezüglich der Firmenwert-Standardabweichung. Steigt/sinkt z.B. σ um 10%, so verändert sich der korrekte Warrantwert um 6.5% (vgl. Tabelle 2.4). Die Einschätzung der richtigen Firmenwertvolatilität hat also die grösseren Auswirkungen als die theoretisch nicht völlig korrekte Verwendung von herkömmlichen Calloptions-Bewertungsmodellen. Vorsicht bei der Anwendung der Black/Scholes-Methodologie scheint also nur in den seltenen Fällen eines sehr hohen relativen Mittelzuflusses durch die OA-Emission angebracht. Für das Extrembeispiel der Jahre 1987 und 1988 (V/OA=0.75, n/m=3) berechnet sich z.B. ein Fehler von -40.9%. Hingegen ist ersichtlich, dass von einer Berücksichtigung des Verwässerungseffekts mittels des Galai/Schneller-Ansatzes abzusehen ist. Mit dieser Methode resultieren stets schlechtere Resultate als mit den unkorrigierten Calloptionswerten.

Tabelle 2.4
Bewertungsfehler bei einer durchschnittlichen OA-Emission

	Arithm. Mittel	Medianwerte
Fehler des normalen Optionspreismodells	-3.5%	-3.8%
Eingabewerte für Berechnungen: X/S=1, T=4.6, σ=27%, i=4% Arithmetische Mittel: V/OA=12.2, n/m=22.3 Medianwerte: V/OA=9.2, n/m=12.9		
Abweichung bei 10% höherer/tieferer σ	+/-6.5%	+/-6.5%

3.7. Zusätzliche Preisdeterminanten

Die Optionspreismethodologie zeigt grundsätzlich einen brauchbaren Weg für die Bewertung von OA/WA auf, auch wenn eine <u>theoretisch völlig korrekte</u> Bewertung von eigenkapitalbezogenen Anleihen extrem komplex ist. Weitere Einflussfaktoren, die teilweise theoretischer, teilweise institutioneller Art sind, führen aber in der Schweiz zu zusätzlichen Schwierigkeiten bei der OA/WA-Preisbestimmung. Diese sollen in diesem Abschnitt untersucht werden.[70]

3.7.1. <u>Ausübungsstrategien</u>

Bisher wurde unterstellt, dass die Frage, ob ausgeübt oder gewandelt werden soll, von jedem Besitzer von WA oder OS immer gleich beantwortet wird. Ist die Ausübung für einen Investor zu einem bestimmten Zeitpunkt optimal, gilt dies auch für alle anderen Inhaber desselben Warrants. In diesem Sinne entsprechen OS Calloptionen. Von Bedeutung ist dieser Aspekt bei Optionen des amerikanischen Typs, wo eine Ausübung vor Verfall optimal sein kann. Der typische Grund dafür sind Dividendenzahlungen[71], die eine Verminderung des Firmenwerts und damit ceteris paribus einen Aktienkursabschlag bewirken. Ist die Werteinbusse durch den Kursverlust grösser als das entgangene Gewinnpotential während der Restlaufzeit, lohnt sich die Ausübung unmittelbar vor der Dividendenzahlung für <u>alle</u> Optionsbesitzer.

Für WA und OS gelten diese Ueberlegungen jedoch nicht in jedem Fall. Der Grund liegt im Mittelzufluss für die Firma, wenn OS ausgeübt werden.[72] Dieser beeinflusst den

---

[70] Nicht näher eingegangen wird auf den Einfluss der Devisenkurse bei Emissionen schweizerischer Schuldner auf dem Euromarkt. Hier werden OA/WA in Fremdwährung ausgestellt, berechtigen aber zum Bezug von Eigenkapital lautend auf Schweizer Franken. Die Wechselkurserwartungen werden somit zu einer mitentscheidenden Grösse.

[71] Bei OS und WA kann derselbe Effekt auch durch eine Erhöhung des Ausübungs- bzw. Wandelpreises und durch eine Aktienkapitalerhöhung bei ungenügendem Verwässerungsschutz eintreten.

[72] Obwohl es bei WA nicht zu eigentlichen Mittelzuflüssen kommt, gelten die gleichen Ueberlegungen auch für sie, da eine Wandlung eine Eliminierung von zukünftigen Coupons- und Nennwertrückzahlungen darstellt und damit ähnliche Auswirkungen hat.

(zukünftigen) Firmenwert und damit den Wert aller ausstehenden Kapitalarten, inklusive noch nicht ausgeübter OS. Werden die Mittel so verwendet, dass letztere mehr an Wert gewinnen, als durch die vorzeitige Ausübung der anderen OS verloren wird, lohnt sich eine sequentielle Ausübungsstrategie. Der Wert aller OS zusammen ist in einem solchen Fall höher, als wenn alle OS en-bloc ausgeübt werden. Herkömmliche Optionspreismodelle würden in diesem Fall den wahren OS-Wert unterschätzen. In der Literatur werden folgende Fälle analysiert, wo ein ein solcher Effekt eintreten kann:

a) Die Firma zahlt eine Dividende (D) an die Aktionäre (vgl. Emanuel [1983] S. 219ff). Eine zum Firmenwert proportionale Ausschüttung (nD = αV) bewirkt dabei eine grössere Gewinnmöglichkeit durch sequentielle Ausübung, als wenn die Dividende in einem konstanten Verhältnis zum Aktienwert steht (D = αS).

b) Der Ausübungserlös wird für den Rückkauf von Aktien verwendet (vgl. Emanuel [1983] S. 232f; Spatt/Sterbenz [1988] S. 497).

c) Der Ausübungserlös wird in Projekte mit einer Risikocharakteristik investiert, die der bisherigen der Firma entspricht (vgl. Spatt/Sterbenz [1988] S. 497f und das Zahlenbeispiel von Ingersoll [1987, S. 435ff]).[73]

Bei b) und c) wird eine vorzeitige Ausübung optimal, ohne dass Dividendenzahlungen im Spiel sind. Die Intuition dahinter ist, dass einige OS "geopfert" werden, damit die Kapitalstruktur verändert wird (Fall b) bzw. der Firma zusätzliche Mittel für Investitionen zur Verfügung stehen (Fall c). Beides erhöht den zukünftigen Firmenwert und damit die Chancen für eine erfolgreiche Ausübung zu einem späteren Zeitpunkt.

Es stellt sich nun die Frage, wie gross die praktische Bedeutung dieses Problems ist. Eine gewisse Relativierung erfolgt schon durch Emanuel [1983, S. 223ff], der die Auswirkungen der sequentiellen Ausübung an einem fiktiven Zahlenbeispiel untersucht. Er stellt für Fall a) fest, dass das Gewinnpotential mit der Höhe des Verwässerungsfaktors und der Dividendenzahlungen ansteigt. Allerdings resultiert bei einem Verwässerungsfaktor von 2 (doppelt so viele Warrants wie Aktien) lediglich ein Wertzuwachs von ca. 4%. Bei tieferen Verwässerungsfaktoren, wie sie bei Schweizer OA/WA üblich sind, sind die Effekte deutlich kleiner und geraten bald in einen Bereich, wo Transaktionskosten eine gewinnbringende Ausübungsstrategie verhindern.

---

[73] Bei Projekten mit grösserem Risiko erhöht sich der potentielle Gewinn durch sequentielle Ausübung, bei kleinerem Risiko verringert er sich.

Zudem kann eine sequentielle Ausübung nur in einer Monopolsituation gewinnbringend ausgenützt werden. Denn welcher Investor würde sich durch eine vorzeitige Ausübung opfern, damit andere Investoren auf ihren ausstehenden OS einen Wertzuwachs verbuchen können? Constantinides [1984] untersucht darum die Auswirkungen in einer Konkurrenzsituation. Er stellt fest, dass sich im Gleichgewicht dasselbe Resultat einstellt, wie wenn ein Monopolist die OS en-bloc ausübt.[74] Dies entspricht aber genau dem als optimal unterstellten Verhalten bei amerikanischen Optionen. Der OS-Wert in einer vollkommenen Konkurrenz hängt also nicht davon ab, wie die Unternehmung den Mittelzufluss verwendet. Die Annahme, dass sich OS in Sachen Ausübung wie amerikanische Calloptionen verhalten, stellt hier somit kein Problem dar.[75]

Es bleibt die Frage, ob eine Monopolsituation durch den Aufkauf von OS erreicht werden und gewinnbringend ausgenützt werden kann. Ingersoll [1987, S. 437f] argumentiert, dass dies bei rationalen Erwartungen aller Investoren nur durch eine Tenderofferte an alle anderen OS-Besitzer möglich ist. Eine zweite Variante ist, dass die Investoren die Gewinnmöglichkeiten durch eine sequentielle Ausübung nicht realisieren und ihre OS zu einem zu tiefen Preis verkaufen. Spatt/Sterbenz [1988, S. 503] fügen jedoch an, dass die Gefahr eines Nichterreichens des Monopols und dem Verbleiben in einer Oligopollage, wo die OS-Werte sogar unter dem Konkurrenzfall liegen können, beides unwahrscheinlich macht.

Die letzte Relativierung des Ausübungsproblems erfolgt aufgrund der Bedeutung des Firmenverhaltens. Falls die Unternehmen

a) eine Dividendenpolitik betreiben, die die positiven Effekte genau neutralisieren (vgl. Emanuel [1983] S. 233)
b) den Ausübungserlös so verwenden, dass durch eine Neuemission von Warrants und durch eine spezielle Dividendenzahlung die Kapitalstruktur nicht verändert wird (vgl. Spatt/Sterbenz [1988] S. 496)
c) den Ausübungserlös in einer risikolosen Anleihe anlegen (vgl. Spatt/Sterbenz [1988] S. 496),

---

[74] Für ein Zahlenbeispiel vgl. Ingersoll [1987, S. 439ff].

[75] Für den Fall eines Oligopols wird die Analyse äusserst komplex. Constantinides/Rosenthal [1984, S. 137] und Spatt/Sterbenz [1988, S. 500ff] zeigen Fälle auf, wo die Oligopolisten tiefere OS-Werte erreichen als die Investoren in der vollkommenen Konkurrenz.

wird selbst im Monopolfall ohne Blockrestriktion und bei einem sehr hohen Verwässerungsfaktor die sequentielle Ausübung keinen Wertzuwachs für die OS bringen. Die Erwartungsbildung über die Firmenpolitik wird erneut zu einem entscheidenden Punkt.

Es kann somit festgehalten werden, dass das in der Literatur diskutierte Ausübungsproblem aus drei Gründen in der Schweiz praktisch keine Bedeutung hat:

a) Die Verwässerungsfaktoren bei OA/WA liegen i.d.R. unter 1 (vgl. Abschnitt 3.6).
b) Die Emission von OA/WA führt kaum zu monopolähnlichen Situationen wie sie in den USA z.B. durch Warrantabgaben ans höhere Management oder an Underwriter als zusätzliche Kompensation bei Aktienkapitalerhöhungen auftreten können.
c) Es ist unwahrscheinlich, dass die Ausübungserlöse jedesmal unmittelbar in Investitionsprojekte mit gleicher Rendite/Risiko-Charakteristik wie die bestehenden angelegt werden (können). Es kann eher angenommen werden, dass diese Gelder zumindest in einer ersten Phase zu den liquiden Mitteln (i.d.R. tieferes Risiko) gezählt werden müssen und nicht als direkter Auslöser für Investitionen betrachtet werden können.

Es besteht somit kein zwingender Grund, bei der Bewertung von OS und WA die Möglichkeit einer sequentiellen Ausübung zu berücksichtigen. Die theoretische Analyse dieses Problems eröffnet jedoch zwei interessante empirische Fragen, denen im Rahmen dieser Arbeit wegen der Schwierigkeit, Daten dazu zu erhalten, nicht weiter nachgegangen werden kann:

a) Wie ist die Besitzstruktur von OS und WA? Bestehen über die Zeit Tendenzen zum Ansammeln dieser Papiere in wenigen Händen?
b) Wie ist das Ausübungsverhalten? Wenn effektiv OS und WA gemäss herkömmlichen Bewertungsmodellen zu früh ausgeübt werden, darf dies nicht a-priori als irrational angesehen werden. Vielmehr müsste der Grund der Ausübung in Erfahrung gebracht werden.

3.7.2. Lange Laufzeiten

Das Problem jeder Optionsberechnung besteht in der Bestimmung der nicht direkt beobachtbaren Grössen. Dies betrifft in erster Linie die Volatilität des Basiswertes. Daneben spielen auch die Erwartungen über zukünftige Dividendenzahlungen und in einem geringeren Ausmass die zukünftigen Werte des risikolosen Zinssatzes eine Rolle. Bei OS ist diese Erwartungsbildung besonders erschwert, da deren Laufzeit im Vergleich zu Optionen gross ist (vgl. 1. Teil, Abschnitt 4.5.2).

Dieses Problem hat einerseits Folgen bei der Bestimmung des Niveaus der erwarteten Werte. Durch die lange Laufzeit können kleine Aenderungen eine relativ grosse absolute Auswirkung auf den Wert eines OS oder einer WA haben. Dies gilt hauptsächlich für die Aktienkursvolatilität (vgl. Zimmermann [1988a]). Andererseits ist davon die Stabilität dieser Einflussfaktoren betroffen. Die kritischste Grösse ist wiederum die Aktienkursvolatilität. Jeder Investitions- und jeder Finanzierungsentscheid kann diese verändern und den Wert von OA/WA beeinflussen.

Auf eine Besonderheit von Dividenden bei der WA/OS-Bewertung sei speziell hingewiesen. Mittels OS können i.d.R. Aktien bezogen werden, die auf Dividenden für das Geschäftsjahr berechtigen, in dem ausgeübt wurde. Wenn ein Geschäftsjahr z.B. am 31.12. endet, ist dieser Tag der optimale Zeitpunkt für die Ausübung, obwohl die Dividendenzahlung erst einige Monate später erfolgt. Dies bewirkt für den Investor eine zusätzliche Unsicherheit, da er sich am Ende des Geschäftsjahrs eine Erwartung über die noch nicht bekannte Höhe der Dividendenausschüttung machen muss, um festzustellen, ob sich die Ausübung lohnt. Diese institutionelle Besonderheit führt dazu, dass der Wert solcher Warrants im Emissionszeitpunkt tiefer liegt als von OS, die den Bezug von Aktien mit derselben Dividendenberechtigung wie die ausstehenden Aktien erlauben. Dieser Effekt beruht darauf, dass zwischen dem Ende des Geschäftsjahrs und dem Zeitpunkt des Dividendenabschlags eine Zeitperiode liegt, wo sich der Firmenwert weiter nach dem unterstellten Prozess entwickelt. Optionen können davon naturgemäss mit einem beschränkten Verlustpotential profitieren. Dieser Vorteil zwischen diesen beiden Zeitpunkten wird bei WA und OS durch die genannte Dividendenbestimmung geschmälert.

Zusammenfassend kann festgehalten werden, dass die langen Laufzeiten des Wandel- und Ausübungsrechts die Bewertung zusätzlich erschweren. Die Frage der korrekten Erwartungsbildung drängt das Problem des korrekten Bewertungsmodells weiter in den Hintergrund.

3.7.3. Verwässerungsschutz

Im 1. Teil, Abschnitt 4.5.4. werden die Verwässerungsschutzklauseln von OA/WA schweizerischer Emittenten dargestellt. Diese dienen dem Schutz der Besitzer von OS und WA bei der Ausgabe von neuem Eigenkapital zu einem Emissionspreis, der unter dem Marktpreis liegt. Die Verwässerung wird durch das Bezugsrecht ersichtlich, mit dem ein Teil des Firmenvermögens an die alten Aktionäre ausgeschüttet wird. Entsprechend wird hier der Aktienkurs ceteris paribus um den Wert des Bezugsrechts (BR) sinken[76]

$$S^a - S^n = BR = S^a - (nS^a + n^*S^*) / (n+n^*) = n^* / (n+n^*) (S^a - S^*) \quad (2.10)$$

S^a = alter Aktienkurs (vor der Verwässerung)
S^n = neuer Aktienkurs (nach der Verwässerung)
S^* = Emissionspreis der neuen Aktien
n = Anzahl "alte" Aktien
n^* = Anzahl "neue" Aktien

Der Wertverlust (dOS) für einen ungeschützten OS beträgt deshalb:[77]

$$dOS = OS(S^a) - OS(S^n = S^a - BR = (nS^a + n^*S^*)/(n+n^*)) \quad (2.11)$$

OS(..) stellt den OS-Wert als Funktion des Aktienkurses dar

Um diesen Betrag findet eine Umverteilung zu Gunsten der Aktionäre statt. Den OA/WA-Investoren stellt sich somit bei Fehlen eines Verwässerungsschutzes in Sachen

---

[76] Die Tatsache, dass Bezugsrechte während einigen Tagen gehandelt werden, lässt sie genau genommen zu OS mit einer sehr kurzen Laufzeit werden, die tief in-the-money sind. Der Zeitwert der OS (Prämie) wird aber sehr klein sein, weshalb dieser Aspekt im weiteren vernachlässigt wird.

[77] Für WA gelten ähnliche Ueberlegungen

Bewertung und optimalem Ausübungszeitpunkt dasselbe Problem wie bei Dividendenzahlungen. In effizienten Märkten wird diese Benachteiligung erkannt und bereits bei der Emission in der Bewertung berücksichtigt (d.h. der OS wird entsprechend tiefer bewertet). Zukünftige Aktienkapitalerhöhungen sind jedoch i.d.R. schwieriger abzuschätzen als zukünftige Dividendenausschüttungen, was die Bewertung weiter erschwert. Eine Vernachlässigung dieses Einflusses führt auf jeden Fall zu einer Ueberschätzung des wahren OA/WA-Werts.

Wie aber muss ein perfekter Verwässerungsschutz ausgestaltet sein? Aus der Optionspreisliteratur ist bekannt, dass der Optionspreis bezüglich Aktienkurs und Ausübungspreis linear homogen ist (vgl. Merton [1973]):

$$OS(\phi S, \phi X) = \phi OS(S, X) \qquad (2.12)$$

Wenn der Aktienkurs um den Faktor ϕ (=S^n/S^a) verwässert wird und der Ausübungspreis um denselben Wert ϕ gesenkt wird, wird der OS-Wert ϕ-mal kleiner. Der perfekte Verwässerungsschutz verlangt also neben der ϕ-fachen Herabsetzung des Ausübungspreises auch eine um den Faktor $1/\phi$ erhöhte Anzahl von erwerbbaren neuen Aktien bei der Ausübung.[78] Die Aktienoptionen der SOFFEX werden denn auch auf diese Art vor Verwässerung geschützt. Bei OS und WA jedoch ist dieser Schutz in der Schweiz noch nie angewandt worden. Die in der Praxis verwendeten Klauseln (vgl. 1. Teil, Abschnitt 4.5.4) werden darum wegen ihres nicht perfekten Schutzes Auswirkungen auf die Bewertung von OA/WA haben (vgl. Eberle 1989).

Der häufigst verwendete Verwässerungsschutz sieht die Reduktion des Ausübungspreises um den durchschnittlichen Bezugsrechtspreis vor. Da aber keine Erhöhung der mit einem OS oder einer WA beziehbaren Anzahl Aktien erfolgt, schützt diese Klausel gemäss Gl. 2.10 ungenügend vor der Verwässerung einer Bezugsrechtsemission.[79]

---

[78] Da $1/\phi$ nur höchst zufällig zu ganzen Zahlen führt, ist eine Barabgeltung vorzusehen.

[79] Eine noch grössere Verwässerung droht, wenn die Klausel nur zur Anwendung gelangt, falls der Emissionspreis der neuen Beteiligungspapiere unter dem Ausübungs-/Wandelpreis liegt. Diese häufig verwendete Einschränkung hat aber nur eine beschränkte Relevanz. Da der Emissionspreis in der Schweiz zum Teil massiv unter dem aktuellen Aktienkurs festgelegt wird, müsste seit der OA/WA-Emission eine starke Kurssteigerung vorgelegen haben, dass die Restriktion zum Tragen kommt. In diesem Fall steigt aber auch die Wahrscheinlichkeit, dass eine vorzeitige Ausübung optimal wird (OS ist stark in-the-money).

Ebenfalls relativ oft wird der Ausübungs-/Wandelpreis nach der folgenden Formel herabgesetzt

$$X^a - X^n = n^* / (n+n^*) (X^a - S^*) \qquad (2.13)$$

Die Reduktion entspricht dem theoretischen Wert des Bezugsrechts (vgl. Gl. 2.10) mit der Ausnahme, dass anstelle des Aktienkurses der ursprüngliche Ausübungspreis verwendet wird. Falls also der Aktienkurs (S^a) im Zeitpunkt der Eigenkapitalerhöhung genau dem Ausübungspreis (X^a) entspricht (der OS ist at-the-money), schützt diese Formel genau gleich unvollkommen vor der Verwässerung wie die erste Klausel. Bei einem in-the-money OS ($S^a > X$) ist der Schutz noch ungenügender, bei einem out-of-the-money OS ($S^a < X$) ist er hingegen besser. Liegt der Aktienkurs genügend weit unter dem Ausübungs-/Wandelpreis, kann ein vollkommener oder sogar ein zu starker Verwässerungsschutz vorliegen. Auch die nur sehr selten eingesetzte Gewährung eines direkten oder indirekten Bezugsrechts für die OS/WA-Inhaber entspricht nicht dem theoretisch korrekten Verfahren. Im Unterschied zu den ersten zwei Klauseln erfolgt hier aber eine systematisch zu hohe Entschädigung für OS/WA-Wertrückgang. Der Grund dafür liegt darin, dass die OS/WA-Inhaber im gleichen Ausmass vom BR wie die Aktionäre profitieren, der Wertverlust des Options-/Wandelrechts aber geringer als der Aktienkursrückgang ausfällt.[80]

Für alle in der Praxis verwendeten Verwässerungsschutzklauseln gilt also, dass sie die korrekte Bewertung von OA/WA weiter erschweren, da sie die Vermögenseffekte von Bezugsrechtsemissionen auf ausstehende OA/WA nicht perfekt ausgleichen. Für die Festlegung der OA/WA-Emissionspreise sind Erwartungen über künftige Eigenkapitalbeschaffungen zu bilden und die Auswirkungen der jeweiligen Verwässerungsschutzklauseln richtig zu berücksichtigen. Eine besondere Relevanz hat dieser Aspekt bei Unternehmen, die regelmässig ihr Eigenkapital erhöhen (z.B. Banken). Da in der Schweiz hauptsächlich der Verwässerungsschutz über eine (meist ungenügende) Reduktion des Ausübungs-/Wandelpreises Anwendung findet, ist in diesen Fällen[81] vor einer tendenziellen Ueberbewertung von OA/WA zu warnen. Als zusätzliches Erschwer-

---

[80] Dieser Einwand gilt nur bei Optionsrechten nicht, die tief in-the-money sind und deren Delta = 1 ist.

[81] Und natürlich bei OA/WA ohne Verwässerungsschutz.

nis stellt sich die Frage, wie die durch die Kapitalerhöhung erhaltenen Mittel von der Unternehmung verwendet werden. Wird in risikovollere Projekte investiert, wird der OS-Wert und i.d.R. auch der WA-Wert ceteris paribus an Wert gewinnen, und umgekehrt. Eine vollständig korrekte Berücksichtigung von zukünftigen Bezugsrechtsemissionen ist also von einigen schwierig zu treffenden Erwartungen abhängig.

3.8. Empirische Studien zur Warrantbewertung

Im Gegensatz zu Traded Options existieren ausser sehr frühen Studien kaum empirische Untersuchungen über die Bewertung von OS. Hauptgrund dafür dürften die oben besprochenen theoretischen Schwierigkeiten bei der Erstellung eines Preismodells sowie der tiefere Organisationsgrad des Handels mit Warrants sein. Eine für uns interessante Studie in den USA, die sich explizit mit OS beschäftigt, stammt von Noreen/Wolfson [1981]. Hier wird die Preisbildung von 52 Warrants analysiert, deren Ausübungspreise nahe beim Aktienkurs liegen und deren Laufzeit zwischen 2 - 6 Jahren beträgt.[82] Als Bewertungsmodell testen die Autoren die dividendenadjustierte Formel von Black/Scholes.[83] Für die Periode von 1968 bis 1978 stellen sie fest, dass dieses Modell die tatsächlichen Preise im Durchschnitt etwas <u>unter</u>schätzt. Weiter fällt auf, dass die Ergebnisse durch die Berücksichtigung des Verwässerungseffekts bei der Ausübung nicht verbessert werden können. Im Gegenteil nimmt der durchschnittliche absolute Prognosefehler sogar etwas zu bei der Verwendung der Galai/Schneller-Formel. Damit wird der aus theoretischen Ueberlegungen abgeleitete Vorbehalt gegen diesen Ansatz zumindesten in den USA empirisch bestätigt.

Auch für die Schweiz existieren einige empirische Untersuchungen zur OS-Bewertung im Sekundärmarkt. Sie alle werden mit herkömmlichen Optionspreismodellen durchgeführt und berücksichtigen somit die besonderen Charakteristiken von Warrants nicht.

---

[82] Dies entspricht der typischen Ausgestaltung des Optionsrechts bei OA schweizerischer Emittenten.

[83] Zusätzlich testen Noreen/Wolfson auch das Bewertungsmodell von Ross, wo beim zugrundeliegenden Aktienkursprozess eine konstante Varianzelastizität unterstellt wird (für eine Erklärung dieses Modells vgl. Cox/Rubinstein [1985]). Die Ergebnisse entsprechen jedoch fast vollständig den Berechnungen mit der Black-Scholes-Formel.

Mit der Black/Scholes-Formel testet Gabriel [1986/87] die theoretisch zu erwartenden Gesetzmässigkeiten der Preisbildung. Seine Ergebnisse zeigen auf, dass die tatsächliche Einflussrichtung der Preisdeterminanten den Modellerwartungen entsprechen. In einem strengeren Test findet Meier [1986/87] Evidenz für eine tendenzielle Unterbewertung von OS mit grossen Restlaufzeiten. Zum gleichen Resultat gelangt Stucki [1989], der mit Wochendaten verschiedene Optionspreismodelle[84] an 44 OS zwischen Januar 1986 und Februar 1987 testet. Er stellt weiter fest, dass die Marktpreise relativ häufig unter dem theoretischen Minimalwert liegen. Ferner unterscheidet er zwischen zwei Ansätzen zur Schätzung der Volatilität. Einerseits verwendet er historische Werte (Standardabweichung der wöchentlichen Renditen der letzten 12 Monate). Hier schneidet bezüglich des durchschnittlichen Prognosefehlers und der Stabilität dieser Abweichungen das Black/Scholes-Modell am besten ab. Anderseits finden die impliziten Volatilitäten der Vorwoche Verwendung. Bei dieser Methode verbessern sich die Prognoseergebnisse markant, wobei nun alle Modelle nahezu identische Resultate liefern.

Diese Untersuchungen lassen jedoch nur Interpretationen über die Effizienz der Preisbildung im Sekundärmarkt zu. Für die in unserer Arbeit im Mittelpunkt stehende Frage, inwieweit schweizerische Gesellschaften eventuelle Fehlbewertungen von Options- und Wandelrechten zu ihren Gunsten ausnützen können, ergibt sich dadurch keine Klärung. Die Emissionskonditionen von OA in der Schweiz untersucht aber Zimmermann [1988a]. Mit Hilfe des Binomialmodells berechnet er bei 53 Emissionen von 1974 bis 1987 den theoretischen OS-Wert und damit den Couponabschlag den eine OA im Vergleich zu einer gewöhnlichen Anleihe aufweisen müsste.[85] Um die Probleme bei der Bestimmung der preisdeterminierenden Grössen (v.a. Aktienkurs bei Festlegung der Emissionskonditionen, risikoloser Zinssatz und Aktienkursvolatilität) zu umgehen, werden nicht genaue Werte, sondern theoretische Unter- und Obergrenzen für den Couponabschlag berechnet.

---

[84] Neben der Black/Scholes-Formel wird Mertons "Proportional Dividend Model" für europäische und für amerikanische Optionen sowie das Binomialmodell analysiert.

[85] Auch hier wird auf eine Berücksichtigung des Verwässerungseffekts mittels der Galai/Schneller-Formel verzichtet.

Die Ergebnisse zeigen (vgl. Tabelle 2.5), dass die tatsächlichen Coupons in 49% der Fälle innerhalb des theoretischen Bereichs, in 41.5% darüber und 9.5% darunter liegen. Es fällt auf, dass die Mehrzahl der frühen OA (in den siebziger und anfangs der achtziger Jahre) eine zu hohe Verzinsung aufweisen, dass also der OS-Wert bei der Emission zu tief veranschlagt wurde. In der Phase des OA-Booms scheinen dagegen die Warrants mehrheitlich korrekt bewertet zu sein. Zimmermann interpretiert diese zeitliche Entwicklung mit dem zunehmenden Kenntnisstand bei der Optionsbewertung. Zudem weist er auf möglicherweise nicht-rationales Preisverhalten der Individuen hin, indem sie in einer Phase der Aktienhausse Warrants einen höheren Wert beimessen.[86]

Dieses Ergebnis widerspricht somit der Hypothese, dass OA bei der Emission systematisch überbewertet werden und dies die Firmen zulasten der Investoren ausnützen. Damit können zwei wichtige Argumente angeführt werden, weshalb diese Ueberlegung kaum als entscheidender Grund für die Verwendung dieses Finanzierungsinstrumentes in Frage kommen kann:

a) Die <u>Bewertung des Optionsrechts kann in der Praxis nicht völlig korrekt</u> erfolgen, da die Berücksichtigung der Mittelzuflusseffekte und des ungenügenden Verwässerungsschutzes kaum lösbare theoretische Probleme schafft. Diese werden durch die langen Laufzeiten noch verschärft, die eine korrekte Bestimmung der Preisdeterminanten weiter erschweren. Der objektiv richtige OA/WA-Preis scheint also auch für den Emittenten kaum bestimmbar zu sein.

b) Die Untersuchung von Zimmermann [1988a], in der wenigstens eine <u>Spanne</u> von theoretisch korrekten OA-Werten bestimmt wird, deutet darauf hin, dass die <u>OA in der Schweiz mindestens ab 1985 zu einem fairen Preis emittiert</u> wurden. Es existiert also keine Evidenz dafür, dass OA im Vergleich zu den Finanzierungsalternativen ein günstigeres Instrument darstellen.[87]

---

[86] Diese Ueberlegung ist mit dem WA-Bewertungsmodell von Brigham [1966] konsistent, wo auch die Aktienkurs<u>erwartungen</u> und nicht die <u>-volatilitäten</u>, wie es die moderne Optionspreistheorie nahelegt, den Wert eines Optionsrechts bestimmen (vgl. Abschnitt 3.2.).

[87] Diese Schlussfolgerung findet eine weitere Unterstützung, wenn berücksichtigt wird, dass die theoretisch korrekten Warrantwerte mit herkömmlichen Bewertungsmodellen unterschätzt werden (vgl. Abschnitt 3.6). In der Untersuchung müssten also die theoretischen Couponsätze tendenziell nach unten korrigiert werden.

Tabelle 2.5
Analyse des Couponabschlags schweizerischer Optionsanleihen

Firmencode FirmenabkÜrzung Titelkategorie Emissionsjahr			Couponsätze effektiv COUPON		theoretische ... Untergrenze COUPON-L	Obergrenze COUPON-H	Abweichung COUPON - COUPON-H
2	BBC	PS 77	4.000	h	2.059	3.367	1.287
4	EV	I 77	3.080	h	-0.085	2.345	1.872
5	ID	I 74	9.000	h	4.023	5.963	3.974
7	SKA	N 75	6.250		5.634	6.535	0.128
11	MIKRON	I 79	3.750	h	1.760	3.020	1.355
12	SKA	I 80	4.500	h	1.577	3.298	2.058
13	SBC	N 81	6.250	h	4.283	5.402	1.409
15	SBV	I 81	6.250	h	3.317	4.778	2.198
17	SVISSAIR	I 81	5.750		4.795	5.778	0.464
19	SBC	I 82	5.250	h	2.324	4.211	1.979
24	SBV	N 82	6.000	h	4.346	5.318	1.160
25	EV	I 83	3.500	h	0.983	2.559	1.734
26	ID	I 83	4.000	h	1.117	2.665	2.111
27	IS	I 84	3.500	h	1.567	3.494	0.969
28	KVZ	PS 83	4.000		4.079	4.596	-0.355
29	HAAG	PS 83	4.000	h	1.404	3.255	1.676
30	NOEVEMP.	I 83	4.000	h	2.324	3.590	1.044
31	SBC	N 84	3.750	h	2.453	3.718	0.664
32	SIKA	I 83	4.000	h	2.265	3.564	1.084
34	GOTTHARD.	PS 85	3.500		2.552	3.725	0.352
35	BAER	I 85	3.250		1.733	3.523	0.622
36	LEU	I 85	4.000	h	2.610	3.850	0.768
37	LEU	N 85	3.250		2.009	3.766	0.358
38	BASLER V.	PS 85	3.250		2.396	3.432	0.334
39	BBC	PS 83	4.000		2.893	4.053	0.520
40	IS	I 85	3.500	h	-1.037	1.299	3.359
41	JACOBS	PS 84	3.750		2.902	4.173	0.210
42	GLOBUS	PS 85	3.250		2.335	3.800	0.179
43	MERKUR	I 85	3.500	h	0.304	2.729	1.991
44	NESTLE	N 85	3.250		1.165	3.252	1.034
45	SBG	I 85	3.250		2.609	3.959	-0.035
46	SBV	N 84	4.000		3.540	4.351	0.052
47	SBV	N 85	3.250	t	3.491	4.784	-0.893
48	SBV	N 85	3.250		3.210	4.227	-0.472
49	SKA	N 84	3.750	t	3.649	4.556	-0.357
51	SKA	N 85	3.750		3.259	4.161	0.038
52	SVB	N 85*					
53	SVB	N 85*	3.000		2.282	3.725	0.012
57	EMS	I 85	3.000	h	0.166	2.462	1.691
58	EV	PS 85*					
59	EV	PS 85*	2.500	t	2.656	3.821	0.735
60	FISCHER	PS 86*					
61	FISCHER	PS 86*	2.750		2.187	3.515	0.101
64	BUEHRLE	PS 86*					
65	BUEHRLE	PS 86*	2.750	h	0.100	2.070	-1.669
66	RIETER	PS 86	2.500		1.753	3.154	0.048
67	SBG	N 86	3.000		2.660	3.782	-0.221
68	SBG	PS 85	3.000		2.179	3.753	0.031
69	SBV	PS 85	3.000		2.351	3.675	-0.010
70	SBV	N 86*					
71	SBV	N 86*	2.500		2.275	3.622	0.447
72	SBV	N 86	3.000		2.681	3.961	-0.320
73	SKA	N 86	3.150		2.695	3.750	0.030
76	SULZER	PS 86*					
77	SULZER	PS 86*	2.000	h	-0.671	1.966	-1.353
78	PIRELLI	PS 86	2.750		2.394	3.654	-0.273
79	ZELLVEG.	PS 86*					
80	ZELLVEG.	PS 86*	2.500		1.789	3.057	-0.076
82	NOEVEMP.	PS 87	2.500	t	2.945	3.698	-0.821
83	ZCH.ZIEG.	PS 87*					
84	ZCH.ZIEG.	PS 87*	2.250		1.792	2.972	0.135
	Durchschnitt		3.71		2.30	3.73	0.63

Fussnoten
COUPON-E   tatsächlicher Couponsatz [in %]
COUPON-L   Couponsatz des tiefen Szenariums
COUPON-M   Couponsatz des mittleren Szenariums
COUPON-H   Couponsatz des hohen Szenariums
h   COUPON grösser als COUPON-H
t   COUPON kleiner als COUPON-L
*   Zwei Warrant-Serien pro Obligation

Quelle: Zimmermann [1988a]

4. Institutionelle Gründe für die Verwendung von Options- und Wandelanleihen

4.1. Einleitung

Der institutionelle Rahmen beeinflusst die Aktionen der Wirtschaftssubjekte. In diesem Abschnitt wird deshalb geprüft, ob rechtliche Bestimmungen oder Besonderheiten des schweizerischen Kapitalmarktes den Gebrauch von OA/WA erklären können. Dieser Blickwinkel hebt sich damit von der Suche nach den "natürlichen" Vorteilen dieses Instrumentes ab, so wie sie sich rein aus ihrer Konstruktion ergeben.

Es sind verschiedene prinzipielle Möglichkeiten denkbar, wie aus institutionellen Gründen ein Vorteil für OA/WA geschaffen werden kann. Insbesondere die staatliche Reglementierung könnte eigenkapitalbezogene Anleihen im Vergleich zu ihrer Alternative (heutige Fremd- und zukünftige Eigenkapitalaufnahme) bevorteilen:

a) <u>Beeinträchtigung der Fremdkapitalaufnahme mittels gewöhnlichen Anleihen</u>. Falls Straight Bonds mit Einschränkungen belegt werden, können OA/WA eine interessante Alternative darstellen. Dies ist insbesondere bei Zinssatzregulationen denkbar. Wegen dem Options-/Wandelrecht kann die Anleihe mit einem tieferen Couponsatz versehen werden und so Bestimmungen über Maximalzinssätze "umgehen".

b) <u>Beschränkungen von Eigenkapitalerhöhungen</u>. Staatliche Bestimmungen können auch die direkte Aufnahme von Eigenkapital in einer Weise einschränken, dass eine Eigenmittelbeschaffung über OA/WA trotz des unsicheren Ausübungsergebnisses vorteilhaft ist. Dieser Aspekt scheint ein entscheidender Grund für OA/WA-Emissionen japanischer Unternehmen in der Schweiz und auf dem Euromarkt zu sein. Denn Eigenkapitalerhöhungen werden in Japan durch eine gesetzliche Regelung beeinträchtigt, wonach ein Teil des Agios bei der Emission wieder an die Aktionäre ausgeschüttet werden muss (vgl. Buchmann [1987]).

c) <u>Steuerbestimmungen</u>. Steuerlichen Regelungen können zu einem Vorteil für OA/WA führen, wenn alternative Mittelaufnahmen zu einer gesamthaft grösseren Belastung führen.

Neben den Emittenten werden auch die Investoren durch die staatlichen Rahmenbedingungen beeinflusst. Eine Einschränkung alternativer Anlagemöglichkeiten könnte die Nachfrage nach OA/WA fördern und so den Unternehmen einen Anreiz geben, dieses Wertpapier anzubieten. Auch marktstrukturelle Aspekte können einen Vorteil für OA/WA erklären. Zu denken ist insbesondere an das Verhalten der Emissionsbanken, die mit ihrer Geschäftspolitik die Instrumentenwahl beeinflussen. Zudem stellt sich die Frage, ob der Kapitalmarkt überhaupt vollkommen ist oder ob durch spezielle Finanzkonstruktionen Vorteile für Emittenten und Investoren ermöglicht werden können.

In diesem Sinne könnten in der Schweiz drei Aspekte für die Erklärung von OA/WA von Bedeutung sein: Steuervorteile, direkte Emissionskosten und das Vorhandensein von OA/WA-Clientèlen, d.h. Anlegergruppen, die aus OA/WA einen speziellen Nutzen ziehen können. Diese Ansätze werden im folgenden genauer untersucht.

4.2. Steuereffekte von Options- und Wandelanleihen[88]

Steuervorteile für den Emittenten werden manchmal als entscheidender Grund für die Benützung von OA/WA genannt. "Gegenüber einer sofortigen Aktienkapitalerhöhung ergeben sich für die Gesellschaft auch noch steuerliche Vorteile: Die Zinsen der Wandelanleihe sind im Gegensatz zur Dividendenausschüttung steuerlich abzugsfähige Kosten" (Boemle [1986a] S. 308). Bei diesem Argument wird aber übersehen, dass OA/WA mit einer Eigenkapitalerhöhung und einer Emission einer gewöhnlichen Anleihe verglichen werden müssen. Bei dieser Betrachtung verlieren sie ihren besonderen Vorteil. Denn ein bestimmter Leverage aus Steuergründen kann ebenso durch das alternative Finanzpaket erreicht werden, da auch die Zinszahlungen einer gewöhnliche Anleihe abzugsberechtigt sind. Für die Ertragssteuer hat es also keinen Einfluss, ob eine Obligation zusätzlich mit einem Options-/Wandelrecht versehen ist. Auch die Kapitalsteuer von Unternehmen kann kein Grund für die Benützung von OA/WA sein. Denn für die Berechnung der Steuerbasis spielt es keine Rolle, ob das Eigenkapital über eine Bezugsrechtsemission oder über Wandelung und Ausübung erhöht wird.

---

[88] Zu grundsätzlichen Aspekten der Besteuerung von WA im schweizerischen Recht vgl. Boemle [1986a, S. 313] und Escher [1971].

Finanzinstrumente haben auch bei Investoren steuerliche Wirkungen. Bei der Vermögenssteuer besteht wiederum kein prinzipieller Unterschied zwischen OA/WA und Aktien oder Obligationen. Dasselbe trifft für Zins- und Dividendeneinkommen zu. Einzig bei der Kapitalgewinnsteuer wäre ein Vorteil für OA denkbar. Investoren könnten zur Zeichnung aufgelegte OA erwerben, den OS sofort nach Erhalt von der Anleihe abtrennen und die Obligation-ex-Warrant im Sekundärmarkt verkaufen. Da wegen dem tiefen Couponsatz dieser Verkaufs- unter dem Emissionspreis liegt, kann durch diese Transaktion ein Kapitalverlust ausgewiesen werden, der die Kapitalgewinnsteuerbelastung reduziert.[89] Dieser Vorteil könnte eine starke Nachfrage nach OA/WA bewirken. Dem spricht aber entgegen, dass in der Schweiz die nicht gewerbsmässig erzielten Kapitalgewinne sowohl auf Bundes- als auch auf Kantonsebene i.d.R. steuerfrei sind. 1987 (im Jahre des OA-Booms) besteuerten nur drei Kantone (Basel-Stadt, Graubünden und Jura) Kapitalgewinne auf dem beweglichen Privatvermögen (vgl. Schweizerische Treuhandgesellschaft [1987]). Zudem erscheint es unwahrscheinlich, dass die im einheimischen Kapitalmarkt emittierten OA durch die starke Nachfrage von ausländischen Investoren, die in ihrem Land eine Kapitalgewinnsteuer bezahlen müssen, erklärt werden können.

4.3. Emissionskosten von Options- und Wandelanleihen[90]

Da OA/WA als eine Kombination einer gewöhnlichen Anleihe und einer (späteren) Eigenkapitalerhöhung betrachtet werden können, liegt es nahe, die Emissionskosten[91] dieser beiden Finanzalternativen zu vergleichen. Falls die Ausgaben durch die Zusam-

---

[89] Dies gilt nur unter der Bedingung, dass die Steuergesetze eine Kompensation von Kapitalgewinnen und -verlusten erlauben.

[90] Für eine grundsätzliche Beschreibung der Kosten im Zusammenhang mit einer Emission vgl. Boemle [1986a], Escher [1971] und SKA [1986]. Ferner danke ich Dr. P. Affolter, Schweizerische Kreditanstalt Zürich, für mir zusätzlich gewährte Informationen.

[91] Mit **Emissionskosten** sind nur Zahlungen an Dritte gemeint, die im Zusammenhang mit einer Mittelaufnahme anfallen und den Firmenwert verringern. Sie unterscheiden sich damit von den **Kapitalkosten**, die ausdrücken, welche Rendite die Investoren von einem Wertpapier verlangen (und die durch die erwarteten Coupon- und Dividendenzahlungen sowie den Emissionspreis determiniert werden).

menfassung von zwei unterschiedlichen Transaktionen in ein Instrument vermindert werden, könnte eine (teilweise) Erklärung für die Benützung von OA/WA vorliegen.

Eine Zusammenstellung der Emissionskosten ist in Tabelle 2.6 zu finden.[92] Bei den Steuerabgaben sind grundsätzlich keine Unterschiede zwischen den beiden Finanzierungsalternativen ersichtlich. In beiden Fällen muss der Kapitalnehmer die Gebühren für die Emission und Plazierung einer Anleihe sowie die Abgabe für die Erhöhung des Aktienkapitals tragen. Eine Differenz ergibt sich lediglich aus dem zeitlichen Muster, wie die Kosten anfallen. Werden bei OA/WA die Options-/Wandelobjekte bereits bei der Emission von Dritten gezeichnet und hinterlegt, muss die Emissionsabgabe für den Uebernahmebetrag (in der Regel der Nennwert) bereits zu diesem Zeitpunkt abgeliefert werden.

Bei den Entschädigungszahlungen an die Banken heben sich bei WA die Kosten der Zahlstellen- und der Options-/Wandlungskommission mehr oder weniger auf. Bei OA fallen hingegen bei der Ausübung die 0.375% auf dem Wert der vom Investor bezogenen Aktien/PS zusätzlich an. Ein entscheidender Unterschied liegt bezüglich der Uebernahmekommission und der Emissionsspesen vor. Da OA/WA zwei Finanzaktionen in einem Instrument vereinen, fallen diese Kosten bei ihnen nur einmal an. Es können also Ausgaben eingespart werden, die bei einer separaten Eigenkapitalerhöhung zusätzlich zu bezahlen sind. Diesem Vorteil stehen aber die Kosten für die Sicherstellung der Options- und Wandelobjekte entgegen. Um diese Unterschiede zu bewerten, wird ein Zahlenbeispiel gerechnet (vgl. Tabelle 2.7).

Die Berechnungen zeigen, dass ein Emissionskosten-Vorteil für OA existiert. Allerdings ist auf einen gewissen Schwankungsbereich bei den Ansätzen hinzuweisen. Insbesondere sind die Werte von der Grösse der Emission abhängig (v.a. der Stellenwert der fixen Kosten wird davon berührt). Weiter reduzieren sich die Sicherstellungskosten, wenn die OS vor Verfall ausgeübt werden. Zudem ist denkbar, dass bei PS als Optionsbjekt diese Ausgaben reduziert werden, da eine Zeichnung und Hinterlegung der Titel aus rechtlichen Gründen nicht zwingend vorgeschrieben ist.

---

[92] Die Angaben entsprechen Durchschnittswerten und können folglich je nach Emittent variieren.

Tabelle: 2.6
Vergleich der Emissionskosten von OA/WA und von einer Kombination einer gewöhnlichen Anleihe mit einer Eigenkapitalerhöhung

Kostenart	OA/WA	Gewöhnliche Anleihe	+ Eigenkapital-erhöhung
Entschädigung für Leistungen der Banken			
Uebernahmekommission	ca. 2.25% [1][2]	ca. 2.25% [2]	ca. 2%
Zahlstellenkommission:			
- Coupon/Dividende	0.5% auf Zinsbetrag	0.5% auf Zinsbetrag	0.5% auf Divid.-betrag
- Rückzahlung	0.25% auf Rückz.-betrag	0.25% auf Rückz.-betrag	
Options- / Wandlungskommission	0.375% auf EK-Wert		
Kosten für die Sicherstellung der Options- und Wandelobjekte:			
- Uebernahmekommission	ca. Fr. 30'000.-		
- Gebühr für Unterlegung von Beteilig.	ca. Fr. 20'000.-		
- jährliche Depotgebühr	ca. Fr. 5'000.-		
- vierteljährliche Kommission auf noch nicht ausgeübten/gewandelten Titeln	ca. 0.5% p.a. auf Nennwert		
Emissionsspesen	ca. Fr. 75'000.-	ca. Fr. 75'000.-	ca. Fr. 75'000.-
Abgaben an den Staat (Steuern)			
Eidgen. Umsatzabgabe, Kant. Gebühr, Abgabe an den Effektenbörsenverein	0.315%	0.315%	
Eidgenössische Emissionsabgabe	3%		3%

[1] Prozentwerte beziehen sich, wo nichts anderes vermerkt wird, auf den Emissionswert.
[2] Abhängig von der Laufzeit; ungefähre Bandbreite: 1.75% -2.75%
[3] Abhängig von der Höhe des Agios und von der Zeitdauer zwischen Generalversammlung und Liberierung
[4] Zusätzlich wird in der Regel eine Börseneinführungs- und Kotierungsgebühr anfallen
[5] Die Abgabe erfolgt für den Nennwert bei der Sicherstellung und für den Agio bei der Ausübung bzw. Wandlung

Tabelle: 2.7
Berechnungsbeispiel für einen Emissionskostenvergleich

Annahmen:
- Optionsanleihe mit einem Emissionswert von Fr. 50 Mio.
- Aktienwert (Anzahl Sicherstellungstitel x Ausübungspreis): Fr. 30 Mio.
- Buchwert des EK (Anzahl Sicherstellungstitel x Nennwert): Fr. 3 Mio.
- Laufzeit des Optionsrechts: 4 Jahre
- Alle Optionsscheine werden genau am Ende der Laufzeit ausgeübt

Finanzalternative: heute wird eine gewöhnliche Anleihe emittiert, und in vier Jahren wird zu den Ausübungsbedingungen eine Eigenkapitalerhöhung durchgeführt

Vorteile der OA durch den Wegfall einer separaten EK-Erhöhung		
Uebernahmekommission (2% von Fr. 30 Mio.)	Fr. 600'000	
Emissionsspesen	Fr. 75'000	Fr. 675'000

Nachteile der OA		
Optionskommission (0.375% von Fr. 30 Mio.)	Fr. 112'500	
Kosten für die Sicherstellung:		
Uebernahmekommission	Fr. 30'000	
Unterlegungsgebühr	Fr. 20'000	
Depotgebühr (Fr. 5'000 p.a.)	Fr. 20'000	
Viertelj. Komm. (0.5% p.a. von Fr. 3 Mio.)	Fr. 60'000	Fr. 242'500

Nettovorteil der OA   **Fr. 432'500**

Der Nettovorteil entspricht ca. 0.9% des Emissionswerts der OA und ca. 1.4% des Aktienwertes.

Schliesslich sei darauf verwiesen, dass der Zeitwert des Geldes nicht berücksichtigt ist. Dies ist von einer gewissen Bedeutung, da die Kosten für die OA teilweise bereits heute anfallen, während sie für eine separate Eigenkapitalerhöhung erst in vier Jahren eintreten.

Trotz diesen Einschränkungen kann festgestellt werden, dass mit OA/WA Emissionskosten "gespart" werden können. Allerdings ist damit die Unsicherheit verbunden, dass bei schlechtem Kursverlauf nicht ausgeübt/gewandelt wird.[93] Der Kostenvorteil von ungefähr 1% besteht also gegenüber einer Variante der sicheren Erhöhung des Eigen-

---

[93] Diese Unsicherheit sollte sich im Wert des OS ausdrücken (vgl. 3. Kapitel) und damit im Couponabschlag den eine korrekt bewertete OA im Vergleich zu einer gewöhnlichen Anleihe hat.

kapitals. Es kann somit kaum gefolgert werden, dass die Emissionskosten der Hauptgrund für die Verwendung von eigenkapitalbezogenen Anleihen sind. Andererseits stellt dieser Faktor aber auch mindestens kein Nachteil für OA/WA dar.

4.4. Clientèlen für Options- und Wandelanleihen

Unter der Annahme perfekter Märkte betrachtet die Finanzmarkttheorie OA/WA als redundante Instrumente (vgl. 1. und 2. Kapitel). Marktunvollkommenheiten könnten aber zu Vorteilen für eigenkapitalbezogene Anleihen führen. Insbesondere sind Ansätze denkbar, dass die Investoren OA/WA einen höheren Wert als einer äquivalenten Alternative beimessen.[94] Drei Marktimperfektionen könnten grundsätzlich eine solche spezielle Nachfrage nach dieser Titelart bewirken (vgl. McDaniel [1983]:

a) Marktsegmentation: es gibt Gruppen von Investoren, die ein Interesse an Konkurrenzprodukten von OA/WA haben, denen aber ein Engagement in solchen Instrumenten (aus institutionellen Gründen) verwehrt bleibt.
b) Unmöglichkeit der Konstruktion von Portfolios mit OA/WA-äquivalenten Risiko-Rendite-Charakteristiken: OA/WA komplettieren mit ihrer besonderen Art einen unvollkommenen Kapitalmarkt.
c) Transaktionskosten: Wohl existieren Alternativen, um OA/WA-äquivalente Portfolios zu kreieren, doch sind sie für den Investor mit grösseren Kosten verbunden.

Für die Schweiz können in diesem Zusammenhang zwei Fälle von Bedeutung zu sein. Erstens ist es denkbar, dass Pensionskassen wegen Aspekt a) eine besondere Nachfrage nach OA/WA entwickeln. Zweitens können OA/WA ein Ersatz für (standardisierte) Optionen darstellen (Aspekt b) oder c)).

---

[94] Zu beachten ist, dass in diesem Fall eine auf Arbitrageüberlegungen aufbauende Bewertungstheorie für Warrants nicht mehr gelten kann. Das im 3. Kapitel vorgestellte Preismodell für OA kann somit strikt gesehen nur angewendet werden, wenn der im vorliegenden Abschnitt diskutierte Erklärungsansatz für OA/WA nicht zutrifft.

4.4.1. Pensionskassen als Clientèle für Options- und Wandelanleihen

Pensionskassen sind bei der Anlage ihrer Vermögen nicht frei. Gesetzliche Regelungen schränken ihre Handlungsfreiheit ein, insbesondere bei Papieren mit einem höheren Risiko (vgl. Hepp [1989]). So legt das Bundesgesetz über die berufliche Vorsorge (BVG) vom 18.4.1984 fest, dass Anlagen in Aktien, aktienähnlichen Wertpapieren und anderen Beteiligungen einen maximalen Anteil von 30% (inkl. ausländischer Titel) nicht überschreiten dürfen.[95] Da eine ähnliche Bestimmung über OA/WA nicht vorliegt (Investitionen in Obligationen schweizerischer Schuldner sind bis zu 100% möglich), könnten die Pensionskassen ein starkes Interesse an eigenkapitalbezogenen Anleihen entfalten. Sie ermöglichen unter Einhaltung der gesetzlichen Bestimmungen, das Portfeuille mit einem grösseren Anteil an Wertpapieren mit einem höheren Risiko zu ergänzen. Die dadurch hervorgerufene starke Nachfrage würde sich in einem höheren Preis (als dem gleichgewichtigen in einem perfekten Markt) für OA/WA manifestieren, was die Unternehmer zur Verwendung dieses Instrumentes veranlasst.

Allerdings muss vermutet werden, dass eine solche Prämie für OA/WA nicht lange Bestand haben kann (vgl. Brealey/Myers [1984] S. 369ff). Denn der von der Clientèle bezahlte höhere Preis wird immer mehr kapitalsuchende Unternehmen veranlassen, dieses Instrument anzubieten. Dies führt dazu, dass ein Aufpreis nur dem Innovator zugute kommt und die Konkurrenz diesen mit der Zeit wieder zum Verschwinden bringt. Trotzdem könnte die Nachfrage der Pensionskassen erklären, weshalb eine grosse Anzahl von OA/WA emittiert wird, auch wenn in einer Gleichgewichtssituation keine Prämie mehr beobachtet werden kann.

Die empirische Untersuchung von Zimmermann [1988a] über die Preisgestaltung bei OA-Emission in der Schweiz ergibt kein klares Bild über das Vorliegen einer Prämie (vgl. Tabelle 2.5). Entgegen der Erwartung sind frühe Anleihen (siebziger und anfangs achtziger Jahre) tendenziell mit einem zu hohen Coupon versehen, während bei OA ab 1985 eher ein Trend zu tieferen Coupons festgestellt wird. Diese Beobachtung spricht gegen die These, dass die ersten OA eine mit einem Aufpreis versehene Finanzinnovation gewesen sind. Allerdings wurden die gesetzlichen Verpflichtungen zur beruflichen Vorsorge erst 1985 eingeführt, was bedeuten könnte, dass die OA/WA-Nachfrage

---

[95] Mit den Dringlichen Bundesbeschlüssen zum Bodenrecht vom Oktober 1989 wurde dieser Anteil auf 50% erhöht.

der Pensionskassen erst ab diesem Zeitpunkt wirksam wurde.[96] Dies könnte erklären, weshalb dieses Instrument Mitte der achtziger Jahre fast schlagartig an Bedeutung gewonnen hat und weshalb seither aufgelegte OA im Primärmarkt tendenziell teurer geworden sind.

Ein direkterer Test ist die Untersuchung des bisherigen Anlageverhaltens der Pensionskassen. Ein Aktienanteil, der bei vielen Instituten nahe bei der gesetzlichen Grenze liegt wäre Evidenz für die obige Hypothese. Ebenso müssten hohe Bestände an OA/WA beobachtet werden. Untersuchungen von Hepp [1989] widersprechen allerdings diesen Erwartungen. In der Zeit von 1984 bis 1988 stellt er bei Schweizer Pensionskassen einen durchschnittlichen Aktienanteil von ca. 4% fest, was deutlich unter der rechtlichen Beschränkung von 30% liegt. Dies schliesst nicht aus, dass vereinzelte Institute an diese Grenze stossen und eine Clientèle für OA/WA bilden. Diese können aber aufgrund der Durschnittswerte nur eine sehr kleine Minderheit darstellen. Es ist somit unwahrscheinlich, dass dieser institutioneller Aspekt ein entscheidender Erklärungsgrund für die Verwendung von OA/WA sein kann.

4.4.2. Optionsanleihen als Ersatz für standardisierte Optionen

Im 3. Kapitel wurden die Bewertungsgrundsätze von OA und separat handelbaren OS untersucht. Dabei wurde die spezielle Rendite-Risiko-Charakteristik des Optionsrechts ersichtlich. Sie kann ausgenützt werden, um das Risiko eines Portfeuilles zu kontrollieren. In diesem Sinne können sie unvollkommene Märkte komplettieren (vgl. Zimmermann [1987]) und für Investoren ein interessantes Instrument darstellen.

In der Schweiz wurden lange Zeit keine standardisierten Optionsprodukte gehandelt. Erst seit Beginn der SOFFEX im Mai 1988 existiert ein Angebot für Aktienoptionen mit Laufzeiten unter einem Jahr. Rendite-Risiko-Charakteristiken von Optionen können aber auch synthetisch kreiert werden (vgl. Zimmermann [1988a]. Allerdings ist eine genaue Replizierung dieser Payoff-Strukturen durch eine ständige Anpassung des Aktien/ Obligations-Verhältnisses mit Transaktionskosten verbunden (vgl. Cox/Rubinstein [1985]

---

[96] Allerdings führten schon vorher viele Unternehmen eine Pensionskasse.

S. 44ff). OS von OA waren somit vor Mai 1988 ein günstiges Instrument, das die Funktionen von Optionen erfüllt, und das keine Konkurrenzprodukte hatte.

Falls die Investoren aus diesen Gründen eine starke Nachfrage nach OA äussern, kann wiederum die Ueberlegung angestellt werden, dass die ersten Anbieter solcher Produkte mit einer Prämie belohnt werden. Gegen diese Hypothese sprechen aber die oben dargelegten Ergebnisse von Zimmermann [1988a], dass gerade frühe OA tendenziell günstig abgegeben wurden. Allerdings kann wie beim Pensionskassen-Argument vorgebracht werden, dass sich erst ab Mitte der achtziger Jahre eine starke Nachfrage nach Optionsprodukten einstellte.[97] Der rasante Anstieg bei der OA-Verwendung seit 1985 kann in diesem Sinne als die Reaktion der Anbieter auf das steigende Interesse der Investoren an OS erklärt werden. Evidenz dafür ist auch in der Tatsache zu finden, dass sich der Boom bei eigenkapitalbezogenen Anleihen von 1985 - 1987 ausschliesslich auf OA beschränkte. WA, bei denen das Optionsrecht nicht abtrennbar und separat handelbar ist, fanden in dieser Zeitspanne nahezu keine Verwendung.

Bei Gültigkeit dieser Hypothese muss damit gerechnet werden, dass die Konkurrenzsituation den Vorteil für die Emittenten mit der Zeit auslöscht. Dies geschieht einerseits durch das steigende OA-Angebot von immer mehr Firmen. Andererseits ist das Anbieten von OS nicht auf die Kombination mit einer Fremdmittelbeschaffung durch eine Unternehmung angewiesen, da OS nicht nur auf neue, sondern auch auf bestehende Aktien/PS geschrieben werden können (Stillhalter-Optionen). Wenn Investoren nicht zwischen diesen beiden Arten von Optionsrechten differenzieren, liegt die Vermutung nahe, dass den OA über Stillhalteroptionen weitere Konkurrenz erwachsen wird. Dies gilt besonders, wenn die Investoren nur am OS und nicht auch an einer Anleihe interessiert sind. Empirische Beobachtungen unterstützen diese Ueberlegungen:

a) Während 1986 bis 1988 20 Stillhalter-Optionen emittiert wurden, ist dieser Wert für 1989 auf 43 angestiegen (vgl. Abbildung 2.14). Das Emissionsvolumen beträgt dabei 1989 SFr. 986 Mio und die Kapitalisierung der hinterlegten Aktien SFr. 7.3 Mia. Ence 1989 sind total 53 solcher Optionen ausstehend, die einen Marktwert

---

[97] Begründet werden könnte dies damit, dass die Investoren mit den Charakteristiken von Optionen vorher noch zu wenig vertraut waren und somit kein Interesse daran hatten. Das fast völlige Fehlen einer entsprechenden deutschsprachigen Literatur bis zu diesem Zeitpunkt kann als Indiz für dieses Argument betrachtet werden.

von SFr. 1.8 Mia aufweisen (vgl. Bank Vontobel [1990]).

b) Die Verwendung von OA hat seit Ende 1987 abgenommen (vgl. Tabelle 2.8). Dies betrifft hauptsächlich die <u>Anzahl</u> der Emissionen. Das hohe Emissionsvolumen im Jahre 1989 deutet demgegenüber darauf hin, dass bei grossen Schuldnern OA weiterhin ein beliebtes Instrument waren.

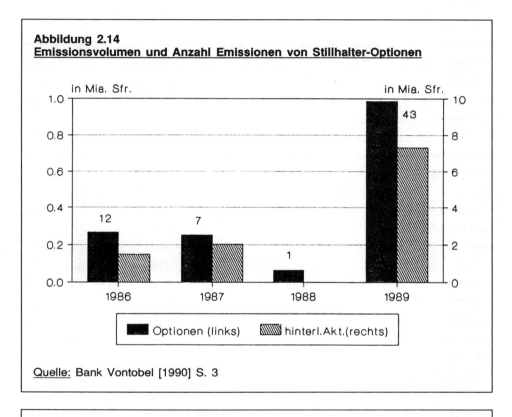

Abbildung 2.14
Emissionsvolumen und Anzahl Emissionen von Stillhalter-Optionen

<u>Quelle:</u> Bank Vontobel [1990] S. 3

Tabelle: 2.8
OA/WA-Emissionen in Schweizer Franken von 1985 bis 1989

	Anzahl			Emissionsvolumen in Mio		
	OA	WA	Total	OA	WA	Total
Durchschnitt 1985 - 1987	37	2	39	2964	109	3073
1988	17	10	27	1770	810	2580
1989	20	8	28	3107	642	3749

Gegen das zweite Argument kann eingewendet werden, dass der Rückgang der OA-Emissionen durch den Börsencrash von 1987 und den Minicrash von 1989 bewirkt wurde. Dem spricht aber teilweise die Tatsache entgegen, dass seit 1988 eine Bedeutungszunahme von WA festzustellen ist. Dies ist ein Indiz dafür, dass bei den eigenkapitalbezogenen Anleihen die <u>Abtrennbarkeit</u> des Optionsrechts von seiner Wichtigkeit eingebüsst hat.

Eine schlüssige Beurteilung der Hypothese, dass die Emission von OA die Reaktion der Unternehmer auf die starke Nachfrage der Investoren nach handelbaren Optionen darstellt, ist aufgrund der relativ kurzen Zeit seit der Einführung von Konkurrenzprodukten zu OS nicht möglich. Eine definitive Erkenntnis wird erst in einigen Jahren vorliegen, wenn insbesondere auch der Einfluss der kürzerfristigen SOFFEX-Produkte auf die OS besser ersichtlich ist. Trotzdem weisen die vorliegenden Daten darauf hin, dass das Interesse an Optionen ein entscheidender Grund für den OA-Emissionsboom von 1985 - 1987 ist. OA scheinen in diesem Sinne eine typische Finanzinnovation zu sein, mit der die Emittenten ein Bedürfnis der Investoren zu ihrem eigenen Nutzen befriedigen können, deren Vorteil aber mit der Zeit durch eine immer stärkere Konkurrenz verschwindet.

5. Informationsaspekte als Grund für die Verwendung von Options- und Wandelanleihen

Informationen spielen in der Finanzmarkttheorie und -praxis eine entscheidende Rolle. Es ist darum naheliegend zu untersuchen, ob diese in der Schweiz auch bei der Wahl des Finanzierungsinstrumentes von Bedeutung sind. Im folgenden Kapitel werden deshalb vier Informationsaspekte von OA/WA genauer unter die Lupe genommen, die grundsätzlich als Emissionsgründe in Frage kommen. Erstens wird der Einfluss von heterogenen Erwartungen von Emittenten und Investoren untersucht. Danach wird analysiert, welchen Einfluss ein Informationsvorsprung des Managements auf den Emissionsentscheid haben kann. Drittens wird der Frage nachgegangen, ob OA/WA ein bevorzugtes Instrument für Unternehmen sind, deren Firmenrisiko von den Investoren besonders schwierig abzuschätzen ist. Schliesslich werden die Auswirkungen der gesetzlichen Besonderheit der Aktiensicherstellung bei OA/WA diskutiert.

5.1. Heterogene Erwartungen

Aus der Diskussion der Bewertungsgrundsätze im 3. Kapitel geht hervor, dass die Erwartungen über die Preisdeterminanten von entscheidender Bedeutung sind. Entsprechen sich solche Vorstellungen von Emittenten und Investoren, wird Uebereinstimmung über den fairen Wert herrschen, und die Anleihen werden zu diesem Preis emittiert. Beim Vorliegen von heterogenen Erwartungen kann es aber zur Situation kommen, wo Management und Investoren der Meinung sind, dass die OA/WA für sie günstig bewertet sind, d.h. dass sie aus dem Unterschied zwischen dem tatsächlichen und dem wahren Wert einen Vorteil ziehen können.

Grundsätzlich können über alle Preisdeterminanten heterogene Erwartungen bestehen. Von besonderer praktischer Bedeutung sind aber die firmenspezifischen Faktoren wie die Kursvarianz des Options-/Wandelobjekts, die Dividendenpolitik oder allgemein die Firmenaussichten. McDaniel [1983] stellt die Fälle von heterogenen Erwartungen bezüglich Wachstum und Varianz des Firmenwertes zusammen, die die Emission von WA erklären können.[98] Interessant sind demnach Situationen, wo die Investoren entweder den künftigen Firmenwert höher einschätzen als die Emittenten oder wo sie mit einer grösseren Aktienkursvarianz rechnen. Beim ersten Fall können aber die Unternehmen die Erwartungsdifferenz durch eine reine Aktienemission besser ausnützen. OA/WA können hier nicht erklärt werden. Der zweite Aspekt leuchtet hingegen ein. Die Annahme einer hohen Varianz lässt die Investoren dem Options/Wandelrecht einen hohen Wert beimessen, während die Emittenten wegen kleineren Varianzerwartungen den OA/WA auch tiefere Preise beimessen. In dieser Situation steht den Unternehmen kein anderes Finanzierungsinstrument zur Verfügung, das für beide Seiten gleichermassen interessant erscheint.

Diese Ueberlegung kann den OA-Boom in der Schweiz aber nur erklären, wenn von 1985 bis 1987 systematisch eine solche Erwartungsdifferenz zwischen Emittenten und Investoren vorlag. Dies scheint nicht sehr realistisch zu sein, wenn rationale Wirtschaftssubjekte angenommen werden, die aus der Vergangenheit lernen. Systematisch falsche Erwartungen werden mit der Zeit wahrgenommen und führen zu Verhaltensänderungen. Dies gilt für beide Seiten gleichermassen, also für Emittenten, die möglicherweise OA/WA systematisch unterbewerteten, und für Investoren, die eventuell für dieses Instrument während einiger Zeit einen zu hohen Preis bezahlten. Die empirischen Untersuchungen von Zimmermann [1988a] deuten zudem darauf hin, dass kaum eine Evidenz für systematisch falsche Emissionspreise von OA vorliegt.

5.2. Asymmetrisch verteilte Informationen

Ein weiterer Einwand gegen den Erklärungsversuch der heterogenen Erwartungen kann vorgebracht werden, wenn wir asymmetrisch verteilte Informationen unterstellen. Insbesondere die Situation, dass das Management (Insider) ein besseres Wissen über firmenspezifische Daten als die aussenstehenden Kapitalgeber hat, kann von Relevanz

---

[98] Er berücksichtigt auch Transaktionskosten, die dazu führen, dass die Rendite-Risiko-Charakteristik von WA nicht kostenlos von alternativen Finanzinstrumenten repliziert werden kann. Dieser Aspekt kann zusammen mit heterogenen Erwartungen zusätzliche Situationen aufzeigen, wo WA von beiden Seiten bevorzugt werden.

sein. Eine solche Annahme rechtfertigt sich schon dadurch, dass die Insider die Firmenpolitik selber bestimmen können und so durch ihre Investitionsentscheide die wichtigen Preisdeterminanten (inbesondere die Varianz) beeinflussen. Rationale Investoren nehmen diesen Informationsvorsprung der Entscheidungsträger wahr. Sie werden darum i.d.R. bei OA/WA-Emissionen kaum das Gefühl haben, dass sie wegen einer Fehleinschätzung der firmenspezifischen Preisdeterminanten durch das Management neue Wertpapiere zu einem zu günstigen Preis erwerben können. Im Gegenteil liegt die Vermutung nahe, dass die Anleger aus dem Finanzierungsentscheid neue Informationen herauszulesen versuchen. Zentral bei der Analyse der Signalwirkung von Emissionen wird dabei die Ueberlegung sein, dass die Firmen möglichst günstig Kapital aufnehmen wollen und darum das in ihren Augen vorteilhafteste Instrument wählen.

Das Modell von Myers/Majluf [1984] hat diese Ueberlegungen in einen theoretischen Rahmen verpackt (vgl. Abschnitt 2.3.1.). Als Resultat sei wiederholt, dass Firmen nur extern Kapital aufnehmen, wenn ihre eigenen, erarbeiteten Mittel für die Finanzierung eines Investitionsprojekts nicht ausreichen. Falls eine Aussenfinanzierung notwendig wird, werden sie eine gewöhnliche Anleihe einer OA/WA und diese einer "normalen" Eigenkapitalerhöhung vorziehen. Diese "Pecking Order" ergibt sich aus einer möglichen Unterbewertung der Firma am Kapitalmarkt. Liegt in den Augen der Insider eine solche vor, ist eine Verwässerung der Ansprüche der Altaktionäre bei Straight Bonds am kleinsten und bei Aktienemissionen am grössten. Umgekehrt könnte das Management eine bestehende Ueberbewertung durch eine Eigenkapitalerhöhung (zu einem zu hohen Preis) ausnützen wollen. Rationale Investoren nehmen diesen Versuch aber wahr und interpretieren die Aktienemission als negatives Signal über den Firmenwert. Entsprechend wird der Aktienkurs sinken und den Plan der Insider vereiteln.

Eine Anwendung dieses Ansatzes präsentieren Constantinides/Grundy [1987], die den Vorteil von WA gegenüber reinen Aktienemissionen für Firmen mit guten Geschäftsaussichten betonen. Zur Erklärung schlagen sie vor, WA als äquivalente Alternative zu Aktien und Put-Optionen zu betrachten.[99] Mit der Putoption wird dem WA-Inhaber das Recht gewährt, bei einem ungünstigen Kursverlauf die Aktien zurückzugeben und die

---

[99] Diese Ueberlegung findet ihre Entsprechung in der Put-Call-Parity, wonach der Wert einer Kombination von Anleihe in der Höhe des abgezinsten Ausübungspreises (X) und Calloption (S) einer solchen von Aktien (S) und Putoption (P) mit dem gleichen Ausübungspreis und der gleichen Laufzeit entspricht:
$$X r^{-t} + C = S + P$$

Rückzahlung eines festen Betrages zu verlangen (d.h. keine Wandelung vorzunehmen). Der Wert dieser Putoption ist je kleiner, desto besser die Aussichten der Gesellschaft sind. Dementsprechend wird bei einer Unternehmung mit ungünstigeren Aussichten die Putoptioner einen höheren Wert aufweisen. Eine WA kann in einem solchen Fall nicht zu den gleichen Bedingungen emittiert werden wie bei einer Firma, wo das Management ihre Aktien als unterbewertet betrachtet. Die Insider müssen damit rechnen, dass die Putoption ausgeübt wird und sehen darum von einer Benützung von WA ab. WA-Emissionen können darum als glaubwürdiges Signal für das Vorliegen von positiven Informationen interpretiert werden.

Durch diese Art der bewussten Uebermittlung von Informationen können OA/WA allerdings nur im Vergleich mit Eigenkapitalerhöhungen erklärt werden. Gegenüber Straight Bonds weisen sie grundsätzlich die gleichen Nachteile wie Aktienemissionen auf. Es ist darum zu erwarten, dass gute Firmenaussichten primär mit gewöhnlichen Anleihen und nicht mit OA/WA signalisiert werden.

Es stellt sich aber die Frage, ob nicht spezielle Situationen denkbar sind, wo gerade OA/WA ein effizientes Signalling erlauben und Kosten von asymmetrisch verteilten Informationen reduzieren. Solche können z.B. entstehen, indem Firmen wegen einer bestehenden Unterbewertung und nicht vorhandener Liquiditätsreserven ein Investitionsprojekt mit einem positiven Nettobarwert nicht durchführen. In der Literatur wird deshalb nach Bedingungen geforscht, die ein kostenloses Signalling erlauben und zu pareto-optimalen Ergebnissen führen. In zwei Modellen werden auch OA/WA als mögliche Lösungen diskutiert. Das eine stammt von Constantinides/Grundy [1986], wo die Investitionshöhe und der Entscheid für Aktienrückkäufe als Signal über den für Aussenseiter unbekannten Firmenwert dienen (vgl. Abschnitt 2.3.4.). In diesem Kontext sind Situationen konstruierbar, wo ein kostenloses Signalling-Gleichgewicht nicht durch die Emission einer gewöhnlichen Anleihe, sondern nur durch die Verwendung von WA erreicht wird.[100] Dabei ist die Güte eines Projekts positiv mit der Höhe des Wandelpreises und des Nennwerts der WA korreliert.

---

[100] Ob gewöhnliche Anleihen oder WA benützt werden müssen, hängt konkret von der Produktionsfunktion ab, d.h. der Beziehung zwischen Investitionshöhe und zukünftigem Firmenwert.

Da Aktienrückkäufe durch die Unternehmen in der Schweiz aus rechtlichen Gründen nicht in Betracht kommen, könnte ein anderer Ansatz von Brennan/Kraus [1987] für unsere Arbeit eine grössere Bedeutung haben. In diesem Modell wird der Investitionsentscheid als gegeben angenommen und nur die Finanzierungsart als Signal-Möglichkeit betrachtet. Auch Brennan/Kraus konstruieren Situationen, wo das Problem der Informationsasymmetrie kostenlos gelöst wird, wo aber die Finanzierung eines Projekts im Signalling-Gleichgewicht nicht durch eine einfache Fremd- oder Eigenkapitalaufnahme erfolgen kann. Damit hier die wahren Informationen übermittelt und von den Investoren korrekt verstanden werden können, sind komplexere Finanzinstrumente notwendig. OA/WA im speziellen stellen dann die optimale Lösung dar, wenn sich die Informationsasymmetrie auf die Varianz des Firmenwerts bezieht.[101] Im Gleichgewicht wird dabei das Insiderwissen durch die Höhe des Nennwerts der WA und durch den Anteil des Aktienkapitals, der durch die Wandelung erworben werden kann, signalisiert. Je höher der Nennwert und je tiefer der Aktienanteil ist, um so besser ist die vom Management übermittelte (wahre) Information.

OA/WA scheinen also in speziellen Situationen als ein Instrument für ein effizientes Signalling erklärt werden zu können. Gegen diese Interpretation der schweizerischen Realität sprechen allerdings zwei Ueberlegungen:

a) Brennan/Kraus (und Constantinides/Grundy) weisen darauf hin, dass ein kostenloses Gleichgewicht auch durch andere Finanzierungsaktionen möglich ist. OA/WA sind also nur eine von mehreren theoretisch möglichen Varianten. Die Wahl des optimalen Instruments hängt insbesondere auch von der bisherigen Kapitalstruktur des Emittenten ab. Eine Theorie über die konkreten Bedingungen, bei den OA/WA zur optimalen Lösungen avancieren, steht aber noch aus.

b) Die Annahme, dass sich Unternehmen hauptsächlich bezüglich ihrer Firmenwertvarianz unterscheiden wollen, erscheint eher unrealistisch zu sein. Wenn Firmen tatsächlich mit der Wahl des Finanzierungsinstrumentes Informationen übermitteln und sich so von anderen Gesellschaften abheben wollen, betrifft dies wohl die Höhe des Erwartungswertes. Und selbst wenn für sie die Varianz entscheidend

---

[101] Konkret nehmen Brennan/Kraus in ihrem Modell an, dass alle Unternehmen den gleichen erwarteten Firmenwert, aber ein unterschiedliches Risiko aufweisen ("Mean-Preserving-Spread"). Die Güte der Firmen wird in diesem Fall nur durch die erwartete Varianz des Firmenwerts bestimmt.

wäre, könnten die Firmen ihr Ziel nur erreichen, wenn die Investoren ihr Signal richtig interpretieren. Ein Signalling-Gleichgewicht stellt sich nur ein, wenn alle Wirtschaftssubjekte die Rationalität des Modells erkennen und sich entsprechend verhalten. Diese Kritik, die allgemein gegen die Signalling-Literatur gerichtet werden kann (vgl. Miller [1987]), scheint in diesem Fall besonders angebracht zu sein.

Eine Erklärung der OA/WA-Verwendung in der Schweiz, und insbesondere des OA-Booms von 1985 bis 1987, durch diese komplexen Modelle scheint darum kein gangbarer Weg zu sein. Die Berücksichtigung des Einflusses von asymmetrisch verteilten Informationen in einer allgemeineren Form ist aber doch naheliegend, da dieser Ansatz die Bevorzugung von Fremd- gegenüber Eigenkapitalemissionen erklären kann.

5.3. Unsicherheit bei der Risikobestimmung von Anleihen

5.3.1. Hypothese

In den USA hat ein anderer Erklärungsansatz für OA/WA im Zusammenhang mit Informationsaspekten eine dominierende Bedeutung erlangt (vgl. Brealey/Myers [1984] S. 524ff, Brennan/Schwartz [1982] und Copeland/Weston [1983] S. 420ff). Im Vordergrund steht hier die generelle Unsicherheit des Investors bei der Bestimmung des Risikos einer Finanzanlage. Ob das Management einen besseren Wissensstand über die zukünftige Kursvarianz hat, spielt keine Rolle. Entscheidend ist vielmehr, dass die Investoren für ein Wertpapier mit einem höheren erwarteten Risiko eine höhere Rendite verlangen. Ist es aber <u>schwierig, das Risiko einer Unternehmung abzuschätzen</u>, bzw. ist diese Informationsgewinnung mit hohen Kosten verbunden, können (risikoaverse) Investoren von einer Anlage abgehalten werden. In einer solchen Situation stehen einer Firma grundsätzlich zwei Alternativen zur Verfügung, um das für Investitionen benötigte Kapital dennoch in Form einer Anleihe[102] aufnehmen zu können:

---

[102] Im folgenden wird nur eine Fremdkapitalaufnahme diskutiert. Das Problem kann sich aber in ähnlicher Form auch bei einer Eigenkapitalemission stellen.

a) Durch einen höheren Zinssatz kann der Investor für seine Unsicherheit bei der Risikoeinschätzung bzw. seine Informationskosten "entschädigt" werden.
b) Das Problem wird durch das Hinzufügen eines Options-/Wandelrechts entschärft.

Die Begründung, dass OA/WA einen Vorteil für den Emittenten bewirken, liegt in ihrer relativen Insensitivität gegenüber dem Risiko. Unternehmen mit einer höheren Firmenwertvarianz müssen ceteris paribus Anleihen zu einem tieferen Emissionspreis bzw. zu einem höheren Coupon emittieren. Gleichzeitig steigert ceteris paribus eine höhere Varianz den Wert des Options-/Wandelrechts (vgl. 3. Kapitel). Diese beiden Effekte heben sich bei OA/WA (teilweise) auf. Eine höhere als antizipierte Varianz führt zu einem tieferen Bond- aber höheren Warrantwert, während bei einer tieferen Varianz genau die umgekehrten Reaktionen eintreten. Die Unsicherheit bei der Bestimmung des Firmenrisikos wirkt sich somit nur beschränkt auf die Bewertung von OA/WA aus. Die Investoren werden sich hier weniger als bei gewöhnlichen Anleihen durch Informationsprobleme von einer Anlage abhalten lassen.[103]

Die Alternative eines höheren Zinssatz-Angebotes kann die Investoren trotz Risikounsicherheit ebenfalls zu einer Anleihenszeichnung bewegen. Allerdings kann dieser Weg zu zusätzlichen Problemen für die Emittenten führen, indem ein höherer Zinssatz einen höheren Schuldendienst und einen höheren zukünftigen Liquiditätsbedarf bewirkt. Sofern ein Projekt mit einem positiven Nettobarwert (bei Berücksichtigung der entsprechend hohen Kapitalkosten!) finanziert wird, stellt dies prinzipiell kein Problem dar. Wenn aber Unsicherheit über die Projektqualität besteht, werden die Investoren eine zusätzliche Risikoprämie verlangen, um sich gegen das schwer abschätzbare Bankrottrisiko zu schützen. Ein derart erhöhter Couponsatz kann dazu führen, dass gerade wegen des zukünftigen Schuldendienstes das Bankrottrisiko ansteigt und die Investition noch risikovoller macht. Dieser Teufelskreis kann eine Fremdkapitalaufnahme effektiv verhindern (Kreditrationierung).[104]

Dieses Problem wird mit OA/WA umgangen. Somit liegt für eigenkapitalbezogene Anleihen ein plausibler Verwendungsgrund vor, wenn Emittenten ein sehr hohes oder

---

[103] Dieser Vorteil von OA/WA fällt aber für die Emittenten nicht "kostenlos" an, da mit der Einräumung eines Bezugsrechts auf Aktien ein potentiellen Opportunitätsverlust für die Aktionäre verbunden ist.

[104] Für eine Diskussion von Aspekten der Kreditrationierung vgl. Baltensperger [1978].

sehr schwer fassbares Firmenrisiko aufweisen und die Gefahr einer Kreditrationierung besteht. Für Firmen, über deren Risiko bei den Investoren kaum Unsicherheit herrscht, sind OA/WA demgegenüber kaum von Interesse. Es ist also damit zu rechnen, dass dieses Instrument hauptsächlich von <u>jüngeren, kleineren (Wachstums-)Firmen</u> benützt wird,[105] die relativ stark mit einem Risikobestimmungs-Problem konfrontiert sind.

5.3.2. Empirische Untersuchungen

In den USA liegt für diese Hypothese starke empirische Evidenz vor (vgl. Brennan/ Schwartz [1982]). Hauptsächlich kleinere Firmen mit einem im Durchschnitt höheren Leverage und einer höheren Aktienkurs- und Gewinnvariabilität emittieren WA. Die Gültigkeit dieses Argumentes soll auch für die Schweiz getestet werden. Dazu wird als erstes die Branchenstruktur der OA/WA-Emittenten analysiert. Das Resultat der Gliederung nach der <u>Anzahl</u> OA/WA ist in Tabelle 2.9 zu finden. Als Vergleichsmassstab wird die Branchenaufteilung des Swiss Performance Index (SWISSINDEX) aufgeführt. Augenfällig ist der hohe Anteil der Banken. Eher unterdurchschnittlich benützt werden OA/WA von den "übrigen Dienstleistungen". Die anderen Branchenanteile entsprechen ungefähr denjenigen des SWISSINDEX. Interessant sind besonders die Grossbanken[106], die beinahe einen Viertel aller OA/WA seit 1957 emittiert haben. Dieses Ergebnis kontrastiert deutlich mit der Hypothese, dass wegen Risikobestimmungsproblemen hauptsächlich kleinere und jüngere Unternehmen dieses Instrument benützen. Für die OA/WA, die ausschliesslich im Schweizer Markt emittiert wurden, vermittelt Abbildung 2.15 einen zusätzlichen Eindruck der Dominanz des Bankensektors.

---

[105] Für diese Hypothese wird auch ein alternatives Argument vorgebracht (vgl. Copeland/Weston [1983] S. 423). Dieses besagt, dass der Schuldendienst v.a. bei WA besser der Liquiditätssituation von jungen Firmen angepasst ist. In den ersten Jahren, wo ein hoher Liquiditätsbedarf existiert, sind die Kapitalabflüsse durch den tieferen Couponsatz weniger gravierend als bei einer gewöhnlichen Anleihe. Falls die Firma erfolgreich ist, wird im Laufe der Zeit gewandelt, und die Schuld muss nicht zurückgezahlt werden. Diese Argumentation entspricht aber den oben gemachten Ueberlegungen, dass der Vorteil tieferer Kapitalabflüsse zu Beginn der Laufzeit durch mögliche Opportunitätsverluste bei der Wandelung erkauft wird. Und der tiefere Schuldendienst senkt das Bankrottrisiko und mindert das Kreditrationierungsproblem.

[106] Schweizerische Bankgesellschaft, Schweizerischer Bankverein, Schweizerische Kreditanstalt, Schweizerische Volksbank und Bank Leu.

Tabelle: 2.9
Gliederung der Anzahl emittierten OA/WA von schweizerischen Unternehmen nach Branchen (alle Angaben in Prozent).

Branchen	OS	WS	OE	WE	Total	SWISSINDEX
Banken (Ba)	41.9	26.7	43.9	34.3	**37.6**	17.5
wovon Grossbanken	*24.0*	*18.6*	*41.5*	*17.1*	***24.1***	*2.4*
Versicherungen (Ve)	2.8	4.7	2.4	8.6	**3.5**	6.6
Transport (Tr)	4.5	9.3	2.4	0	**5.0**	3.3
Detailhandel (De)	6.7	2.3	2.4	5.7	**5.0**	6.2
übrige Dienstl. (üD)	3.4	8.1	14.6	8.6	**6.5**	19.0
Metalle (Me)	1.1	0	2.4	5.7	**1.5**	2.4
Maschinen (Ma)	14.5	12.8	0	0	**10.9**	10.9
Energieversorg. (En)	5.0	2.3	2.4	2.9	**3.8**	4.7
Chemie & Pharma (Ch)	3.9	8.1	7.3	20.0	**7.1**	5.2
Lebensmittel (Le)	6.7	3.5	12.2	0	**5.9**	6.6
Elektronik (El)	2.2	14.0	0	5.7	**5.3**	5.7
Bauwesen (Bu)	3.4	3.5	0	0	**2.6**	5.2
übrige Industrie (üI)	3.9	4.7	9.8	8.6	**5.3**	6.6

Bemerkungen:
Es sind alle OA/WA von 1957 bis 1988 berücksichtigt
OS = OA in SFr., WS = WA in SFr., OE = OA in Fremdwährung, WE = WA in Fremdwährung
SWISSINDEX: Branchenanteil der im SWISSINDEX berücksichtigten Unternehmen, per 31.12.1988

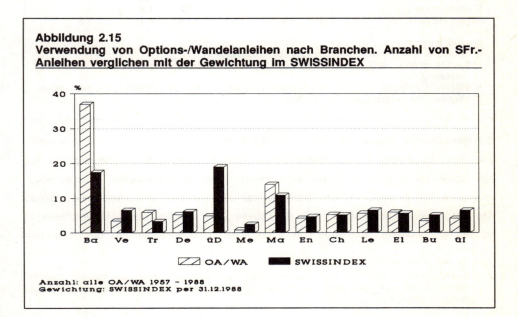

Abbildung 2.15
Verwendung von Options-/Wandelanleihen nach Branchen. Anzahl von SFr.-Anleihen verglichen mit der Gewichtung im SWISSINDEX

Anzahl: alle OA/WA 1957 - 1988
Gewichtung: SWISSINDEX per 31.12.1988

Die Branchenaufteilung nach dem Emissionsvolumen von OA/WA zeigt das gleiche Bild (vgl. Tabelle 2.10 und Abbildung 2.16). Auch hier spielen die Banken im Vergleich zu ihrem Börsenkapitalisierungsanteil im SWISSINDEX eine überragende Rolle. Mit über 40% ist dabei die Dominanz der Grossbanken noch auffälliger als bei der Emissionsanzahl. Eher unterdurchschnittlich sind demgegenüber die Anteile der Versicherungen, der Chemie- und der Lebensmittelbranche.

Tabelle: 2.10
Gliederung des Emissionsvolumens von OA/WA schweizerischer Schuldner nach Branchen (alle Angaben in Prozent)

Branchen	OS	WS	OE	WE	Total	SWISSINDEX
Banken (Ba)	50.3	40.1	57.6	37.3	**48.2**	25.3
wovon Grossbanken	*43.0*	*34.6*	*56.8*	*30.2*	***42.5***	*19.9*
Versicherungen (Ve)	5.5	10.0	1.4	6.8	**5.4**	10.9
Transport (Tr)	2.4	2.4	1.1	0	**1.8**	1.3
Detailhandel (De)	2.7	1.7	1.4	1.9	**2.2**	2.3
übrige Dierstl. (üD)	1.5	5.5	13.8	8.7	**5.7**	8.4
Metalle (Me)	1.3	0	2.5	8.6	**2.5**	1.2
Maschinen (Ma)	10.5	11.4	0	0	**7.0**	4.0
Energieversorgung (En)	6.8	3.1	2.1	2.5	**4.6**	2.6
Chemie & Pharma (Ch)	4.3	9.6	3.2	20.6	**7.5**	17.6
Lebensmittel (Le)	6.6	0.9	10.7	0	**5.5**	15.4
Elektronik (El)	3.5	9.9	0	5.9	**4.2**	4.8
Bauwesen (Bu)	2.1	1.2	0	0	**1.2**	2.7
übrige Industrie (üI)	2.4	4.3	6.0	7.8	**4.3**	3.5

Bemerkungen:
Es sind alle OA/WA von 1957 bis 1988 berücksichtigt
OS = OA in SFr., WS = WA in SFr., OE = OA in Fremdwährung, WE = WA in Fremdwährung
SWISSINDEX: Branchenanteil der Börsenkapitalisierung der im SWISSINDEX berücksichtigten Unternehmen, per 31.12.1988

Ein interessanter Aspekt fällt auf, wenn die Branchenstruktur von OA mit WA verglichen wird. Es werden einige Unterschiede ersichtlich, insbesondere wenn man sich nur auf Schweizer Franken-Anleihen konzentriert.[107] Am augenfälligsten ist die relativ schwache WA-Verwendung von Banken, während bei Elektronikunternehmen genau das Gegenteil zu beobachten ist. In Tabelle 2.11 werden diese Unterschiede in Beziehung gebracht zu den durchschnittlichen Aktienvolatilitäten der einzelnen

---

[107] Euromarktemissionen passen sowieso relativ schlecht zum Bild der kleinen OA/WA-Emittenten, da nur bekanntere, grössere Firmen überhaupt an den internationalen Markt gelangen können.

Branchen.[108] Daraus ist ersichtlich, dass in Branchen mit überdurchschnittlich hohen Volatilitäten relativ mehr WA als OA verwendet werden, während bei den Sektoren mit den tiefen Kursvarianzen die OA-Anteile grösser sind. Dies lässt den Schluss zu, dass WA eher noch als OA durch die Hypothese der Risikounsicherheit erklärt werden können.

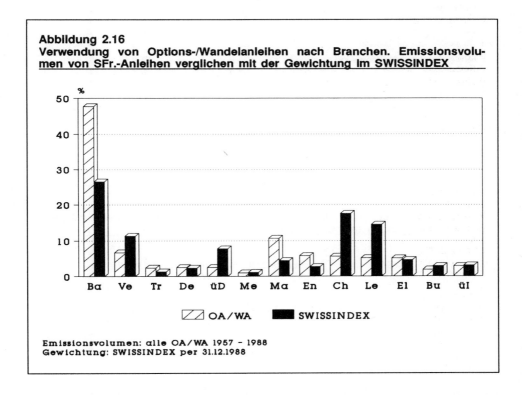

Abbildung 2.16
Verwendung von Options-/Wandelanleihen nach Branchen. Emissionsvolumen von SFr.-Anleihen verglichen mit der Gewichtung im SWISSINDEX

Emissionsvolumen: alle OA/WA 1957 - 1988
Gewichtung: SWISSINDEX per 31.12.1988

Weitere Informationen über die Grösse der OA/WA-Emittenten vermittelt das durchschnittliche Emissionsvolumen. Kleinere Firmen werden durchschnittlich auch kleinere Kapitalaufnahmen vornehmen als Grossunternehmen. Bei Gültigkeit der Risikounsicherheitshypothese wird also das durchschnittliche Emissionsvolumen von OA/WA tiefer liegen als bei gewöhnlichen Anleihen. Diese Ueberlegung wird für den Schweizer Markt getestet. Das Ergebnis ist in Tabelle 2.12 zu finden.

---

[108] Da nur Volatilitätsangaben über acht Branchengruppen existieren, müssen einzelne Sektoren zusammengefasst werden.

Tabelle: 2.11
Branchenvergleich von Volatilität und Verwendung von Options- bzw. Wandelanleihen

Branchen	durchschn.[1] Volatilität (in %)	%-Anteil von OA	%-Anteil von WA
Metalle, Maschinen, Elektronik	35.5	17.8	**26.8**
Chemie & Pharma	27.9	3.9	**8.1**
Versicherungen	26.9	2.8	**4.7**
Transporte, übrige Dienstl.	26.8	7.9	**17.4**
Energie, Bauwesen, übrige Ind.	23.8	**12.3**	10.5
Detailhandel	23.4	**6.7**	2.3
Banken	21.2	**41.9**	26.7
Lebensmittel	21.0	**6.7**	3.5

Quelle (durchschnittliche Volatilitäten): Dubacher/Zimmermann [1989]
[1] von Oktober 1985 bis September 1987

Tabelle: 2.12
Vergleich der durchschnittlichen Emissionsvolumen von OA/WA mit gewöhnlichen Anleihen und Eigenkapitalerhöhungen

	Durchschnittlicher Emissionswert in Mio SFr.		
	OA[1]	WA[1]	gewöhnliche Anleihen[1,2]
1960 - 1969	-	38.51	25.39
1970 - 1979	48.16	41.68	39.22
1980 - 1988	83.71	85.30	72.61
1960 - 1988	79.14	55.59	47.08

	Durchschn. Aktienwert / Emissionsvol. in Mio SFr.		
	OA[1]	WA[1]	Eigenkapitalerhöhung[1]
1960 - 1969	-	39.03	7.94
1970 - 1979	43.27	42.32	12.67
1980 - 1988	58.57	83.30	24.93
1960 - 1988	56.60	55.29	16.55

[1] nur Emissionen in Schweizer Franken auf dem einheimischen Markt
[2] ohne öffentlich-rechtliche Emittenten

Quelle: Schweizerische Nationalbank, Monatsberichte

Im Gegensatz zur formulierten Hypothese liegt das Emissionsvolumen von OA/WA im Durchschnitt über dem von gewöhnlichen Anleihen von privaten Gesellschaften. Das gleiche Bild zeigt auch die Eigenmittelaufnahme. Der durchschnittliche Aktienwert, der mit OA/WA aufgenommen würde, falls zu den ursprünglichen Emissionsbedingungen vollständig ausgeübt/gewandelt wird, liegt bedeutend höher als der durchschnittliche Emissionswert von gewöhnlichen Plazierungen von Aktien/PS.

Dass das durchschnittliche Emissionsvolumen von OA/WA aber nicht immer über dem von gewöhnlichen Anleihen liegt, zeigt Abbildung 2.17, wo für jedes Jahr die Durchschnittsbeträge von OA/WA durch die entsprechenden Werte von Straight Bonds dividiert sind.

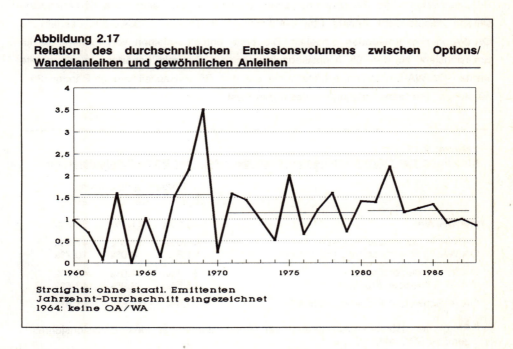

**Abbildung 2.17
Relation des durchschnittlichen Emissionsvolumens zwischen Options/ Wandelanleihen und gewöhnlichen Anleihen**

Straights: ohne staatl. Emittenten
Jahrzehnt-Durchschnitt eingezeichnet
1964: keine OA/WA

Der Verlauf dieser Verhältniszahl lässt drei Schlüsse zu:

a) Von 1960 bis 1966 liegt eine gewisse Tendenz für kleinere Emissionen vor. WA scheinen damals für kleinere Firmen ein relativ interessantes Instrument gewesen zu sein.

b) Die Werte für die späten sechziger und die siebziger Jahre schwanken stark. Dies erklärt sich dadurch, dass hier nur wenige OA/WA emittiert wurden und die Ergebnisse massgeblich vom Vorhandensein von Grossbanken-Emissionen abhängen.

c) In den Jahren 1986 bis 1988, wo sehr viele OA emittiert wurden, sind sinkende durchschnittliche Emissionsvolumen feststellbar. In dieser Zeit haben offensichtlich verhältnismässig viele kleinere und mittlere Unternehmen ihre Anleihen mit einem Optionsrecht versehen.

Eine Untersuchung der Börsenkapitalisierung kann schliesslich weitere Erkenntnisse über die Emittentenstruktur vermitteln. Firmen mit grossen Werten für Umsatz, Personalbestand und Bilanzsumme haben tendenziell auch eine hohe Börsenkapitalisierung (ausstehende Anzahl Titel x Aktienkurs). In Tabelle 2.13 werden deshalb die OA/WA in drei Kategorien eingeteilt. Die erste enthält Anleihen von Firmen, die im Emissionsjahr zu den 25 höchstkapitalisierten der Schweiz gehörten. In die zweite werden OA/WA-Emittenten eingeteilt, die auf den Börsenkapitalisierungs-Rängen 26 - 50 stehen. Die dritte Kategorie umfasst den Rest.

Tabelle: 2.13
Einteilung der OA/WA-Emittenten nach der Höhe der Börsenkapitalisierung

	Börsenkapitalisierung[1]		
	1.-25.	26.-50.	>50.
alle OA/WA	49.5%	11.7%	38.8%
OA/WA in Schweizer Franken	40.0%	12.8%	47.2%
OA/WA in Fremdwährung (Euromarkt)	81.3%	8.0%	10.7%
OA in Schweizer Franken	37.4%	14.0%	48.6%
WA in Schweizer Franken	46.5%	9.9%	43.6%
OA in Schweizer Franken: 1986/87	23.6%	14.6%	61.8%

[1] Rang der Börsenkapitalisierung per Ende September des Emissionsjahres gemäss SBG-Aktienführer
Die WA von 1957 - 1963 konnten nicht ausgewertet werden, da für diese Zeit kein Aktienführer zur Verfügung stand.

Auch diese Ergebnisse sprechen gegen die Hypothese, dass hauptsächlich kleinere und jüngere Unternehmen OA/WA emittieren. Selbst bei Nichtberücksichtigung der Euromarktemissionen stammen mehr als 50% der Anleihen von den 50 höchstkapitalisierten Unternehmen. Einzig in den Jahren 1986 und 1987 wird bei den OA diese Tendenz durchbrochen. Auch dies deutet darauf hin, dass während des OA-Booms vermehrt kleinere Firmen mit diesem Instrument an den Kapitalmarkt gelangten. Gegen diese Versuchsanordnung könnte eingewendet werden, dass grössere Unternehmen auch grössere Kapitalbedürfnisse haben und darum öfters an den Kapitalmarkt gelangen. Bei der Messung der Anzahl Emissionen tritt somit eine Verzerrung zugunsten von Grossemittenten ein. Um diesen Einfluss auszuschalten, werden in einem zweiten Schritt die 125 höchstkapitalisierten Gesellschaften der Schweiz danach unterschieden, ob sie je OA/WA emittiert haben oder nicht (vgl. Tabelle 2.14).

Tabelle: 2.14
Vergleich der Börsenkapitalisierung von Firmen, die OA/WA verwendeten und solchen, die OA/WA nicht verwendeten

Börsenkapitalisierung per 30.9.1988[1]	Anzahl Gesellschaften, die OA/WA	
	emittierten	nicht emittierten
1. - 25. Rang	23	2
26. - 50. Rang	18	7
51. - 75. Rang	14	11
76. - 100. Rang	15	10
101. - 125. Rang	9	16
Total	79	46
Im Swissindex enthaltene Firmen (Stand: 31.12.1989)	96	115

Anzahl Gesellschaften, die von 1957 - 1988 öffentlich OA/WA emittierten: 139

[1] Gemäss SBG-Aktienführer

Auch hier fällt die starke Verwendung von OA/WA bei Grossunternehmen auf. Nur zwei der 25 am 30.9.1988 höchstkapitalisierten Gesellschaften haben von 1957 bis 1988 noch nie OA/WA emittiert.[109] Und von den insgesamt 139 Emittenten gehören Ende September 1988 57% zu den "Top 125". Zudem zeigt sich, dass von den 211 im

---

[109] Eine der beiden (Schweizer Rück) hat kurz nach der Untersuchungsperiode im Frühjahr 1989 ebenfalls eine OA aufgelegt.

SWISSINDEX enthaltenen Firmen 96 mindestens einmal eine eigenkapitalbezogene Anleihe verwendet haben.[110]

Alle diese empirischen Ergebnisse lassen die Schlussfolgerung zu, dass OA/WA in der Schweiz hauptsächlich ein Instrument der Grossunternehmen sind. Eine gewisse Abweichung von diesem Trend kann nur in der ersten Hälfte der 60er-Jahre bei WA und 1986 und 1987 bei OA festgestellt werden. In diesen Phasen scheinen sich vermehrt auch kleinere und mittlere Gesellschaften Mittel über OA/WA beschafft zu haben. Für die in den USA populärste Erklärung von eigenkapitalbezogenen Anleihen hat dies die folgende Konsequenz. Entweder sind in der Schweiz eher <u>grössere und ältere Firmen mit einer Unsicherheit über das zukünftige Risiko verbunden</u>, oder die <u>Hypothese muss verworfen</u> werden. Die zweite Ueberlegung liegt eindeutig näher, denn es erscheint unwahrscheinlich, dass Grossunternehmen und insbesondere Grossbanken dem Risikobestimmungsproblem verbunden mit einer drohenden Kreditrationierung überdurchschnittlich stark ausgesetzt sind.

5.4. Informationsaspekte der Sicherstellung der Options- und Wandelobjekte

5.4.1. <u>Auswirkungen der Sicherstellung von Aktien auf das Problem der Risikounsicherheit</u>

Eine schweizerische Besonderheit ist die Sicherstellung der Options- und Wandelobjekte, wie sie aus dem in der Untersuchungsperiode noch gültigen Aktienrecht notwendig wird (vgl. 1. Teil, Abschnitt 4.5.6). Für die Analyse der Verwendungsgründe hat dies Auswirkungen, da ein Dritter (i.d.R. die Emissionsbank) treuhänderisch die neuen Aktien bereits vor der OA/WA-Emission zeichnet und für spätere Ausübungs- und Wandelbegehren bereithält. Dieser wird somit Aktionär und trägt das Risiko, das mit dem Beteiligungspapier verbunden ist. Falls die Firma in Konkurs geraten sollte, könnte er den für die hinterlegten Aktien bezahlten Betrag (i.d.R. der Nennwert) verlieren.

---

[110] Von den 43 im SWISSINDEX nicht enthaltenen Emittenten können mindestens sieben identifiziert werden, die später von einer anderen (grossen) Gesellschaft vollständig übernommen wurden.

Dieser Zusammenhang verhindert, dass OA/WA zu einem vorteilhaften Instrument für Firmen mit einem schwierig zu bestimmenden Risiko werden können. Denn auch der Zeichner der Sicherstellungstitel (im folgenden Bank genannt) will für das Eingehen des Aktionärrisikos eine Entschädigung erhalten. Falls keine Unsicherheit über das Ausmass dieses Risikos herrscht, kann der Wert dieser Position berechnet werden.[111] Wenn aber die Bestimmung der künftigen Firmenwertvarianz ein Problem darstellt und der Aktienkurs relativ nahe beim Nennwert liegt (wie es v.a. bei jungen Firmen der Fall ist), hat die Bank keinen Anreiz, die Sicherstellungstitel zu zeichnen. Dieses von OA/WA-Inhabern abweichende Verhalten erklärt sich aus dem Fehlen einer Klausel, die den Wert des Bankengagements relativ insensitiv gegenüber Risikoänderung macht. OA/WA können also in der Schweiz aus aktienrechtlichen Gründen ihren Vorteil bei hoher Risiko-Unsicherheit nicht voll entfalten. Im Gegenteil ist damit zu rechnen, dass gerade kleinere und jüngere Firmen Probleme haben, Options-/Wandelobjekte sicherstellen zu lassen. Die unterschiedliche empirische Evidenz zwischen den USA und der Schweiz stellt aus dieser Sicht keine Ueberraschung dar.

Allerdings stehen den OA/WA-Emittenten Alternativen zur Sicherstellung und Hinterlegung von Aktien zur Verfügung. Einerseits können die Titel erst bei Erhalt von Ausübungs- und Wandelbegehren geschaffen werden. Dieses Verfahren ist jedoch für die Unternehmung umständlich, da es mehrmalige Kapitalerhöhungsbeschlüsse der Generalversammlung notwendig macht. Zudem ist es für den Investor mit dem Nachteil verbunden, dass ein Bezug der Aktien nur zu bestimmten Zeitpunkten möglich ist (i.d.R. einmal jährlich kurz vor der Generalversammlung). Ein Blick auf Tabelle 2.15 zeigt, dass hauptsächlich kleinere Unternehmen diese Methode angewandt haben. Dies ist ein Indiz, dass OA/WA <u>ohne</u> die einschränkende Wirkung der Sicherstellung auch für Schweizer Firmen mit einer grossen Risiko-Unsicherheit ein besonders geeignetes Instrument darstellen können.

Andererseits sind PS und GS nicht vom Problem der Sicherstellung betroffen (vgl. 1. Teil, Abschnitt 4.5.6). Bei ihnen genügt die von der Generalversammlung an die Unternehmungsleitung erteilte Bewilligung, bis zu einem bestimmten Betrag neue Titel zu schaffen. Eine Zeichnung vor der OA/WA-Emission durch Dritte ist nicht notwendig. Es stellt sich somit die Frage, ob wenigstens bei OA/WA mit PS/GS als Basiswerte die

---

[111] Die Bank wirkt als Stillhalterin einer Put-Option.

Tabelle: 2.15
Zusammenstellung von OA/WA ohne Hinterlegung der Basiswerte

Jahr	Emittent	Emissionswert in Mio SFr
1962	Diva Holding	2.0
1963	Banque Romande	13.1
1965	Albergo Termale	3.5
1965	Juvena Holding	2.5
1967	Soc. des Remontées Mécaniques	0.5
1968	Bank Rohner	15.0
1975	Bergbahn Meiringen-Hasliberg	3.0
1979	Téléverbier	5.0
1985	SASEA Holding	50.0
1987	SASEA Holding	92.1
1988	SASEA Holding	76.4

Risikounsicherheits-Hypothese als Erklärung dienen kann. Zu diesem Zweck wird die Börsenkapitalisierung der Emittenten nochmals untersucht. Ausgehend von den Ergebnissen der Tabelle 2.13 wird zusätzlich nach der Kategorie des Options-/Wandelobjekts unterschieden. Bei den OA/WA mit einem Bezugsrecht für PS/GS ist aber nahezu kein Unterschied feststellbar (vgl. Tabelle 2.16).

Tabelle 2.16
OA/WA mit PS/GS als Basiswert: Unterscheidung nach der Börsenkapitalisierung der Emittenten

	Börsenkapitalisierung[1]		
	1.-25.	26.-50.	>50.
alle OA/WA in Schweizer Franken	40.0%	12.8%	47.2%
OA/WA mit PS/GS in Schweizer Franken	30.5%	22.8%	46.7%
OA mit PS/GS in Schweizer Franken	22.8%	25.3%	51.8%
WA mit PS/GS in Schweizer Franken	76.9%	7.7%	15.4%
OA mit PS/GS in Schweizer Franken: 1986/87	10.2%	24.5%	65.3%[2]

[1] Rang der Börsenkapitalisierung per Ende September des Emissionsjahres gemäss SBG-Aktienführer
[2] wovon genau die Hälfte der Emittenten auf Rang 51 bis 100 liegen

Auch hier stammen mehr als die Hälfte der Emissionen von Gesellschaften, die zu den 50 höchstkapitalisierten der Schweiz gehören. Eine Abweichung von diesem Gesamtbild kann aber in den zwei Jahren der grössten OA-Verwendung beobachtet werden. 1986 und 1987 benützten offensichtlich vermehrt auch kleinere Firmen dieses Instrument. Der OA-Boom könnte also mindestens teilweise dadurch erklärt werden, dass in dieser Zeitperiode viele Anleihen mit einem Optionsrecht auf PS/GS versehen wurden, um das Problem der Risikobestimmung zu lösen.

Gegen diese Interpretation sind allerdings zwei Einwände anzuführen:

a) 1986 und 1987 wurden auch mehr OA mit Inhaber- und Namenaktien als Optionsobjekt von kleineren Firmen emittiert (Mit 74.1% von Firmen, die nicht zu den 50 höchstkapitalisierten der Schweiz gehören, ist der Anteil sogar noch höher als bei den Anleihen mit einem Bezugsrecht auf PS/GS).
b) Von den Emissionen mit PS/GS als Basiswerte, die betreffend Börsenkapitalisierung nicht zu den "Top 50" gehören, sind genau 50% zwischen Rang 51 und 100 plaziert.

Es kann also nicht davon gesprochen werden, dass Emittenten die PS/GS benützen, systematisch kleinere Gesellschaften sind. Zudem scheinen viele OA/WA-Emittenten der Jahre 1986 und 1987 mittlere und nicht ausgesprochen kleine Unternehmen zu sein. Für die Risikounsicherheits-Hypothese liegt also auch **keine Evidenz** bei den Situationen vor, wo die Sicherstellung der Options-/Wandelobjekte nicht notwendig ist. Eine Erklärung dafür könnte sein, dass speziell jüngere und kleinere Firmen gar keine PS/GS ausgeben wollen bzw. können.

Interessant wird auf jeden Fall sein, welche Auswirkungen die mit dem neuen Aktienrecht erlaubte bedingte Kapitalerhöhung haben wird. Die Zeichnung und Liberierung der Sicherstellungstitel vor der OA/WA-Emission wird auch bei den Aktien wegfallen. Dies könnte den Weg für die Benützung von OA/WA auch für Firmen mit einem höheren bzw. einem schwirig einschätzbaren Risiko freimachen. Theoretische Ueberlegungen und empirische Evidenz aus den USA lassen eine solche Entwicklung mindestens nicht ausschliessen.

5.4.2. Informationsübermittlung durch die Sicherstellung

Im Zusammenhang mit der Sicherstellung drängt sich eine weitere Frage auf: Kann die treuhänderische Zeichnung und Liberierung von Options-/Wandelobjekten durch die Banken mit einer Uebermittlung von neuen Informationen verbunden sein, bzw. interpretieren die Investoren diese Handlung als Signal? Ausgangspunkt dieser Ueberlegung ist, dass die Banken mit ihrer Massnahme den Verlust des Liberierungsbetrags riskieren. Als Gegenleistung erhalten sie eine fixe Kommission in der Grössenordnung von SFr. 30'000.--, eine jährliche Depotgebühr von ungefähr SFr. 5'000.-- sowie eine Kommission von ca. 0.5% p.a. des einbezahlten Betrages (vgl. 4. Kapitel). Wenn die Kommission und die Depotgebühr als Entschädigung für den Aufwand der Banken betrachtet werden, reduziert sich die Prämie für das Halten einer Putoption und dem damit verbundenen Risiko auf die 0.5% jährlich. In Tabelle 2.17 wird diese Prämie mit Werten von Putoptionen verglichen.

Tabelle : 2.17
Vergleich zwischen der Entschädigung für das Halten der Sicherstellungstiteln und Putoptionswerten

Annahmen für die Berechnungen
Laufzeit des Optionsrechts: 1600 Tage (4.4 Jahre)
Risikoloser Zinssatz: 4% p.a.
Keine Dividendenzahlungen

Die Entschädigung für die Sicherstellung beträgt für 4.4 Jahre insgesamt ca. 2% des Nennwertes.

Verhältnis: aktueller Aktienkurs zu Nennwert	Wert der Putoption in % des Nennwertes bei Volatilität von 30%	Implizite Volatilität für Putoptionspreis von 2% des Nennwertes
1	15.6%	9.6%
1.5	6.6%	20.6%
2	3.0%	27.2%
3	0.8%	35.5%
4	0.2%	40.9%
5	0.1%	45.0%
7.5	0.01%	51.9%
10	0	56.6%

Berechnungen nach Black-Scholes-Formel

Das Berechnungsbeispiel zeigt, dass bei einer angenommenen Volatilität von 30% die Entschädigungszahlung den Wert einer Putoption übersteigt, sofern der aktuelle Aktienkurs etwas mehr als doppelt so hoch wie der Nennwert ist. D.h. wenn der Nennwert einer Aktie beispielsweise SFr. 100.-- beträgt und der aktuelle Kurs bei SFr. 300.-- liegt, erhält die Bank als Stillhalter eine höhere Entschädigung als es das eingegangene Risiko verlangen würde. Umgekehrt lässt das Verhältnis von Aktienkurs zu Nennwert eine Aussage zu, welches Risiko mit der Kommission entschädigt wird. Bei einem hohen Verhältnis, wie es bei älteren und grösseren Unternehmen üblich ist, sind damit Volatilitäten abgedeckt, die wesentlich über den historischen Durchschnitten liegen.[112] Bei Firmen mit einem Verhältnis von weniger als 3 ist aber die Frage nach der erwarteten Volatilität von Bedeutung.

Aus diesen Berechnungen wird klar, dass (sich rational verhaltende) Banken nur bei "guten" Emittenten die Sicherstellungstitel liberieren und halten werden. "Gut" bedeutet hier, dass nahezu kein Risiko besteht, dass der Aktienkurs während der Optionslaufzeit unter den Nennwert fällt, bzw. dass das Konkursrisiko vernachlässigt werden kann. Das Eingehen einer solchen Verpflichtung durch eine Bank könnte somit ein positives Signal für die Investoren darstellen. Allerdings dürfte dies nur bei jüngeren bzw. kleineren Unternehmen von Bedeutung sein, wo aufgrund des Verhältnisses von Nennwert zu aktuellem Aktienkurs überhaupt ein relevantes Konkursrisiko existiert. Zudem muss vorausgesetzt werden, dass das Wissen asymmetrisch verteilt ist und dass die Banken in den Augen der Investoren zu den Insidern gehören.

Dass OA/WA in der Schweiz durch eine derartige bewusste Uebermittlung von positiven Geschäftsaussichten erklärt werden können, ist aber aus zwei Gründen fraglich:

a) Bei Banken hinterlegte Titel können nicht nur als Options- oder Wandelobjekte dienen, sondern auch für spätere freie Plazierungen, für Uebernahmen, zur späteren Abgabe an Mitarbeiter etc. benützt werden. Dies bedeutet, dass <u>nicht die Emission von OA/WA</u> das entscheidende Signal ist. Die Uebermittlung der positiven Information an den Markt geschieht vielmehr schon durch die Liberierung der neuen Beteiligungspapiere. Wie die Sicherstellungstitel weiter verwendet werden, ist

---

[112] Von Oktober 1985 bis September 1987 beträgt dieses in der Schweiz 27.2% (vgl. Dubacher/Zimmermann [1989]).

für den Signalgehalt ohne Bedeutung.

b) Die empirische Evidenz spricht, wie oben dargelegt, gegen die Hypothese, dass gerade bei jüngeren und kleineren Firmen mit der Sicherstellung eine Signalwirkung bezweckt werden soll.

Mit der Hinterlegung der Basiswerte könnte allerdings ein anderer Informationsaspekt verbunden sein. Betrachtet man die Sicherstellung als ein für die Emittenten grundsätzlich unerwünschtes Prozedere, könnte dieser negative Aspekt ein positives Signal glaubwürdig machen. Folgende Argumente unterstützen diese Ueberlegung:

a) Wie in Tabelle 2.17 gezeigt, besteht die Tendenz, dass Firmen mit einem deutlich über dem Nennwert liegenden Aktienkurs eine im Vergleich zum Risiko zu hohe Kommission an die Emissionsbank abliefern müssen. Durch die Verwendung von OA/WA gehen sie also Kosten ein, die bei einer Eigenkapitalerhöhung über eine Bezugsrechtsemission nicht anfallen.[113]

b) Falls die hinterlegten Aktien bei Ablauf der Optionsfrist nicht bezogen werden, führt dies beim Emittenten zu weiteren Umtrieben. Die weitere Verwendung muss neu geregelt werden (z.B. definitive Uebernahme durch Bank oder anderen Dritten, freie Plazierung etc.). Da eine Vernichtung durch eine Kapitalsenkung (Generalversammlungsbeschluss) ein eher mühsames Verfahren darstellt und eine definitive Plazierung aufgrund ungünstiger Marktverhältnisse eine unsichere Sache ist, besteht Grund zur Annahme, dass die Emittenten an einer vollständigen Ausübung interessiert sind.[114]

Wenn sich die Investoren diese Ueberlegungen ebenfalls machen, werden sie OA/WA als ein Instrument betrachten, mit dem die Emittenten neues Eigenkapital im Markt plazieren wollen. Die Emission von OA/WA kann deshalb ein glaubwürdiges Signal darstellen und von Firmen bewusst für die Uebermittlung von positiven Aussichten verwendet werden. Im speziellen ist damit zu rechnen, dass der Ausübungspreis zum

---

[113] Dem muss allerdings dagegen gehalten werden, dass die gesamten Emissionskosten von OA/WA tendenziell tiefer als die eines adäquaten Finanzierungspakets liegen (vgl. 4. Kapitel).

[114] Emissionsspezialisten bei Banken bestätigen diese Ueberlegung. Bei Gesprächen wird mit Nachdruck darauf hingewiesen, dass die Unternehmen bei der OA/WA-Emission fest mit der späteren Ausübung rechnen.

entscheidenden Faktor wird. Je höher dieser im Vergleich zum aktuellen Aktienkurs angesetzt wird, desto stärker gibt die Unternehmung ihrer Erwartung auf Kurssteigerungen Ausdruck. Diese Hypothese kann allerdings nicht erklären, weshalb seit 1985 die meisten OA/WA mit <u>PS</u> als Options-/Wandelobjekt versehen wurden. Bei diesen Titeln ist keine Sicherstellung notwendig, und somit liegt auch kein Kostenfaktor für die Emittenten vor, der das Signal glaubwürdig machen kann.

5.5. Zusammenfassung

Informationsaspekte spielen in der Literatur eine wichtige Rolle bei der Erklärung von Finanzierungsfragen. Die institutionellen Rahmenbedingungen lassen aber kaum eine direkte Anwendung dieser (amerikanischen) Modelle für die Schweiz zu. Bei OA/WA liegt der Hauptgrund dafür bei der aktienrechtlich bedingten Sicherstellung der Options-/Wandelobjekte. Diese verhindert, dass OA/WA ein besonders vorteilhaftes Instrument für Firmen darstellen, bei denen eine hohe Unsicherheit über das Risiko vorliegt. Im Gegensatz zu den USA werden sie denn auch hauptsächlich von grossen, etablierten Firmen benützt, bei denen die Risikobestimmung kaum ein dominierendes Problem ist. Eine Umgehung der Sicherstellung ist mit PS möglich, doch stellt sich hier die Frage, ob diese Art der Beteiligung von einer Unternehmung überhaupt gewünscht wird. Empirische Beobachtungen deuten auch darauf hin, dass Firmen mit einer höheren Risikounsicherheit diesen Weg <u>nicht</u> in einem grösseren Umfang einschlagen. Mit der Einführung des neuen Aktienrechts könnte sich allerdings die Situation für kleinere und jüngere Unternehmen entscheidend verbessern. Die Möglichkeit der bedingten Kapitalerhöhung könnte OA/WA für solche Firmen zu einer bevorzugten Variante der Mittelbeschaffung werden lassen.

Wegen dem relativ umständlichen Sicherstellungsprozedere kommt auch die Vermutung auf, dass mit OA/WA bewusst Signale an die Investoren übermittelt werden können. Ein hoher Ausübungspreis ist dabei ein Signal für gute Aussichten des Managements. Diese Ueberlegung hat eine gewisse Plausibilität, kann allerdings kaum vollständig erklären, weshalb Schweizer Unternehmen dieses Instrument benützen. Bei OA/WA mit PS als Basiswerte fällt der Umstand weg, der das Signal glaubwürdig macht. Zudem ist bei dieser Hypothese nicht einsichtig, weshalb OA von 1985 bis 1987 einen so grossen Aufschwung erlebten. Die Signalwirkung von OA/WA hat auch schon vorher bestanden.

Keine praktische Relevanz für die Schweiz haben m.E. komplexere Signalling-Modelle, die OA/WA als Instrumente für die glaubwürdige Uebermittlung des Firmen<u>risikos</u> erklären. Es erscheint unwahrscheinlich, dass sich Emittenten durch die Verwendung von OA/WA bezüglich der Firmenwertvarianz und nicht der erwarteten Firmenwerthöhe von anderen Gesellschaften unterscheiden wollen und dass dies die Investoren korrekt erkennen.

6. Kontrollaspekte als Grund für die Verwendung von Options- und Wandelanleihen

6.1. Das Problem der bewussten Risikoveränderung

Im 2. Kapitel wurde gezeigt, wie "Agency" Probleme die Verwendung komplexer Finanzinstrumente erklären können. In Weiterführung dieses Ansatzes sollen in diesem Abschnitt speziell OA/WA untersucht werden. Schon in der bahnbrechenden Arbeit von Jensen/Meckling [1976] über den Zusammenhang von Kontrollproblemen und Kapitalstruktur ist ein Hinweis zu finden, wie mit eigenkapitalbezogenen Anleihen Kontrollkosten vermieden werden können. Diese Ueberlegung wird durch Green [1984] in einem Modell analytisch aufgearbeitet und nach den Bedingungen untersucht, die OA/WA zur Lösung eines "Agency" Problems werden lassen.

Ausgangslage ist der Interessenskonflikt zwischen Aktionären und Gläubigern. Durch eine Erhöhung des Firmenrisikos ist es ersteren möglich, den Wert von Anleihen zu verkleinern.[115] Im selben Ausmass werden ihre Beteiligungspapiere wertvoller. Rationale Investoren nehmen bei der Emission einer Anleihe diesen Anreiz der Aktionäre zu Umverteilungen wahr. Sie werden nur bereit sein, der Unternehmung Fremdkapital zur Verfügung zu stellen, wenn sie sich gegen diese Gefahr absichern können. Ein naheliegender Weg ist, den Wertverlust durch eine potentielle Risikoerhöhung einzuberechnen und einen tieferen Emissionspreis zu fordern. Unternehmen können in einer solchen Situation Kapital nur noch zu höheren Kosten beschaffen. Dies kann dazu führen, dass Investitionsvorhaben, die bei Abwesenheit dieses Kontrollproblems noch positive Nettobarwerte aufweisen, nicht mehr ausgeführt werden. "Agency" Probleme haben auf diesem Weg reale Auswirkungen.

Diese Problematik könnte durch OA/WA entschärft werden. Den Mechanismus dafür müsste man sich grundsätzlich gleich wie im Falle der hohen Risikounsicherheit (vgl. 5.

---

[115] Eine höhere Varianz des Firmenwerts erhöht ceteris paribus die Gefahr, dass eine Obligation nicht mehr vollständig zurückgezahlt werden kann.

Kapitel) vorstellen.[116] Falls das Unternehmungsrisiko erhöht wird, hat dies zwei entgegengesetzte Auswirkungen für den OA/WA-Wert. Die grössere Firmenwertvarianz wird wie bei einer gewöhnlichen Anleihe den Wert der Obligation-ex-Warrant senken. Gleichzeitig erhöht sich aber der Wert des OS (vgl. 3. Kapitel). Der Wert des gesamten Pakets ist somit gegenüber Risikoveränderungen weniger sensitiv als gewöhnliche Anleihen. Green [1984] zeigt, dass durch die Steuerung der OA/WA-Konditionen (insbesondere des Nennwertes, des Ausübungspreises und des Verhältnisses zwischen alten und neuen Aktien) diese Risikosensitivität beliebig festgelegt werden kann.[117] Es ist auch die Situation konstruierbar, wo die Veränderung der Firmenwertvarianz keine Auswirkungen auf den OA/WA-Wert hat. Hier sehen sich die Investoren überhaupt nicht mehr veranlasst, wegen Kontrollproblemen einen tieferen Emissionspreis zu verlangen.

Durch die Emission von OA/WA kontrollieren die Aktionäre ihre eigenen Anreize. Im Ausmass, wie der OS bei einer Risikoerhöhung an Wert gewinnt, wird ein Wertanstieg der Aktien verhindert. Für den Verzicht auf diese Umverteilungsmöglichkeit werden die Eigentümer mit tieferen Kapitalkosten entschädigt, was eigenkapitalbezogene Anleihen zu einem interessanten Instrument macht. Sie sind in diesem Sinne wertvoller als eine Kombination von gewöhnlicher Anleihe und Aktienemission.

Für unsere Untersuchung stellt sich die Frage, welche schweizerischen Unternehmen besonders stark von diesem "Agency" Problem betroffen sind. Es sind also die Firmen zu identifizieren, bei denen die Investoren einen grossen Anreiz wahrnehmen, dass das Management bewusst das Firmenrisiko verändern will. Eine erste Kategorie sind <u>kleinere und jüngere Unternehmen</u>, also die Art von Firmen, die auch mit einer hohen Unsicherheit über das Firmenrisiko in Verbindung gebracht wird (vgl. Brennan/ Schwartz [1982]).[118] Dahinter steht die Ueberlegung, dass bei ihnen die Investitionspo-

---

[116] Der Unterschied ist, dass die Investoren wohl das Firmenwertrisiko genau bestimmen können, aber keine Möglichkeit haben, die Aktionäre später am Ergreifen von zu risikovollen Projekten zu hindern.

[117] Vereinfachend nimmt Green [1984] an, dass der Unternehmung zwei Investitionsprojekte mit dem gleichen erwarteten Nettobarwert aber unterschiedlicher Varianz zur Verfügung stehen.

[118] Brennan/Schwartz [1982] nennen den Informations- und den Kontrollaspekt des Risikos als den <u>gemeinsamen</u> Hauptgrund für die Verwendung von OA/WA in den USA.

litik noch nicht derart festgelegt ist wie bei Grossbetrieben. V.a. in jüngeren Firmen besteht ein grösserer Spielraum für die diskretionäre Beeinflussung des Firmenrisikos. Im Gegensatz zu den USA sprechen aber die empirischen Beobachtungen in der Schweiz gegen diese Hypothese. Wie im 5. Kapitel dargelegt, werden OA/WA hauptsächlich von grösseren Unternehmen emittiert. Insbesondere die Grossbanken benützen regelmässig dieses Instrument. Und dass diese Gruppe besonders hohen Kontrollproblemen im beschriebenen Sinne ausgesetzt ist, muss bezweifelt werden.

Eine weitere Kategorie von Firmen mit potentiell hohen "Agency" Kosten sind <u>Kandidaten für Uebernahmen und Management-Buyouts</u>. Hier steht ein anderer Aspekt des Risikos im Vordergrund. Nicht nur die bewusste Veränderung der Investitionspolitik, sondern v.a. auch die Aufnahme von zusätzlichem Fremdkapital kann den Wert von bestehenden Anleihen schmälern. Dass dieser Aspekt mindestens im Euromarkt eine grosse Bedeutung erlangt hat, beweist der folgende Zeitungsausbericht.

"Der früher florierende Sektor für Unternehmensanleihen wurde heftig erschüttert, da die "Buyouts", die für Aktionäre und insbesondere für Mitglieder der obersten Geschäftsleitungen ... ungewöhnlich profitabel gewesen waren, den Haltern von Unternehmensschuld Kapitalverluste von beträchtlichen Ausmassen beigefügt hatten. ... In scharfen Worten sprechen *Kritiker* von *unmoralischer Selbstbereicherung* der Geschäftsleitungen und deren Berater und sogar von reiner *Strassenräuberei*. ... Es wird argumentiert, dass ... hohe Kursverluste bei den Anleihen eintreten und ein massiver Vermögenstransfer von den Bondhaltern zum Management und zu den Aktionären stattfindet." (Uhlig [1989])

Welche schweizerischen Unternehmen werden für eine solche Entwicklung als besonders gefährdet betrachtet? Weniger in Betracht kommen sicher Firmen, deren Aktienmehrheit in festen Händen ist oder wo mindestens ein Aktionärskreis mit einer ansehnlichen Beteiligung vorhanden ist. Bei Zutreffen dieser Hypothese dürften OA/WA also tendenziell mehr von Publikumsgesellschaften und von Unternehmen ohne dominante Aktionärsgruppen emittiert werden.[119]

Schliesslich stellt sich die Frage, ob das Management überhaupt solche Umverteilungen zu Gunsten der Aktionäre verursachen <u>will</u>. Denn ein höheres Firmenrisiko liegt nicht im Interesse von <u>risikoaversen Entscheidungsträgern</u>. Ein höheres Konkursrisiko bedeutet für sie eine grössere Gefahr von Stellenverlusten, Lohnkürzungen, Reputationseinbussen etc. Dieser Einwand wird aber um so bedeutungsloser, je eindeutiger

---

[119] Eine empirische Untersuchung dieser Hypothese erfolgt in Abschnitt 6.2.2.

die Aktionäre ihre Vorstellungen beim Management durchsetzen können. Im Extremfall des Mehrheitsaktionärs, der selbst der Unternehmungsleitung vorsteht, verschwindet er ganz. Interessenskonflikte zwischen Aktionären und Gläubigern sind bei dieser Hypothese somit eher bei Unternehmen mit dominanten Aktionärsgruppen zu erwarten. Publikumsgesellschaften haben demgegenüber keinen Anreiz, OA/WA zur Lösung von Kontrollproblemen einzusetzen.

6.2. Eigennutzenmaximierung des Managements als Emissionsgrund

6.2.1. Hypothese

In Unternehmen existiert nicht nur ein potentieller Interessenskonflikt zwischen verschiedenen Kapitalgebergruppen, sondern auch zwischen den Entscheidungsträgern und den Kapitalgebern. V.a. die Beziehung zwischen der Unternehmungsführung und den Aktionären als Eigentümer der Gesellschaft wird in der Literatur intensiv diskutiert (vgl. Abschnitt 2.4.1) und kann als Ansatz für die Erklärung von OA/WA dienen. Ausgangspunkt dieser Ueberlegung ist, dass die Aktionäre von (Finanz-)Entscheiden betroffen sind, die das Management fällt und dass letztere nicht zwingend den Nutzen der Firmeneigentümer, sondern ihre persönliche Wohlfahrt maximieren.

Auch bei dieser Anreizstruktur wird die Firmenwertmaximierung, als Zielgrösse der Aktionärsinteressen, von Bedeutung für die Entschlussfassung der Unternehmungsleitung sein. Denn die Wohlfahrt der Unternehmungsleitung hängt ebenfalls zu einem beträchtlichen Teil vom Marktpreis des Beteiligungskapitals ab (erfolgsabhängige Entlöhnung, Entschädigung in Form von Aktien und Optionen der eigenen Gesellschaft, Uebernahme- und Entlassungsgefahr, Reputation etc.). Zusätzlich beeinflussen aber weitere Aspekte die Entscheidungen des Managements, die nicht im Einklang mit der Firmenwertmaximierung stehen. Solche werden im folgenden für den Fall von OA/WA-Emissionen untersucht (vgl. Gabriel [1986/87]).

Für die Aktionäre sind OA/WA mit zwei entscheidenden Gesichtspunkten verbunden. Einerseits haben sie den Vorteil, dass Fremdkapital zu günstigeren Konditionen als mit einer gewöhnlichen Anleihe beschafft werden kann. Andererseits führen sie bei einem Kursanstieg der Basiswerte zu Opportunitätskosten, indem Besitzern von OS und WA die Möglichkeit geboten wird, sich zu einem zu billigen (Ausübungs-/Wandel-)Preis in die Unternehmung einzukaufen.[120] Diese Charakteristik stellt eine Art "Versicherungsschutz" für die Altaktionäre dar. Bei einem ungünstigen Kursverlauf nach der OA/WA-Emission ist dieses Instrument ex post ein effektives Mittel zur Verbilligung der Mittelbeschaffung, ohne dass eine Gegenleistung geleistet werden muss. Steigen die Kurse hingegen an und kommt es zur Ausübung/Wandlung, tragen die Aktionäre die Opportunitätskosten. Diese Werteinbussen sind jedoch mit einer positiven Kursentwicklung in der Vergangenheit verbunden und darum leichter "verschmerzbar". Diese Situation kann mit einer Versicherung verglichen werden und hat für die Altaktionäre eine ähnliche Wirkung wie der Erwerb von Putoptionen.

Dieser Aspekt stellt aber kein genereller Vorteil von eigenkapitalbezogenen Anleihen dar. Das Risikoausmass ihres Gesamtvermögens können die Firmeneigentümer ebenso gut selber durch Portfolioumschichtungen bzw. durch Absicherung mittels Putoptionen oder adäquaten synthetischen Instrumenten auf individueller Stufe kontrollieren. Es existiert von daher für das Management keine Veranlassung, die Firmenwertmaximierung zugunsten anderer Ziele, wie dem Anbieten eines Versicherungsschutzes, aufzugeben. Das Versicherungsmotiv kann kein plausibler Grund für OA/WA sein.[121]

---

[120] Dass diese Opportunitätskosten ex-post ein beträchtliches Ausmass annehmen können, zeigt die Untersuchung von Herger [1990]. Er betrachtet 51 OA von Schweizer Gesellschaften, deren OS zwischen dem 1.1.1982 und dem 30.6.1990 verfielen, wobei in 41 Fällen die Option bei Verfall in-the-money war. Nimmt man an, dass alle OS (sofern sie in-the-money sind) genau am Verfalltag ausgeübt werden, so berechnen sich insgesamt Opportunitätskosten (Anzahl neue Titel x Differenz zwischen aktuellem Kurs und Ausübungspreis) für die Altaktionäre von SFr. 1'943 Mio. Demgegenüber betragen die Zinseinsparungen durch die Gewährung eines Optionsrechts bei den 51 OA lediglich SFr. 468 Mio. Wird dieser Vorteil auf den Verfalltag mit 5% aufgezinst, ergibt sich immer noch ein Mehraufwand bei den 51 OA von SFr. 1'085 Mio., was 23.3% des totalen Emissionsvolumens entspricht. Dieser Nachteil für die Altaktionäre entspricht einer durchschnittlichen Renditedifferenz von 3% zwischen effektivem internen ex-post Zinssatz der OA und dem Zinssatz einer gewöhnlichen Anleihe. Es bleibt aber festzuhalten, dass dieser sehr gewichtige Nachteil von OA gegenüber Straight Bonds massgeblich auf die gute Börsenlage von 1985 bis Oktober 1987 zurückzuführen ist. Diese Entwicklung wurde offensichtlich bei der Emission im Pricing nicht vorausgesehen.

[121] Von dieser Folgerung müsste abgerückt werden, falls der Kapitalmarkt in dem Sinne unvollkommen wäre, dass den Investoren die Alternativen nicht zu den selben Kosten zur

Diese Eigenheit von OA/WA (heute billiges Fremdkapital, später eventuelle Opportunitätskosten) kann aber für die Unternehmungsleitung, und insbesondere den Leiter des Finanzwesens, eine entscheidende Rolle spielen. Es gibt Gründe, weshalb OA/WA gerade ein vorteilhaftes Instrument für das Management und deren persönlichen Nutzen sein können:

a) Das Versicherungsmotiv gilt in einem ähnlichen Sinne auch für die Entscheidungsträger. Bei der Emission können sie eine tiefe Zinsbelastung vorweisen, während die Aktionäre beim Eintreten von Opportunitätskosten mit der positiven Kursentwicklung "vertröstet" werden können. Das Risiko, dass in einem solchen Fall die Eigentümer mit Konsequenzen für die Finanzchefs reagieren, ist eher klein. Der "Erfolg" der billigen Fremdkapitalbeschaffung steht für das Management also auf jeden Fall fest, während sie gegen mögliche Probleme infolge Verwässerung der Aktionärsansprüche durch das Argument der positiven Kursentwicklung teilweise "abgesichert" sind.

b) Weiter besteht Grund zur Annahme, dass die Opportunitätskosten von den Aktionären nicht vollständig wahrgenommen werden. Gabriel [1986/7] nennt als Erklärung dafür, dass die Ausübung zu einem Zeitpunkt geschieht, wo die OA/WA-Emission kein Gesprächsthema mehr ist. Zudem fallen diese Kosten weder real an, noch werden sie buchhalterisch erfasst. Es bestehen somit keine expliziten Angaben, wie sie sich auf das Vermögen der Altaktionäre auswirken.

c) Gegen die Verwendung von OA/WA erwächst auch in der Oeffentlichkeit kaum Opposition. Insbesondere in der Finanzpresse ist m.W. noch nie eine intensive Diskussion über die Opportunitätskosten von OA/WA erfolgt. Im Gegenteil werden eigenkapitalbezogene Anleihen öfters als ein Finanzinstrument geschildert, das gleichzeitig eine Aufnahme von billigem Fremdkapital und von Eigenkapital zu einem hohen Emissionspreis erlaubt (vgl. die Diskussion dieser "traditionellen" Erklärung im 1. Kapitel). Das Management findet dadurch für die Verwendung von OA/WA eher Unterstützung als Ablehnung.

Inwieweit diese Ueberlegungen der Grund für die häufige Verwendung von OA/WA seit 1985 darstellen, ist sehr schwierig festzustellen. Gabriel [1986/7] diskutiert diesen

---

Verfügung stehen. Dieser Einwand scheint aber unbegründet zu sein, da das Risiko eines gesamten Portfeuilles auf vielfältigste Art verändert werden kann. Es ist fraglich, ob gerade die Absicherung über OA/WA eine Lücke schliessen kann.

Aspekt ebenfalls, kommt aber zum Schluss, dass nicht "eigennützige Ueberlegungen von aktiv mitbeteiligten Individuen eine ausschlaggebende Rolle" spielen. Als Begründung dafür führt er Gespräche mit Gesellschaftsvertretern an, die zeigen, dass die Entscheidungsträger die Vor- und Nachteile von OA/WA genau kennen und dass diese das Versicherungsmotiv für die Altaktionäre in den Vordergrund stellen. Nun ist aber kaum zu erwarten, dass die Betroffenen eventuell dominierende Eigennutzenüberlegungen offenlegen. Zudem weist das Argument der vollständigen Kenntnis der OA/WA-Charakteristiken eher auf eine gegenteilige Schlussfolgerung hin. Denn in diesem Falle ist sich auch die Unternehmungsleitung bewusst, dass das Versicherungsmotiv kaum ein von den Aktionären speziell angestrebter Vorteil darstellen kann.

6.2.2. Empirische Untersuchungen

Ein erster Ansatz für den Test der Eigennutzen-Hypothese beruht auf der Ueberlegung, dass OA/WA tendenziell zu günstig emittiert werden, da die Unternehmungsleitung die Opportunitätskosten nicht hoch genug bewertet. Die empirischen Untersuchungen von Zimmermann [1988a] ergeben grundsätzlich dafür keine Evidenz. Jedoch sind zeitliche Unterschiede bei den OA-Preisen festzustellen. Die frühen Anleihen in den siebziger und anfangs der achtziger Jahre sind tendenzieller günstiger als die Emissionen in den OA-Boom-Jahren. Dies könnte bedeuten, dass das Management die Opportunitätskosten früher geringer einschätzte. Ob dies aufgrund mangelhafter Preismodelle oder aufgrund des oben beschriebenen Anreizproblems zurückzuführen ist, kann allerdings nicht eruiert werden.

Ein zweiter Test geht davon aus, dass sich die Aktionäre über die Opportunitätskosten von OA/WA im klaren sind und dass sie sich für eine entsprechende Berücksichtigung bei der Bewertung einsetzen. Ihre Interessen können sie aber gegenüber dem Management nur durchsetzen, wenn sie effektiv die Macht dazu haben. Dies legt die Vermutung nahe, dass die Verwendung von OA/WA von der Eigentumsstruktur der Gesellschaft abhängt. In Firmen mit einer engen Kontrolle durch die Aktionäre werden die Opportunitätskosten von OA/WA besser beachtet, was dazu führen wird, dass diese Instrumente weniger oft benützt wird. Demgegenüber werden sich Manager von Publikumsgesellschaften weniger für die Nachteile von OA/WA rechtfertigen müssen. Dies lässt auf eine stärkere Verwendung schliessen.

Getestet wird diese Hypothese, indem die Besitzesverhältnisse der 211 Gesellschaften untersucht werden, die per 31.12.1988 im SWISSINDEX enthalten sind. Die Angaben über die Kontrollstruktur stammen vom Schweizerischen Beteiligungsatlas "Who Owns Whom" [1987]. Die Firmen werden in zwei Gruppen eingeteilt:[122]

a) "eng kontrolliert": Die Stimmenmehrheit an einer Unternehmung liegt bei einem einzelnen Aktionär oder bei wenigen Familien bzw. Unternehmen. Weiter werden Gesellschaften zu dieser Kategorie gezählt, wo eine "massgebliche" Beteiligung von einem oder wenigen Aktionären ausgewiesen wird. Falls die Beteiligungen in Zahlen angegeben sind, führt ein Besitz von mehr als 25% zu einer Einteilung in diese Gruppe.

b) "weniger eng kontrolliert": Die Unternehmen werden als Publikumsgesellschaften bezeichnet ("Streubesitz"), bzw. es ist ein Minderheitsaktionär vorhanden, der nicht mehr als 25% des Stimmrechts besitzt.

Bei 21 Firmen sind im "Who Owns Whom" keine Angaben zu finden. Von den verbleibenden 190 Gesellschaften sind 127 "eng" und 63 "weniger eng" kontrolliert. Nun wird untersucht, welche dieser 190 Firmen mindestens einmal OA/WA emittiert haben. Dies ist bei 92 Unternehmen der Fall. Werden nur die Emissionen von 1985 - 1988 berücksichtigt, sinkt diese Zahl auf 83.[123] Die Ergebnisse der Gegenüberstellung von Besitzesverhältnis und OA/WA-Verwendung sind in Tabelle 2.18 und Abbildung 2.18 dargestellt.

Es ist ersichtlich, dass der Anteil der weniger eng kontrollierten Gesellschaften bei den OA/WA-Emittenten mit 38% um ca. 9%-Punkte höher liegt als bei den Unternehmen, die dieses Instrument noch nie benützt haben. Diese Beobachtung widerspricht somit deutlich der Hypothese aus Abschnitt 6.1., wonach OA/WA ein potentielles Umverteilungsproblem zwischen Aktionären und Gläubigern bei Firmen lösen, wo das Management eng von den Aktionären kontrolliert wird. Andererseits ist dieses Ergebnis eine Unterstützung für die in diesem Abschnitt diskutierte Ueberlegung der Eigennut-

---

[122] Ein ähnliches methodisches Vorgehen für die Untersuchung von Kontrollaspekten in der Schweiz wählt Vock [1987].

[123] Da sich die Besitzverhältnisse ändern können, kann es problematisch sein, Emissionen aus den sechziger- und siebziger Jahren mit der Kontrollstruktur von 1987 in Verbindung zu bringen.

zenmaximierung des Managements, aber auch für die Hypothese, dass weniger eng kontrollierte Firmen eher Uebernahmekandidaten mit den entsprechenden "Agency" Problemen sind (vgl. Abschnitt 6.1.). Allerdings muss vor einer zu weitgehenden Interpretationen gewarnt werden, da mit einem χ^2-Unabhängigkeitstest keine statistisch signifikanten Resultate nachgewiesen werden können.[124]

Tabelle: 2.18
Beziehung zwischen Besitzverhältnis und OA/WA-Verwendung

	"Eng" kontrollierte Gesellschaften	"Weniger eng" kontr. Gesellschaften
Noch nie OA/WA emittiert	70 (71.4%)	28 (28.6%)
1985-1988 OA/WA emittiert	52 (62.7%)	31 (37.3%)
1957-1988 OA/WA emittiert	57 (62.0%)	35 (38.0%)
Anzahl Emissionen: 1985-1988[1]	82 (48.0%)	89 (52.0%)

[1] Darin sind auch Emittenten enthalten, die nicht im SWISSINDEX berücksichtigt sind.

Der Eigennutzen-Erklärungsansatz erhält aber weitere Unterstützung, wenn anstelle der Unternehmen die einzelnen Emissionen auf die beiden Gesellschaftskategorien aufgeteilt werden. Diese Betrachtung berücksichtigt die Tatsache, dass einige Gesellschaften mehrmals eigenkapitalbezogene Anleihen emittiert haben. Von den zwischen 1985 und 1988 aufgelegten OA/WA stammen mehr als die Hälfte von weniger eng kontrollierten Firmen (vgl. Tabelle 2.18). Dieses Resultat ist dadurch erklärbar, dass hauptsächlich grössere Unternehmen, die besonders oft OA/WA emittieren, in die Kategorie der weniger engen Kontrolle fallen. Somit kann die Hypothese mindestens nicht verworfen werden, dass Eigennutzenüberlegungen der Unternehmungsleitung einen Einfluss auf die Verwendung von OA/WA haben können.

---

[124] Für eine Beschreibung des χ^2-Unabhängigkeitstest vgl. DeGroot [1987] S. 534ff. Mit einer Teststatistik von 1.9209 bei einem Freiheitsgrad von 1 kann die Hypothese, dass die Kontrollstruktur der Firmen und OA/WA-Benützung unabhängig ist, nicht verworfen werden. Erst auf einem Signifikanzniveau von 20% besteht Evidenz für eine Korrelation zwischen Besitzstruktur und der Emission von OA/WA.

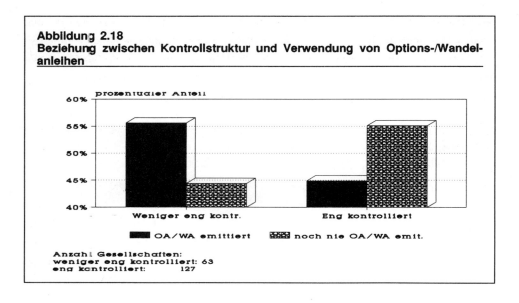

Abbildung 2.18
Beziehung zwischen Kontrollstruktur und Verwendung von Options-/Wandelanleihen

6.3. OA/WA als Instrument der Unternehmungskontrolle

Es wird auch vorgebracht, dass eigenkapitalbezogene Anleihen, und insbesondere WA, als "Waffe gegen Raider" eingesetzt werden können (vgl. Samochowiec [1989]). Das Argument lautet, dass "eine ausstehende WA ein ruhendes Stimmpotential darstellt, das, im entscheidenden Moment mobilisiert, das Schicksal der Gesellschaft bestimmen kann". Sicherlich ist unbestritten, dass Vorratsaktien die Stimmrechtsverhältnisse innerhalb einer Gesellschaft beeinflussen können. Die Schaffung solcher Titel (ohne Bezugsrecht für die Aktionäre) hat denn auch schon zu heftigen Kontroversen geführt (vgl. die Diskussionen bei Nestlé und beim Konsumverein Zürich im Jahre 1989). Die entscheidende Frage ist dabei, wer die Vorratsaktien hält bzw. wer die Kontrolle über deren Einsatz hat. Da solche Titel aber nicht nur der Sicherstellung von Options-/Wandelrechten, sondern auch anderen Zwecken dienen können, kann nicht primär die Emission von OA/WA als Instrument der Unternehmungskontrolle betrachtet werden. Vielmehr ist die Schaffung der Vorratsaktien an sich und deren Plazierung bei wohlgesinnten Aktionären die entscheidende Waffe.

Eigenkapitalbezogene Anleihen stellen nur dann ein direktes Instrument für die Beeinflussung der Machtverhältnisse dar, wenn keine direkte Abgabe der Titel möglich ist, die OA/WA aber gezielt plaziert werden können. Interessant ist in diesem Zusammenhang, dass im Gegensatz zur direkten Aktienemission <u>bei OA/WA kein gesetzliches Bezugsrecht vorgeschrieben</u> ist. Damit hat das Management bei der Placierung, in den Schranken des Rechtsmissbrauchs, freie Hand. Ueber die gezielte Abgabe des Options-/Wandelrechts könnten Unternehmen also sicherstellen, dass die neuen Aktien in den Besitz der gewünschten Investoren gelangen. Es zeigt sich allerdings, dass solche WA-Plazierungen an einen beschränkten Personenkreis nur in vier Fällen bei kleineren Emittenten in den sechziger Jahren vorgenommen wurden (vgl. Escher [1971] S. 136ff).[125] In der Praxis wird somit diese theoretisch vorhandene Möglichkeit nicht ausgenützt. Zudem sind 43% aller OA/WA-Emissionen mit <u>stimmrechtslosen</u> PS oder Genussscheinen als Basiswert versehen (vgl. Tabelle 1.12), wobei diese insbesondere in den Jahren des OA-Booms eine starke Bedeutung erlangt haben. Die Erklärung der OA/WA-Verwendung aus Gründen der Unternehmungskontrolle muss also in der Schweiz eindeutig verworfen werden.

6.4. Zusammenfassung

Für die Erklärung von komplexen Finanzinstrumenten hat die Vermeidung von Kontrollproblemen in der Literatur eine grosse Bedeutung erlangt. Bei OA/WA steht im speziellen der Interessenskonflikt zwischen Aktionären und Gläubigern im Vordergrund. Die Gewährung eines Options-/Wandelrechts kann bei Anleihen das Problem lösen, dass Gläubiger sich vor einer bewussten Veränderung des Firmenrisikos und einer entsprechenden Umverteilung zu den Aktionären fürchten und so eine höhere Entschädigung für das bereitgestellte Kapital fordern. Aufgrund empirischer Beobachtungen muss allerdings bezweifelt werden, ob dieses Argument in der Schweiz von Bedeutung ist. Kleinere und jüngere Unternehmen, wo eher mit hohen "Agency" Kosten gerechnet

---

[125] Aus diesem Grund sind diese vier WA auch nicht in Tabelle 1.7 enthalten, wo alle OA/WA von schweizerischen Gesellschaften zusammengestellt sind. Bei OA/WA, die in den Monatsberichten der Schweizerischen Nationalbank als öffentlich aufgelegte Emissionen bezeichnet werden, gibt es keinen Fall von Abgaben an einen beschränkten Personenkreis.

werden muss, benützen OA/WA weniger oft als grössere und ältere Gesellschaften. Allerdings ist denkbar, dass in der Schweiz hohe Kontrollkosten hauptsächlich bei Firmen anfallen, die wegen der Absenz eines dominierenden Aktionärs als Uebernahmekandidat betrachtet werden. Hier kann wegen einem Uebernahme- und Abwehrkampf das Eingehen einer höheren Verschuldung und einer entsprechenden Umverteilung zulasten der Altobligationäre drohen. Dieses Argument ist mit der empirischen Beobachtung vereinbar, dass OA/WA relativ mehr von weniger eng kontrollierten Gesellschaften verwendet werden. Allerdings ist fraglich, inwieweit diese Ueberlegung in der Schweiz eine so grosse Bedeutung erlangt hat, dass sie der Hauptgrund für die Emission von eigenkapitalbezogenen Anleihen sind.

Eine naheliegendere Erklärung für den beobachteten Zusammenhang zwischen der Benützung von OA/WA und dem Grad der Kontrolle durch die Eigentümer bietet der Ansatz, wo dem Management Eigennutzenmaximierung unterstellt wird. Diese Hypothese geht davon aus, dass bei einer weniger engen Kontrolle die Entscheidungsträger den Opportunitätskosten von OA/WA für die Altaktionäre eine geringere Rolle beimessen. Dies bedeutet nicht zwingend, dass das Management den Eigentümern einen Schaden zufügt, indem sie die OA/WA zu günstig abgegeben. Es kann damit nur erklärt werden, weshalb sich Unternehmungsleitungen so oft für OA/WA und nicht für ein alternatives Paket aus einer gewöhnlichen Anleihe und einer späteren Eigenkapitalerhöhung entscheiden. Der tiefere Couponsatz von OA/WA findet bei der Emission Beachtung, während die späteren Opportunitätskosten der Ausübung/Wandelung weniger auffallen und zudem durch die positive Kursentwicklung "verteidigt" werden können. Zudem stösst die Emission von OA/WA in der Praxis oft auf Zustimmung, da es als Instrument dargestellt wird, das eine billige Fremdmittelbeschaffung mit einer Eigenkapitalerhöhung zu einem hohen Emissionspreis verbindet. Für die Legitimierung gegenüber den Aktionären haben OA/WA in diesem Sinn für das Management einen Vorteil, der ein mitentscheidender Grund für deren relativ häufige Verwendung sein kann.

Demgegenüber können OA/WA kaum als Instrumente für die Unternehmungskontrolle betrachtet werden, auch wenn theoretisch eine gezielte Plazierung bei wohlgesinnten Investoren möglich wäre. Bei öffentlich aufgelegten OA/WA sind offiziell bisher noch nie solche Beschränkungen vorgelegen.

7. Emissionsmotive bei Options- und Wandelanleihen: Schlussfolgerungen

OA/WA sind für die Unternehmen ein Mittel der Kapitalbeschaffung. Sie werden in dieser Funktion von anderen Finanzierungsinstrumenten konkurrenziert. Insbesondere können eine gewöhnliche Anleihe und eine spätere Eigenkapitalerhöhung als äquivalente Kombination betrachtet werden. Es stellt sich darum die Frage, weshalb eigenkapitalbezogene Anleihen diesem alternativen Finanzierungspaket vorgezogen werden.

In zwei grundsätzlichen Punkten heben sich OA/WA ab:

a) Ueber die Eigenkapitalbeschaffung herrscht Unsicherheit. Ausgeübt/gewandelt wird nur, wenn der Aktienkurs über den Ausübungspreis hinaus ansteigt.
b) Den Eigentümern der Gesellschaft droht ein Opportunitätsverlust, falls der Aktienkurs über den Ausübungspreis hinaus ansteigt. In diesem Falle wäre für sie eine spätere Bezugsrechtsemission vorteilhafter.

Für diese Nachteile werden die OA/WA-Emittenten mit einem Couponabschlag gegenüber einer gewöhnlichen Anleihe entschädigt. Bei korrekt bewerteten OA/WA entspricht der Vorteil der billigeren Fremdmittelaufnahme genau den Opportunitätskosten, die durch eine eventuell zu günstige Abgabe des Eigenkapitals entstehen. In vollkommenen Märkten besitzen also OA/WA _keine natürliche Vorteile_ gegenüber ihrer Finanzierungsalternative. OA/WA sind _keine_ Kombination von billigem Fremdkapital und einer Eigenmittelbeschaffung zu einem über dem Marktwert liegenden Emissionspreis.

Theoretisch ist aber denkbar, dass OA/WA im Primärmarkt von den Investoren systematisch überbewertet werden, d.h. dass die Unternehmen einen höheren Couponabschlag verlangen können, als es die Opportunitätskosten rechtfertigten. Gegen diese Hypothese sprechen zwei Gründe. Erstens ist nicht einzusehen, dass die Investoren über längere Zeit ein schlechteres Bewertungsmodell als die Emittenten anwenden. Zweitens ergeben empirische Untersuchungen von OA-Emissionspreisen in der Schweiz keine Hinweise auf grundlegende Fehlbewertungen, auch wenn eine gewisse Tendenz vorliegt, dass OA in den siebziger und zu Beginn der achtziger Jahre zu etwas günstigeren Konditionen aufgelegt wurden als während den OA-Boomjahren von

1985 bis 1987. Ein besonderes Problem von empirischen Studien über OA/WA-Preise liegt aber in der Komplexität der korrekten Bewertung dieser Instrumente. Die Erkenntnisse der Optionspreistheorie können nicht direkt angewendet werden, da OS im Gegensatz zu Calloptionen einen Teil des Firmenwertes darstellen und somit korrekterweise gleichzeitig mit Aktien, Anleihen und anderen Finanzierungsinstrumenten bewertet werden müssen. Für Unternehmen mit einer relativ komplexen Struktur der Passivseite existieren keine Modelle, die eine exakte Bewertung ermöglichen. Zudem haben Warrants eine längere Laufzeit als Calloptionen, was eine Bestimmung der Preisdeterminanten (insbesondere der Firmenwertvarianz) zusätzlich erschwert. Diese Ueberlegungen lassen es als sehr unwahrscheinlich erscheinen, dass die Investoren OA/WA systematisch überbewerten und dies die Emittenten dank einem besseren Bewertungsmodell erkennen und ausnützen.

In der (amerikanischen) Literatur hat die Frage nach den Bestimmungsgründen der Kapitalstruktur und der Verwendung von Finanzierungsinstrumenten ein grosses Interesse gefunden. Diese Diskussion hat auch Ansätze für die Erklärung von OA/WA geliefert, wobei vier Gründe im Mittelpunkt stehen:

a) OA/WA füllen eine Lücke in einem unvollkommenen Markt aus.
b) Mit OA/WA kann das besser informierte Management sein Wissen (insbesondere über das Firmenrisiko) an die Investoren signalisieren.
c) OA/WA lösen das Finanzierungsproblem, wenn eine hohe Unsicherheit bei der Bestimmung des Firmenrisikos besteht und deshalb gewöhnliche Anleihen kaum emittiert werden können (Kreditrationierung).
d) OA/WA lösen den Interessenskonflikt zwischen Aktionären und Gläubigern durch eine Verkleinerung der Kontrollkosten, die durch eine potentiellen Umverteilung mittels einer bewussten Erhöhung des Firmenrisikos hervorgerufen werden.

In den USA wird hauptsächlich für die letzten beiden Verwendungsgründe empirische Evidenz festgestellt. OA/WA werden überwiegend von kleineren und jüngeren Firmen verwendet, die i.d.R. mit grossen Wachstumschancen in Verbindung gebracht werden, wo aber gerade auch eine beträchtliche Unsicherheit über das Risiko existiert, und wo die Möglichkeiten noch gross sind, mit der Investitionspolitik das Firmenrisiko massgeblich zu beeinflussen.

Die empirischen Beobachtungen in der Schweiz ergeben ein anderes Bild der Emittentenstruktur. Hier finden OA/WA hauptsächlich bei <u>Grossunternehmen</u> Verwendung. Dies schlägt sich auch im durchschnittlichen Emissionsvolumen von OA/WA nieder, das über dem von gewöhnlichen Anleihen liegt. <u>Wichtigste Schuldnerbranche sind die Banken</u>, wobei insbesondere die fünf Grossbanken als regelmässige OA/WA-Emittenten auftreten. Zudem kann die Tendenz festgestellt werden, dass eigenkapitalbezogene Anleihen bei <u>Gesellschaften mit einer relativ wenig engen Kontrolle</u> durch die Aktionäre eine grössere Beliebtheit erfahren als bei Firmen mit klaren Mehrheitsverhältnissen oder massgeblichen Minderheitsbeteiligungen.

Die Beobachtung, dass eher grössere und etabliertere Firmen OA/WA emittieren, spricht <u>gegen die Hypothesen der Risikounsicherheit und der "Agency" Kosten</u>. Dafür kann auch teilweise eine institutionelle Erklärung gegeben werden. Das schweizerische Aktienrecht verwehrt den Unternehmen die bedingte Kapitalerhöhung. Aktien, die als Options-/Wandelobjekte dienen, müssen darum bereits bei der OA/WA-Emission geschaffen sein und hinterlegt werden. Für diese Sicherstellung zeichnen Banken oder Treuhandgesellschaften die neuen Titel und werden so bis zur Ausübung/Wandelung Aktionär der Gesellschaft. Diese werden dieses Engagement aber nur eingehen, falls in ihren Augen fast kein Risiko damit verbunden ist, was bei grösseren und älteren Gesellschaften eher der Fall ist. Umgekehrt haben junge Firmen mit einem grösseren Konkursrisiko mehr Mühe, einen Dritten für die Sicherstellung der neuen Aktien zu finden. Diese Schwierigkeit kann mit PS oder GS als Basiswerte umgangen werden, da hier keine rechtlichen Vorschriften über Kapitalerhöhungen existieren. Allerdings stellt sich hier die Frage, ob kleinere Gesellschaften solche stimmrechtslosen Beteiligungspapiere überhaupt ausgeben wollen bzw. können. Ein Fortschritt wird in dieser Beziehung das neue Aktienrecht bringen mit der Möglichkeit der bedingten Kapitalerhöhung für Aktien. Damit könnten OA/WA speziell auch für kleinere und jüngere Firmen zu einem interessanten Instrument werden. Diese Vermutung wird erhärtet durch die Beobachtung, dass man bei einigen WA auf die Sicherstellung verzichtete, indem die Aktien erst nach dem Eintreffen der Wandelbegehren geschaffen werden. Diese Variante wurde hauptsächlich von kleineren Unternehmen gewählt, was auf die Gültigkeit der Risikounsicherheits- und der Kontrollkosten-Hypothese hinweist.

Die Verwendung von OA/WA in der Schweiz und insbesondere den OA-Boom von 1985 bis 1987 müssen somit mit anderen Gründen erklärt werden, wofür sich eine

Kombination von mehreren Ansätzen als plausibelste Lösung anbietet. Die Grundlage scheint das <u>Bedürfnis der Investoren nach einem Wertpapier mit den Risiko-Rendite-Charakteristiken von Optionen</u> zu sein. Mit OA/WA kann das Fehlen eines solchen standardisierten Produktes überbrückt werden. Damit haben die Emittenten einen Anreiz, gewöhnliche Anleihen mit OS zu versehen und so die Nachfrage der Investoren zu befriedigen. Zudem kann argumentiert werden, dass derivative Finanzinstrumente in den achtziger Jahren einen immer höheren Bekanntheitsgrad erhielten und so eine stetig wachsende OA-Clientele entstand. Dies könnte erklären, weshalb seit 1985 ein deutlicher Anstieg der OA-Emissionen festzustellen ist. Eine gewisse empirische Unterstützung findet diese These auch durch die beobachteten OA-Konditionen. Die Tendenz zu höheren Emissionspreisen seit 1985 deutet darauf hin, dass die Emittenten eine stärkere Nachfrage nach Optionsrechten bei der Mittelbeschaffung ausnützen können. Und auch die rückläufige Verwendung von OA mit der Einführung von Konkurrenzprodukten (SOFFEX, Stillhalteroptionen) spricht für diese Hypothese. Allerdings kann das kleinere Interesse an OA seit 1988 auch durch die Aktienkursrückgänge vom Oktober 1987 erklärt werden. Eine definitive Schlussfolgerung dazu kann wohl erst in einigen Jahren gezogen werden, wenn die weitere Entwicklung des Emissionsvolumens von OA/WA feststeht.

Die Verwendung von OA/WA wird aber auch durch einen Aspekt begünstigt, der in der <u>Anreizstruktur der Unternehmungsleitung</u> begründet liegt. Bei eigenkapitalbezogenen Anleihen kann das Management mit dem tieferen Couponsatz im Vergleich zu einer gewöhnlichen Anleihe einen klar ersichtlichen Vorteil präsentieren. Der Nachteil für die Aktionäre ist demgegenüber weniger offensichtlich. Falls nach einem Kursanstieg tatsächlich ausgeübt bzw. gewandelt wird, finden die Opportunitätskosten weniger Beachtung. Die Unternehmungsleitung kann zudem die Verwässerung mit dem positiven Kursverlauf "rechtfertigen". OA/WA können so den Aktionären gegenüber einfach legitimiert werden und stellen in diesem Sinne ein interessantes Instrument für das Management dar. Diese Erklärung deckt sich mit der Beobachtung, dass OA/WA mehr von Unternehmen mit einer relativ schwachen Kontrolle durch die Aktionäre benützt werden. In solchen Gesellschaften wird das Management den Opportunitätskosten tendenziell weniger Gewicht beimessen.

Als weiterer Vorteil von OA/WA können die <u>tieferen Emissionskosten</u> im Vergleich zur Emission einer gewöhnlichen Anleihe und einer späteren Eigenkapitalerhöhung betrachtet werden. Der Nettovorteil liegt ungefähr bei 1% des Emissionsvolumens. Diese Grössenordnung scheint kaum auszureichen, dass dies die alleinige Erklärung für die Verwendung von OA/WA darstellen kann. Zusätzlich zu den beiden anderen Gründen kann dies aber eigenkapitalbezogenen Anleihen einen Vorteil verschaffen, der sie zu einer attraktiven Finanzierungsalternative werden lässt.

Schliesslich können OA/WA mit einer <u>Signalwirkung</u> verbunden sein. Die Umtriebe im Zusammenhang mit einer Kapitalerhöhung lassen es als glaubwürdig erscheinen, dass die Firmen bei der OA/WA-Emission fest mit einer späteren Ausübung/Wandelung rechnen. Insbesondere ist es recht umständlich, einmal geschaffene Vorratstitel wieder zu vernichten. Wenn die Investoren dieses Argument übernehmen, besteht für das (besser informierte) Management die Gelegenheit, mit OA/WA gute Informationen zu übermitteln und sich so von schlechteren Firmen zu unterscheiden. Die Höhe des Ausübungs- bzw. Wandelpreis ist dabei der Gradmesser für die Güte der Informationen.

Die OA/WA-Verwendung in der Schweiz lässt sich somit durch eine Kombination von vier Vorteilen erklären:

a) Befriedigung einer starken Nachfrage der Investoren nach Wertpapieren mit Optionscharakteristik;
b) Gute Legitimierungsmöglichkeit des Managements gegenüber den Aktionären;
c) Relativ tiefe Emissionskosten;
d) Möglichkeit des besser informierten Managements zur Uebermittlung von guten Informationen.

3. Teil

Preiseffekte von Options- und Wandelanleihensemissionen

1. Einleitung

Eine Finanzierungsaktion einer Gesellschaft stellt für die Investoren eine spezielle Information dar, die diese im Hinblick auf ihre Anlageentscheide verarbeiten. Anhand der Reaktion auf die Bekanntgabe kann somit festgestellt werden, wie die (Mehrzahl der) Investoren, eine Emission einer eigenkapitalbezogenen Anleihe beurteilen. Grundsätzlich können zwei Arten von Marktreaktionen untersucht werden:

a) Aufnahme der zur Zeichnung aufliegenden OA/WA durch die Investoren
b) Reaktion des gesamten Firmenwertes (insbesondere der Aktienkurse)

1.1. Aufnahme einer neuen OA/WA

Die Reaktion der Investoren auf ein OA/WA-Zeichnungsangebot lässt sich theoretisch im Primär- und im Sekundärmarkt feststellen. Im Primärmarkt kann das Emissionsergebnis an der Höhe der eingereichten Zeichnungsbegehren abgelesen werden. Uebersteigen diese den Anleihensbetrag, deutet dies auf eine gute Aufnahme der OA/WA hin. Werden neue Anleihen bereits während der Zeichnungsfrist gehandelt, können auch die Zu- oder Abschläge gegenüber dem Emissionspreis ("Graumarktkurse") Anhaltspunkte liefern. Andererseits kann das Verhalten bei Handelsaufnahme im Sekundärmarkt untersucht werden. OA/WA, die im Vergleich zum Emissionspreis mit Kursavancen oder -rückgängen aufwarten, werden positiv resp. negativ eingeschätzt.

Diese Marktreaktionen lassen einen Rückschluss auf die Preisbildung der OA/WA zu. Das Investorenverhalten zeigt auf, wie diese die Konditionen der neuen Anleihe einschätzen und inwieweit Bewertungsunterschiede zwischen Emittenten und Investoren vorliegen. Eine Ueberzeichnung des Anleihensbetrages weist z.B. auf einen zu tiefen Emissionspreis hin, was einen tendenziellen Vermögenstransfer von den bisherigen Beteiligten/Gläubigern zu den neuen OA/WA-Inhabern bedeutet.

Diese Art der Reaktionsmessung auf neue OA/WA sind jedoch mit Schwierigkeiten verbunden. Was den Primärmarkt betrifft, sind von den beteiligten Banken die genauen

Daten über die eingegangenen Zeichnungsangebote nicht erhältlich. Und das in der Regel nach Zeichnungsschluss veröffentlichte Pressecommuniqué genügt nicht für eine detaillierte Analyse.[1] Auch sind, soweit überhaupt vorhanden, "Graumarkt"-Kurse nicht öffentlich zugänglich.

Problematisch bei den Untersuchungen am Sekundärmarkt ist die Beschaffung der ersten gehandelten Kurse der OA/WA. Zudem ist bei ihnen aufgrund der eher geringen Marktliquidität sowieso mit "thin-trading"-Problemen zu rechnen. Schliesslich kommt hinzu, dass in der Zeitspanne von der Zeichnungsfrist bis zu Beginn der Handelsaufnahme an der Vorbörse neue Informationen eintreffen können (z.B. starke Kursveränderungen der Aktien der emittierenden Gesellschaft, Zinssatzveränderungen etc.), die die Kurse beeinflussen und die Analyse erschweren. Ein besonderer Aspekt in diesem Zusammenhang ist der sogenannte "Seasoningprozess" von neu emittierten Wertpapieren. Dieser liegt dann vor, wenn die Emissionspreise systematisch tiefer liegen als die später im Sekundärmarkt ausgehandelten Kurse. (Für eine Literaturübersicht und empirische Untersuchungen am Beispiel der Emission gewöhnlicher Anleihen in der Schweiz vgl. Wydler [1987].) Hauptgrund für das beobachtete Verhalten scheint die Risikoaversion der Syndikatsbanken (und des Emittenten) zu sein, die einen Emissionsmisserfolg aufgrund von sich negativ verändernden Preisdeterminanten in der Zeit zwischen Konditionsfestlegung und Ende der Zeichnungsfrist durch eine bewusste Unterbewertung verhindern wollen. In den USA wird dieses Phänomen in zwei empirischen Studien (vgl. Alexander/Stover [1977] und Stover [1983]) auch bei WA-Emissionen festgestellt. Existiert dieser Effekt auch bei schweizerischen OA/WA, würde der Preisvergleich zwischen Primär- und Sekundärmarkt entsprechend erschwert.

---

[1] Für die Zeit von 1986 bis 1988 ergibt ein Ueberblick über die in der Neuen Zürcher Zeitung (NZZ) veröffentlichten Communiqués ein Bild höchster Emissionserfolge. Nahezu jedes Mal wird von den Anleihensbetrag übersteigenden Zeichnungsbegehren gesprochen. Es liegt jedoch die Vermutung nahe, dass diese Publikationen einen Bias haben, indem Misserfolge nicht bekanntgegeben werden. Zudem ist nicht nachprüfbar, inwieweit einem Emissionserfolg von den Syndikatsbanken durch "forcierte" Zeichnungen (z.B. in Depots mit Verwaltungsauftrag) "nachgeholfen" wird.

1.2. Aktienkursreaktion

Die zweite Art, die Investorenreaktion auf eine OA/WA-Emission zu testen, besteht in der Untersuchung der Aktienkursveränderungen der emittierenden Gesellschaft. Nicht mehr die OA/WA-Preise stehen im Mittelpunkt, sondern die Frage, wie sich die Emission in den Augen der Anleger auf die Firma auswirkt. Steigen z.B. die Aktienkurse an, können OA/WA mit positiven Auswirkungen auf den Firmenwert in Verbindung gebracht werden. Hinter diesen Ueberlegungen steht die Idee, dass die Investoren die angekündigte Emission als neue Information aufnehmen und hinsichtlich (realer) Auswirkungen auf den zukünftigen Firmenerfolg beurteilen.

1.3. Zusammenfassung

In diesem dritten Kapitel soll die Marktreaktion auf Finanzierungsentscheide von schweizerischen Unternehmen am Beispiel der Emission von OA/WA untersucht werden. Da die empirische Untersuchung des Plazierungserfolges der Anleihe mit einer Vielfalt von Problemen verbunden ist, wird nur die Aktienkursreaktion analysiert. Diese Methode hat zudem den Vorteil eines breiteren Erkenntnisspektrums, da die Reaktion des gesamten Firmenwerts untersucht wird. Bei der Analyse des Plazierungserfolges steht demgegenüber die Konditionsgestaltung der OA/WA im Vordergrund. Aussagen über die Auswirkungen auf die Gesellschaft sind nur beschränkt möglich. Hauptziele der folgenden empirischen Untersuchung sind also,

a) Rückschlüsse über das Finanzierungsverhalten der Firmen und insbesondere über die Verwendung von eigenkapitalbezogenen Anleihen zu erhalten und
b) einen Vergleich mit Ergebnissen aus dem amerikanischen Kapitalmarkt anzustellen, um Auswirkungen von institutionellen Besonderheiten in der Schweiz festzustellen.

2. Ergebnisse von Ereignisstudien

Für den amerikanischen Kapitalmarkt sind eine Reihe sogenannter "Event Studies" (nachfolgend mit Ereignisstudie übersetzt) durchgeführt worden, um die Aktienkursreaktion auf die Ankündigung einer Finanzierungsaktion zu untersuchen. In diesem Abschnitt sollen diese Ergebnisse vorgestellt und mit solchen aus dem Schweizer Finanzmarkt verglichen werden. Sie dienen als Grundlage und als Vergleich für die eigenen Resultate.

2.1. Ergebnisse für Aktien, Preferred Stocks und Straight Bonds in den USA

Smith [1986, Table 1] fasst die Resultate für den amerikanischen Kapitalmarkt zusammen.[2] Für Aktienemissionen werden durchwegs signifikant negative Ankündigungseffekte registriert. Während den zwei Ankündigungstagen berechnet Smith bei Industriegesellschaften einen durchschnittlichen Kursverlust von 3.14%.[3] Bei "utility firms" sinken die Aktienpreise mit 0.75% weniger stark. Auch zwei neuere Arbeiten zeigen ein ähnliches Bild. Kalay/Shimrat [1987] berechnen bei 455 Aktienemissionen von Industriefirmen eine zweitägige Ueberschussrendite von -3.36%. Und Barclay/Litzenberger [1988] untersuchen den Effekt innerhalb des Handelstages, an dem die Emission angekündigt wird. In der ersten Viertelstunde nach Bekanntgabe stellen sie einen Kursrückgang von 1.34% und nach drei Stunden einen Verlust von 2.44% fest.

Smith [1986] zitiert zwei Studien, die die Emission von Preferred Stocks untersuchen und hier keine signifikanten Ankündigungseffekte (-0.19%) finden. Auch bei gewöhnlichen Anleihen (in drei Studien getestet) wird eine Kursreaktion (-0.26%) festgestellt,

---

[2] Vgl. Smith [1986] und Zimmermann [1986] für die Quellenangabe der einzelnen Untersuchungen.

[3] Ankündigungstage = Tag, an dem die Emission zum ersten Mal im Wall Street Journal erwähnt wird, plus dem vorangegangenen Handelstag.
Bei der Durchschnittsberechnung werden die Kursverluste der einzelnen Studien mit der jeweiligen Stichprobengrösse gewichtet.

die nicht signifikant von Null verschieden ist. Barclay/Litzenberger bestätigen dies, indem sie in den ersten Minuten und Stunden nach Bekanntgabe auch nur schwach (nicht signifikant) negative Reaktionen finden.

Diese Resultate deuten somit darauf hin, dass in den USA Eigenkapitalerhöhungen von den Investoren mit Kursabschlägen auf den Aktien der Emittenten quittiert werden. Die Emission von Fremdkapital und von Preferred Stocks ruft demgegenüber keine signifikanten Preiseffekte hervor.

2.2. Ankündigungseffekte von Wandelanleihen in den USA

Die Aktienkursreaktion auf WA-Emissionen[4] sind in vier Studien untersucht worden (vgl. Tabelle 3.1). In einer ersten betrachten Dann/Mikkelson [1984] WA-Emissionen von 1970 - 1979, wobei etwa die Hälfte aus den Jahren 1970 - 1972 stammen. Das Ankündigungsdatum, an dem zum ersten Mal über Emissionspläne berichtet wird, entnehmen sie dem Wall Street Journal, wobei sie nur WA berücksichtigen, bei denen zum selben Zeitpunkt keine anderen firmenspezifischen Informationen publiziert werden. Für diese Ereignisse werden nun die um den Markttrend korrigierten (Ueberschuss-)Renditen der Aktien der Emittenten berechnet. Die Autoren stellen fest, dass am Ankündigungstag die Kurse einen durchschnittlichen Rückgang von 0.99% und am Tag vorher (-1. Handelstag) einen solchen von 1.33% erleiden. Für die zweitägige Ankündigungsperiode ergibt dies einen durchschnittlichen Preiseffekt von -2.32%.[5] Dieser Wert ist auf dem 1-Prozent-Niveau signifikant von Null verschieden. Von den 132 untersuchten WA weisen dabei 103 (78%) negative Ueberschussrenditen auf. Weiter zeigt sich, dass vom -60. bis zum -2. Handelstag positive kumulierte Ueberschussrenditen (+1.84%) anfallen. Nach der Ankündigung ist demgegenüber ein negativer Trend beobachtbar (vom 2. bis zum 60. Handelstag: -2.96%).

---

[4] OA spielen in den USA nahezu keine Rolle, weshalb über dieses Instrument keine Untersuchungen vorliegen.

[5] Für eine Kontrollstichprobe von 150 gewöhnlichen Anleihen in der gleichen Zeitperiode berechnen Dann/Mikkelson demgegenüber einen nicht signifikanten Kursverlust von 0.37%.

Tabelle 3.1
Ankündigungseffekte von amerikanischen WA: Literaturübersicht

Autoren	Zwei-Tages-Ankündigungseffekt	Grösse der Stichprobe	Untersuchungsperiode
Dann/Mikkelson [1984]	-2.32% *	132	1970-1979
Mikkelson/Partch [1986]	-1.39% *	23	1972-1982
Eckbo [1986]	-1.25% *	75	1964-1981
Janjigian [1987]			1968-1983
Industrien	-1.71% *	234	
Finanzwesen	-2.40% *	32	
Transportwesen	-2.15% *	23	
Versorgungsbereich	-0.87%	12	

Mit Stichprobengrösse gewichteter Durchschnitt: -1.82%
* Statistisch signifikant von Null verschieden

In einem Vergleich verschiedener Finanzierungsinstrumente untersuchen Mikkelson/ Partch [1986] unter anderem auch WA. Für eine Stichprobe von 23 Ankündigungen, wo gleichzeitig keine anderen firmenspezifischen Informationen publiziert wurden, stellen sie einen signifikanten zweitägigen Ankündigungseffekt von -1.39% fest, wobei in 74% der Fälle Kursverluste registriert werden. Ebenfalls signifikant negative Auswirkungen in der Grössenordnung von -1.25% findet Eckbo [1986] für eine Stichprobe von 75 WA. Hier sind 76% der Emissionen mit Kursrückgängen verbunden. Schliesslich untersucht auch Janjigian [1987] die Preiseffekte von WA, wobei er die Emittenten in vier Gruppen aufteilt. Signifikante Kursrückgänge findet er bei Industriefirmen, Finanz- und Transportgesellschaften. Für Firmen im Versorgungsbereich ("utilities") stellt er hingegen eine Ueberschussrendite von nur -0.87% fest, die nicht signifikant von Null verschieden ist.

Aus diesen Resultaten kann geschlossen werden, dass in den USA eine starke Evidenz für signifikant negative Preiseffekte von WA-Emissionen vorliegt. Der mit der Stichprobengrösse gewichtete durchschnittliche Kursrückgang in allen vier Studien beträgt 1.82%. Im Vergleich zu reinen Aktienemissionen (-3.14%) ist dieser Wert jedoch deutlich kleiner. Andererseits haben WA aber eindeudig negativere Auswirkungen als Straight Bonds (-0.26%).[6] Dieses Ergebnis passt damit genau zur Ueberlegung, dass WA lediglich eine Art Zwitterlösung von Aktien und gewöhnlichen Anleihen sind.

2.3. Ankündigungseffekte auf dem schweizerischen Kapitalmarkt

Zimmermann [1986] (vgl. auch Loderer/Zimmermann [1988]) untersucht Preiseffekte in der Schweiz anhand von Monatsdaten. Bei 144 Kapitalerhöhungen von 61 Gesellschaften während 1973 bis 1983 findet er in den beiden Monaten vor dem Ankündigungszeitpunkt eine positive Reaktion. Die um die allgemeine Marktentwicklung bereinigte Rendite liegt bei ca. +3%. Diese Ueberschussrendite ist zwar statistisch nicht signifikant, jedoch sind ein signifikant über 50% liegender Anteil der Emissionen mit einer positiven Reaktionen verbunden. In den Monaten nach der Emission wird ein starkes Abfallen der titelspezifischen Renditen festgestellt,[7] das die überdurchschnittlichen Kursgewinne bei Ankündigung wieder zum Verschwinden bringt. Eine separate Analyse bei den einzelnen Titelkategorien ergibt grundsätzlich das gleiche Bild. Der positive Ankündigungseffekt ist dabei bei Inhaberaktien am stärksten. Zudem ist die Reaktion ausgeprägter bei Firmen, die ihr Aktienkapital unregelmässig erhöhen und die nur Inhabertitel führen. In der Studie wird auch die Reaktion im Emissionsmonat untersucht, also jenem Monat, in dem die neuen Titel erstmals zum Bezug angeboten werden. Hier sind die Reaktionen bei Inhaberaktien und PS schwach positiv, bei Namentiteln hingegen stark negativ.

Diese schweizerischen Ergebnisse weichen deutlich von den amerikanischen ab. Eine mögliche Erklärung dafür ist, dass die untersuchten Aktienkapitalerhöhungen in der Schweiz über Bezugsrechte erfolgen, während in den USA die freie Emission die Regel ist. Eine analoge Ereignisstudie von Zimmermann [1986] für 30 amerikanische Bezugsrechtsemissionen mit Monatsrenditen zeigt, dass der Ankündigungseffekt nicht

---

[6] Die Vergleiche erfolgen dabei über dieselben Zeitperioden (Ende der sechziger bis Anfang der achtziger Jahre).

[7] Ein Vorzeichentest zeigt allerdings, dass dieses Resultat durch Outliers hervorgerufen wird.

signifikant negativ ist. Hingegen decken sich die schwach negativen Ueberschussrenditen immer noch nicht mit dem schweizerischen Ergebnis. Keinen grundlegenden Unterschied zu den USA findet Zimmermann bei der Reaktion auf Emissionen von gewöhnlichen Anleihen. Für eine Stichprobe von 113 Obligationen ergeben sich keine charakterischen Aktienpreiseffekte.

3. Erklärungsansätze für Preiseffekte von Emissionen

3.1. Zusammenstellung der Hypothesen

Wie lassen sich die beobachteten Effekte bei der Ankündigung von Emissionen erklären? Antworten dazu werden helfen, das Finanzierungsverhalten der Unternehmen zu verstehen. Insbesondere können konkurrenzierende Theorien über Fragen der Kapitalstruktur, des Verhältnisses zwischen Innen- und Aussenfinanzierung, der Ausschüttungspolitik etc. beurteilt werden. Die folgende Diskussion der verschiedenen Hypothesen schliesst an den Abschnitt über die Zusammenfassung der Finanzierungstheorie an (vgl. 2. Teil, 2. Kapitel). Die unten dargestellten Erklärungsansätze sind somit Folgerungen aus den dort dargestellten Modellen.

Es werden fünf Hypothesen unterschieden (vgl. Tabelle 3.2), wobei die Abgrenzung teilweise etwas arbiträr ausfällt.

Tabelle 3.2
Erklärungen für Ankündigungseffekte bei Aussenfinanzierung

Emissionskosten
 - Kosten für die Leistungen der Emissionsbanken
 - Zu tiefer Emissionspreis für die neuen Wertpapiere

Optimale Kapitalstruktur (Leverage-Vorteil)

Asymmetrisch verteilte Informationen
 - Bewusstes Signalling durch Kapitalstrukturveränderung
 - Unterbewertung des emittierten Titels
 - Unbewusstes Signal für zu tiefen Cashflow

Umverteilung zwischen Gläubigern und Aktionären

Preisdruckeffekt (Unvollkommener Kapitalmarkt)
 - Geneigte Titelnachfragekurve
 - Portfolioanpassungskosten (temporärer Effekt)

Der erste Ansatz geht von den mit der Aussenfinanzierung verbundenen <u>Emissionskosten</u> aus. Im Ausmass, wie der Emittent den Syndikatsbanken Zahlungen leistet, verringert sich der Firmenwert. Dies schlägt sich in einem negativen Ankündigungseffekt für alle Arten von Wertpapieremissionen nieder. Damit hängt das Argument zusammen, dass ein Kursverlust auch durch einen zu tiefen Emissionspreis der neuen Titel erklärt werden kann. Solche Emissionskosten im weiteren Sinne führen zu einer Umverteilung von den alten Aktionären/Gläubigern zu den Zeichnern der neuen Wertpapiere.

Der <u>Leverageeffekt</u> knüpft an die Diskussion über die optimale Kapitalstruktur an. Steuern, Bankrott- und Agency-Kosten determinieren den optimalen Verschuldungsgrad. Wird im speziellen von den letzten beiden Aspekte abstrahiert, bewirkt eine Leverage-Erhöhung einen höheren Steuervorteil und einen entsprechend höheren Firmenwert. Die Emission von Fremdkapital wird hier mit einem positiven und eine Aktienkapitalerhöhung mit einem negativen Aktienpreiseffekt verbunden sein.

Effekte von <u>asymmetrisch verteilten Informationen</u> sind aufgrund von drei Ueberlegungen denkbar. Erstens kann das Management bewusst versuchen, mit der Kapitalstruktur den wahren Firmenwert zu signalisieren. In den Modellen von Ross [1977], Leland/Pyle [1977] und Blazenko [1987] ist "gute" Information stets mit einem hohen Leverage verbunden. Aktienemissionen sollten demgemäss zu negativen Preiseffekten führen. Zweitens argumentieren Myers/Majluf [1984], dass die Investoren eine Aktienkapitalerhöhung mit einer in den Augen des Managements bestehenden Ueberbewertung der Firma in Verbindung bringen. Externe Eigenkapitalbeschaffung ist somit mit einem negativen Ankündigungseffekt verbunden. Bei Fremdkapitalemissionen ist das Ergebnis weniger klar. Sie kann ebenfalls durch eine bestehende Ueberbewertung "begünstigt" werden. Entscheidend ist, inwieweit der Markt über die Investitionsabsichten und die erwartete Rentabilität von anstehenden Projekten informiert ist. Eine Anleihensemission kann durchaus mit einer Firmenunterbewertung verbunden sein, wenn gleichzeitig der erwartete Nettobarwert des Projekts genügend gross ist. Somit kann mindestens gefolgert werden, dass Emissionen von Eigenkapital stärker auf eine bestehende Ueberbewertung hindeuten und entsprechend negativere Effekte hervorrufen als solche von Fremdkapital. Als dritter Ansatz der Informationseffekt-Hypothese bietet sich das Modell von Miller/Rock [1985] an. Hier signalisiert eine Kapitalaufnahme zu tiefe erarbeitete Cashflows im Vergleich zu den Investitionsvorhaben. Aussenfinanzierung jeglicher Art ist hier mit einem Kursrückgang verbunden.

Umverteilungsaspekte zwischen Gläubigern und Aktionären stehen beim vierten Ansatz im Vordergrund. Wie die Agency-Diskussion zeigt, kann eine unerwartete Aufnahme von Fremdkapital das Risiko der alten Gläubiger erhöhen und den Wert ihrer Forderungen beeinträchtigen. Die Profiteure dieser Transaktion sind die Aktionäre. Umgekehrt senkt eine Aktienkapitalerhöhung das Risiko der ausstehenden Schulden. Es kommt zu einer Umverteilung von den Aktionären zu den Gläubigern und zu einem negativen Aktienpreiseffekt.

Schliesslich werden Preisdruckeffekte als Reaktion auf die Ausgabe von neuen Titeln diskutiert.[8] Die These der geneigten Titel-Nachfragekurve basiert auf der Annahme von nicht vollständigen Kapitalmärkten mit Leerverkaufrestriktionen. Unter diesen Bedingungen existieren keine perfekte Substitute für die Wertpapiere einer Firma. Folglich führt eine Erhöhung der Menge eines Titels zu einem permanenten Kursverlust, der um so grösser ist, je mehr Wertpapiere emittiert werden. Ein etwas anderes Argument liegt der Transaktionskostenthese zugrunde. Auch wenn fast perfekte Substitute existieren, werden neue Titel nur zu einem Kursverlust absetzbar sein, da die Investoren bei Anpassung ihrer Portfolios mit Kosten konfrontiert sind. Dieser negative Preiseffekt ist aber nur temporär, da sich (nach der Portfolioumschichtung) für die Bewertung des Titels nichts geändert hat. Preisdruckeffekte können schliesslich auch mit dem Vorliegen von heterogenen Erwartungen erklärt werden. In einem solchen Fall werden die Wirtschaftssubjekte bei einer gegebenen Menge für ein Wertpapier unterschiedliche Preise zu zahlen bereit sein. Die Aggregation der individuellen Nachfragekurven führt dann zu einer fallenden Gesamtnachfrage.

---

[8] Für eine detaillierte Diskussion mit entsprechender Literaturangabe vgl. Zimmermann [1986] S. 193ff.

3.2. Folgerungen aus den amerikanischen Ereignisstudien

3.2.1. Aktien- und Anleihensemissionen

Da alle Hypothesen gleichermassen erklären können, weshalb eine Aktienkapitalerhöhung mit einem negativen Preiseffekt verbunden ist, sind weitere Untersuchungen durchgeführt worden, deren Ergebnisse in diesem Abschnitt zusammengefasst werden.[9]

a) Ueberraschungsgrad der Emission

Grundsätzlich hängt das Ausmass der Reaktion von der Höhe des Ueberraschungsgrades der Finanzaktion ab. Bei antizipierten Ankündigungen ist mit kleineren (keinen) Effekten zu rechnen wie bei unerwarteten Kapitalaufnahmen. Eine empirische Bestätigung findet dies durch die geringeren Preisreaktionen bei Emissionen von Versorgungsunternehmen ("utilities") im Vergleich zu Industriebetrieben. Da "utilities" aus institutionellen Gründen regelmässiger an den Kapitalmarkt gelangen, ist dies in der Regel mit einem tieferen Ueberraschungsgehalt verbunden. Ein ähnliches Argument besagt, dass Anleihensemissionen besser als Aktienkapitalerhöhungen prognostizierbar sind. Begründet wird dies, dass Bond-Emissionen stärker von allgemein bekannten Fremdkapital-Rückzahlungen als von Einkommensschwankungen abhängig sind und dass Anleihen öfters hohe Bankkredite ablösen. Sind letztere bekannt, kann relativ zuverlässig auf zukünftige Obligationsemissionen geschlossen werden. Diese Hypothese kann somit die unterschiedlichen Ankündigungseffekte von Aktien- und Anleihensemissionen, nicht jedoch deren negatives Vorzeichen erklären.

b) Emissionskosten

Das Problem beim Emissionskosten-Ansatz liegt darin, dass deren Höhe allgemein bekannt ist und dass Emissionen eine freiwillige Handlung darstellen. Bei rational

---

[9] Die Zusammenfassung basiert auf Smith [1986] und Zimmermann [1986, S.190ff] und der dort zitierten Literatur. Spezielle Literaturverweise erfolgen nur bei neueren Studien.

handelndem Management sollte also eine Kapitalaufnahme nur erfolgen, wenn deren Nutzen die Kosten übersteigen. Bei der Finanzierung einer Investition bedeutet dies z.B., dass der Nettobarwert des Projekts über den Emissionskosten liegt und somit per saldo keine negative Kursreaktion erwartet wird. Asquith/Mullins [1986] und Kolodny/ Suhler [1985] zeigen denn auch, dass in den USA die Emissionskosten bei Aktien- kapitalerhöhungen zu klein sind, um die beobachteten Kursverluste erklären zu können.

c) **Leverageeffekt**

Ebenfalls mit theoretischen Problemen ist die Hypothese des Leverageeffekts verbunden (vgl. Smith [1986]). Solange nämlich nicht unterschieden werden kann, ob eine Veränderung des Fremdkapitalverhältnisses zu einer Bewegung <u>auf</u> der Value-Leverage-Funktion führt oder <u>wegen</u> einer <u>Veränderung</u> der Value-Leverage-Funktion erfolgt, kann keine Aussage über den erwarteten Ankündigungseffekt gemacht werden. Dieser Zusammenhang kann an einem Beispiel illustriert werden (vgl. Abbildung 3.1).

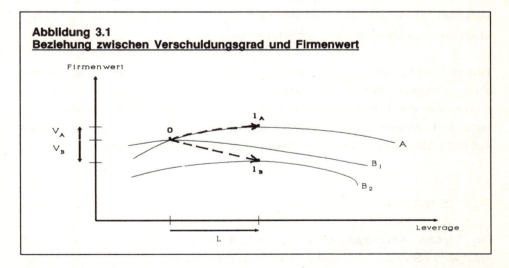

Abbildung 3.1
Beziehung zwischen Verschuldungsgrad und Firmenwert

Eine Unternehmung befinde sich im Punkt 0 und führe eine (leverage-erhöhende) Anleihensemission durch. Diese Finanzaktion kann grundsätzlich aus zwei Gründen erfolgen. Im Fall A will sich die Firma in den Punkt der optimalen Kapitalstruktur begeben, was den Firmenwert erhöht. (Die Gesellschaft hat die Value-Leverage-Funktion A und "verschiebt" sich von der suboptimalen Situation 0 zum optimalen Punkt 1_A.) In diesem Fall stellt sich aber die Frage, weshalb sich die Unternehmung überhaupt im Punkt 0 befand und nicht früher das Fremdkapitalverhältnis angepasst hat. Als Erklärung dafür drängen sich Anpassungskosten auf. Diese können die dauernde Einhaltung des Optimalzustandes verhindern. Nun steht die Theorie jedoch vor dem Problem, dass sie sich bei der Erklärung von Finanzierungsentscheiden weniger auf die Existenz von optimalen Kapitalstrukturen, sondern auf die Bestimmung und Analyse der Anpassungskosten konzentrieren müsste. Und eindeutige Ergebnisse dazu fehlen noch. Eine Leverageerhöhung kann aber auch mit Fall B verbunden sein. Hier führt eine Veränderung der Bestimmungsfaktoren (Steuersätze, Bankrottkosten, Agency-Kosten) zu einer neuen Value-Leverage-Funktion, und die Fremdkapitalaufnahme ist die entsprechende Reaktion zur Erhaltung des Optimums. Die Firma befindet sich in der Ausgangslage (Punkt 0) auf der Funktion B1. In welche Richtung sich hier der Firmenwert verändert, ist unbestimmt. Sie hängt von der neuen Value-Leverage-Funktion ab. Z.B. ist auch der Fall denkbar, wo sie (B2) unter der alten liegt, und eine Firmenwerteinbusse resultiert. Hier bewirkt die Finanzaktion wohl die Erreichung eines neuen Optimums (Punkt 1_B), ist aber dennoch mit einem negativen Ankündigungseffekt verbunden. Diese Unbestimmtheit verhindert, dass das Leverageargument eindeutige Prognosen über den Preiseffekt von Emissionen geben kann.

Eine modifizierte Version dieser Hypothese konzentriert sich daher auf den Steuereffekt einer Leverageveränderung. Z.B. verringert eine unerwartete Emission von Aktien den Steuervorteil des Fremdkapitals und führt zu einer entsprechenden Tieferbewertung durch die Investoren. Dieser Steuereffekt kann empirisch jedoch nur einen sehr kleinen Teil der beobachteten Preisreaktion erklären (vgl. Kolodny/Suhler [1985]).

d) Umverteilungseffekt

Der negative Ankündigungseffekt von Aktienemissionen ist auch mit einer nicht antizipierten Senkung des Risikos für die Gläubiger und einer entsprechenden Umverteilung von den Aktionären zu den Fremdkapitalgebern konsistent. Ist diese Hypothese die entscheidende Erklärung, müsste umgekehrt eine Anleihensemission mit einer unerwarteten Erhöhung des Risikos für die alten Gläubiger verbunden sein. Empirischen Untersuchungen zeigen hier jedoch keine positiven Ankündigungseffekte. Ebenso müssten bei Gültigkeit dieses Argumentes bei Aktienemissionen steigende Anleihenskurse, die die Umverteilung widerspiegeln, beobachtet werden können. Kalay/ Shimrat [1987] testen diese Hypothesen, finden aber ebenfalls keine Evidenz dafür.

e) Effekte aus asymmetrisch verteilten Informationen

Aus theoretischer Sicht macht die These von asymmetrisch verteilten Informationen und entsprechenden Preiseffekten den überzeugendsten Eindruck. Das Argument, dass das Management bewusst mit der Leveragehöhe den wahren Firmenwert übermitteln will, findet eine recht breite Bestätigung im amerikanischen Kapitalmarkt (vgl. Smith [1986], Table 3). Leverage-erhöhende Aktionen führen in der Regel zu einem positiven Ankündigungseffekt. Nicht erklärbar ist jedoch die Beobachtung, dass eine Leverageerhöhung durch die Emission von Anleihen nicht zu positiven Reaktionen führt. Dies deutet daraufhin, dass eine externe Kapitalaufnahme an sich ein negatives Signal ist, wie es auch Miller/Rock [1985] und Myers/Majluf [1984] in ihren Modellen zeigen. Der Markt assoziiert die Kapitalaufnahme mit einem schlechter als erwarteten Firmenergebnis. Eine Zusammenstellung von unterschiedlichen Finanzaktionen zeigt denn auch, dass Ankündigungen, die auf höhere Cash-flows hindeuten, zu positiven und solche, die auf tiefere Cashflows hindeuten, zu negativen Kursreaktion führen (vgl. Smith [1986] Table 2). Nicht zur These von Miller/Rock passt aber die in mehreren Studien gemachte Beobachtung, dass nicht jede Mittelaufnahme zu etwa gleich negativen Preiseffekten führt (bei Aktienemissionen sind sie signifikant negativer als bei Anleihensbegebungen).

Diese letzte Tatsache kann hingegen mit dem Myers/Majluf-Modell erklärt werden, wonach die Aufnahme von Eigenkapital auf eine Firmenüberbewertung hindeutet. Aber auch mit dieser Hypothese sind die empirischen Resultate nicht vollständig konsistent. Eckbo [1986] disaggregiert die untersuchten Anleihen nach deren Risikoklasse und findet keine unterschiedlichen Ankündigungseffekte. Dies widerspricht der Aussage von Myers/Mayluf, dass ein risikovollerer Titel stärker auf eine Ueberbewertung reagieren wird.

f) Preisdruckeffekt

Schliesslich kann die negative Reaktion bei Aktienkapitalerhöhungen mit einem Preisdruckeffekt zusammenhängen. Die empirischen Untersuchungen aufgrund von Tagesdaten ergeben kein einheitliches Bild. Das Vorliegen eines permanenten Preiseffekts aufgrund von geneigten Titelnachfragekurven kann nicht völlig ausgeschlossen werden. Eine Studie von Barclay/Litzenberger [1988] über kurzfristige Effekte innerhalb des Ankündigungstages deutet jedoch vor allem auf einen temporären Preisdruck hin.

Eine Wertung der empirischen Ergebnisse vom amerikanischen Kapitalmarkt ist mit einigen Schwierigkeiten verbunden. Dennoch wird eine Tendenz deutlich, dass Portfolioanpassungen nicht kostenlos möglich sind und neue Wertpapiere darum kurzfristig mit einem relativ starken Abschlag gehandelt werden. Zudem scheint eine Kombination von Informationseffekten einzutreten. Investoren bewerten eine externe Kapitalaufnahme grundsätzlich als negative Neuigkeit bezüglich Cashflow-Situation der Firma. Erfolgt die Mittelaufnahme über Anleihen, wird dieser Effekt (teilweise) aufgehoben durch eine positive Interpretation der Leverageerhöhung. Demgegenüber deuten Eigenkapitalerhöhungen auf bestehende Ueberbewertungen hin, die den an sich schon negativen Finanzierungseffekt noch verstärken.

3.2.2. Wandelanleihensemissionen

Die beobachteten Ankündigungseffekte von WA-Emissionen widersprechen der obigen Synthese der relevanten Hypothesen nicht. Der Preiseffekt ist signifikant negativ, aber deutlich weniger ausgeprägt als bei Aktienemissionen. Dies ist grundsätzlich positive Evidenz für das Myers/Majluf-Modell. Detailliertere Analysen sollen dieses Ergebnis weiter aufschlüsseln. Im Mittelpunkt der Diskussion steht insbesondere der Leverageeffekt von WA. Da sie neben einer Fremdkapital- auch eine Warrant- (und damit eine Eigenkapitalkomponente) haben, ist die Feststellung der Leverageveränderung durch eine WA-Emission ein nicht-triviales Problem.[10] Trifft die Hypothese zu, dass das

---

[10] Insbesondere bei Firmen, die vor der Emission bereits einen sehr hohen Leverage aufweisen und deren WA einen im Vergleich zum aktuellen Aktienkurs tiefen Wandelpreis aufweisen, kann eine WA auch leverage-<u>senkend</u> wirken.

Management mit der Leveragehöhe bewusst den wahren Firmenwert übermitteln will, sollte eine WA ceteris paribus mit um so negativeren Preiseffekten verbunden sein, je weniger sie den Leverage erhöht (bzw. je mehr sie ihn senkt). Da die Leverageveränderung von WA empirisch nur schwierig feststellbar ist, vergleichen Dann/Mikkelson [1984] und Mikkelson/Partch [1986] Emissionen, die der Refinanzierung von Anleihen dienen mit solchen, die der Finanzierung von Investitionsprojekten dienen. Die Autoren unterstellen, dass Refinanzierungsaktionen den Fremdkapitalanteil tendenziell senken (bzw. nicht verändern). Im Gegensatz dazu werden Mittelaufnahmen für Investitionen den Leverage tendenziell erhöhen. Beide Studien finden keinen Unterschied zwischen den beiden Stichproben. WA werden also offensichtlich vom Kapitalmarkt nicht nach Leveragesignalen bewertet. Diese Erkenntnis ist aber auch Evidenz gegen die Miller/Rock-These. Sie postuliert, dass Emissionen, die der Neufinanzierung dienen, ein negatives Signal sind, die zu einem Aktienkursverlust führen. Refinanzierungen sind demgegenüber ohne Signalwirkung.

Janjigian [1987] versucht, die Leverageveränderung von WA-Emissionen direkt zu bestimmen. Er schätzt dazu den Eigen- und den Fremdkapitalanteil jeder WA mittels einer Regression der WA-Renditen auf die Aktienrenditen und einem Proxy für Anleihensrenditen. Es zeigt sich, dass die untersuchten Anleihen einen durchschnittlichen Eigenkapitalanteil von ca. 50% haben. Um die Leverageveränderung zu erhalten, werden diese Werte durch die im Zeitpunkt der Emission bestehenden Eigenkapitalanteile dividiert. Schliesslich testet Janjigian, inwieweit dieses Verhältnis die Höhe der Aktienpreisreaktionen erklären kann. Bei Industriefirmen ergibt die Regression einen signifikant negativen Zusammenhang. Je stärker also eine WA-Emission den Leverage senkt, um so negativer reagiert der Markt darauf. Einschränkend muss allerdings angefügt werden, dass diese Regression nur 1.7% der Ueberschussrenditen-Varianz erklären kann und dass das Absolutglied (signifikant) negativ ist. Eine WA-Emission hat also auch nach Ausschaltung des Leverageeffekts noch einen deutlich negativen Ankündigungseffekt.

Während die Beobachtungen zum Leverage-Informationseffekt nicht eindeutig sind, führt Eckbo [1986] weitere Evidenz gegen die Miller/Rock-Hypothese an. Seine Regression der Ueberschussrenditen auf die Höhe des Emissionsbetrages ergibt keinen signifikanten Zusammenhang. Eine höhere Kapitalaufnahme führt also nicht zu einem negativeren Signal, wie es im Miller/Rock-Modell erwartet wird.

Es bleibt somit die Vermutung, dass WA-Emissionen vom Markt hauptsächlich auf einen Signalgehalt für eine Firmenüber- oder -unterbewertung untersucht werden.[11] Mikkelson/Partch [1986] analysieren diese These genauer, indem sie unterscheiden zwischen vollzogenen und nach der Ankündigung wieder zurückgezogenen WA-Emissionen, d.h. solchen, bei denen die Gesellschaft nach Bekanntwerden der Emissionsabsicht auf eine effektive Durchführung verzichtet. Sie stellen fest, dass die Ueberschussrenditen in beiden Fällen vom 60. bis zum zweiten Handelstag vor der Ankündigung signifikant positiv sind. Bei der Ankündigung ist ebenfalls in beiden Fällen der bekannte negative Effekt zu beobachten. Während aber bei den vollzogenen Kapitalaufnahmen zwischen der Ankündigung und der eigentlichen Emission positive Ueberschussrenditen resultieren, werden bei den zurückgezogenen Fällen in der Zeit von der Ankündigung bis zur Bekanntgabe des Rückzuges Kursrückgänge gemessen. Und auch der Effekt der Bekanntgabe der Emission (negativ) bzw. des Rückzuges (positiv) ist unterschiedlich. Mikkelson/Partch interpretieren diese Beobachtungen als starke Evidenz für das Modell von Myers/Majluf. Das Management will teure Wertpapiere emittieren, was die Investoren auch realisieren. Eine Emission von WA ist somit ein Signal, dass das Management die Aktien ihrer Firma für überbewertet betrachtet. Sind dann die Nach-Ankündigungs-Renditen positiv, steigt die Wahrscheinlichkeit, dass das Management tatsächlich auch emittiert, und umgekehrt. Die Durchführung der Emission lässt schliesslich die Investoren vermuten, dass die Firma immer noch überbewertet ist. Umgekehrt lässt ein Rückzug die Folgerung zu, dass die Aktien in den Augen der Manager nicht mehr zu teuer sind.

Aber auch bei den WA ist dieser Erklärungsansatz nicht frei von Widersprüchen. Denn sowohl Eckbo [1986] als auch Mikkelson/Partch [1986] stellen keine signifikante Beziehung zwischen der Höhe der Ueberschussrendite und dem Risikograd der Anleihe (repräsentiert im Bond-Rating) fest. WA-Emissionen mit einem höheren Risiko (die also stärker auf eine mögliche Firmenüberbewertung reagieren) führen entgegen der Erwartung von Myers/Majluf <u>nicht</u> zu einem stärkeren Kursverlust.

---

[11] Speziell für WA hat Kim [1990] ein Modell entwickelt, dass den negativen Ankündigungseffekt erklären kann. Er zeigt die Existenz eines Signalling-Gleichgewichts auf, indem das (Aktionärsinteressen maximierende) Management positive Ertragserwartungen mit einem tiefen Eigenkapitalgehalt der WA signalisiert. Die "beste" Firma benützt in diesem Modell ausschliesslich gewöhnliche Anleihen zur Finanzierung von Investitionsprojekten, während die anderen auf WA, oder im schlechtesten Fall auf reine Aktienemissionen, zurückgreifen müssen und sich mit einem entsprechenden negativen Ankündigungseffekt konfrontiert sehen.

Eckbo zeigt im übrigen, dass der Ankündigungseffekt auch nicht mit einem möglichen Steuervorteil der Fremdkapitalkomponente und den direkten Emissionskosten erklärt werden kann. Es verbleibt die Hypothese, dass die WA zu einem zu tiefen Preis emittiert werden, was zu einer entsprechenden Vermögensumverteilung führt. Dann/ Mikkelson [1984] und Eckbo [1986] untersuchen diese Möglichkeit, indem sie ihre Stichproben nach freien Emissionen und solchen mittels Bezugsrecht unterscheiden. Erhält der Altaktionär ein Bezugsrecht auf eine neu zu emittierende WA, spielt ein mögliches Underpricing keine Rolle, sofern die Rechte im Markt gehandelt werden können. Ein Aktienkursverlust sollte hier nicht beobachtet werden können. In beiden Studien ist denn auch der negative Effekt bei Bezugsrechtsemissionen kleiner. Jedoch ist beide Male der Unterschied zwischen den beiden Stichprobe statistisch nicht signifikant, so dass nur von einer schwachen Evidenz für die Underpricing-These gesprochen werden kann.

Nicht geklärt ist auch der "Issuance Date"-Effekt. Dann/Mikkelson [1984] stellen für die zwei Tage an (bzw. vor) dem das definitive Zeichnungsangebot zum ersten Mal im Wall Street Journal ankündigt wird, einen marktbereinigten Kursrückgang von 1.54% fest. Wie oben dargelegt erklären dies Mikkelson/Partch damit, dass die tatsächlich durchgeführte Emission mit einem Signal über eine weiterhin bestehende Ueberbewertung verbunden ist. Diese Erklärung vermag aber nur zu befriedigen, falls diese Information für den Markt überraschend kommt. In den USA (wie auch in der Schweiz[12]) ist die Wahrscheinlichkeit für einen Rückzug einer WA jedoch sehr klein (vgl. Dann/Mikkelson [1984]). Rationale Investoren sollten also von einer effektiv durchgeführten Emission in der Regel nicht überrascht werden.[13] Dann/Mikkelson diskutieren darum weitere Erklärungsversuche für dieses Phänomen. Ein Ansatz bezieht den Kursverlust auf die Bekanntgabe der Konditionen der Anleihe. Sind diese vom Altaktionär aus gesehen zu billig, bzw. billiger als nach der Ankündigung der Emissionsabsicht antizipiert, kommt es zu einem Underpricing-Effekt. Diese Idee ist aber kaum mit der Annahme rationaler Erwartungen konsistent. Es erscheint unwahrscheinlich, dass sich der Markt systematisch von (im Vergleich zu den indikativen) tieferen tatsächlichen

---

[12] Nach meinem Wissen wurde erst einmal eine OA/WA nach der Ankündigung zurückgezogen. Dies betraf eine WA während des Börsencrashs im Oktober 1987. Sie wurde ein halbes Jahr später (mit geänderten Konditionen) erneut zur Zeichnung aufgelegt.

[13] Einleuchtender ist der umgekehrte Fall. Der (seltene) Rückzug einer geplanten Emission wird von den Investoren sicher weniger oft vorweggenommen.

Emissionspreisen überraschen lässt. Bleibt schliesslich der Erklärungsversuch über Preisdruckeffekte. Da bei einer WA die Anzahl der Aktien nicht bereits mit der Emission erhöht wird, ist eine permanente Preisreaktion theoretisch nicht eindeutig ableitbar. Entscheidend ist die vom Markt antizipierte potentielle zukünftige Angebotserhöhung, deren Effekt jedoch bereits bei der WA-Ankündigung und nicht erst zu Beginn der Zeichnungsfrist eintreten sollte. Denkbar ist jedoch ein kurzfristiger Preisdruck, der durch die Ausgabe von neuen WA entstehen kann. Sind sie enge Substitute zu den Aktien, kann es zu Portfolioumschichtungen kommen. Investoren sind dann unter Umständen nur bereit, WA bzw. Aktien dieser Firma zu einem (temporären) Abschlag zu übernehmen. Mit Tagesdaten kann ein solches kurzfristiges Preisverhalten jedoch eventuell gar nicht nachgewiesen werden. Es bleibt jedoch die Frage offen, ob sich dieser Effekt <u>während</u> des Handelstages abspielt, wie es Barclay/Litzenberger [1988] bei Aktienemissionen feststellen.

Zusammenfassend beinhalten die empirischen Analysen der Preiseffekte von WA-Emissionen in den USA keine Evidenz gegen die Richtigkeit der "Pecking Order"-Theorie. Die bedeutendste Determinante der Aktienkursreaktion ist die <u>Wahl des Finanzinstrumentes</u>. Der Entscheid, Kapital mittels WA, und nicht über eine Straight Bond-Emission oder eine Aktienkapitalerhöhung, aufzunehmen, ist die wichtigste (neue) Information für die Investoren. Für einen zusätzlichen Einfluss der damit verbunden Leverageveränderung oder eines Underpricings besteht nur eine schwache Evidenz. Andere Faktoren scheinen in den untersuchten Marktpreisen keine beobachtbare Rolle zu spielen.

3.3. Interpretation der schweizerischen Ergebnisse

Die vom amerikanischen Markt abweichenden Ergebnisse für die Schweiz bedeuten, dass Eigenkapitalerhöhungen grundsätzlich nicht mit einem negativen Informationseffekt verbunden sind. Die Kapitalaufnahme scheint vom Markt als ein Indiz für das Vorliegen neuer rentablen Investitionsprojekte interpretiert zu werden, und nicht als ein Signal für tiefer als erwartete Einnahmen oder für eine bestehende Firmenüberwertung.

Zimmermann [1986] hat untersucht, was die Höhe der Ueberschussrendite hauptsächlich determiniert. Einen negativen Einfluss scheint die absolute Höhe des Emissionsvolumens zu haben. Dieser Effekt ist zwar numerisch (aber nicht statistisch) gering, fehlt jedoch bei den nicht-erhöhten Titelkategorien. Dies ist Evidenz für das Vorhandensein von fallenden Titelnachfragekurven und entsprechenden Preisdruckeffekten. Positiv korreliert sind hingegen die Ueberschussrenditen mit der Höhe des Bezugsrechts und des Emissionspreises. Ersteres deutet darauf hin, dass die Investoren eine höhere Ausschüttung (in Ergänzung zu Dividendenzahlungen) positiv aufnehmen. Dies kann mit Diversifikationsüberlegungen erklärt werden. Der Erhalt von liquiden Mitteln erlaubt eine Finanzierung der Konsumbedürfnisse, ohne dass Titel verkauft werden müssen, was mit Portfolioumschichtungen und entsprechenden Transaktionskosten verbunden ist. Der positive Einfluss eines hohen Emissionspreises kann andererseits als Signal für gute Zukunfsaussichten erklärt werden. Werden die Ueberschussrenditen um diese beiden bezugsrechtsspezifischen Effekte korrigiert, resultiert interessanterweise eine negative Preisreaktion. Diese ist zwar statistisch nicht signifikant von Null verschieden, jedoch deutlich ausgeprägter bei unerwarteten Emissionen. Diese Beobachtung unterstützt somit teilweise die Evidenz aus den amerikanischen Studien über freie Emissionen.

3.4. Implikationen für die Ankündigungseffekte von schweizerischen Options- und Wandelanleihen

Welche Ankündigungseffekte werden bei OA/WA-Emissionen in der Schweiz erwartet? Wird die Reaktion auf Kapitalaufnahmen mittels eigenkapitalbezogenen Anleihen eher den amerikanischen oder den schweizerischen Resultaten von Zimmermann [1986] entsprechen?

Deckt sie sich mit den Beobachtungen in den USA, sollte ein signifikant negativer Effekt gemessen werden, der durch theoretische Ueberlegungen relativ gut erklärt werden kann. Ein derartiges Resultat würde auch bedeuten, dass die institutionellen Unterschiede zwischen den USA und der Schweiz keine Auswirkungen hätten. A priori Ueberlegungen lassen aber vermuten, dass mindestens zwei Besonderheiten des Schweizer Kapitalmarktes durchaus zu abweichenden Ergebnissen führen können:

a) <u>Weniger strenge Insiderregelung in der Schweiz</u>. Dies führt zur Vermutung, dass sich hier neue Informationen tendenziell früher und weniger "schlagartig" verbreiten. Finanzertscheide werden im Durchschnitt für die Investoren weniger überraschend erfolgen. Die Folge ist, dass sich ein möglicher Informationseffekt nicht nur am Tag der offiziellen Ankündigung, sondern bereits schon mehrere Tage (Wochen?) vorher in den Aktienkursen niederschlägt. Die eigentliche Untersuchungsperiode, die in allen amerikanischen Studien den zwei Tagen um die erstmalige Publikation einer Emissionsabsicht entspricht, bedarf darum eines besonderen Augenmerks.

b) <u>Weniger liquide Kapitalmärkte in der Schweiz</u>. Vor allem bei kleineren Firmen lässt die relativ geringe Anzahl ausstehender Titel befürchten, dass Kursbeeinflussungen möglich sind. Eine besondere Bedeutung hat dies für das in der Praxis öfters gehörte Argument der Kurspflege vor Emissionen. Da der Emittent an einem möglichst hohen Ausgabepreis interessiert ist, kann nicht ausgeschlossen werden, dass er (ev. über einen Dritten) versucht, vor der Ankündigung einer OA/WA den Kurs des Options-/Wandelobjekts zu stützen bzw. anzuheben.

Entspricht der Ankündigungseffekt von OA/WA hingegen dem empirischen Bild von schweizerischen Bezugsrechtsemissionen, ist mit positiven Ueberschussrenditen zu rechnen. Neben der Untersuchung eines anderen Finanzierungsinstrumentes besteht der Unterschied zu Zimmermanns Studie aber darin, dass mittels Tagesdaten kürzerfristige Effekte gemessen werden.[14] Insbesondere interessiert, ob in der Zeit um den Ankündigungstag herum statistisch signifikante Aussagen gemacht werden können, wie es bei der Berechnung von <u>Tages</u>renditen theoretisch eher erwartet werden kann. Zudem lassen die OA/WA-Ergebnisse Folgerungen zu, inwieweit der positive Ankündigungseffekt von schweizerischen Eigenkapitalerhöhungen vor allem von den Besonderheiten des Bezugsrechtsverfahrens abhängen. Korrigiert um die Bezugsrechtskomponenten, stellt Zimmermann einen tendenziell negativen Nettoeffekt fest. Ausgehend von diesem Tatbestand muss auch in der Schweiz nicht unbedingt mit einem positiven Ankündigungseffekt von OA/WA gerechnet werden.

Wie das Resultat der empirischen Untersuchung auch ausfällt, die entscheidende Annahme dieser und auch aller anderen zitierten Studien darf nicht übersehen werden.

---

[14] Mit der Verwendung von Tagesdaten soll insbesondere auch die Vergleichbarkeit mit amerikanischen Untersuchungen gewährleistet werden.

Der Test des Ankündigungseffekts ist <u>gleichzeitig</u> immer auch ein Test der Markteffizienz. Versagen alle "rationalen" Erklärungsversuche, kann somit als letzte Möglichkeit stets die Effizienzannahme fallengelassen bzw. sich irrational verhaltende Investoren angenommen werden. Da dieser Ansatz aber letztlich kein befriedigender Weg ist, kann dies nur eine Notlösung darstellen.

4. Methodologie der Ereignisstudie

4.1. Einleitung

In unserer Untersuchung wird die Aktienkursreaktion auf die Ankündigung von OA/WA-Emissionen schweizerischer Unternehmen berechnet. Das Prinzip dieser empirischen Analyse besteht in der Suche nach charakteristischen Merkmalen in den Kursveränderungen der Beteiligungspapiere der Emittenten. Als Null-Hypothese (H_0) wird postuliert, dass sich die Renditen im Durchschnitt bei der Ankündigung nicht signifikant von 0 unterscheiden. Die Alternativhypothese (H_1) lautet, dass die Renditen in der Ankündigungsperiode entweder grösser oder kleiner als 0 sind.[15] Beachtet werden muss dabei, dass die Aktienkurse nicht nur durch firmenspezifische Informationen beeinflusst werden, sondern auch durch allgemeine Markteinflüsse. Bei der Feststellung der Investorenreaktion auf eine OA/WA-Emission interessiert nur der erste Aspekt. In der Untersuchung wird darum die Marktkomponente der Titelrenditen eliminiert und nur der titelspezifische Faktor beobachtet. Der so resultierende Wert wird als Ueberschussrendite bezeichnet und auf charakteristische Merkmale untersucht. Dieses als Ereignisstudie bezeichnete Analyseverfahren wird seit etwa 20 Jahren regelmässig für die Untersuchung von Ankündigungseffekten angewandt.[16]

---

[15] Die so formulierten H_0 und H_1 sind ein zweiseitiger Test. Da die Macht des Tests aber durch ein einseitiges Verfahren verbessert wird, wird in der Untersuchung jeweils durch a priori Ueberlegungen das erwartete Vorzeichen festgelegt. H_0, die auf Verwerfung getestet wird, lautet z.B. konkret, dass die Renditen kleiner oder gleich 0 sind. Und H_1 als die a priori erwartete Hypothese wird dann heissen, dass die Renditen grösser als 0 sind.

[16] Die erste Studie stammt von Fama et al. [1969]. Ueber die Methodologie von Ereignisstudien vgl. Brown/Warner [1980 und 1985]. Als eine beispielhafte Anwendung, die für Ende der achtziger Jahre wohl als "state-of-the-art" bezeichnet werden kann, gilt die Studie von Dodd/Warner [1983]. Für neuere Beispiele vgl. etwa Asquith/Mullins [1986], Barclay/Litzenberger [1988], Cornett/Travlos [1989], Dann/Mikkelson [1984], Eckbo [1986], Kalay/Shimrat [1987], Kolodny/Suhler [1985], Masulis/Korwar [1986], Mikkelson/Partch [1986], Zimmermann [1986].

4.2. Berechnung der Ueberschussrenditen

Ueberschussrenditen können nur berechnet werden, wenn die zu erwartende Rendite unter der Null-Hypothese bekannt ist, d.h. wenn bestimmt ist, wie sich der Aktienkurs verändern muss, wenn kein Ankündigungseffekt vorliegt. Diese Vergleichsgrösse kann mit unterschiedlichen Methoden berechnet werden. Brown/Warner [1980 und 1985] zeigen mittels Simulationsuntersuchungen, dass die verschiedenen Varianten nahezu gleiche Ergebnisse liefern. Da in der neueren Literatur fast ausschliesslich das OLS-Modell Anwendung findet, wird für diese Studie auch dieser Ansatz gewählt.

Grundlage dieser Methode ist das Ein-Index-Modell (vgl. Zimmermann [1986] S. 159ff), wo unterstellt wird, dass die täglichen Kursveränderungen nur von einem gemeinsamen Faktor (Marktindex) und von der titelspezifischen Komponente abhängen. Die Ueberschussrendite ergibt sich somit aus der Gleichung

$$A_{it} = r_{it} - (\alpha_i + \beta_i \times I_t) \quad (3.1)$$

A_{it} ist die Ueberschussrendite des i-ten Wertpapiers am Tage t, r_{it} ist die tatsächliche Rendite und I_t ist die Rendite des Marktindexes am Tag t. α_i und β_i sind OLS-Schätzkoeffizienten des Marktmodells

$$r_{it} = \alpha_i + \beta_i \times I_t + e_{it} \quad (3.2)$$

e_{it} ist die vom Marktindex nicht erklärte titelspezifische Rendite, wobei insbesondere Cov (I_t, e_{it}) = 0 unterstellt wird.

Als Marktindex wird der aus ca. 70 Titeln bestehende börsenkapitalisierungsgewichtete Index des Schweizerischen Bankvereins (SBV-Index) verwendet. Für die Schätzung der Parameter α_i und β_i (Gl. (3.2)) wird die Periode vom 21. bis zum 120. Handelstag nach dem Ankündigungstermin benützt (für eine zeitliche Uebersicht vgl. Abbildung 3.2). Als Ankündigungstag (= Handelstag 0) gilt das Datum, an dem in der Neuen Zürcher Zeitung (NZZ) die OA/WA-Emission erstmals erwähnt wird. Die eigentliche Berechnung und Untersuchung der Ueberschussrenditen gemäss Gl. (3.1) erfolgt vom 59. Handelstag vor bis zum 20. Handelstag nach der Ankündigung. Diese Ereignisperiode ergibt sich aus a priori Ueberlegungen. Da in der Schweiz nicht ausgeschlossen werden kann, dass die Information über eine bevorstehende Emission bereits vor einer Pressemitteilung im Kapitalmarkt "durchsickert", ist das Verhalten der Aktienkursrenditen schon während einigen Tagen/Wochen vorher von Interesse. Die 20 Handelstage nachher dienen andererseits der Untersuchung, inwieweit in den drei Wochen nach der Ankündigung ein Anpassungsprozess auftritt. Nach der Markteffizienzhypothese müssten in dieser Zeit keine signifikant von Null abweichenden Renditen festgestellt werden.

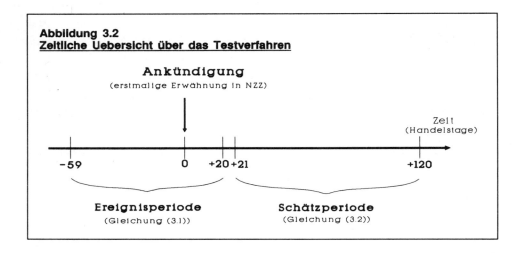

**Abbildung 3.2
Zeitliche Uebersicht über das Testverfahren**

Dass sich die Schätzperiode nicht mit der Ereignisperiode überschneidet, soll eine mögliche Verzerrung der Schätzparameter verhindern. Diese tritt ein, wenn tatsächlich ein Ankündigungseffekt mit von Null abweichenden Ueberschussrenditen existiert. Die Parameterschätzung nach der Ankündigung bewirkt jedoch, dass sie Einflüsse der Emission selbst beinhaltet. Wenn nun OA/WA den Leverage im Durchschnitt erhöhen, wird das β_i tendenziell höher geschätzt, als es in der Ereignisperiode vor der Emission tatsächlich war. Dies wiederum bewirkt eine tendenzielle Unterschätzung der Ueberschussrenditen.[17] Diese systematische Verzerrung ist jedoch m.E. nicht derart gravierend, dass sie einer Korrektur bedürfte. Zudem kann bei keiner Alternative (Schätzung vor der bzw. um die Ereignisperiode herum) das Problem gelöst werden, dass α_i und β_i unter Umständen nicht stabil sind. Ebenso bietet die Theorie keine eindeutige Antwort an, über wieviele Handelstage Gl. (3.2) optimalerweise geschätzt werden soll. Der gewählte Ansatz von 100 Tagen lässt sich somit aus dem Fehlen von unumstrittenen Handelsanweisungen für Ereignisstudien legitimieren. Aehnliche Anwen-

---

[17] Das heisst, dass $H_0 = 0$ tendenziell zu wenig oft abgelehnt wird.

dungen in der Literatur sind sowohl hinsichtlich Festlegung der Schätzperiode nach der Ereignisperiode (vgl. Mikkelson/Partch [1986] wie auch hinsichtlich Länge der Schätzperiode (vgl. Cornett/Travlos [1989]) zu finden.

4.3. Auswertung der Ueberschussrenditen

Um den durchschnittlichen Ankündigungseffekt eines Ereignisses zu bestimmen, sind alle Ueberschussrenditen der relevanten Stichprobe zu aggregieren. Für jeden Handelstag der Ereignisperiode wird darum das arithmetische Mittel berechnet:

$$DA_t = 1/N \sum_{i=1}^{N} A_{it} \qquad (3.3)$$

DA_t ist die durchschnittliche Ueberschussrendite am Handelstage t und N ist die Anzahl Ereignisse in der Stichprobe.

Da angenommen werden muss, dass der gesamte Ankündigungseffekt nicht genau an einem Handelstag (z.B. am Tage der erstmaligen Erwähnung der Emission in der NZZ) eintritt, werden die Durchschnitts-Ueberschussrenditen auch über bestimmte Zeitintervalle berechnet, d.h.

$$DIA_{T1,T2} = 1/N \sum_{i=1}^{N} \sum_{t=T1i}^{T2i} A_{it} \qquad (3.4)$$

$DIA_{T1,T2}$ ist die durchschnittliche Ueberschussrendite in der Zeit von T1 bis T2.

Auf diese Weise werden also die Renditen über verschiedene Zeitperioden kumuliert. Werden im speziellen die kumulierten Werte vom ersten Tag der Ereignisperiode (-59. Handelstag) bis zum letzten (+20. Handelstag) dargestellt, erkennt man die Entwicklung während der gesamten Ereignisperiode.

Die zu testende Hypothese (H_0) lautet nun

$$DA_t \text{ bzw. } DIA_{T1,T2} = 0 \qquad (3.5)$$

Bei Ablehnung liegt Evidenz vor, dass OA/WA-Emissionen den Markt zu einer Neubewertung der Beteiligungspapiere des Emittenten veranlassen.

4.4. Signifikanztests

Um die Gültigkeit von H_o zu beurteilen, wird eine Teststatistik entwickelt, die eine Berechnung von Konfidenzintervallen für die Ablehnung oder Annahme erlaubt. Dies geschieht durch die Standardisierung der einzelnen Ueberschussrenditen

$$S_{it} = A_{it} / s_i \qquad (3.6)$$

S_{it} bezeichnet die standardisierte Ueberschussrendite des i-ten Titels am Handelstage t und s_i ist die geschätzte Standardabweichung der titelspezifischen Komponente e_{it} in der Schätzperiode (gemäss Regressionsgleichung (3.2)).[18]

Wie bei den absoluten kann auch für die standardisierten Ueberschussrenditen am Handelstag t der Stichprobendurchschnitt (DS_t) berechnet werden

$$DS_t = 1/N \sum_{i=1}^{N} S_{it} \qquad (3.7)$$

Trifft man nun die Annahme, dass die täglichen Ueberschussrenditen <u>normalverteilt</u>

---

[18] Für die korrekte Standardisierung müsste die Standardabweichung der Titelresiduen (s_i) für jeden einzelnen Tag der Ereignisperiode mit folgendem Term multipliziert werden

$$\sqrt{[1 + 1/T_s + (I_t - DI_t)^2 / \sum_{\tau=1}^{T_s} (I_\tau - DI_t)^2]} \qquad (3.6a)$$

T_s ist die Anzahl Tage der Schätzperiode und DI_t die durchschnittliche Rendite des Marktindexes während der Schätzperiode.
Dieser Ausdruck berücksichtigt, dass die Ueberschussrendite genau genommen mit der geschätzten, für den Tag t vorausgesagten Standardabweichung standardisiert werden müsste. In unserer Studie wird von dieser Korrektur abgesehen, da der Term (3.6a) nahe bei 1 zu liegen kommt. Es gilt nämlich, dass T_s = 100 und dass der dritte Summand im Durchschnitt ca. 0.01 beträgt. Daraus folgt, dass der Korrekturfaktor etwa die Grössenordnung von 1.01 hat. Die Vernachlässigung dieses Terms bewirkt, dass die standardisierten Ueberschussrenditen ein klein wenig überschätzt werden und somit eine minime Tendenz für eine zu rasche Ablehnung von H_o besteht. Brown/Warner [1985] bestätigen aber, dass die obige Vereinfachung keinen Einfluss auf die Aussagekraft der Ergebnisse hat.

sind, so folgt, dass die S_{lt} t-verteilt sind mit einer Varianz von ca. 1.02.[19] Unterstellt man weiter, dass die absoluten Ueberschussrenditen voneinander <u>unabhängig</u> sind, führt der zentrale Grenzwertsatz dazu, dass der Stichprobendurchschnitt (DS_t) asymptotisch normalverteilt ist. Ihre Varianz beträgt 1.02 x 1/N, was approximativ 1/N entspricht. Für diese Variable kann nun folgende Teststatistik berechnet werden

$$Z = \sqrt{N} \times DS_t \qquad (3.8)$$

Unter der Nullhypothese, dass die durchschnittlichen standardisierten Ueberschussrenditen Null betragen, ist Z <u>standardnormal</u>verteilt. Somit sind die Konfidenzintervalle für eine Verwerfung von H_0 bekannt.

Die Unabhängigkeits-Annahme der standardisierten Ueberschussrenditen bedarf eines Kommentars. Brown/Warner [1985] haben in ihren Simulationsuntersuchungen die Möglichkeit einer Abhängigkeit ("cross-sectional dependence") durch eine entsprechende Anpassung berücksichtigt. Sie stellen aber fest, dass bei einem kleinen Grad von Abhängigkeit eine solche Korrektur kaum bessere Ergebnisse erbringt. Sie kann sogar unter Umständen die Macht des Tests entscheidend verschlechtern. Sie folgern darum, dass die Unabhängigkeits-Annahme sinnvoll ist, solange nicht mit einem <u>hohen Grad</u> von "cross-sectional dependence" gerechnet werden muss. Dies tritt vor allem dann ein, wenn die Ankündigungsdaten in der Stichprobe auf einen oder wenige Tage konzentriert sind ("clustering") und gleichzeitig die zu untersuchenden Ereignisse in der gleichen Branche anfallen. Diese Kombination liegt aber bei OA/WA-Emissionen nicht vor, so dass die Annahme problemlos gemacht werden kann.

Eine Teststatistik für Ueberschussrenditen während eines mehrtägigen Ereignisintervalls kann ebenfalls berechnet werden. Die standardisierte Ueberschussrendite für die Zeitperiode T1 bis T2 ($DIS_{T1,T2}$) beträgt dabei

$$DIS_{T1,T2} = \sum_{t=T1}^{T2} DS_t / \sqrt{(T2 - T1 + 1)}. \qquad (3.9)$$

---

[19] Die Varianz entspricht $T_*/(T_* - 2)$, in unserem Fall also 100/98.

Unter den gleichen Annahmen (unabhängig normalverteilte Ueberschussrenditen) ergibt sich wiederum die unter H_0 standardnormalverteilte Teststatistik

$$Z = \sqrt{N} \times DIS_{T1,T2} \qquad (3.10)$$

Diese Methode erlaubt es, Ankündigungseffekte zu eruieren, wo das zeitliche Eintreffen der neuen Information nicht genau festgelegt ist. Es zeigt sich allerdings, dass die Macht des Tests mit einer Verlängerung des Ereignisintervals abnimmt (vgl. Brown/Warner [1980, 1985]. Eine genaue Feststellung des Ankündigungstermins ist deshalb nützlich, da sie eindeutigere Signifikanzaussagen ermöglicht.

Interessant für unsere Untersuchungen ist auch die Frage, wie sich die <u>Stichprobengrösse</u> auf die Teststatistik auswirkt. Gewisse Untergruppen, die von besonderem Interesse sein werden, umfassen relativ wenige Ereignisse. Brown/Warner [1985] haben auch dieses Problem untersucht. Ihre Simulationen ergeben, dass für Stichproben mit 20 oder gar nur 5 Ereignissen, die Teststatistik in der Regel gut spezifiziert bleibt. Hingegen sollten die Signifikantsniveaus mit einer gewissen Vorsicht und nicht allzu wörtlich interpretiert werden. Kleine Stichproben scheinen also nicht zwingend zu Schwierigkeiten zu führen.

Ein weiteres Problem dieser Methode ist die möglicherweise erhöhte Varianz während der Ereignisperiode. Falls die Ankündigung einer OA/WA-Emission für den Kapitalmarkt tatsächlich eine überraschende Neuigkeit ist, besteht die Gefahr, dass die Reaktionen der Investoren nicht nur die Höhe sondern auch die Varianz der Aktienrenditen beeinflussen. Tritt dieser Effekt ein, unterschätzt die geschätzte die tatsächliche Standardabweichung und bewirkt tendenziell zu hohe standardisierte Ueberschussrenditen. Eine Verzerrung in Richtung zu rascher Ablehnung der Null-Hypothese wäre die Folge. Brown/Warner [1985] untersuchen Methoden, die dieses Problem umgehen. Es zeigt sich jedoch, dass der wichtigste Vorschlag, für jeden Untersuchungstag die Standardabweichung über die Ereignisse hinweg ("cross-sectional procedure") zu berechnen, auch mit Problemen behaftet ist. Insbesondere taucht hier die Tendenz auf, H_0 zu oft fälschlicherweise nicht abzulehnen. Für unsere Untersuchung wird darum angenommen, dass keine Varianzerhöhung während der Ereignisperiode eintritt. Als qualitative Einschränkung soll aber angefügt werden, dass daher eine gewisse Verzerrung auftreten kann, die Null-Hypothese zu oft zu verwerfen.

Besonders im schweizerischen Kapitalmarkt besteht eine weitere Gefahr einer systematischen Verzerrung, wenn die Titel von hauptsächlich kleineren Firmen nicht regelmässig gehandelt werden. Für diese Aktien wird die OLS-Schätzung (Gl. (3.2)) tendenziell zu tiefe β_i ergeben. Brown/Warner [1985] argumentieren aber, dass dieser Bias durch eine verzerrte Schätzung von α_i (teilweise) kompensiert wird. In ihren Untersuchungen stellen sie einen gewissen Einfluss dieses Problems fest, indem bei weniger häufig gehandelten Titeln eine Tendenz zu einer zu tiefen Ablehnungsrate der Null-Hypothese besteht. Alternative Prozeduren zur Ausschaltung dieses Problems, ergeben jedoch keine besseren Ergebnisse. In eine ähnliche Richtung geht das Problem autokorrelierter Ueberschussrenditen. Bei Signifikanztests für Ereignisintervalle von mehr als einem Tag können Missspezifikationen eintreten. Brown/Warner [1985] finden eine gewisse Relevanz dieses Problems bei "geclusterten" Daten (in unserer Studie kein Problem) und bei nicht häufig gehandelten Titeln. Da die Grössenordnung des Fehlers in ihren Simulationen jedoch klein ist, wird auf eine Autokorrelationskorrektur verzichtet.

Zusammenfassend kann festgehalten werden, dass durch die hier verwendete Methode zur Bestimmung von Ankündigungseffekten mit <u>aussagekräftigen</u> Resultaten gerechnet werden kann. Das Vorhandensein von Faktoren, die die Ergebnisse systematisch verzerren, ist zwar nicht auszuschliessen. Eine Gegenüberstellung der identifizierten Probleme deutet jedoch auf eine gewisse gegenseitige Kompensation der Effekte hin (vgl. Tabelle 3.3).

Tabelle 3.3
Einflussrichtung der Verzerrungen in der Testanordnung

Zu starke Ablehnung von H_0	Zu schwache Ablehnung von H_0
Varianzerhöhung in der Ankündigungsperiode	Schätzung der Parameter a_i und b_i nach der Ankündigung (Einfluss der Finanzaktion)
Vereinfachte Berechnung der Standardabweichung	Nicht häufig gehandelte Titel

4.5. Vorzeichentest

Beim Test, inwieweit Ueberschussrenditen in <u>signifikanter</u> Weise von Null abweichen, ist eine Verteilungsannahme unumgänglich. Gilt diese jedoch nicht perfekt, wie es Studien für den amerikanischen Kapitalmarkt nahelegen, besteht die Gefahr einer ganz grundsätzlichen Fehlspezifikation der Teststatistik.[20] Es ist darum naheliegend, das Ergebnis auch einem nicht-parametrischen Vorzeichentest zu unterwerfen, um zusätzliche Evidenz zu erhalten. Hiezu wird untersucht, ob sich die Zahl der negativen und der positiven Ueberschussrenditen signifikant unterscheiden. Die Null-Hypothese ist dabei, dass die Anzahl gleich ist, dass also das Ereignis keinen systematischen Einfluss auf die Aktienkurse ausübt. In diesem Fall sind die positiven und die negativen Werte <u>symmetrisch binomialverteilt</u>. Folglich kann bestimmt werden, mit welcher Wahrscheinlichkeit q oder mehr positive Werte bei einer Stichprobe von n Ereignissen auftreten. Sie entspricht 1 minus der Fläche unter der Binomialverteilung bis zum Wert q (wobei die Eintretenswahrscheinlichkeit $p = 0.5$ ist).

4.6. Zusammenfassung

Tabelle 3.4 gibt eine zusammenfassende Uebersicht über die Vorgehensweise bei unserer Ereignisstudie.[21]

---

[20] Brown/Warner [1985] zeigen jedoch, dass in ihren Simulationen nicht-normalverteilte Tagesrenditen zu keinen negativen Einflüssen auf die Aussagefähigkeit der Ergebnis von Ereignisstudien führen.

[21] Die Berechnungen wurden mit der Statistik-Software "SAS" auf dem VAX-Rechner der Hochschule St.Gallen durchgeführt. Für die wertvolle Programmierhilfe danke ich Thomas A. Widmer.

Tabelle 3.4
Detaillierte Vorgehensweise bei der Ereignisstudie

1. Logarithmieren der (täglichen) Kursreihen der Aktien/PS der zu untersuchenden Gesellschaften und des SBV-Index
2. Tägliche Differenzen bilden ==> Tagesrenditen
3. Schätzung des Marktmodells (Gl. (2)) für jede Kursreihe während des +21. bis +120. Handelstages
4. Berechnung der Standardabweichungen der Residuen (titelspezifische Renditen) in Gl. (2)
5. Berechnung der absoluten Ueberschussrenditen (Gl. (1)) für jede Kursreihe während des -59. bis +20. Handelstages
6. Berechnung der standardisierten Ueberschussrenditen (Gl. (6)) für jede Kursreihe
7. Berechnung der durchschnittlichen absoluten Ueberschussrenditen für verschiedene Stichproben während verschiedenen Ereignisintervallen (Gl. (3) und (4))
8. Signifikantests für die im 7. Schritt berechneten Ueberschussrenditen (Gl. (7) - (10))
9. Vorzeichentest: in jeder Stichprobe positive und negative Ueberschussrenditen zählen; Signifikanz der Abweichung von einer symmetrischen Binomialverteilung testen

5. Daten

5.1. Einleitung

Untersuchungsgegenstand sind die <u>öffentlichen OA/WA-Emissionen von schweizerischen Schuldnern, aufgelegt auf dem einheimischen und auf dem Euromarkt</u>. Für möglichst aussagekräftige Ergebnisse sind grosse Stichproben anzustreben, weshalb auch ältere OA/WA-Emissionen berücksichtigt werden sollten. Dem steht jedoch das Problem entgegen, dass mit zunehmendem Alter die Datenqualität abnimmt. Als Ergebnis dieses Abwägens wird die Untersuchungsperiode von <u>1977 bis 1988</u> festgelegt. Einerseits ist die Beschaffung von täglichen Aktienkursreihen vor 1977 mit Problemen verbunden, andererseits ist die Zahl zusätzlicher Emissionen in der ausgeschlossenen Zeitperiode relativ bescheiden wie Tabelle 3.5 zeigt. Eine substantielle Verkleinerung der Stichprobengrösse erleiden, wie ersichtlich, nur die WA, deren eigentliche Blütezeit in den sechziger und zu Beginn der siebziger Jahre lag.

Tabelle 3.5
Für Untersuchung nicht berücksichtigte OA/WA: 1957 - 1976

OA auf CH-Markt:	14	(8% aller OA 1957 - 1988)
WA auf CH-Markt:	47	(55%)
OA auf Euromarkt:	2	(5%)
WA auf Euromarkt:	8	(24%)

Ueber die Gesamtheit aller Ereignisse von 1977 - 1988 gibt Tabelle 3.6 Aufschluss.

Tabelle 3.6
Gesamtheit der OA/WA-Emissionen von Schweizer Firmen: 1977 - 1988

OA auf Schweizer Kapitalmarkt:	165
WA auf Schweizer Kapitalmarkt:	39
OA auf Euromarkt:	38
WA auf Euromarkt:	26
Kombinierte OA/WA (in C$)	1
Total Ereignisse	269

Der Ankündigungseffekt kann jedoch nicht bei allen Emissionen festgestellt werden. Bei einigen Ereignissen treten Probleme auf, die im folgenden dargestellt werden.

5.2. Bestimmung des Ankündigungszeitpunktes

5.2.1. Gleichzeitige Ankündigung von mehreren OA/WA

Die in Tabelle 3.6 aufgeführte Grundgesamtheit von schweizerischen OA/WA enthält einige Finanzierungs-"Pakete" von zwei oder mehr OA/WA, wo nur ein gemeinsames Ankündigungsdatum feststellbar ist. Das gesamte "Paket" wird hier im folgenden als ein Ereignis betrachtet. Es können drei solcher Fälle unterschieden werden:

a) Es wird eine OA oder eine WA in zwei Serien emittiert. Die ansonsten gleichen Anleihen unterscheiden sich nur dadurch, dass sich das Options- oder Wandelrecht auf unterschiedliche Titel beziehen (z.B. Inhaber- und Namenaktien). Dieser Fall tritt zwischen 1977 und 1988 fünfmal ein.
b) OA oder WA werden am Euromarkt gleichzeitig in verschiedenen Währungen emittiert, was zweimal der Fall war.
c) OA oder WA werden gleichzeitig auf dem schweizerischen und dem Euromarkt emittiert. Seit 1985 findet diese Art von Emissionspaketen bei grösseren Firmen ein gewisses Interesse (9 Fälle).

5.2.2. Fehlen eines Ankündigungsdatums

Von grösster Wichtigkeit ist das korrekte Feststellen des Ankündigungszeitpunktes. Brown/Warner [1980, 1985] zeigen, dass die Macht von Signifikanztests von der Länge des Ankündigungsintervalls abhängt. Das Optimum wäre, wenn der Eintritt des Ereignisses auf einen einzigen Tag genau festgelegt werden könnte. Damit zusammen hängt die Frage der Verbreitungsgeschwindigkeit von Informationen auf dem schweizerischen Kapitalmarkt. Der Grad der Bekanntheit aller Informationen kann wohl nie mit

Gewissheit eruiert werden. Dementsprechend ist auch nicht feststellbar, wann genau die Neuigkeit einer Emission in den Aktienkursen verarbeitet wird. Da das Problem von privaten Information nicht gelöst werden kann, behilft man sich damit, dass Markteffizienz der halbstarken Form unterstellt wird. Diese besagt, dass Wertpapierpreise <u>alle öffentlich zugänglichen Informationen</u> beinhalten. Für die Feststellung dieser dieser Art von Wissensverbreitung ist die Suche nach Veröffentlichungen in Tageszeitungen eine naheliegende Lösung. V.a. in der NZZ werden regelmässig Emissionen einige Tage vor Beginn der Zeichnungsfrist angekündigt. Es stellt sich aber die Frage, ob diese Publikationen für die Marktteilnehmer überhaupt eine neue Information darstellen, oder ob Emissionspläne systematisch nicht schon früher auf anderen Wegen bekanntgegeben werden. Dazu soll die Abwicklung von Anleihen untersucht werden. In Tabelle 3.7 ist anhand zweier Beispiele dargestellt, wie sich die zeitlichen Verhältnisse bei OA/WA-Emissionen typischerweise präsentieren (für detaillierte Angaben über die Abwicklung vgl. SKA [1986] S. 49ff).

Tabelle 3.7
Zeitlicher Ablauf von OA/WA-Emissionen

	<u>OA</u>	<u>WA</u>
Vertragsentwurf	-12. Tag	- 5. Tag
Endgültiger Entscheid über Durchführung	- 8. Tag	- 4. Tag
Abgabe Pressecommunique (mit Indikationen)	- 6. Tag	**- 4. Tag**
Festlegung der definitiven Konditionen	- 4. Tag	-
Zeichnungsbeginn	0. Tag	0. Tag
Publikation Prospekt	0. Tag	+ 2. Tag
Zeichnungsschluss	+ 4. Tag	+ 4. Tag

Alle Zeiten sind als <u>Arbeitstage</u> zu verstehen

Quelle: Die Angaben verdanke ich Dr. P. Affolter, Schweizerische Kreditanstalt Zürich.

Es ist ersichtlich, dass vor der Abgabe eines Pressecommuniqués üblicherweise nur eine relativ kurze Zeit für Vertragsverhandlungen verstreicht. Zudem versichern Emissionsspezialisten, dass bei den Verhandlungen nur ein kleiner Kreis von Entscheidungsträgern beteiligt ist und dass auch bankintern die Information gleichzeitig mit der Abgabe des Pressebulletins erfolgt. Die öffentliche Bekanntgabe scheint also, mindestens was die konkreten Emissionspläne betrifft, eine neue Information für den Markt darzustellen.

Als Ankündigungstermin gilt somit in dieser Studie der Tag, an dem in der NZZ zum ersten Mal die Emission einer OA oder WA bekanntgegeben wird. In 26 Fällen kann dieses Datum nicht festgestellt werden (vgl. Tabelle 3.8). Unter diesen Emissionen befinden sich hauptsächlich solche von kleineren Firmen und von Grossbanken zwischen 1977 und 1979.[22] Ebenfalls finden einige Euromarkt-Emissionen keine Notiz in der NZZ. In vielen dieser Fälle können von der CSFB London zur Verfügung gestellte Angaben, wo der genaue Ankündigungstag festgehalten ist, weiterhelfen.[23]

Tabelle 3.8
Liste der Emissionen mit fehlenden Ankündigungsterminen

OA auf Schweizer Markt:	11
WA auf Schweizer Markt:	6
OA auf Euromarkt:	3
WA auf Euromarkt:	6
Total	26

---

[22] Letzteres rührt daher, dass für diese Zeitperiode die Firmendossiers der vier Grossbanken im NZZ-Archiv nicht mehr zur Verfügung stehen. Da ab 1980 jedoch viele weitere Emissionen dieser Gruppe untersucht werden können, wurde auf zeitintensive Nachforschungen verzichtet.

[23] Diese Angaben stammen von "BONDWARE"-Daten (Copyright: Computasoft Ltd London), die auf Euromoney-Publikationen abstützen. Der Vergleich von Ankündigungsdaten aus dieser Quelle mit dem Publikationszeitpunkt in der NZZ (soweit vorhanden) zeigt im übrigen eine vollständige Uebereinstimmung. Dies ist ein weiteres Indiz, dass der "NZZ-Approach" ein tauglicher Weg ist.

5.2.3. Koppelung der Emissionsbekanntgabe mit weiteren Informationen

Das bedeutendste Problem ergibt sich aber daraus, dass Emissionsabsichten in einigen Fällen gleichzeitig mit anderen firmenspezifischen Informationen bekanntgegeben werden. Dies tritt relativ häufig ein, da Firmen öfters in Pressekonferenzen neben Finanzierungsaktionen auch über Geschäftsverlauf, Investitionsabsichten, Dividendenzahlungen usw. berichten. Eine mögliche Aktienkursreaktion kann hier nicht alleine auf die Emissionsbekanntgabe zurückgeführt werden. Solche Fälle sind somit zu eliminieren. Es interessieren nur die "reinen" Ankündigungen von OA/WA-Emissionen.

Als zusätzliches Erschwernis kommt die rechtliche Besonderheit von OA/WA hinzu. Wie im 1. Teil, Abschnitt 4.5.6 dargelegt wird, werden die als Options-bzw. Wandelobjekte dienenden Aktien in der Regel vor der OA/WA-Emission geschaffen. Da diese Sicherstellung von den Aktionären gebilligt werden muss, findet dies stets auch Erwähnung in der NZZ. Bevor also die eigentliche OA/WA-Emission bekanntgegeben wird, stellt die Schaffung von Vorratsaktien ein Indiz für eine künftige Emission dar. Die spätere definitve Ankündigung dürfte nur noch beschränkt Auswirkungen zeigen.[24] Vorratsaktien werden aber nicht nur für die Sicherstellung von Options- und Wandelrechten verwendet. Sie können auch für Firmenübernahmen, der bewussten Veränderung von Stimmrechtsverhältnissen, der Abgabe an Mitarbeiter oder für freie Emissionen eingesetzt werden. Die Schaffung von Vorratsaktien alleine ist also noch kein eindeutiges Zeichen für eine baldige OA/WA-Emission. Trotzdem kann angenommen werden, dass in der Schweiz wegen dieser rechtlichen Besonderheit der durchschnittliche Ueberraschungsgehalt einer Emissionsankündigung kleiner ist als in den USA, was vergleichsweise kleinere Ankündigungseffekte erwarten lässt.

Um diesen Effekt herauszukristallisieren, wird in der Untersuchung zwischen verschiedenen Stufen des Neuigkeitsgehaltes von OA/WA-Emissionen unterschieden. Dies ergibt sich daraus, dass bei der Schaffung von Vorratstiteln unterschiedliche Gründe und geplante Verwendungszwecke angegeben werden. Zudem sind die rechtlichen Anforderungen bei PS und GS anders. Hier sind die Firmen nicht zur vorzeitigen Schaffung der Options- und Wandelobjekte verpflichtet, weshalb derartige OA/WA durchschnittlich einen höheren Neuigkeitsgehalt aufweisen. Für alle Emissionen werden

---

[24] Die Investoren könnten höchstens über die definitiven Konditionen überrascht sein, was eventuell zu einer Preisreaktion führen könnte.

deshalb auch die Meldungen in der NZZ über die Schaffung von Vorratstiteln untersucht. Folgende Kategorien können unterschieden werden:

a) während zwei Jahren vor der Emissionsbekanntgabe sind in der NZZ keinerlei Informationen über OA/WA-Pläne zu finden (hier dominieren OA/WA mit PS als Options-/Wandelobjekt)
b) bei der Schaffung von Vorratstiteln werden nur vage Andeutungen über eine Verwendung für OA/WA gemacht und/oder auf alternative Verwendungszwecke hingewiesen (dies ist der Regelfall bei OA/WA mit Aktien als Options-/Wandelobjekte)
c) bei der Schaffung von Vorratstiteln wird mit Bestimmtheit eine künftige Verwendung für OA/WA erwähnt, jedoch erfolgt keine Angabe über den Zeitpunkt einer solchen Emission
d) mit der Schaffung von Vorratstiteln wird gleichzeitig auch die OA/WA-Emission angekündigt mit Zeichnungstermin und (indikativen) Konditionen.

Bei Kategorie d) fällt der Ankündigungstermin mit der Bekanntgabe über die Schaffung der Sicherstellungstitel zusammen. Da dies meistens anlässlich der jährlichen Bilanzpressekonferenz erfolgt, wo weitere Informationen mit einem potentiellen Neuigkeitsgehalt verbreitet werden (z.B. gleichzeitige Bezugsrechtsemission), sind viele Ereignisse in dieser Kategorie für unsere Untersuchung unbrauchbar. Ebenso eliminiert, werden die Ereignisse aus den Kategorien a) - c), wo die eigentliche Ankündigung der OA/WA ebenfalls mit anderen firmenspezifischen Information gekoppelt ist. Insgesamt sind so 46 Ereignisse für die weiteren Berechnungen auszuschalten. Ueber die Verteilung dieser Fälle auf die einzelnen Emissionstypen gibt Tabelle 3.9 Aufschluss. Nach dieser Eliminierung verbleiben 179 OA/WA-Emissionen, wo einer Berechnung eines Ankündigungseffektes keine Einwände entgegenstehen.

Tabelle 3.9
Liste der mit anderen Informationen verbundenen Emissionsankündigungen

OA auf Schweizer Markt:	28
WA auf Schweizer Markt:	11
OA auf Euromarkt:	2
WA auf Euromarkt:	5
Total	46

5.3. Kursreihen

Die Reaktion des Kapitalmarktes auf die Ankündigung von OA/WA wird an den Preiseffekten der Beteiligungspapiere der emittierenden Gesellschaften untersucht. Dazu werden Tageskurse aller an Börsen gehandelten Titeln dieser Firmen verwendet. Es werden zwei Arten von Ueberschussrenditen berechnet:

a) Diejenige des Titels, in den ausgeübt oder gewandelt werden kann (Basiswert).
b) Diejenige der Börsenkapitalisierung des Emittenten, sofern zwei oder mehrere Arten von Aktien/PS an Haupt- oder Vorbörsen kotiert sind. Diese wird berechnet, indem die Kurse mit der Anzahl der ausstehenden Titel der jeweiligen Kategorie multipliziert werden.[25] Diese Werte über alle Titelarten addiert, ergibt die Börsenkapitalisierung.[26]

Die Berechnungen werden mit adjustierten Tagesschlusskursen durchgeführt (zur Adjustierung vgl. Zimmermann [1986] S. 136ff). Als Quelle dient die Aktien-Datenbank der Finanzmarktforschungs-Abteilung des Schweizerischen Instituts für Aussenwirtschafts-, Struktur- und Regionalwirtschaft (SIASR) an der Hochschule St.Gallen. Einige zusätzliche Kursreihen wurden von der Schweizerischen Kreditanstalt, Zürich, zur Verfügung gestellt.[27]

In elf der 179 Fällen können keine Kursreihen beschafft werden. Dies geschieht hauptsächlich bei kleineren Firmen, deren Titel nur ausserbörslich gehandelt werden. Hier wäre aber eine Verwendung von Tageskurse wegen "thin-trading" Aspekten sowieso problematisch. Bei zwei Ereignissen rührt das Fehlen von Kursen daher, dass die Firma ihre Titel erst einige Wochen vor der OA/WA-Emission an einer Börse kotie-

---

[25] Die im Moment der Emission ausstehenden Aktien/PS sind in den Aktienführern des Schweizerischen Bankvereins und in den Emissionsprospekten ersichtlich.

[26] Dies ist eine Besonderheit unserer Untersuchung. In den USA hat eine Firma in der Regel nur eine Art von Beteiligungspapieren, weshalb dort die Berechnung der Börsenkapitalisierung entfallen kann. Diese schweizerische Spezialität führt nicht nur zu einem Mehraufwand bei den Berechnungen, sondern kann auch ausgenützt werden, um alternative Erklärungshypothesen zu testen.

[27] Hier verdanke ich die grosszügige Mithilfe von P. Affolter, K. Grünenthal und A. Tschirschnitz.

ren liess und deshalb die Kursreihen nicht bis zum 59. Handelstag vor der Ankündigung zurückreichen.

Ein besonderes Problem im Zusammenhang mit den Aktienkursen bedarf der Erwähnung. In einigen Fällen (v.a. bei kleineren Firmen) fehlen bei den verwendeten Daten an einzelnen Tagen die Kurse. Dies kann von ausgebliebenen Handelsabschlüssen oder von Datenübermittlungsfehler herrühren. Dieses typisch schweizerische Problem wird so gelöst, dass der Handelstag mit einem "Missing" aus der Berechnung gestrichen wird. Dies hat zur Folge, dass sich im Querschnitt die einzelnen Handelstage nicht mehr effektiv entsprechen. Fehlt z.B. bei einem Ereignis der -30. Handelstag, so verschiebt sich jeder der -59. bis -30. Handelstage um einen zurück. Querschnittsvergleiche v.a. im Bereich des -59. Tages sind darum nicht mehr auf einen ganz bestimmten Handelstag hin möglich. Die Gefahr, dass am Ankündigungstag ein "Missing" vorliegt und damit der "Anker" des Zeitintervalls selbst falsch festgelegt wird, wurde kontrolliert. Dieser Fall tritt nie ein.

5.4. Beschreibung der Stichprobe zur Berechnung des Ankündigungseffektes

Nach der Elimination der Problemfälle liegt die vollständige Liste der "brauchbaren" OA/WA vor. Von den ursprünglich 269 Emissionen verbleiben 168 zur Berechnung. Tabelle 3.10 vermittelt eine Uebersicht über die Aufteilung auf die Titelkategorien.

Tabelle 3.10
Gesamtheit der Emissionen, wo ein Ankündigungseffekt berechnet wird

OA auf Schweizer Markt:	105
WA auf Schweizer Markt:	17
OA auf Euromarkt:	23
WA auf Schweizer Markt:	12
Gleichz. OA + WA auf Schweizer Markt:	1
Gleichz. OA + WA auf Euromarkt:	1
Gleichz. OA auf Schweizer und Euromarkt:	9
Total	168

Tabelle 3.11 zeigt weiter, dass in genau der Hälfte der untersuchten Fälle PS als Options- und Wandelobjekte dienen. Einziger weiterer Basiswert von einer gewissen Bedeutung sind Inhaberaktien.

Tabelle 3.11
Gliederung der Ankündigungseffekt-Stichprobe nach Options-/Wandelobjekten

	Stichprobe		alle OA/WA
	Anzahl	%	1977 - 1988: %
Partizipationsschein	83	49.4	46.8
Inhaberaktien	42	25.0	30.9
Namenaktien	18	10.7	10.0
Anteilsschein	5	3.0	3.3
Genussschein	4	2.4	1.1
Kombination Inhaberaktien/PS	3	1.8	2.6
Kombination Inhaber-/Namenaktien	3	1.8	1.1
Kombination Namenaktien/PS	2	1.2	0.4
PS von Drittfirma	1	0.6	0.4
Gold	4	2.4	2.2
Obligation	2	1.2	0.7
Aktienindex	1	0.6	0.4
Total	168		

Im Vergleich zu allen emittierten OA/WA seit 1957 werden relativ mehr Emissionen mit PS und relativ weniger mit Inhaber- und Namenaktien untersucht. Dies widerspiegelt die Entwicklung, dass die stimmrechtslosen Beteiligungspapiere in den achtziger Jahren die Aktien als bevorzugtes Options-/Wandelobjekt ablösten. Für die Untersuchungsperiode wird die Grundgesamtheit von der Stichprobe jedoch relativ gut abgebildet. Nur bei PS und Inhaberaktien treten kleinere Abweichungen auf. Dies erklärt sich durch die Tatsache, dass mehr Emissionen mit Inhabertiteln als Options-/Wandelobjekt eliminiert werden mussten (Ankündiung mit zusätzlichen Firmenneuigkeiten verbunden).

Um einen Eindruck zu erhalten, inwieweit die Stichprobe eine repräsentative Auswahl aller OA/WA darstellt, werden die Merkmale der untersuchten Anleihen geprüft. In Tabelle 3.12 werden die Durchschnittswerte einiger Faktoren aus der Stichprobe denjenigen aller OA/WA von 1977 bis 1988 gegenübergestellt. Bei den unterschiedlichen Fristen, beim Equity Content und beim Couponssatz inländischer Emissionen können keine grossen Unterschiede festgestellt werden. Hingegen ist ersichtlich, dass der durchschnittliche Emissionswert der Stichprobe um 13% höher liegt. In die gleiche

Richtung deutet die Differenz beim Aktienwert. Dies ist ein klares Indiz, dass für die Untersuchung relativ mehr Emissionen von kleineren Firmen eliminiert werden mussten (nicht eruierbares Ankündigungsdatum, nicht vorhandene Kursreihe). Es liegt deshalb eine gewisse Verzerrung in Richtung von Grossemissionen vor.

Tabelle 3.12
Vergleich der OA/WA-Merkmale der Stichprobe mit denen aller OA/WA von 1977 bis 1988

	Stichprobe: 1977 - 1988	alle OA/WA: 1977 - 1988
Anzahl OA/WA	168	269
durchschnittlicher Emissionswert	106.76 Mio	94.30 Mio
durchschnittliche Laufzeit	9.38 Jahre	9.60 Jahre
durchschnittliche Optionsfrist[1]	4.41 Jahre	4.58 Jahre
durchschnittliche Wandelfrist[2]	8.71 Jahre	9.11 Jahre
durchschnittlicher Couponssatz[3]	3.24%	3.34%
durchschnittlicher Equity Content	0.83	0.86
durchschnittlicher Aktienwert	88.40 Mio	81.48 Mio

[1] nur OA
[2] nur WA
[3] nur OA und WA in Schweizer Franken

Ob dieser Stichprobenbias eine weitere Dimension hat, soll anhand der Branchenstruktur der Emittenten festgestellt werden. Wie jedoch Tabelle 3.13 zeigt, sind diesbezüglich kaum Unterschiede festzustellen. Es fällt einzig auf, dass in der Stichprobe der Bankensektor knapp 4%-Punkte kleiner ausfällt. Dies liegt daran, dass einige Regionalbanken wegen nicht feststellbarem Ankündigungszeitpunkt oder nicht vorhandener Kursreihen (ausserbörsliche Kotierung) für die Untersuchung nicht in Betracht kommen.

Von Interesse ist auch die Frage nach der Anzahl Gesellschaften, die in der Stichprobe mit OA/WA-Emissionen enthalten sind. Die Auswertung ergibt, dass sich die 168 Ereignisse auf 76 Firmen verteilen (vgl. Tabelle 3.14). Die überwiegende Mehrzahl ist mit einer (49%) oder mit zwei (32%) Emissionen vertreten. Am anderen Ende der Skala zeigt sich jedoch auch, dass vier Grossbanken (Bankverein mit 15, Bankgesellschaft und Kreditanstalt mit je 11 und Bank Leu mit 8 Emissionen) mehr als einen Viertel der Ereignisse abdecken. Es wird darum auch untersucht werden, wie stark sich die Ankündigungseffekte bei Banken von anderen Emittenten unterscheiden.

Tabelle 3.13
Vergleich der Branchenstruktur der Ankündigungseffekt-Stichprobe mit der aller OA/WA von 1977 - 1988

	Stichprobe 1977 - 1988	alle OA/WA 1977 - 1988
Banken	37.5%	41.3%
Versicherungen	5.4%	3.7%
Transporte	4.8%	4.1%
Detailhandel	4.2%	5.2%
Uebrige Dienstleistungen	7.7%	6.7%
Metalle	1.2%	1.1%
Maschinen	11.9%	10.8%
Energieversorgung	5.4%	4.8%
Chemie und Pharma	4.8%	4.5%
Lebens- und Genussmittel	6.5%	5.6%
Elektrotechnik und Elektronik	3.0%	3.3%
Baugewerbe und Baustoffe	3.6%	3.0%
Uebrige Industrien	4.2%	5.9%

Tabelle 3.14
Verteilung der Ereignisse auf Gesellschaften

	Anzahl Gesellschaften
mit 1 Emission[1]	37
mit 2 Emissionen	24
mit 3 Emissionen	8
mit 4 Emissionen	1
mit 5 Emissionen	2
mit 8 Emissionen	1
mit 11 Emissionen	2
mit 15 Emissionen	1
	76

[1] Da in einzelnen Fällen zwei OA/WA gleichzeitig angekündigt werden, kann "Emission" auch ein Paket von Anleihen bedeuten.

Schliesslich gibt Abbildung 3.3 einen Ueberblick, wie die in der Stichprobe enthaltenen Ereignisse zeitlich anfallen. Die Häufung in den Jahren 1985 bis 1988 ist augenfällig. Sie erklärt sich aus zwei Gründen. Erstens wurden ab 1985 viel mehr OA/WA emittiert als in den Jahren zuvor. Zweitens mussten seit 1984 auch weniger Ereignisse für die Berechnungen eliminiert werden. Die Prozentzahlen über den Balken zeigen den Anteil der verwendeten Ereignisse an allen OA/WA-Emissionen.

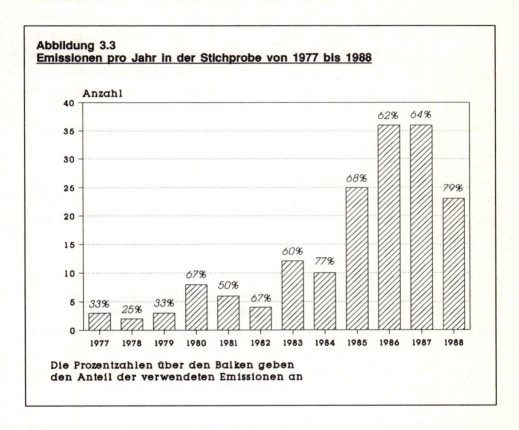

Abbildung 3.3
Emissionen pro Jahr in der Stichprobe von 1977 bis 1988

Zusammenfassung: Die deskriptive Analyse zeigt, dass sich die Stichprobe, die 62% aller Emissionen in der Untersuchungsperiode umfasst, nicht systematisch stark von der Grundgesamtheit unterscheidet. Einzig zwei leichte Verzerrungen sind festzustellen:
a) in der Stichprobe ist ein überdurchschnittlicher Anteil von Grossemittenten enthalten
b) die Stichprobe enthält einen überdurchschnittlichen Anteil von Emissionen im Zeitraum von 1985 bis 1988.

5.5. Bekanntgabe der Konditionen

Dann/Mikkelson [1984] und Mikkelson/Partch [1986] stellen fest, dass bei tatsächlicher Durchführung der Emission eine zusätzliche Preisreaktion, ein sogenannter "Issuance Date Effect", eintritt. Als Issuance Date wird dabei der Beginn der Zeichnungsfrist verstanden. Da in der Schweiz der Rückzug eines öffentlich bekanntgegebenen Emissionsprojekts vor Beginn der Zeichnungsperiode nahezu nie eintritt, ist die Berechnung dieses Effekts nicht von Interesse. Hingegen ist denkbar, dass der Kapitalmarkt mit einem besonderen Augenmerk die definitiven Konditionen der Anleihe zur Kenntnis nimmt. Um das Vorhandensein einer solchen Reaktion zu testen, wird eine weitere Ereignisstudie durchgeführt.

Die gültigen Konditionen werden in der Regel einige Tage vor Beginn der Zeichnungsfrist festgelegt und publiziert. Der Tag, an dem sie in der NZZ veröffentlicht werden, gilt hier als Ankündigungsdatum. In diese Stichprobe werden zwei Arten von Emissionen aufgenommen:

Typ A: Bei der erstmaligen Ankündigung eines Emissionsvorhabens werden die endgültigen Konditionen nicht bekanntgegeben und zwischen diesem Tag und der Konditions-Publikation liegen mindestens drei Handelstage.

Typ B: Die erstmalige Ankündigung einer OA/WA-Emission ist mit der Bekanntgabe weiterer Information verbunden und somit für die Berechnung eines Preiseffekts nicht brauchbar. Hingegen kann der Effekt der später folgenden Veröffentlichung der definitiven Konditionen festgestellt werden.

Bei Emissionen vom Typ A wird also sowohl ein eigentlicher Ankündigungs- als auch ein Konditionseffekt berechnet, beim Typ B hingegen nur das letztere. Ueber die Grösse dieser Stichprobe gibt Tabelle 3.15 Auskunft. Es ist ersichtlich, dass nur in etwa einem Viertel der Fälle, wo die Ankündigung des Emissionsvorhabens untersucht wird (Typ A), auch eine spätere Konditionsbekanntgabe erfolgt. In der Regel werden also bereits schon bei der erstmaligen Erwähnung von OA/WA die genauen Konditionen mitgeteilt. Erst seit 1986 verfolgen die Banken die Politik, über die Auflegung einer OA/WA in zwei Schritten zu informieren. Vom Typ B können 29 Ereignisse berechnet werden. Das heisst, dass in 63% der 46 Ankündigungen, wo bei der erstmaligen

Erwähnung der OA/WA gleichzeitig weitere Firmenneuigkeiten abgegeben werden, wenigstens eine später folgende Konditionsbekanntgabe ausgewertet werden kann.

Tabelle 3.15
Stichprobe "Konditionseffekte"

	Typ A	Typ B	Total
OA auf Schweizer Kapitalmarkt	26	18	44
WA auf Schweizer Kapitalmarkt	8	7	15
OA auf Euromarkt	2	2	4
WA auf Euromarkt	1	2	3
OA auf Schweizer- und Euromarkt	6	0	6
Total	43	29	72

6. Die Preiseffekte im allgemeinen

6.1. Ankündigung der Emissionsabsicht

Tabelle 3.16 zeigt die durchschnittlichen Ueberschussrenditen der Börsenkapitalisierung bei allen 168 Ankündigungen.

Tabelle 3.16
Ankündigungseffekt von OA/WA–Emissionen

Handels-tag	Absolute Ueberschuss-Rendite	Standardisierte Ueberschuss-Rendite		Kumulierte, absolute Ueberschuss-Rendite
–55	–0.04%	–1.283		0.28%
–40	0.01%	–0.030		0.03%
–25	–0.06%	–0.985		1.00%
–10	0.06%	1.053		1.50%
–9	0.05%	–0.788		1.55%
–8	–0.07%	–0.004		1.48%
–7	0.03%	0.883		1.51%
–6	–0.05%	–0.806		1.46%
–5	–0.04%	–0.310		1.42%
–4	0.28%	2.642	**	1.71%
–3	0.07%	1.173		1.78%
–2	0.20%	1.767	*	1.98%
–1	0.20%	2.365	**	2.17%
0	0.07%	0.098		2.24%
1	0.05%	–0.446		2.28%
2	0.02%	0.924		2.30%
3	0.11%	–0.202		2.41%
4	–0.27%	–2.430	**	2.14%
5	–0.19%	–1.233		1.95%
10	–0.17%	–2.183	*	1.44%
15	–0.22%	–2.154	*	1.18%
20	0.01%	0.145		1.04%

* auf dem 5%–Signifikanzniveau grösser bzw. kleiner als 0
** auf dem 1%–Signifikanzniveau grösser bzw. kleiner als 0

Ein unterschiedliches Vorzeichen bei den absoluten und den standardisierten Ueberschussrenditen erklärt sich aus der andersartigen Gewichtung, die implizit bei der Berechnung dieser Werte angewendet wird (vgl. Mikkelson/Partch [1986]). Diese Fälle treten vor allem bei Ueberschussrenditen auf, die nahe bei 0 liegen.

Einen Eindruck über den zeitlichen Verlauf der Ueberschussrenditen vermittelt Abbildung 3.4, wo die kumulierten Ueberschussrenditen über das gesamte Ereignisintervall aufgezeichnet sind.

Abbildung 3.4
Ankündigungseffekt von Options-/Wandelanleihensemissionen

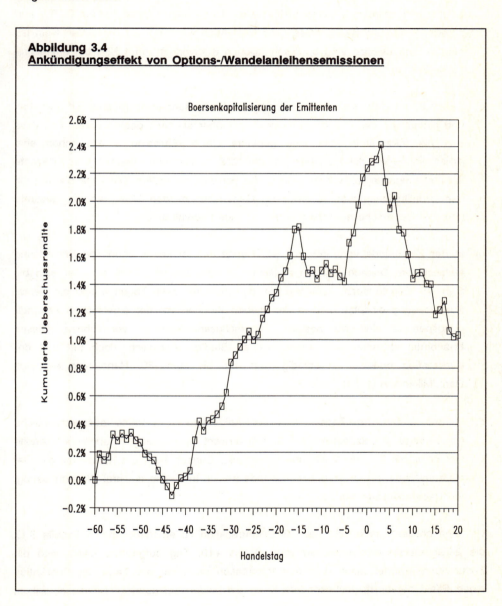

Folgende Erkenntnisse können aus diesen Resultaten gezogen werden:

a) Der Ankündigungseffekt ist positiv. Sowohl am Publikations- als auch am Vorhandelstag sind steigende Kurse festzustellen. Der 2-Tages-Effekt beträgt 0.26% und ist am -1. Tag signifikant grösser als Null. Auch wenn der absolute Wert klein ist, hebt er sich deutlich vom durchschnittlichen Kursverlust von 1.82% bei amerikanischen WA ab.

b) Die positiven Ueberschussrenditen am -4. bis -2. Handelstag (einmal auf dem 1%- und einmal auf dem 5%-Niveau signifikant höher als Null) deuten darauf hin, dass sich die Information über eine geplante OA/WA-Emission bereits schon eine Arbeitswoche vor der Publikation in der NZZ zu verbreiten beginnt. Das relevante Ankündigungsintervall scheint also in der Schweiz die letzten fünf Tage bis und mit dem Publikationsdatum zu sein, im Gegensatz zu den USA, wo die gesamte negative Ueberschussrendite in einem 2-Tage-Intervall anfällt.

c) In der Zeitperiode vom -59. bis -40. Handelstag ist keine eindeutige Entwicklung festzustellen. Danach fällt ein deutlicher Kursanstieg von 1.8% auf, der sich bis zum -15. Tag fortsetzt. Auch wenn in den nächsten zehn Tagen wieder ein kleiner Kursrückgang einsetzt, sind in den sieben Wochen vor der eigentlichen Ankündigungsperiode eindeutig positive Ueberschussrenditen zu verzeichnen. Dieses Phänomen ist auch aus amerikanischen Studien ersichtlich, doch tritt dort der Kursanstieg praktisch vollständig vom -60. bis zum -30. Handelstag ein (vgl. Dann/Mikkelson [1984] Table 3).

d) In den ersten drei Tagen nach der Ankündigung ist keine ausserordentliche Kursbewegung festzustellen. Am 3. Tag erreicht die kumulierte Ueberschussrendite seit dem -59. Tag mit 2.4% den Höhepunkt. Danach setzt ein Kurszerfall ein, der bis zum Ende der Untersuchungsperiode anhält. In diesen gut drei Wochen beträgt die Ueberschussrendite ca. -1.4%.

Um eine bessere Uebersicht über die Marktreaktion zu erhalten, sind in Tabelle 3.17 die 2-Tages-Ueberschussrenditen vom -9. bis +10. Tag aufgelistet. Dabei wird die Feststellung erhärtet, dass die neue Information nicht nur am Tage der Publikation einen Effekt hervorruft. Insbesondere fallen die beiden auf dem 1%-Niveau signifikant negativen zweitägigen Ueberschussrenditen vom +7. - +10. Tag auf.

Tabelle 3.17
Ankündigungseffekt von OA/WA: 2-tägige Renditen

Handelstage	absolute Ueber- schussrendite	stand. Ueber- schussrendite
-9. - -8.	-0.02%	-0.560
-7. - -6.	-0.02%	0.054
-5. - -4.	0.25%	1.649
-3. - -2.	0.27%	2.079*
-1. - 0.	0.26%	1.741*
1. - 2.	0.06%	0.338
3. - 4.	-0.16%	-1.861*
5. - 6.	-0.10%	0.602
7. - 8.	-0.27%	-2.458**
9. - 10.	-0.33%	-2.656**

*/** auf dem 5%/1%-Niveau signifikant grösser bzw. kleiner als 0

Anzahl Ereignisse: 168
Berechnete Werte: Börsenkapitalisierung

5-Tages-Renditen, die einer wöchentlichen Kursveränderung entsprechen, sind in Tabelle 3.18 aufgeführt. Sie zeigt den signifikant positiven Ankündigungseffekt. Vom -4. bis 0. Handelstag erhöht sich die marktbereinigte Börsenkapitalisierung der Emittenten um durchschnittlich 0.8%. Weiter sind die teilweise signifikant steigenden Kurse ab der 8. Woche vor der Ankündigung ersichtlich. Und nach der Ankündigung ist jede der 5-tägigen Kursveränderungen negativ.

Somit können drei Phänomene unterschieden werden, die in Tabelle 3.19 und Abbildung 3.5 zusammengefasst sind

a) Der Kursanstieg vor der eigentlichen Ankündigungsperiode. Ein Vorzeichentest für die Zeit vom -59. bis -5. Handelstag erhärtet dieses Ergebnis. Bei mehr als 60% aller Emissionen sind die Ueberschussrenditen positiv, was eine signifikante Abweichung von einer symmetrischen Binomialverteilung bedeutet. Es fallen zwei Erklärungen für dieses Phänomen ein, das Zimmermann [1986] mit Monatsrenditen auch bei Bezugsrechtsemissionen entdeckt. Entweder reagieren die Firmen auf steigende Kurse und nützen die günstige Marktsituation für die Emission von Akti-

Tabelle 3.18
Ankündigungseffekte von OA/WA: 5-Tages-Renditen

Handelstage	absolute Ueber- schussrendite	stand. Ueber- schussrendite
-59. - -55.	0.28%	1.173
-54. - -50.	-0.01%	-0.434
-49. - -45.	-0.27%	-0.645
-44. - -40.	0.02%	-0.266
-39. - -35.	0.40%	3.356**
-34. - -30.	0.42%	3.026**
-29. - -25.	0.16%	0.603
-24. - -20.	0.34%	2.877**
-19. - -15.	0.48%	3.736**
-14. - -10.	-0.31%	-1.654*
-9. - -5.	-0.08%	-0.459
-4. - 0.	0.82%	3.597**
1. - 5.	-0.29%	-1.515
6. - 10.	-0.51%	-2.302*
11. - 15.	-0.26%	-1.402
16. - 20.	-0.15%	-0.619

*/** auf dem 5%/1%-Niveau signifikant grösser bzw. kleiner als 0

Anzahl Ereignisse: 168
Berechnete Werte: Börsenkapitalisierung

en/PS oder eigenkapitalbezogenen Anleihen aus. Oder die Emittenten und mit ihnen verbundene Dritte wollen für ihr Emissionsvorhaben bewusst günstige Voraussetzungen schaffen und versuchen zu diesem Zweck, die Kurse ihrer Titel zu beeinflussen. Auf diese Marktpflege wird denn auch in Marktkreisen und Finanzzeitschriften manchmal hingewiesen.

b) <u>Der Kursanstieg bei der Ankündigung</u>. Der Vorzeichentest (54.8% der Ueberschussrenditen sind vom -4. bis 0. Tag positiv) zeigt allerdings, dass die relativ starken Kursgewinne nicht von einer breiten Mehrzahl der Ereignisse hervorgerufen wird. Von welcher Gruppe von "Ausreissern" der positive Preiseffekt resultiert, soll im folgenden herausgefunden werden. Zudem ist dem Grund für das Abweichen von den amerikanischen Ergebnissen nachzugehen. Die von Zimmermann [1986] genannten Erklärungen für positive Ueberschussrenditen können dabei nicht übernommen werden, da sie speziell auf Bezugsrechtsemissionen ausgelegt sind.

c) <u>Der Kursverlust nach der Ankündigung</u>. Dieses Phänomen, das vom Vorzeichentest erhärtet wird, stellt das grösste Puzzle dar. Dass nach der Emission systematisch Preisrückgänge auftreten und dies nicht von Arbitrageuren gewinnbringend ausgenutzt und somit zum Verschwinden gebracht wird, ist a priori nicht zu erwarten. Falls dafür keine "rationale" Erklärung gefunden wird, muss die Hypothese der Markteffizienz verworfen werden.

Tabelle 3.19
Marktreaktion auf OA/WA-Emissionen: gesamte Stichprobe

	absolute Ueber-schussrendite	stand. Ueber-schussrendite	Anteil positive Ueberschussrenditen
-59. - -5. Tag	1.42%	3.412 **	60.2% ##
-4. - 0. Tag	0.82%	3.597 **	54.8%
+1. - +20. Tag	-1.20%	-2.919 **	41.1% #

*/** auf dem 5/1%-Niveau signifikant grösser bzw. kleiner als 0
#/## auf dem 5/1%-Niveau signifikant mehr bzw. weniger als 50%

Anzahl Ereignisse: 168
Berechnete Werte: Börsenkapitalisierung

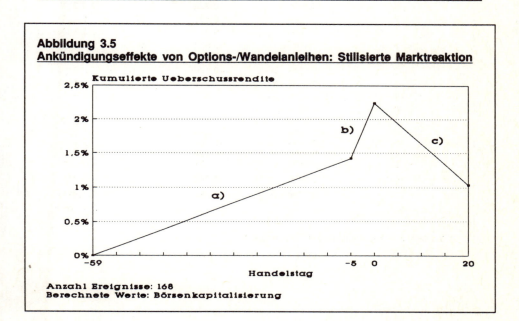

Abbildung 3.5
Ankündigungseffekte von Options-/Wandelanleihen: Stilisierte Marktreaktion

Anzahl Ereignisse: 168
Berechnete Werte: Börsenkapitalisierung

6.2. Bekanntgabe der Konditionen

Die Reaktion auf die Bekanntgabe der Konditionen von OA/WA ist in den Tabellen 3.20 und 3.21 dargestellt. Einen Eindruck über den Verlauf der kumulierten Ueberschussrenditen vermittelt zudem Abbildung 3.6.

Tabelle 3.20
Ankündigungseffekt der Konditionsbekanntgabe von OA/WA

Handels-tag	Absolute Ueberschuss-Rendite	Standardisierte Ueberschuss-Rendite	Kumulierte, absolute Ueberschuss-Rendite
-59	0.00%	0.034	0.00%
-50	-0.20%	-1.146	0.24%
-40	0.01%	-0.180	0.66%
-30	0.04%	-0.375	1.12%
-20	-0.26%	-1.505	0.85%
-10	-0.02%	0.735	1.88%
-9	0.20%	0.713	2.07%
-8	0.19%	0.722	2.27%
-7	0.00%	0.838	2.27%
-6	0.10%	0.962	2.38%
-5	0.15%	0.973	2.53%
-4	0.06%	-1.129	2.59%
-3	0.02%	-0.196	2.61%
-2	-0.15%	-1.279	2.46%
-1	0.12%	0.802	2.58%
0	0.13%	1.711 *	2.71%
1	-0.18%	-0.657	2.52%
2	-0.16%	0.035	2.37%
3	0.04%	-0.460	2.41%
4	-0.20%	-1.308	2.21%
5	0.06%	0.601	2.27%
10	0.14%	0.389	2.31%
15	0.11%	0.586	1.83%
20	-0.27%	-1.594	1.90%

* auf dem 5%-Signifikanzniveau grösser als 0

Tabelle 3.21
Marktreaktion auf Bekanntgabe der Konditionen von OA/WA

	absolute Ueber-schussrendite	stand. Ueber-schussrendite	Anteil der positiven Ueberschussrenditen
-59. - -5. Tag	2.53%	2.716**	65.3%##
-4. - 0. Tag	0.18%	-0.041	44.4%
+1. - +20. Tag	-0.81%	-1.508	44.4%

*/** auf dem 5%/1%-Niveau signifikant grösser bzw. kleiner als 0
#/## auf dem 5%/1%-Niveau signifikant mehr bzw. weniger als 50%

Anzahl Ereignisse: 72
Berechnete Werte: Börsenkapitalisierung

Abbildung 3.6
Preiseffekte bei der Bekanntgabe von OA/WA-Konditionen

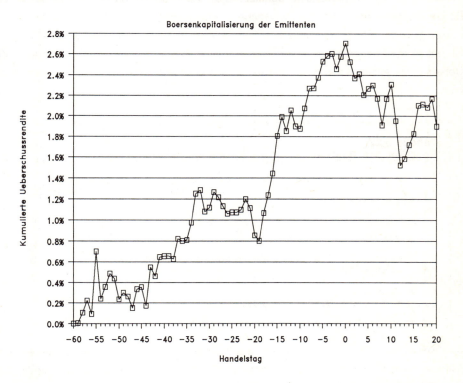

Es ist ersichtlich, dass vor der Konditionsbekanntgabe ebenfalls ein markanter Kursanstieg einsetzt. Die Reaktion auf das Ereignis selbst ist jedoch <u>nicht</u> signifikant. Vom -4. bis 0. Handelstag ist im Durchschnitt ein minimaler Kursgewinn festzustellen, der von einer Minderheit der Emissionen bewirkt wird. Da angenommen werden kann, dass sich die Information über die definitiven Konditionen kaum schon vor der Publikation in der NZZ verbreitet (kurzfristige Festsetzung durch Emittenten und Bank), ist es naheliegender, ein zweitägiges Ereignisintervall zu untersuchen. Für den -1. und 0. Handelstag ergibt sich denn auch ein leicht modifiziertes Bild, indem mit +0.25% auf dem 5%-Niveau signifikant positive Ueberschussrenditen gemessen werden. Für die Zeit nach der Bekanntgabe ist ein Kursrückgang zu verzeichnen, der jedoch nicht signifikant ausfällt.

Ob die Wahl der Kursreihe eine Rolle spielt, wird in einer zweiten Berechnung untersucht, indem anstelle der Börsenkapitalisierung das Options-/Wandelobjekt zur Feststellung der Marktreaktion benützt wird (vgl. Tabelle 3.22). Im Vergleich zur Börsenkapitalisierung fällt der schwächere Kursanstieg vor und der stärkere Kursrückgang nach der Bekanntgabe auf. Für die eigentliche Reaktion auf die Ankündigung ist jedoch ebensowenig eine klare Tendenz festzustellen. Im Gegenteil ist nun auch die Ueberschussrendite für den -1. und 0. Handelstag mit 0.08% nicht von 0 unterscheidbar.

Tabelle 3.22
Reaktion des Basiswerts auf die Konditions-Bekanntgabe

	absolute Ueberschussrendite	stand. Ueberschussrendite	Anteil der positiven Ueberschussrenditen
-59. - -5. Tag	1.87%	2.061*	62.5%#
-4. - 0. Tag	0.18%	-0.567	44.4%
+1. - +20. Tag	-1.75%	-2.055*	38.9%#

*/** auf dem 5%/1%-Niveau signifikant grösser bzw. kleiner als 0
#/## auf dem 5%/1%-Niveau signifikant mehr bzw. weniger als 50%

Anzahl Ereignisse: 72
Berechnete Werte: Options-/Wandelobjekte der Emittenten

Die "Konditionen-Stichprobe" kann in zwei Kategorien unterteilt werden. Einerseits sind Fälle enthalten, wo die Emissionsabsicht (in der Regel beträchtliche Zeit) früher bekanntgegeben wurde, wo aber der Ankündigungseffekt nicht berechnet werden kann, da er mit der Verbreitung von weiteren firmenspezifischen Informationen verbunden ist. Andererseits sind auch Emissionen enthalten, wo die Emissionsabsicht für die Berechnung eines Ankündigungseffekts verwendet werden kann und wo die Bekanntgabe der definitiven Konditionen mindestens drei Handelstage später erfolgt. Von diesem Typus liegen 43 Emissionen vor. Dabei können 24 kurzfristige (weniger als 10 Handelstage zwischen Bekanntgabe der Emissionsabsicht und den Konditionen) von 19 längerfristigen Fällen unterschieden werden. Der durchschnittliche Zeitabstand zwischen den beiden Publikation beträgt ca. 19 Handelstage. Ueber die Ueberschussrenditen dieser Teilstichprobe gibt Tabelle 3.23 Auskunft.

Tabelle 3.23
Marktreaktion auf Konditionsbekanntgabe bei Emissionen, wo auch ein Ankündigungseffekt berechnet wird

	absolute Ueber-schussrendite	stand. Ueber-schussrendite	Anteil der positiven Ueberschussrenditen
-59. - -5. Tag	-0.07%	0.076	58.1%
-4. - 0. Tag	0.70%	1.357	46.5%
+1. - +20. Tag	-1.26%	-1.783*	41.9%
-1. - 0. Tag	0.57%	2.564**	55.8%

*/** auf dem 5%/1%-Niveau signifikant grösser bzw. kleiner als 0
#/## auf dem 5%/1%-Niveau signifikant mehr bzw. weniger als 50%

Anzahl Ereignisse: 43
Berechnete Werte: Börsenkapitalisierung

Im 5-Tage-Ankündigungsintervall sind auch hier keine signifikant von 0 abweichenden Ergebnisse zu finden. Hingegen zeigt die Ueberschussrendite am -1. und 0. Handelstag ein überraschendes Resultat. Mit +0.57% ist sie in dieser Zeitperiode auf dem 1%-Niveau signifikant positiv. Dies legt den Schluss nahe, dass auch die Bekanntgabe der definitiven Konditionen eine Reaktion bei den Investoren hervorruft. Eine Erklärung dafür ist schwierig zu finden. Wie in den amerikanischen Studien mit dem gleichen Phänomen (aber dem umgekehrten Vorzeichen) ist auch hier a priori nicht zu verstehen, weshalb die Investoren durch die Publikation der definitiven Konditionen der inzwischen bekannten OA/WA-Emission systematisch gute Neuigkeiten erhalten sollen.

Weiter zeigt Tabelle 3.23, dass bei dieser Stichprobe der Kursverlust nach der Ankündigung nur noch relativ schwach ausfällt. Völlig vom bisherigen Bild weicht das Verhalten der Ueberschussrenditen vor dem -4. Handelstag ab, da kaum eine von 0 abweichende Kursveränderung festzustellen ist. Für die Periode vom -9. bis -5. Tag fallen dabei stark positive und für die Zeit vorher negative Werte an. Diese Stichprobe scheint also spezielle Ereignisse zu enthalten, wobei auch eine vertiefte Analyse kein charakteristisches Merkmal aufzeigt. Einzig der Kursanstieg in der zweitletzten Woche vor der Ankündigung kann durch die "kurzfristigen" Fälle in der Stichprobe erklärt werden, da in diese Zeit die Ankündigung der Emissionsabsicht fällt, die mit Preissteigerungen verbunden ist.

6.3. Unterscheidung der Ankündigungseffekte nach Märkten und Instrumenten

Die Untersuchungen in diesem und den beiden folgenden Abschnitten sind vorwiegend deskriptiver Natur. Ueber Bildung von Teilstichproben sollen die Erkenntnisse über die durchschnittliche Marktreaktion auf eine OA/WA-Emission weiter vertieft werden. Insbesondere steht die Frage im Vordergrund, welche Charakteristiken die Anleihen auszeichnen, die die signifikanten Effekte hervorrufen. Die Analyse der Gründe für die Ankündigungseffekte erfolgt im 7. Kapitel.

6.3.1. Unterschied zwischen Schweizer- und Euromarkt

Ein erstes Unterscheidungskriterium bildet der Markt, in dem die OA/WA emittiert werden. In Tabelle 3.24 werden die Effekte der Fremdwährungsanleihen des Euromarktes mit den SFr-Titeln des einheimischen Kapitalmarktes verglichen. Die kumulierten Ueberschussrenditen der beiden Stichproben sind in Abbildung 3.7[28] abgebildet.

---

[28] Da die prioritär verwendete Grafik-Software nicht mehr als 60 Handelstage verarbeiten kann, werden überall dort, wo vom -59. bis -41. Tag keine besonderen Kursverläufe auftreten, die kumulierten Ueberschussrenditen vom -40. bis +19. Tag abgebildet.

**Tabelle 3.24
Vergleich der Ankündigungseffekte von OA/WA-Emissionen auf dem Schweizer- und dem Euromarkt**

	absolute Ueber-schussrendite	stand. Ueber-schussrendite	Anteil der positiven Ueberschussrenditen
-59. - -5. Tag			
Schweizer Markt	1.75%	3.214**	63.4%#
Euromarkt	1.27%	1.588	55.6%
-4. - 0. Tag			
Schweizer Markt	0.97%	3.329**	56.1%
Euromarkt	-0.08%	-0.170	44.4%
+1. - +20. Tag			
Schweizer Markt	-1.22%	-2.280*	42.3%
Euromarkt	-0.64%	-1.231	36.1%

*/** auf dem 5%/1%-Niveau signifikant grösser bzw. kleiner als 0
#/## auf dem 5%/1%-Niveau signifikant mehr bzw. weniger als 50%

Anzahl Ereignisse: Schweizer Markt: 123
                    Euromarkt.   36
Berechnete Werte: Börsenkapitalisierung

**Abbildung 3.7
Ankündigungseffekte von OA/WA-Emissionen auf dem Schweizer- und dem Euromarkt**

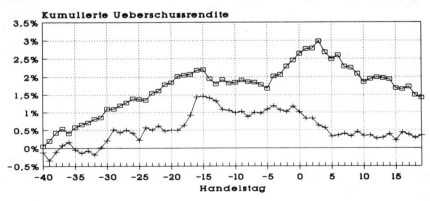

Schweizer Markt: 123 Ereignisse
Euromarkt: 36 Ereignisse
Berechnete Werte: Börsenkapitalisierung

Der Unterschied ist augenfällig. Vor der Ankündigung steigen die Kurse in beiden Fällen an, wobei dies bei Euromarktanleihen in geringerem und nicht signifikantem Ausmass geschieht.[29] Ein ähnliches Bild zeigt sich in der Periode nach der Ankündigung, wo im einheimischen Markt plazierte Anleihen stärkere und signifikante Kursverluste erleiden. Der Hauptunterschied zeigt sich aber im Ankündigungsintervall. Während Euroanleihen zu Preiseffekten führen, die nicht von 0 unterscheidbar sind, bewirken Emissionen auf dem Schweizer Markt einen signifikanten Kursgewinn von fast 1%.

Weshalb ist eine OA/WA-Emission in Schweizer Franken für die Investoren mit positiveren Informationen verbunden? Drei grundsätzliche Erklärungsversuche bieten sich an:

a) In der Euromarkt-Stichprobe sind Ereignisse enthalten, für die der Markt negative Schlüsse zieht. Dies könnte die Struktur der Emittenten betreffen (internationale Konzerne und Grossbanken) oder die Merkmale der Anleihen (Emissionen mit überdurchschnittlich hohem Emissionsbetrag).

b) Der Markt ist über Emissionsabsichten auf dem Euromarkt systematisch besser informiert und wird deshalb bei solchen Ankündigungen nicht überrascht werden. A priori gibt es aber m.E. dafür keinen zwingenden Grund. Allerhöchstens kann der Fall eintreten, dass die Investoren die Emissionsabsichten von Grossfirmen systematisch besser vorwegnehmen können.

c) Die Investoren beachten Emissionen auf dem Euromarkt weniger und reagieren entsprechend schwächer darauf. Diese These beinhaltet implizit die Annahme von Marktineffizienzen. Eine gewisse Unterstützung für diese Ueberlegung ist in der Tatsache zu finden, dass in der NZZ Ankündigungen über Emissionen auf dem einheimischen Markt in der Regel grösser "aufgemacht" sind.

Es kann aber auch nicht ausgeschlossen werden, dass der Unterschied in Marktpflegeaktionen der Emittenten begründet liegt. Denn es ist denkbar, dass sich diese im einheimischen Markt positiver auf das Zeichnungsergebnis auswirken können als bei Euromarkt-Emissionen.

---

[29] Hier wie auch bei anderen Stichproben ist auf eine statistische Besonderheit hinzuweisen. Bei kleinen Gruppen-Grössen ist es "schwieriger", signifikante Ergebnisse zu erhalten. Gleiche absolute Ueberschussrenditen sind bei grossen Stichproben eher signifikant von 0 verschieden. Dieser Aspekt muss bei allen Auswertungen berücksichtigt werden, und entsprechend vorsichtig sind Resultate von kleineren Stichproben zu interpretieren.

6.3.2. Unterschied zwischen Options- und Wandelanleihen

Tabelle 3.25 und Abbildung 3.8 zeigen die Ergebnisse, wenn OA und WA getrennt untersucht werden. Grosse Unterschiede sind nicht festzustellen. Bei OA steigen die Kurse vor der Ankündigung etwas stärker an. Wird jedoch erst die Periode ab dem -40. Handelstag berücksichtigt, gilt dies nicht mehr (vgl. Abbildung 3.8). Der Ankündigungseffekt selbst ist bei OA etwas stärker positiv, wobei auch hier die Anzahl Emissionen mit positiven Ueberschussrenditen nicht signifikant über 50% liegt. Relativ deutlich heben sich OA und WA in der Nach-Ankündigungsperiode ab. WA sind hier mit stärkeren Kursverlusten verbunden. Die kumulierte Ueberschussrendite fällt sogar beinahe auf 0% zurück. Vor allzu weitgehenden Interpretationen muss aber wegen der kleinen Stichprobengrösse bei den WA gewarnt werden, was sich auch in den Signifikanzniveaus der Teststatistik niederschlägt. Nur vom +1. bis +20. Tag ist wenigstens auf dem 10%-Niveau eine signifikant von 0 verschiedene Ueberschussrendite feststellbar.

Tabelle 3.25
Ankündigungseffekte getrennt nach Options- und Wandelanleihen

	absolute Ueber-schussrendite	stand. Ueber-schussrendite	Anteil der positiven Ueberschussrenditen
-59. - -5. Tag			
Optionsanleihen	1.64%	3.567**	60.6%#
Wandelanleihen	1.09%	0.817	62.1%
-4. - 0. Tag			
Optionsanleihen	0.88%	3.787**	54.7%
Wandelanleihen	0.70%	0.067	55.2%
+1. - +20. Tag			
Optionsanleihen	-1.14%	-2.768**	42.3%#
Wandelanleihen	-1.77%	-1.217	34.5

*/** auf dem 5%/1%-Niveau signifikant grösser bzw. kleiner als 0
#/## auf dem 5%/1%-Niveau signifikant mehr bzw. weniger als 50%

Anzahl Ereignisse: Optionsanleihen: 137
    Wandelanleihen: 29
Berechnete Werte: Börsenkapitalsierung

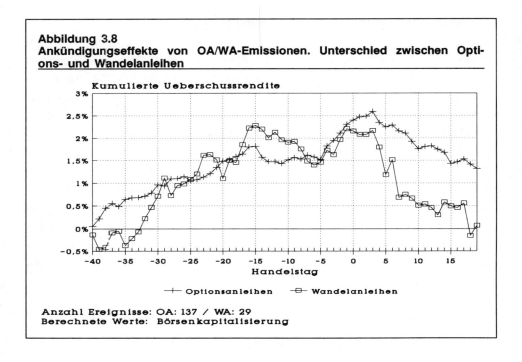

Abbildung 3.8
Ankündigungseffekte von OA/WA-Emissionen. Unterschied zwischen Options- und Wandelanleihen

Anzahl Ereignisse: OA: 137 / WA: 29
Berechnete Werte: Börsenkapitalisierung

6.3.3. Differenzierung nach Markt und Instrument

Tabelle 3.26 und Abbildung 3.9 präsentieren die Ergebnisse, aufgeschlüsselt nach Instrumenten und Märkten. Auch hier verhält sich keine Stichprobe völlig atypisch. Am ehesten fallen die Euromarkt-WA aus dem Rahmen, indem sie in den ersten zwei Untersuchungsintervallen die tiefsten und in der Nach-Ankündigungsperiode die zweittiefsten Ueberschussrenditen aufweisen. Die stärkste absolute Reaktion auf die Ankündigung (wenn auch statistisch nicht signifikant) liegt bei den WA im Schweizer Markt vor. Gleichzeitig ist hier aber auch in den nachfolgenden Wochen der Kursrückgang am stärksten ausgeprägt, was auf eine negative Korrelation zwischen den Ueberschussrenditen im Ankündigungsintervall und denjenigen vom +1. - +20. Handelstag hinweist.

Tabelle 3.26
Ankündigungseffekte getrennt nach Märkten und Instrumenten

	absolute Ueber-schussrendite	stand. Ueber-schussrendite	Anteil der positiven Ueberschussrenditen
-59. - -5. Tag			
OA-CH:	1.82%	3.181**	61.9%##
WA-CH:	1.70%	0.875	76.5%#
OA-Euro:	2.37%	2.110*	65.2
WA-Euro:	0.23%	0.229	41.7%
-4. - 0. Tag			
OA-CH:	0.92%	3.125**	54.3%
WA-CH:	1.30%	1.160	64.7%
OA-Euro:	0.12%	0.331	47.8%
WA-Euro:	-0.14%	-0.335	41.7%
+1. - +20. Tag			
OA-CH:	-1.05%	-2.148*	42.9%
WA-CH:	-2.06%	-0.598	41.2%
OA-Euro:	-0.71%	-1.090	39.1%
WA-Euro:	-1.37%	-1.180	25.0%

*/** auf dem 5%/1%-Niveau signifikant grösser bzw. kleiner als 0
#/## auf dem 5%/1%-Niveau signifikant mehr bzw. weniger als 50%

Anzahl Ereignisse: Optionsanleihen Schweizer Markt: 105
                     Wandelanleihen Schweizer Markt: 17
                     Optionsanleihen Euromarkt: 23
                     Wandelanleihen Euromarkt: 12
Berechnete Werte: Börsenkapitalisierung

Abbildung 3.9
Ankündigungseffekte von OA/WA-Emissionen. Differenzierung nach Märkten und Instrumenten

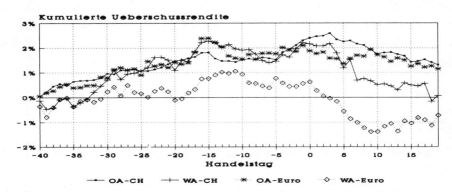

Anzahl Ereignisse: OA-CH: 105, WA-CH: 17
OA-Euro: 23, WA-Euro: 12
Berechnete Werte: Börsenkapitalisierung

6.4. Unterscheidung der Ankündigungseffekte nach Options- und Wandelobjekt

6.4.1. Wahl der Kursreihe: Börsenkapitalisierung oder Basiswert

Bisher wurde die Börsenkapitalisierung des Emittenten zur Ueberschussrenditen-Berechnung verwendet. Die Alternative dazu ist die ausschliessliche Berücksichtigung des Titels, auf den der OA/WA-Besitzer ein Options- bzw. Wandelrecht besitzt. Im Ausmass, wie dieses Recht künftig ausgeübt wird, findet bei dieser Titelart eine Kapitalerhöhung statt.[30] Falls in den Augen der Investoren eine solche potentielle Kapitalerhöhung zu einer Veränderung der relativen Preise zwischen den Beteiligungspapieren einer Firma führt, werden die Ueberschussrenditen des Basiswerts und der Börsenkapitalisierung voneinander abweichen.

Um diese Möglichkeit festzustellen, werden bei allen Emissionen, bei denen die Kurse des Basiswerts <u>und</u> der anderen Titel des Emittenten vorhanden sind, die Ueberschussrenditen auf beide Arten berechnet. Dies ist bei 119 Ereignissen möglich. Die Ergebnisse der Berechnungen sind in Tabelle 3.27 und Abbildung 3.10 dargestellt. Die beiden Stichproben weisen in den ersten zwei Untersuchungsperioden kaum einen Unterschied auf. Während vor der Ankündigung die Börsenkapitalisierungs-Kurse etwas höhere Ueberschussrenditen aufweisen, trifft dasselbe während der Ankündiungung für die Basiswert-Kurse zu. Nach der Ankündigung hingegen fallen die Kursverluste bei den Options- und Wandelobjekten mit ca. 0.6%-Punkten recht deutlich, wenn auch nicht statistisch signifikant höher aus. Ein Blick auf die standardisierten Renditen mahnt aber zur Vorsicht vor einer zu weitgehenden Interpretation, da die Werte für die Basiswert-Kurse durchschnittlich weniger signifikant von Null verschieden sind.[31]

---

[30] Dies gilt in dem Sinne nicht genau, indem in der Regel die neuen Titel als Vorratsaktien bereits vor der OA/WA-Emission geschaffen und von Dritten gehalten werden.

[31] Der Grund dafür liegt wohl in der geringeren Volatilität der Börsenkapitalisierung im Vergleich zu einem einzelnen Titel der Gesellschaft. Dies verkleinert die für die Standardisierung benötigte geschätzte Standardabweichung der titelspezifischen Renditen, was zu entsprechend höheren standardisierten Werten führt.

Tabelle 3.27
Ankündigungseffekt von OA/WA-Emissionen: Vergleich der Preisreaktionen beim Basiswert und bei der Börsenkapitalisierung

	absolute Ueber-schussrendite	stand. Ueber-schussrendite	Anteil der positiven Ueberschussrenditen
-59. - -5. Tag			
Börsenkapitalis.	1.37%	2.473**	62.2%##
Basiswert	1.10%	1.418	53.8%
-4. - 0. Tag			
Börsenkapitalis.	0.52%	2.101*	51.3%
Basiswert	0.72%	3.020**	56.3%
+1. - +20. Tag			
Börsenkapitalis.	-0.93%	-2.501**	42.0%#
Basiswert	-1.54%	-1.919*	41.2%#

*/** auf dem 5%/1%-Niveau signifikant grösser bzw. kleiner als 0
#/## auf dem 5%/1%-Niveau signifikant mehr bzw. weniger als 50%

Anzahl Ereignisse: 119 OA/WA, wo Emittenten neben dem Options- und Wandelobjekt weitere Beteiligungspapiere an der Börse kotiert haben.

Abbildung 3.10
Ankündigungseffekte von OA/WA-Emissionen. Unterschied zwischen Börsenkapitalisierungs- und Basiswert-Kursen

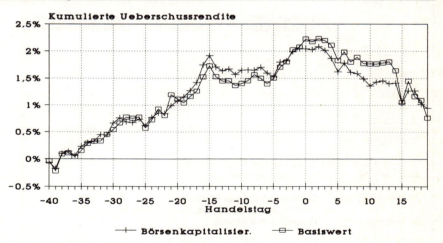

Anzahl Ereignisse: 119

6.4.2. Unterscheidung der OA/WA nach dem Options- und Wandelobjekt

Weiter stellt sich die Frage, ob die Investoren unterschiedlich auf die Art des Options- und Wandelobjekts reagieren, das mit der OA/WA verbunden ist. Um dies festzustellen, werden in einem ersten Schritt die Emissionen ausgesondert, bei denen der Basiswert nicht einem Eigenkapitaltitel entspricht. Diese Mini-Stichprobe enthält acht Ereignisse (4 Gold-OA, 2 Bond-OA, 1 Index-OA und 1 OA mit einem OS für den Bezug von PS einer Drittfirma). Sie wird in Tabelle 3.28 und Abbildung 3.11 den restlichen 160 Emissionen gegenübergestellt. Auch wenn, bedingt durch die sehr kleine Stichprobe, bei den nicht-EK OA/WA keine signifikanten Ueberschussrenditen resultieren, fallen doch markante Unterschiede auf. Zwischen der 12. und der 7. Woche vor der Ankündigung findet ein starker Kursanstieg statt, und in der Ankündigungsperiode selbst treten massive Kursverluste ein. Eine genauere Analyse zeigt, dass nahezu der gesamte negative Preiseffekt (-0.84%) am -1. und 0. Tag anfällt. Dieser 2-Tages-Wert ist trotz der kleinen Stichprobe auf dem 5%-Niveau signifikant. Dieses Resultat wird dabei hauptsächlich von drei der vier Gold-OA hervorgerufen.

Tabelle 3.28
Ankündigung von OA/WA: Vergleich von Eigenkapitaltiteln mit anderen Aktiven als Options- und Wandelobjekt

	absolute Ueber-schussrendite	stand. Ueber-schussrendite	Anteil der positiven Ueberschussrenditen
-59. - -5. Tag			
Eigenkapital	1.40%	3.362**	60.0%##
Nicht-EK	1.83%	0.597	62.5%
-4. - 0. Tag			
Eigenkapital	0.90%	3.991**	56.3%
Nicht-EK	-0.91%	-1.364	25.0%
+1. - +20. Tag			
Eigenkapital	-1.25%	-2.872**	40.0%##
Nicht-EK	-0.31%	-0.533	62.5%

*/** auf dem 5%/1%-Niveau signifikant grösser bzw. kleiner als 0
#/## auf dem 5%/1%-Niveau signifikant mehr bzw. weniger als 50%

Anzahl Ereignisse: OA/WA mit EK als Basiswert: 160
OA/WA mit anderem Basiswert (Gold etc.): 8
Berechnete Werte: Börsenkapitalisierung

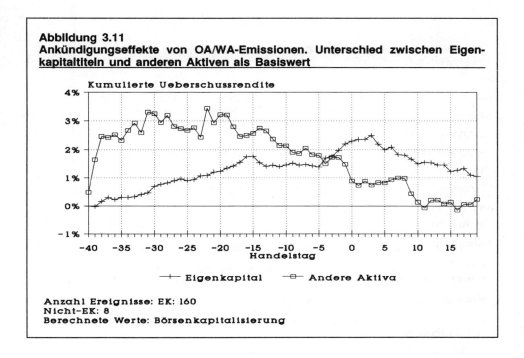

Abbildung 3.11
Ankündigungseffekte von OA/WA-Emissionen. Unterschied zwischen Eigenkapitaltiteln und anderen Aktiven als Basiswert

In einem zweiten Schritt wird die Frage untersucht, ob die Wahl des Beteiligungspapiers als Options- und Wandelobjekt einen speziellen Einfluss auf das Investorenverhalten ausübt. Wie aus Tabelle 3.29 und Abbildung 3.12 ersichtlich ist, scheinen die Investoren tatsächlich die Art des Basiswerts zu berücksichtigen und mit ihm einen unterschiedlichen Informationsgehalt zu verbinden. Die Reaktion auf die Ankündigung ist dabei bei Options- und Wandelrechten auf Namenaktien/Stammanteilen am stärksten positiv. Die Ueberschussrendite von 1.37% ist hier fast doppelt so hoch wie bei Anleihen mit PS als Basiswert.[32]

Dieser Trend setzt sich auch nach der Ankündigung fort. Im Gegensatz zu den starken Kursverlusten bei PS-OA/WA und den unbedeutenden Preiseffekten bei Inhaberaktien-OA/WA sind bei den Namenaktien-OA/WA auch vom 1. - 20. Tag positive Ueber-

---

[32] Werden die Berechnungen mit Börsenkapitalisierungs- anstelle von Basiswert-Kursen durchgeführt, sind die Ueberschussrenditen bei allen drei Arten etwas tiefer (im Durchschnitt ca. 0.2%-Punkte) und die Differenz zwischen Namen- und Inhaberaktien ist kleiner.

Tabelle 3.29
Ankündigung von OA/WA-Emissionen: Unterschiede aufgrund der Basiswert-Art

	absolute Ueberschussrendite	stand. Ueberschussrendite	Anteil der positiven Ueberschussrenditen
-59. - -5. Tag			
PS/GS	1.69%	1.261	52.6%
Inhaberaktien	2.19%	2.770**	59.5%
Namenakt./Stammant.	-0.25%	1.061	56.5%
-4. - 0. Tag			
PS/GS	0.77%	2.675**	57.9%
Inhaberaktien	1.08%	2.952**	64.3%#
Namenakt./Stammant.	1.37%	2.149*	60.9%
+1. - +20. Tag			
PS/GS	-2.73%	-3.179**	34.2%##
Inhaberaktien	-0.36%	0.002	47.6%
Namenakt./Stammant.	1.15%	1.358	47.8%

*/** auf dem 5%/1%-Niveau signifikant grösser bzw. kleiner als 0
#/## auf dem 5%/1%-Niveau signifikant mehr bzw. weniger als 50%

Anzahl Ereignisse: PS/GS als Basiswert: 76
Inhaberaktien als Basiswert: 42
Namenaktien/Stammanteile als Basiswert: 23
Berechnete Werte: Basiswert

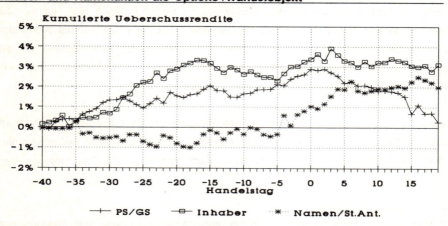

Abbildung 3.12
Ankündigungseffekte von OA/WA-Emissionen. Unterschied zwischen PS, Inhaber- und Namenaktien als Options-/Wandelobjekt

Anzahl Ereignisse: PS/GS: 76, Inhaberaktien: 42, Namenakt./Stammanteile: 23
Berechnete Werte: Basiswert

schussrenditen festzustellen, wobei der Wert von 1.15%[33] auf dem 10%-Niveau signifikant höher als 0 ist. Allerdings wird dies von einer Minderheit der Ereignisse hervorgerufen. Der Verlauf der PS-Kurse deutet demgegenüber darauf hin, dass die potentielle Erhöhung für die PS-Inhaber schlechte Neuigkeiten sind, was durch das Vorliegen einer geneigten Titelnachfragekurve begründet werden kann. Weitere Unterstützung findet diese Erklärung in der Tatsache, dass Berechnungen mit Börsenkapitalisierungskursen lediglich eine Ueberschussrendite von -1.44% ergeben. Obwohl dieser Wert immer noch signifikant über Null liegt, zeigt dies, dass die Titel des Emittenten, die nicht als Options-/Wandelobjekt dienen, geringere Einbussen erleiden. Allerdings bleibt unerklärt, weshalb dieser Preisdruckeffekt durch die potentielle Ausübung/Wandelung nicht sofort bei Bekanntgabe eintritt, sondern erst ab dem 3. Tag und über eine längere Periode hinweg.

Für die Zeit vor der Ankündigung weichen die Namenaktien-OA/WA bei Verwendung von Basiswert-Kursen ebenfalls von den anderen Anleihen ab. Bis zum -5. Handelstag findet bei ihnen kein Kursanstieg statt, während dies z.B. bei den Inhaberaktien-OA/WA sehr ausgeprägt in Erscheinung tritt. Erfolgen die Berechnungen jedoch mit der Börsenkapitalisierung, lassen sich auch bei Namenaktien-OA/WA signifikant positive Ueberschussrenditen von 1.36% messen (78% der Emissionen weisen in dieser Periode Kursgewinne auf). Weshalb sich hier derart unterschiedliche Resultate einstellen, ist ein Rätsel. Eine mögliche Erklärung ist, dass sich auch hier ein Preisdruckeffekt bemerkbar macht, und dass OA/WA-Emissionen mit Namenaktien von den Investoren wegen der Schaffung von Vorratsaktien systematisch besser prognostiziert werden können als solche mit PS. Dann allerdings bleibt ungeklärt, weshalb sich die zeitliche Vorwegnahme dieses Effektes nicht auch bei Inhabertiteln als Options-/Wandelobjekt einstellt.

---

[33] Bei Verwendung von Börsenkapitalisierungskursen verringert sich dieser Wert auf 0.69%. Die Kursgewinne nach der Ankündigung scheinen also vor allem von den Options- und Wandelobjekten selbst zu stammen.

6.5. Unterscheidung der Ankündigungseffekte nach dem Emissionsjahr

Hier wird untersucht, ob sich die Ueberschussrenditen über die ganze Periode von 1977 bis 1988 gleich präsentieren oder ob ein zeitliches Muster beobachtbar ist. Ein Blick auf die Verteilung der Emissionen im Untersuchungszeitraum (vgl. Abbildung 3.3) legt die Vermutung nahe, dass sich zumindest von Seiten der Emittenten ab 1985 die Einstellung zu OA/WA gewandelt hat. Während vorher eigenkapitalbezogene Anleihen eher Ausnahmeerscheinungen sind, ist ab Mitte der achtziger Jahre ein schlagartiger Anstieg bei der Verwendung dieses Instruments augenfällig. Die Frage stellt sich somit, ob ab 1985 auch die Investoren ihre Einstellung gegenüber OA/WA verändert haben. Die Stichprobe wird deshalb in eine "Vor-OA/WA-Boomphase" von 1977 bis 1984 und eine "OA/WA-Boomphase" (1985 - 1988) aufgeteilt (vgl. Tabelle 3.30 und Abbildung 3.13).

Tabelle 3.30
Ankündigung von OA/WA-Emissionen: Unterschied zwischen 1977-1984 und 1985-1988 emittierten Anleihen

	absolute Ueber-schussrendite	stand. Ueber-schussrendite	Anteil der positiven Ueberschussrenditen
-59. - -5. Tag			
1977-1984	-0.14%	0.444	52.1%
1985-1988	2.05%	3.756**	63.3%##
-4. - 0. Tag			
1977-1984	0.03%	0.257	47.9%
1985-1988	1.13%	4.094**	57.5%
+1. - +20. Tag			
1977-1984	0.05%	-0.186	45.8%
1985-1988	-1.70%	-3.336**	39.2%#

*/** auf dem 5%/1%-Niveau signifikant grösser bzw. kleiner als 0
\#/## auf dem 5%/1%-Niveau signifikant mehr bzw. weniger als 50%

Anzahl Ereignisse: 1977-1984 emittierte OA/WA: 48
　　　　　　　　　 1985-1988 emittierte OA/WA: 120
Berechnete Werte: Börsenkapitalisierung

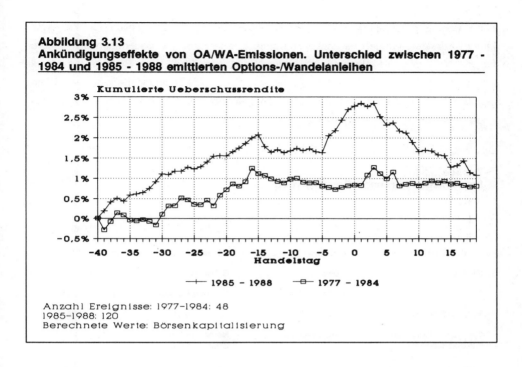

**Abbildung 3.13
Ankündigungseffekte von OA/WA-Emissionen. Unterschied zwischen 1977 - 1984 und 1985 - 1988 emittierten Options-/Wandelanleihen**

Anzahl Ereignisse: 1977-1984: 48
1985-1988: 120
Berechnete Werte: Börsenkapitalisierung

Bei den vor 1985 emittierten Anleihen resultieren fast perfekt Ueberschussrenditen, die unter der Nullhypothese erwartet werden. In der Ankündigungsperiode ist nahezu kein Preiseffekt festzustellen. Nur die kleinen Kursanstiege am 2. und 3. Tag trüben das fast "makellose" Bild leicht. Von den bisher festgestellten Phänomenen findet in dieser Stichprobe einzig der Kursanstieg zwischen dem -30. und -15. Handelstag eine Entsprechung. Dies bedeutet, dass der positive Ankündigungseffekt alleine durch die OA/WA-Emissionen ab 1985 hervorgerufen wird. Dasselbe gilt für den Kursanstieg vor (und im umgekehrten Sinne für den Preisrückgang nach) der Ankündigung.

6.6. Zusammenfassung

Die Ankündigung von OA/WA-Emissionen von Schweizer Gesellschaften ist im Durchschnitt mit positiven Ueberschussrenditen verbunden. Es hat sich aber gezeigt, dass davon nicht alle Anleihen im selben Ausmass betroffen sind. In Tabelle 3.31 sind die Kategorien von Ereignissen zusammengestellt, die hauptsächlich für die signifikanten Kurssteigerungen verantwortlich sind. Ebenso sind die bestimmenden Faktoren für die Vor- und die Nachankündigungsperiode angeführt. Eine Berechnung für die Stichprobe mit den 13 "Extremereignissen" in der Ankündigungsperiode ergibt eine signifikant positive Ueberschussrendite von beinahe 2%. Für die Vorankündigungsperiode zeigt das gleiche Vorgehen eine Kurssteigerung von etwa 3%.

Tabelle 3.31
Ergebnisbestimmende Ereignistypen

	-59. - -5. Handelstag	-4. - 0. Handelstag	+1. - +20. Handelstag
Art der Kursreihe	Basiswert	Börsenkapital.	Basiswert[1]
Kapitalmarkt	Schweiz	Schweiz	Schweiz
Typ der Anleihe	Optionsanleihe	Optionsanleihe	Wandelanleihe[2]
Zeitpunkt der Emission	1985 - 1988	1985 - 1988	1985 - 1988
Typ des Options- und Wandelobjekts	Inhaberaktien	Namenaktien/ Stammanteile[3]	PS/GS
Anzahl dieses typischen Ereignisses	16	13	1
absolute Ueberschussrendite	3.02%	1.91%	-5.60%
standardisierte Ueberschussrendite	1.924*	2.527**	-0.822
Anzahl positive Ueberschussrenditen	68.8%	69.2%	0%

[1] Börsenkapitalisierungskurse ergeben kleinere absolute, aber höher signifikante Werte
[2] Bei OA sind kleinere, aber höher signifikante Werte festzustellen
[3] Bei Inhaberaktien und PS sind kleinere, aber höher signifikante Werte festzustellen

7. Analyse der Preiseffekte

7.1. Kursanstieg vor der Ankündigung

In diesem Abschnitt soll zunächst untersucht werden, weshalb schon vor der Ankündigung von OA/WA-Emissionen signifikant positive Ueberschussrenditen zu beobachten sind. Bereits in Abschnitt 6.1. werden die beiden potentiellen Erklärungsansätze für dieses Phänomen erwähnt. Entweder ist der Kursanstieg für den Emittenten ein <u>Anlass</u>, um OA/WA zu emittieren. Die höheren Preise für Beteiligungskapital erlauben es dem Management, zu günstigeren Konditionen (in der Regel in Form eines höheren Ausübungs-/Wandelpreises und/oder eines tieferen Couponssatzes) Kapital aufzunehmen. Dies kann aber auch dazu führen, dass Emittenten (selbst oder über Dritte) <u>bewusst</u> versuchen, den Kurs ihrer Beteiligungspapiere zu erhöhen, um günstige Emissionsbedingungen zu schaffen. Dazu ist manchmal auch die These zu hören, dass Eigenkapital oder OA/WA nur in Zeiten steigender Börsenkurse emittiert werden können und dass somit die Stützung der eigenen Aktien und PS dem Schaffen dieses "zeichnungsfreudigen Klimas" dient.

Ein erster Ansatz, um das Reaktions- vom Marktpflegeargument zu unterscheiden, besteht darin, den Kursverlauf des Basiswerts mit dem der Börsenkapitalisierung zu vergleichen. Die zugrundeliegende Ueberlegung ist, dass die Emittenten wohl primär den Kurs des Options-/Wandelobjekts zu beeinflussen versuchen. Falls für diesen Titel die Nachfragekurve geneigt ist, wird sich ein Preisdruckeffekt einstellen. Es kann daher angenommen werden, dass sich der Kurs des gestützten Wertpapiers stärker erhöht als bei den anderen Titeln des Emittenten (und auch der Börsenkapitalisierung). Ist hingegen die Emission nur die Reaktion auf einen anders bedingten titelspezifischen Kursanstieg, ist a priori mit gleichen Ueberschussrenditen für alle Beteiligungspapiere zu rechnen.

In Abschnitt 6.4.1. wurde der Unterschied bezüglich der für die Berechnung verwendeten Kursreihe untersucht. Tabelle 3.27 zeigt, dass bis zum -5. Handelstag die Börsenkapitalisierungskurse etwas stärker ansteigen als die der Options-/Wandelobjekte. Diese Beobachtung deutet somit auf eine Ablehnung der Marktpflege-Hypothese hin. Allerdings ist dies nur schwache Evidenz gegen die "Reaktions-These". Denn selbst unter der Annahme, dass die Emittenten primär den Kurs des Basiswerts stützen und ein Preisdruckeffekt eintritt, kann nicht ausgeschlossen werden, dass sich der Kursanstieg auf die anderen Beteiligungspapiere überträgt.

Ein zweiter Test mit mehr Aussagekraft setzt bei der Marktenge der Aktien und PS an. So ist anzunehmen, dass es einfacher ist, die Kurse von weniger liquiden Titeln zu beeinflussen. Als Mass für die Marktenge soll dabei die Börsenkapitalisierung verwendet werden. Ist tatsächlich Marktpflege der Grund für den Kursanstieg ab der 8. Woche vor der Ankündigung, sind die Ueberschussrenditen ceteris paribus um so höher, je weniger Titel der Unternehmung existieren. Reagieren die Emittenten hingegen nur auf die positive Preisentwicklung ihrer Titel, ist a priori keine Abhängigkeit zwischen Höhe der Börsenkapitalisierung und Höhe der titelspezifischen Renditen vor der Ankündigung zu erwarten.

Diese Hypothese wird getestet, indem die Ereignisse in zwei Stichproben aufgeteilt werden. Gruppe "Hoch" enthält die Emissionen von Gesellschaften, deren Börsenkapitalisierung Ende September des jeweiligen Emissionsjahres zu den 25 grössten der Schweiz gehört (gemäss Aktienführer der Schweizerischen Bankgesellschaft). In die Stichprobe "Tief" werden die restlichen OA/WA eingeteilt. Die Resultate sind in Tabelle 3.32 und Abbildung 3.14 dargestellt. Der Unterschied zwischen den beiden Stichproben ist augenfällig. Während für die tieferkapitalisierten Firmen ab der 6. Woche vor der Ankündigung ein statistisch signifikanter Kursanstieg einsetzt, verlaufen die Ueberschussrenditen bei den anderen Stichproben genau so, wie man es unter der Null-Hypothese erwartet. Auch ein statistischer Test der Differenz der beiden absoluten Ueberschussrenditen bestätigt diese Beobachtung. Auf dem 5%-Niveau kann die Hypothese verworfen werden, dass sich die beiden Werte nicht voneinander unterscheiden.[34] Da a priori kein Grund vorliegt, weshalb kleinere Firmen eigenkapitalbezogene Anleihen gezielt nur nach überdurchschnittlichen Kursanstiegen plazieren, grösseren Emittenten jedoch dieses Markttiming nicht gelingt, kann das vorliegende Resultat als positive Evidenz für die Marktpflege-Hypothese interpretiert werden.

---

[34] Für diesen Test wird unterstellt, dass die beiden Stichproben unabhängig sind und aus einer normalverteilten Grundgesamtheit der absoluten Ueberschussrenditen mit derselben Varianz stammen. Die Differenz der beiden Stichprobenmittelwerte wird durch die geschätzte Standardabweichung standardisiert. Mit der daraus folgenden t-verteilten Teststatistik kann das Konfidenzintervall bestimmt werden.

Tabelle 3.32
Vergleich der Ueberschussrenditen von hoch- mit tiefkapitalisierten Firmen vor der Ankündigung von OA/WA-Emissionen

	absolute Ueber- schussrendite	stand. Ueber- schussrendite	Anteil der positiven Ueberschussrenditen
-59. - -5. Tag			
"Hoch"	-0.15%	1.191	56.8%
"Tief"	3.15%	3.694**	63.75%##

T-Wert der Differenz der absoluten Ueberschussrenditen: 2.033
(auf dem 5%-Niveau signifikant)

*/** auf dem 5%/1%-Niveau signifikant grösser bzw. kleiner als 0
#/## auf dem 5%/1%-Niveau signifikant mehr bzw. weniger als 50%

Anzahl Ereignisse: Emissionen der 25-höchstkapitalisierten Firmen: 88
                   Emissionen der tieferkapitalisierten Firmen: 80
Berechnete Werte: Börsenkapitalisierung

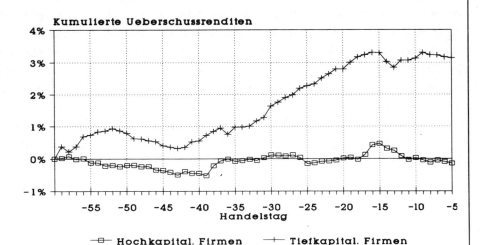

Abbildung 3.14
Vergleich des Kursverlaufs von hoch- mit tiefkapitalisierten Firmen vor der Ankündigung von OA/WA-Emissionen

Anzahl Ereignisse: 'Hoch': 88
'Tief': 80
Berechnete Werte: Börsenkapitalisierung

Schliesslich können die beiden Tests kombiniert werden. Für die Stichprobe der tieferkapitalisierten Emittenten wird in allen Fällen, wo mehrere Titel einer Gesellschaft an der Börse kotiert sind, jeweils die Ueberschussrenditen für die Kurse des Options-/Wandelobjekts und der Börsenkapitalisierung berechnet. Für 48 Ereignisse kann dieser Vergleich angestellt werden. Der titelspezifische Kursanstieg vom -59. bis -5. Tag beträgt beim Basiswert 4.15%, im Vergleich zu 3.29% bei der Börsenkapitalisierung.[35] Werden erst die Werte ab dem -35. Tag berechnet, wird der Unterschied noch grösser (4.01% gegenüber 2.82%). Dieses Ergebnis ist ein weiteres Indiz für das Vorliegen von kursstützenden Massnahmen.

7.2. Positiver Ankündigungseffekt

Die Interpretation des Ankündigungseffekts steht im Zentrum des Interesses. Auf den grundlegenden Unterschied zu den amerikanischen Ergebnissen wurde bereits hingewiesen. Während dort die Investoren auf die Ankündigung von WA mit Preisabschlägen reagieren, steigen in der Schweiz die Kurse ab dem vierten Tag vor der Bekanntgabe der Emissionsabsicht im Durchschnitt signifikant an. Dieses Ergebnis hebt sich deutlich von den in der Literatur vorherrschenden Erklärungen ab, dass eigenkapitalbezogene Anleihen ein negatives Signal darstellen. Um jedoch diese Schlussfolgerung ziehen zu dürfen, muss gezeigt werden, dass die positiven Ueberschussrenditen bei der Ankündigung auch wirklich die Folge eines Informationseffekts sind. Denn a priori kann nicht ausgeschlossen werden, dass die Kursanstiege aufgrund von bewussten Kursstützungsaktionen und nicht von den "überraschten" Investoren bewirkt werden. Gerade kurz vor der Bekanntgabe kann es durchaus das Ziel eines Emittenten sein, mit Kurssteigerungen seiner Aktien/PS ein positives "Zeichnungsklima" zu schaffen.

---

[35] Beide Werte sind auf dem 1%-Niveau signifikant grösser als 0.

7.2.1. Informationseffekt oder Marktpflege?

In einem ersten Schritt wird wiederum die gesamte Stichprobe in hoch- und tiefkapitalisierte Emittenten aufgeteilt. Falls der Kursanstieg als Informationseffekt interpretiert werden kann, sollten zwischen den beiden Stichproben keine signifikanten Unterschiede auftreten. Aus Tabelle 3.33 ist jedoch ersichtlich, dass Emissionsankündigungen von kleineren Firmen offensichtlich zu anderen Ergebnissen führen. Im Gegensatz zur Nullreaktion bei hochkapitalisierten Gesellschaften fallen bei diesen die signifikanten Kurssteigerungen auf. Dies deutet für die Ankündigungsperiode auf bewusste Preisstützungsaktionen hin. Allerdings ist diese Interpretation aufgrund der Stichprobenaufteilung nicht unproblematisch.[36] Denn in der Gruppe "Hoch" stammt ein grosser Teil der Emissionen von Grossbanken. Und bei dieser regelmässig am Kapitalmarkt auftretenden Gruppe, wie auch ev. bei anderen grossen Gesellschaften, liegt die Vermutung nahe, dass der Markt von einer Emissionsabsicht weniger überrascht wird als bei einer kleineren Firma und somit aus der Ankündigung tendenziell weniger neue Information herausgelesen wird.

Tabelle 3.33
Vergleich der Ueberschussrenditen von hoch- mit tiefkapitalisierten Firmen bei der Ankündigung von OA/WA-Emissionen

	absolute Ueberschussrendite	stand. Ueberschussrendite	Anteil der positiven Ueberschussrenditen
-4. - 0. Tag			
"Hoch"	0.00%	0.196	46.6%
"Tief"	1.72%	5.008**	63.8%##

T-Wert der Differenz der absoluten Ueberschussrenditen: 4.084
(auf 1%-Niveau signifikant)

*/** auf dem 5%/1%-Niveau signifikant grösser bzw. kleiner als 0
#/## auf dem 5%/1%-Niveau signifikant mehr bzw. weniger als 50%

Anzahl Ereignisse: Emissionen der 25-höchstkapitalisierten Firmen: 88
Emissionen der tieferkapitalisierten Firmen: 80
Berechnete Werte: Börsenkapitalisierung

---

[36] Zudem zeigen im Falle der tiefkapitalisierten Gesellschaften die Ueberschussrenditen der Basiswert-Kurse keine Unterschiede zu denjenigen der Börsenkapitalisierung (1.08% zu 1.10%). Dies hebt sich vom Resultat der Periode vor der Ankündigung ab, wo die Basiswert-Kurse grössere Kursgewinne verzeichnen. Das Vorliegen von Marktpflege-Aktionen während der Ankündigungsperiode wird also durch diesen Test nicht bestätigt.

Um Emissionen mit unterschiedlichem Ueberraschungsgehalt zu vergleichen, werden weitere Stichproben gebildet. Als erstes werden die Emissionen der Banken von denjenigen der restlichen Branchen getrennt. Da die Banken aufgrund von speziellen Eigenmittelvorschriften regelmässiger OA/WA emittieren, ist bei ihnen der Ueberraschungsgehalt kleiner, und es ist mit einer schwächeren Preisreaktion zu rechnen. Diese Vermutung findet eine gewisse empirische Bestätigung (vgl. Tabelle 3.34).

Tabelle 3.34
Vergleich des Ankündigungseffekts von OA/WA-Emissionen bei Banken mit dem bei anderen Gesellschaften

	absolute Ueberschussrendite	stand. Ueberschussrendite	Anteil der positiven Ueberschussrenditen
-4. - 0. Tag			
Banken	0.46%	1.124	50.0%
Nicht-Banken	1.03%	3.669**	57.5%

T-Wert der Differenz der absoluten Ueberschussrenditen: 1.255
(nicht signifikant)

*/** auf dem 5%/1%-Niveau signifikant grösser bzw. kleiner als 0
#/## auf dem 5%/1%-Niveau signifikant mehr bzw. weniger als 50%

Anzahl Ereignisse: Banken: 62
Nichtbanken: 106
Berechnete Werte: Börsenkapitalisierung

OA/WA-Emissionen von Banken bewirken geringere Preissteigerungen und sind statistisch nicht signifikant von Null verschieden. Allerdings ergibt der Test über den Renditeunterschied der beiden Stichproben keine signifikante Differenz. Dass die Bankengruppe nun nicht einfach ein Abbild der Stichprobe mit den hochkapitalisierten Gesellschaften darstellen, zeigen die Ueberschussrenditen für die Periode vor der Ankündigung. Hier ist im Gegensatz zu den hochkapitalisierten Emittenten ebenfalls ein beträchtlicher Kursanstieg von 1.21% festzustellen, der auf dem 10%-Niveau signifikant ist. Der Vergleichswert der Nichtbanken dazu liegt mit 1.55% nur unwesentlich höher. Dies lässt die Folgerung zu, dass kleinere Banken vor der Bekanntgabe ebenfalls relativ starke Preisanstiege verzeichnen, dass bei ihnen der Kursgewinn bei der Emissionsbekanntgabe im Vergleich dazu aber geringer ausfällt.

Durch die institutionellen Besonderheiten in der Schweiz kann auch auf eine andere Weise zwischen unterschiedlichen Ueberraschungsgehalten von Emissionsankündigungen unterschieden werden. Wie in Abschnitt 5.2.3. dargelegt, wird bei der Schaffung von Sicherstellungstiteln in einigen Fällen schon vor der eigentlichen Bekanntgabe der Emission die Möglichkeit einer OA/WA-Plazierung angedeutet. Für jedes Ereignis wird darum in der NZZ auch nach Meldungen gesucht, die schon vor der Emissionsbekanntgabe auf eine mögliche OA/WA-Plazierung schliessen lässt. Entsprechend können Stichproben gebildet werden, wo a priori mit unterschiedlichem Ueberraschungsgehalt gerechnet werden kann, und wo somit bei Gültigkeit der Informationsthese unterschiedliche Ergebnisse erwartet werden.

In der Stichprobe "Unerwartet", die Ereignisse mit einem hohen Ueberraschungsgehalt zusammenfasst, werden darum alle Emissionen (ohne Grossbanken) berücksichtigt, wo über die Schaffung der Sicherstellungstitel in der NZZ in den zwei Jahren vor der Ankündigung entweder überhaupt keine Hinweise publiziert sind oder nur sehr vage über die Möglichkeit gesprochen wird, diese eventuell einmal für OA/WA zu benützen.[37] In der Vergleichsgruppe "Erwartet" sind demgegenüber die restlichen Emissionen enthalten. Dies sind OA/WA, wo die künftige Emission bereits bei der Schaffung der Vorratstitel mit einer relativ grossen Bestimmtheit erwähnt wird[38] und solche der Grossbanken.[39] Letztere werden dieser Gruppe zugeteilt, da sie mit grosser Regelmässigkeit an den Kapitalmarkt gelangen und OA/WA auflegen.

Ueber den Vergleich dieser beiden Stichproben gibt Tabelle 3.35 Auskunft. Der unterschiedliche Preiseffekt ist unübersehbar. Die Stichprobe mit dem potentiell höheren Ueberraschungsgehalt hat eine signifikant positive Ueberschussrendite, die fast 1%-Punkt über jener der restlichen Ereignisse liegt. Und die Teststatistik über die Differenz der Mittelwerte der beiden Stichproben spricht ebenfalls für eine signifikante Abweichung.

---

[37] Dies entspricht den Kriterien a) und b) in Kapitel 5.2.3.

[38] Kategorie c) in Kapitel 5.2.3.

[39] Schweizerische Bankgesellschaft, Schweizerischer Bankverein, Schweizerische Kreditanstalt, Schweizerische Volksbank und Bank Leu.

**Tabelle 3.35
Vergleich der Ankündigungseffekte von erwarteten mit unerwarteten OA/WA-Emissionen**

	absolute Ueber- schussrendite	stand. Ueber- schussrendite	Anteil der positiven Ueberschussrenditen
-4. - 0. Tag			
"Erwartet"	0.30%	0.702	48.1%
"Unerwartet"	1.27%	4.294**	60.4%#

T-Wert der Differenz der absoluten Ueberschussrenditen: 2.233
(auf 5%-Niveau signifikant)

*/** auf dem 5%/1%-Niveau signifikant grösser bzw. kleiner als 0
#/## auf dem 5%/1%-Niveau signifikant mehr bzw. weniger als 50%

Anzahl Ereignisse: "Erwartet": 77
"Unerwartet": 91
Berechnete Werte: Börsenkapitalisierung

Dagegen kann aber eingewendet werden, dass auch die Kurssteigerungen vom -59. bis -5. Handelstag einen Informationseffekt darstellen. Dies könnte gelten, wenn die Investoren schon Wochen vor der offiziellen Bekanntgabe die Emission von OA/WA systematisch vorwegnehmen. In Tabelle 3.36 sind deshalb die Preiseffekte der erwarteten und der unerwarteten Emissionen vor der Ankündigung notiert.

**Tabelle 3.36
Preiseffekte von OA/WA-Emissionen vor der Ankündigung bei unterschiedlichem Ueberraschungsgrad**

	absolute Ueber- schussrendite	stand. Ueber- schussrendite	Anteil der positiven Ueberschussrenditen
-59. - -5. Tag			
"Erwartet"	2.16%	2.563**	68.8%##
"Unerwartet"	1.13%	2.614**	52.7%

T-Wert der Differenz der absoluten Ueberschussrenditen: 0.612
(nicht signifikant)

*/** auf dem 5%/1%-Niveau signifikant grösser bzw. kleiner als 0
#/## auf dem 5%/1%-Niveau signifikant mehr bzw. weniger als 50%

Es zeigt sich, dass in beiden Stichproben die Ueberschussrenditen signifikant über Null liegen und bei den erwarteten Emissionen die Preissteigerungen über das 55-tägige Intervall grösser sind. Der Unterschied zwischen den beiden Stichproben ist aber statistisch gesehen nicht signifikant. Offensichtlich scheint der Ueberraschungsgehalt nur in der Ankündigungsperiode als Erklärung für die positive Kursreaktion dienen zu können.

Wir stehen somit vor dem Problem, dass mit zwei Arten von Stichproben die positiven Ueberschussrenditen bei der Ankündigung erklärt werden können. Einerseits sind es die tiefkapitalisierten Firmen (was auf Marktpflege hindeutet), andererseits die unerwarteten Emissionen (Indiz für das Vorliegen eines Informationseffektes). Der Grund für dieses Zwischenergebnis liegt offensichtlich in einer gewissen Ueberschneidung der beiden Gruppen. Um den wirklich dominierenden Faktor herauszufiltern, werden die 80 Emissionen von tiefkapitalisierten Firmen in solche mit hohem und tiefem Ueberraschungsgehalt aufgeteilt. Dominiert der Informationsaspekt, ist mit einem deutlichen Unterschied zwischen erwarteten und überraschenden Emissionen zu rechnen.

Tabelle 3.37 zeigt, dass bei den unerwarteten Emissionen der Preisanstieg um 0.3%-Punkte höher und statistisch mit grösserer Signifikanz ausfällt. Die Differenz zwischen den Renditen ist aber als klare Evidenz für den Informationseffekts zu klein. Im Gegenteil scheint der auf dem 5%-Niveau signifikante Preisanstieg bei erwarteten Ereignissen ein relativ starkes Indiz für die Dominanz des Marktpflegeargumentes zu sein.

Tabelle 3.37
Vergleich der Ankündigungseffekte von erwarteten mit unerwarteten OA/WA-Emissionen von tiefkapitalisierten Firmen

	absolute Ueberschussrendite	stand. Ueberschussrendite	Anteil der positiven Ueberschussrenditen
-4. - 0. Tag			
"Erwartet"	1.51%	1.841*	57.9%
"Unerwartet"	1.80%	4.770**	65.6%#

T-Wert der Differenz der absoluten Ueberschussrenditen: 0.3204
(nicht signifikant)

*/**   auf dem 5%/1%-Niveau signifikant grösser bzw. kleiner als 0
#/##   auf dem 5%/1%-Niveau signifikant mehr bzw. weniger als 50%

Anzahl Ereignisse: "Erwartet":   19
                     "Unerwartet": 61
Berechnete Werte: Börsenkapitalisierung

Dieses Ergebnisses wird durch einen zweiten Test erhärtet, bei dem die 91 unerwarteten Ereignisse in eine Gruppe mit hoch- und eine mit tiefkapitalisierten Emittenten aufgeteilt werden (vgl. Tabelle 3.38). Es ist ersichtlich, dass der Kursanstieg bei grösseren Firmen mit lediglich 0.2% massiv geringer ausfällt. Die Hypothese, dass die beiden Mittelwerte nicht voneinander verschieden sind, kann klar verworfen werden.

Tabelle 3.38
Vergleich des Ankündigungseffekts von unerwarteten OA/WA-Emissionen bei hoch- und tiefkapitalisierten Firmen

	absolute Ueber-schussrendite	stand. Ueber-schussrendite	Anteil der positiven Ueberschussrenditen
-4. - 0. Tag			
"Hoch"	0.19%	0.676	50.0%
"Tief"	1.80%	4.770**	65.6%#

T-Wert der Differenz der absoluten Ueberschussrenditen: 2.557
(auf 1%-Niveau signifikant)

*/** auf dem 5%/1%-Niveau signifikant grösser bzw. kleiner als 0
#/## auf dem 5%/1%-Niveau signifikant mehr bzw. weniger als 50%

Anzahl Ereignisse: Emissionen der 25-höchstkapitalisierten Firmen: 30
Emissionen der tieferkapitalisierten Firmen: 61
Berechnete Werte: Börsenkapitalisierung

Als Schlussfolgerung kann festgehalten werden, dass Marktpflege als Hauptgrund für den Kursanstieg bei der Ankündigung von OA/WA-Emissionen erscheint. Die These, dass der Finanzierungsentscheid der Firma als positives Signal aufgenommen wird und entsprechende Preiskorrekturen bewirkt, kann aufgrund der eher schwachen Evidenz nur als sekundäre Erklärung betrachtet werden. Dennoch darf in diesem Zusammenhang die Erkenntnis vermerkt werden, dass die Investoren nicht, wie in den USA, negativ auf eine OA/WA-Ankündigung reagieren.

Gegen die Marktpflegehypothese könnte eingewendet werden, dass die Investoren einer OA/WA-Emission durch kleinere Firmen eine grössere Bedeutung beimessen. Dementsprechend kann sie dort ein stärkeres Signal über gute Firmenaussichten darstellen, als bei regelmässig an den Kapitalmarkt gelangenden Grossunternehmen. Dieser Einwand kann aber nicht erklären, weshalb dieses Signal fast gleich stark wirkt bei Emissionen, die aufgrund der Schaffung von Vorratsaktien erwartet werden und bei solchen, für die zumindest in der Presse vorher keine Indizien zu finden sind. Nur wenn in hohem Grade informationsineffiziente Märkte unterstellt werden, in denen öffentlich bekanntgegebene Hinweise auf eine baldige OA/WA-Emission nicht verarbeitet werden, kann diese Alternativhypothese akzeptiert werden.

Vereinzelt ist in der Praxis eine weitere Erklärung zu hören. Diese besagt, dass vor allem bei kleinen Firmen, die nicht regelmässig an den Kapitalmarkt gelangen, durch die Emission von OA/WA eine "Kursphantasie" geschaffen wird, die sich preissteigernd auswirkt. Nicht das Wissen um Kapitalaufnahmepläne, sondern die Tatsache, dass überhaupt über die Firma gesprochen wird, ist der entscheidende Punkt. Eine gewisse Bestätigung dieser These kann darin gesehen werden, dass die Kursanstiege vor allem seit 1985 und bei inländischen Emissionen eintreten. In dieser Zeit der starken Benützung dieses Instrumentes scheint so etwas wie eine "OA-Euphorie" ausgebrochen zu sein, die sich preissteigernd auf die Basiswerte des Emittenten ausgewirkt haben könnte.

Dieses mit den existierenden theoretischen Modellen nicht erklärbare Argument ist jedoch mit Vorsicht anzuwenden, da sehr stringente Annahmen getroffen werden müssen. Insbesondere ist erstaunlich, dass sich eine solche "Modeerscheinung" derart lange und ausgeprägt einstellen sollte, v.a. auch wenn die systematischen Kursverluste in den 20 Handelstagen nach der Ankündigung mitberücksichtigt werden. Aus diesem Grunde wird hier der "rationaleren" Erklärung des Vorliegens von kurspflegerischen Massnahmen der Vorzug gegeben.

7.2.2. Emissionen mit Bezugsrecht

In diesem Abschnitt soll ein weiterer Aspekt von OA/WA untersucht werden. Wie bei Dann/Mikkelson [1984] werden die Emissionen mit Bezugsrecht für die Altaktionäre mit den freien Zeichnungen verglichen. Bezugsrechte können für Aktionäre aus zwei Gründen interessant sein:

a) Bei einem zu tiefen Emissionspreis der OA/WA werden sie für die Verwässerung ihrer Ansprüche am Firmenvermögen entschädigt. Das heisst, dass sie sich grundsätzlich bei Bezugsrechtsemissionen nicht um den Preis kümmern müssen. Zu billig zur Zeichnung aufgelegte OA/WA ohne Bezugsrechte führen demgegenüber bei Altaktionären zu Einbussen, die sich in entsprechenden Kursrückgang äussern sollten.

b) Durch den Verkauf des Bezugsrechts kann sich ein Aktionär Liquidität beschaffen, ohne zu Portfolioumschichtungen, die mit Transaktionskosten verbunden sind, greifen zu müssen (vgl. Zimmermann [1986] S. 238). Auch bei diesem Argument wirkt ein Bezugsrecht tendenziell preissteigernd.

Tabelle 3.39
Vergleich der Ankündigungseffekte von OA/WA-Emissionen mit und ohne Bezugsrecht

	absolute Ueberschussrendite	stand. Ueberschussrendite	Anteil der positiven Ueberschussrenditen
-4. - 0. Tag			
Mit Bezugsrecht	1.80%	3.380**	66.7%
Ohne Bezugsrecht	0.65%	2.506**	52.8%

T-Wert der Differenz der absoluten Ueberschussrenditen: 1.835
(auf 5%-Niveau signifikant)

*/** auf dem 5%/1%-Niveau signifikant grösser bzw. kleiner als 0
#/## auf dem 5%/1%-Niveau signifikant mehr bzw. weniger als 50%

Anzahl Ereignisse: Mit Bezugsrecht: 24
Ohne Bezugsrecht: 144
Berechnete Werte: Börsenkapitalisierung

In Tabelle 3.39 sind die Ergebnisse für die beiden Stichproben gegenübergestellt. Wie erwartet, ist bei den 24 Emissionen mit Bezugsrecht ein stärkerer Kursanstieg messbar. Im Gegensatz zu den Resultaten von Dann/Mikkelson für die USA ist der Unterschied zwischen den beiden Ueberschussrenditen sogar statistisch signifikant. Offensichtlich wird ein Bezugsrecht von den Aktionären geschätzt. Welcher der beiden obengenannten Gründe dafür verantwortlich ist, kann nicht festgestellt werden. Einerseits ist dazu die Stichprobe sehr klein, andererseits kann bei Hypothese a) der von den Investoren als korrekt betrachtete Emissionspreis nicht gemessen werden. Auf jeden Fall deckt sich das Ergebnis bei OA/WA mit den Resultaten von Zimmermann bei Eigenkapitalerhöhungen, wo sich hohe Bezugsrechte ebenfalls kurssteigernd auswirken.

7.3. Kursrückgang nach der Ankündigung

7.3.1. Ergebnisbestimmende Emissionen

Bei allen 168 Ereignissen ist vom 1. bis 20. Tag nach der Ankündigung ein statistisch signifikanter Kursrückgang von durchschnittlich 1.2% feststellbar. Dieses Resultat erstaunt, da in informationseffizienten Märkten keine verzögerten Preisanpassungen zu erwarten sind. Allerdings können zwei Argumente vorgebracht werden, weshalb diese empirische Tatsache trotzdem grundsätzlich zu erklären ist. Erstens ist es denkbar, dass durch die Marktpflege der Emittenten vor und bei der Ankündigung die wahre Investorenreaktion überdeckt und erst danach, bei Nachlassen der preisstützenden Massnahmen, beobachtbar wird. Falls die Marktpflege graduell aufgegeben wird, kann auch erklärt werden, weshalb es einige Handelstage dauert, bis der ganze Preiseffekt hervortritt. Zweitens kann auch einfach Markineffizienz unterstellt werden, und damit die verzögerte Investorenreaktion begründet werden.

Im vorliegenden Abschnitt soll deshalb die Charakteristik der Ereignisse bestimmt werden, die für dieses überraschende Resultat verantwortlich sind. Das bisher bestimmende Unterscheidungsmerkmal, die Börsenkapitalisierung des Emittenten, soll als erstes untersucht werden (vgl. Tabelle 3.40). Der Kursrückgang bei den kleineren Firmen fällt um 0.8%-Punkte stärker aus, ist aber statistisch nicht signifikant von der Gruppe "Hoch" verschieden. Im Gegensatz zu den Perioden vor und während der Ankündigung, ist nun die Börsenkapitalisierung offensichtlich nicht mehr ein entscheidendes Unterscheidungsmerkmal.

In einem zweiten Schritt wird die Stichprobe mit den erwarteten Ereignissen derjenigen mit einem höheren Ueberraschungsgehalt gegenübergestellt (vgl. Tabelle 3.41). Das Ergebnis ist verblüffend. Aufgrund von a priori Ueberlegungen ist nicht mit unterschiedlichen Resultaten zu rechnen. Es zeigt sich aber, dass überraschende Emissionen um 1.65%-Punkte tiefere Ueberschussrenditen aufweisen, und dass die Abweichung zur Stichprobe "Erwartet" auf dem 5%-Niveau signifikant ist.[40] Offensichtlich

---

[40] Mit einem Unterschied von 1.53%-Punkten fällt auch der Kursrückgang bei Nicht-Banken (-1.77%) auf dem 5%-Niveau signifikant höher aus als für die OA/WA-Emissionen von Banken (-0.23%).

reagieren die Investoren "mit Verspätung" auf die neue Information mit einer Preiskorrektur. Es zeigt sich dabei, dass der Kursrückgang ab dem 4. Handelstag nach der Ankündigung einsetzt. Dies entspricht ungefähr dem Ende der Zeichnungsfrist. Eine teilweise Erklärung für dieses Phänomen besteht darin, dass die kursstützenden Aktionen mit dem Abschluss der Zeichnungsperiode gestoppt werden und nun der eigentliche Informationseffekt durchbricht. Weiter ist aber ersichtlich, dass die Kursverluste fast gleichmässig in den folgenden drei Wochen anfallen. Dafür kann keine plausible Erklärung gegeben werden, denn es sollte mit einem "schlagartigen" und nicht einem "schleichenden" Preiseffekt gerechnet werden. Der schweizerische Kapitalmarkt scheint sich also nach der Ankündigung von OA/WA-Emissionen nicht informationseffizient zu verhalten.[41]

Tabelle 3.40
Vergleich der Ueberschussrenditen von hoch- mit tiefkapitalisierten Firmen nach der Ankündigung von OA/WA-Emissionen

	absolute Ueberschussrendite	stand. Ueberschussrendite	Anteil der positiven Ueberschussrenditen
+1. - +20. Tag			
"Hoch"	-0.82%	-1.899*	42.0%
"Tief"	-1.62%	-2.239*	40.0%#

T-Wert der Differenz der absoluten Ueberschussrenditen: 0.965
(nicht signifikant)

*/** auf dem 5%/1%-Niveau signifikant grösser bzw. kleiner als 0
#/## auf dem 5%/1%-Niveau signifikant mehr bzw. weniger als 50%

Anzahl Ereignisse:	Emissionen der 25-höchstkapitalisierten Firmen:	88
	Emissionen der tieferkapitalisierten Firmen:	80
Berechnete Werte:	Börsenkapitalisierung	

Eine weitere Besonderheit der Nach-Ankündigungs-Periode fällt auf, wenn man sich die Resultate aus Tabelle 3.27 in Erinnerung ruft. Im Gegensatz zu den Perioden vor und während der Ankündigung besteht ein Unterschied, ob man die Ueberschussrenditen anhand der Börsenkapitalisierung oder nur anhand des Titels, der als Options- oder Wandelobjekt dient, berechnet. Der Kursrückgang fällt dabei bei den Basiswerten um

---

[41] Für die Investoren bedeutet dies, dass sie vorteilhafterweise Aktien/PS von OA/WA-Emittenten spätestens beim Ende der Zeichnungsfrist verkaufen.

0.61%-Punkte stärker aus. Mit einem T-Wert von 0.892 ist der Unterschied statistisch nicht signifikant, jedoch trotzdem erstaunlich gross.[42]

Tabelle 3.41
Vergleich der Ueberschussrenditen von "erwarteten" mit "unerwarteten" OA/WA-Emissionen nach der Ankündigung

	absolute Ueberschussrendite	stand. Ueberschussrendite	Anteil der positiven Ueberschussrenditen
+1. - +20. Tag			
"Erwartet"	-0.30%	-1.037	48.1%
"Unerwartet"	-1.95%	-2.989**	35.2%##

T-Wert der Differenz der absoluten Ueberschussrenditen: 2.014
(auf 5%-Niveau signifikant)

*/** auf dem 5%/1%-Niveau signifikant grösser bzw. kleiner als 0
#/## auf dem 5%/1%-Niveau signifikant mehr bzw. weniger als 50%

Anzahl Ereignisse: "Erwartet": 77
"Unerwartet": 91
Berechnete Werte: Börsenkapitalisierung

Weiter kann auch bei den Kurse der Options-/Wandelobjekte zwischen einer "erwarteten" und einer "unerwarteten" Stichprobe unterschieden werden. Es zeigt sich, dass in den 60 "überraschenden" und den 59 "erwarteten" Fällen der Unterschied auf 2.08%-Punkte ansteigt (im Vergleich zu 1.65%-Punkte bei der Börsenkapitalisierung).[43] Mit einem T-Wert von 2.009 ist auch dieser Unterschied auf dem 5%-Niveau signifikant.[44]

---

[42] Es sei daran erinnert, dass die Börsenkapitalisierung auch die Kurse des Options-/Wandelobjekts enthält. Der Unterschied zwischen dem Verhalten des Basiswerts und dem der restlichen Beteiligungspapiere eines Emittenten wird somit durch den obigen Vergleich unterschätzt.

[43] Kursrückgang der unerwarteten Ereignisse: 2.58%
Kursrückgang der erwarteten Ereignisse: 0.50%

[44] Wenn man für die Stichprobe der hoch- und tiefkapitalisierten Emittenten Basiswertanstelle von Börsenkapitalisierungskurse verwendet, wird der Unterschied zwischen diesen beiden Gruppen mit 1.79%-Punkte ebenfalls auf dem 5%-Niveau signifikant. Während sich mit -0.81% bei der Stichprobe "Hoch" im Vergleich zur Börsenkapitalisierung keine Differenz einstellt, steigt der Kursrückgang bei der Gruppe "Tief" auf 2.60% an.

Der signifikante Kursrückgang in den 20 Handelstagen nach der Ankündigung von OA/WA-Emissionen scheint also hauptsächlich die Folge eines Informationseffekts zu sein. Dabei liegt gleichzeitig Evidenz für zwei Erklärungen der Investorenreaktion vor:

a) Der stärkere Kursrückgang bei <u>unerwarteten</u> Emissionen weist darauf hin, dass die Investoren den Finanzierungsentscheid als <u>negatives</u> Signal über den Firmenwert betrachten. Dieses Ergebnis deckt sich mit den Erfahrungen vom amerikanischen Kapitalmarkt.

b) Gleichzeitig lässt das besondere Verhalten der Options-/Wandelobjekts-Kurse die Folgerung zu, dass auch ein Preisdruckeffekt eintritt. Die Investoren nehmen bei bzw. nach der Ankündigung wahr, dass die über Options- und Wandelrechte beziehbaren Aktien/PS die Anzahl der ausstehenden Titeln in dieser Kategorie erhöht. Der Preiseffekt ist somit eine Antizipation des potentiellen Kursrückganges infolge Ausübung/Wandelung.[45] Besonders ausgeprägt ist dieses Phänomen bei PS/GS (-2.73%) beobachtbar (vgl. Tabelle 3.29). Nicht nur ist hier der Kursrückgang im Vergleich zu Inhaber- (-0.36%) und Namenaktien (+1.15%) deutlich grösser. Auch der Unterschied zu den Ueberschussrenditen der Börsenkapitalisierung sind bei den stimmrechtslosen Beteiligungspapieren ganz anders. Während bei den Aktien die Börsenkapitalisierungswerte sogar leicht tiefer liegen, beträgt hier bei den PS/GS der Kursrückgang lediglich 1.44%. Offensichtlich liegt nur bei PS/GS ein Preisdruckeffekt vor.

---

[45] Das Auftreten eines Preisdruckeffektes könnte auch durch eine andere Ueberlegung erklärt werden. Falls viele Investoren die neuen Anleihen sofort nach der Zeichnung wieder verkaufen wollen (Realisierung eines kurzfristigen Gewinns), dürften die OA/WA-Kurse bei Handelsbeginn an der Vorbörse unter Druck geraten. Sind die Basiswerte enge Substitute zu den OA/WA, besteht die Möglichkeit, dass sich ein derartig hervorgerufener Preisdruckeffekt auf die Kurse des Options-/Wandelobjekts überträgt. Diese Hypothese könnte zudem erklären, weshalb der Kursrückgang nicht schlagartig bei der Bekanntgabe, sondern erst später bei Beginn des Handels an der Vorbörse eintritt.

7.3.2. Abhängigkeit des Kursrückganges von den Ueberschussrenditen vor und während der Ankündigung

Es interessiert auch, ob ein bestimmter Zusammenhang zwischen den Ueberschussrenditen in den drei Untersuchungsintervallen besteht. Inbesondere ist der Frage nachzugehen, ob Preisanstiege vor und bei der Ankündigung mit um so grösseren Kursverlusten zwischen dem 1. und dem 20. Handelstag verbunden sind. Ein solches "reversal" wäre ein Indiz, dass die Investoren die marktstützenden Aktionen der Emittenten erkennen und die "künstlichen" Kursgewinne wieder abdiskontieren. Zur Erkennung eines solchen Phänomens werden die Korrelationskoeffizienten zwischen den Ueberschussrenditen der drei Untersuchungsintervalle berechnet.

In Tabelle 3.42 sind die Resultate einiger Stichproben aufgelistet. In der linken Hälfte sind die Werte für die Perioden vor und nach der Ankündigung aufgeführt. Rechts werden die Intervalle während und nach der Ankündigung verglichen.[46] Als erstes fällt die fast durchwegs signifikant <u>positive</u> Korrelation der Ueberschussrenditen nach der Ankündigung mit denjenigen vor der Bekanntgabe auf. Dies ist starke Evidenz <u>gegen</u> die Vermutung, dass die Kursrückgänge in den 20 Handelstagen nach der Ankündigung um so höher ausfallen, je stärker die Preise (durch marktstützende Aktionen) vorher angestiegen sind. Eine Erklärung für dieses Phänomen kann nicht gegeben werden, denn in einem informationseffizienten Markt ist nicht mit einem solchen zeitlichen Muster zu rechnen. Als Regel kann auf jeden Fall abgeleitet werden, dass Aktien/PS von OA/WA-Emittenten nach der Ankündigung eher verkauft werden sollten, falls sie in den 10 Wochen vorher schon gefallen sind und umgekehrt.

Die Beziehung der Ueberschussrenditen während und nach der Ankündigung ist weniger eindeutig. Evidenz für einen "Kursreversal" ist offensichtlich für unerwartete Anleihen von tiefkapitalisierten Emittenten vorhanden. Falls die Investoren von einer OA/WA-Emission überrascht werden, scheinen sie die Höhe des Kursanstieges bei der Ankündigung als negatives Signal zu betrachten. Dies könnte damit erklärt werden, dass die Anleger in diesen Fällen bei der Emission kursstützende Massnahmen vermuten, die sie wegen der Unerwartetheit vorher noch nicht wahrgenommen haben.

---

[46] Nicht aufgeführt sind die Korrelationskoeffizienten der Intervalle vor und während der Ankündigung. In der Regel liegen diese Werte nahe bei 0. Einzig für hochkapitalisierte Emittenten und bei Verwendung von Basiswert-Kursen ist eine signifikant <u>positive</u> Beziehung zwischen den Ueberschussrenditen der beiden Perioden erkennbar.

Tabelle 3.42
Korrelationskoeffizienten zwischen den Ueberschussrenditen in den Untersuchungsintervallen

	-59. - -5. / +1. - +20.	-4. - 0. / +1. - +20.
Börsenkapitalisierungskurse:		
a) alle Ereignisse (N=168)	0.284*	-0.076
b) Emissionen von hoch-/tiefkapitalisierten Firmen (N=88/80)	0.341* / 0.285*	0.129 / -0.117
c) "Unerwartete" / "Erwartete" Emissionen (N=91/77)	0.311* / 0.205*	-0.156 / 0.125
d) "Unerwartete" / "Erwartete" Emissionen von tiefkapit. Firmen (N=61/19)	0.310* / 0.155	-0.234* / 0.162
Basiswertkurse:		
e) alle Emissionen von Firmen mit mehr als einer Aktien/PS-Art (N=119)	0.241*	0.224*
f) "Unerwartete" / "Erwartete" Emissionen (N=60/59)	0.299* / 0.098	0.331* / 0.129

* auf dem 5%-Niveau signifikant grösser bzw. kleiner als 0

Anders sieht es aus, wenn die Kurse der Options-/Wandelobjekte statt der Börsenkapitalisierung verwendet werden. Hier ist die Beziehung zwischen den Ueberschussrenditen <u>positiver</u> Natur, wobei dieses Resultat wiederum von den unerwarteten Emissionen hervorgerufen wird. Ein möglicher Preisdruckeffekt beim Options-/Wandelobjekt scheint also bereits während der Ankündigung einzusetzen und sich dann in den folgenden vier Wochen zu verstärken. Als Handelsregel kann somit bei unerwarteten OA/WA-Emissionen postuliert werden, dass Kursverluste auf dem Options-/Wandelobjekt bei der Ankündigung ein Verkaufssignal darstellen. Auch hier ist schwer verständlich, weshalb sich ein solches Phänomen einstellt. In informationseffizienten Märkten wäre zu erwarten, dass die Kursreaktion nach der Emissions-Bekanntgabe schlagartig und nicht über mehrere Wochen hinweg einsetzt.

8. Zusammenfassung

Im Vergleich zu amerikanischen Untersuchungen ist das Bild der Ankündigungseffekte von OA/WA-Emissionen in der Schweiz wesentlich komplexer. In den USA fällt die gesamte signifikante Reaktion in den zwei Tagen um die Bekanntgabe des Finanzierungsentscheides an, was in der Schweiz nicht der Fall ist. Aus institutionellen Gründen ist hier allerdings auch nicht damit zu rechnen. Denn es ist naheliegend, dass sich neue firmenspezifische Informationen schon vor der öffentlichen Bekanntgabe verbreiten. Zudem lässt die ausgeprägte Marktenge bei einigen Titeln vermuten, dass Emittenten die Kurse ihrer Beteiligungspapiere relativ einfach stützen können. Im Vergleich zum amerikanischen Markt sind also weitergehende Analysen notwendig, um glaubwürdige Schlussfolgerungen ziehen zu können.

Für die Zeit vor der Ankündigung wird ein signifikanter Kursanstieg beobachtet. Dieses Resultat wird hauptsächlich von Emissionen von relativ tiefkapitalisierten Firmen hervorgerufen, was ein Indiz für die Marktpflege-Hypothese darstellt.

Während der Ankündigung sind ebenfalls signifikant positive Ueberschussrenditen festzustellen. Besonders ausgeprägt tritt dies bei Emissionen mit Bezugsrecht für die bisherigen Aktionäre auf, was die auch anderweitig festgestellte Beliebtheit dieser Emissionsart unterstützt. Weiter zeigt sich, dass die Kursanstiege hauptsächlich bei unerwarteten Emissionen und bei tiefkapitalisierten Gesellschaften anfallen, wobei die Signifikanz des letzteren Aspekts grösser ist. Somit liegt auch hier Evidenz für die Marktpflege-Hypothese vor. Ein gewisser Informationseffekt kann allerdings nicht ausgeschlossen werden, was die Frage aufwirft, weshalb OA/WA ein schwach positives Signal für die Investoren sind. Dieses Resultat widerspricht völlig den amerikanischen Ergebnissen und den vorherrschenden theoretischen Erkenntnissen. Zwei Erklärungen drängen sich auf. Entweder interpretiert der Markt die Aufnahme von Mitteln als Signal für das Vorhandensein von wertsteigernden Investitionsvorhaben, die ohne externe Finanzierung nicht realisiert werden können. Diese Erklärung lässt jedoch die Frage unbeantwortet, weshalb die Firmen in diesem Fall nicht Anleihen ohne Options- oder Wandelrecht emittieren um sicherzustellen, dass nur die bisherigen Aktionäre und PS-Besitzer von den positiven Aussichten profitieren können.[47] Oder die Bekanntgabe der Emission löst eine "Kursphantasie" aus. Was sich allerdings hinter diesem Ausdruck genau verbirgt, ist etwas unklar. Es kann aber nicht völlig ausgeschlossen werden, dass bei kleineren Firmen alleine die Tatsache, dass überhaupt eine Meldung in der Presse erscheint, der Grund für einen Kursanstieg sein kann. Eine gewisse Bestätigung für diese "irrationale" Erklärung findet man darin, dass die Kursanstiege bei der Ankündigung vor allem bei Emissionen im einheimischen Markt und ausschliesslich in der OA/WA-Boomphase ab 1985 festzustellen sind. Es macht den Anschein, dass sich in diesen Fällen eine "OA-Euphorie" einstellt, die mindestens kurzfristig zu Kursanstiegen führt.

Der mindestens 20 Tage dauernde Kursrückgang nach der Ankündigung ist auf den ersten Blick verblüffend. Es zeigt sich, dass dieses Resultat hauptsächlich bei unerwarteten Emissionen auftritt. Dies kann nur dadurch erklärt werden, dass hier ein verspäteter Informationseffekt vorliegt, der verzögert eintritt, weil er vorher von kurzstützenden Massnahmen der Emittenten überdeckt wird oder weil der schweizerische Kapitalmarkt nicht völlig informationseffizient ist. Offensichtlich werden OA/WA wie in den USA eher als ein negatives Signal für die Firmenaussichten betrachtet. Zudem weist der wesentlich stärkere Kursverlust beim Options/Wandelobjekt im Vergleich zu den anderen Aktien/PS des Emittenten auf das Vorliegen eines Preisdruckeffekts hin. Die Investoren nehmen scheinbar die potentielle Erhöhung der Anzahl Titel vorweg, was in einem Markt mit nicht-horizontalen Nachfragekurven zu dem beobachteten Effekt führt.

Diese Folgerungen lassen aber drei Fragen offen:

a) Der "schleichende" Kursrückgang nach der Ankündigung deutet auf eine gewisse Informationsineffizienz hin. Weshalb dieser Effekt, der systematisch ausgenützt werden kann, über längere Zeit Bestand hat, bleibt ein Rätsel.

b) Das Untersuchungsintervall wurde aufgrund von a priori Ueberlegungen vom 55. vor bis zum 20. Handelstag nach der Ankündigung festgelegt. Die Berechnungen

---

[47] Als Gegenargument zu diesem Einwand könnte angefügt werden, dass die Gesellschaften ein gewisses Eigenkapitalverhältnis erhalten möchten und somit aus diesem Grund diese "suboptimale" Politik verfolgen. Allerdings bleibt dann ungeklärt, weshalb die Firmen eine optimale Kapitalstruktur anstreben.

zeigen nun, dass der Kursrückgang nach der Bekanntgabe nicht nur während einigen wenigen Tagen danach, sondern bis zum 20. Tag anhält. Ob dieser Prozess mit diesem Zeitpunkt beendet ist oder weitergeht, kann mit der vorliegenden Untersuchungsmethode nicht eruiert werden. Eine Analyse von längerfristigen Effekten von OA/WA-Emissionen muss anderen Studien überlassen werden. Nicht unerwähnt bleiben darf aber ein mögliches Problem der vorliegenden Untersuchung. Sollte der Preiszerfall tatsächlich während einiger Zeit über den 20. Handelstag hinaus anhalten, besteht die Gefahr einer Verzerrung. Die Schätzgleichung für die Bestimmung von α_1 und β_1 (Gl. (3.2)) ergäbe in diesem Fall nämlich zu tiefe Parameterwerte. Dies wiederum führte zu tendenziell überschätzten Ueberschussrenditen im Untersuchungsintervall (Gl. (3.1)), was bedeutete, dass die tatsächlichen Kursanstiege vor und während der Ankündigung tiefer als berechnet und der tatsächliche Kursrückgang danach grösser ausfallen würde. Letzteres würde den negativen Informationseffekt nach der Bekanntgabe noch ausgeprägter erscheinen lassen.

c) Und schliesslich bedarf es der Klärung, welches theoretische Konzept am besten begründen kann, weshalb OA/WA ein negatives Signal für den Firmenwert darstellen. Nur mit den <u>Emissionskosten</u> alleine kann der Kursverlust nicht erklärt werden. Der durchschnittliche Firmenwertrückgang von 1.2% vom 1. bis 20. Tag nach der Ankündigung übersteigt die Ausgaben, die bei einer Unternehmung im Zusammenhang mit der Begebung von OA/WA anfallen.[48] Gegen den <u>Leverageeffekt</u> spricht das theoretische Problem, zwischen Bewegungen <u>auf</u> der Value-Leverage-Funktion und solchen <u>wegen</u> Veränderungen der Value-Leverage-Funktion unterscheiden zu können. A priori kann aber nicht ausgeschlossen werden, dass die Investoren mit OA/WA-Emissionen systematisch eine Kapitalstruktur-Anpassung mit negativen Auswirkungen für den Firmenwert verbinden. Ein empirischer Test für diese Hypothese ist aber kaum durchführbar. Gegen das

---

[48] Ein Rechenbeispiel kann dies begründen. Bei einer Unternehmung mit einer Börsenkapitalisierung von ca. SFr. 500 Mio (was Ende 1987 etwa den 50. Rang darstellt) bedeutet ein Kursrückgang von 1.2% einen <u>Firmenwertverlust</u> von ca. <u>SFr. 6 Mio</u>. Demgegenüber belaufen sich die <u>Emissionskosten</u> einer OA von SFr. 50 Mio (Laufzeit 10 Jahre, Equity Content 0.6) auf ca. <u>SFr. 2.5 Mio</u>. Diese setzen sich zusammen aus der Uebernahmekommission (ca. SFr. 1 Mio), Zahlstellenkommission (ca. SFr. 0.2 Mio), Kommission für Ausübung und Sicherstellung des Optionsobjekts (ca. SFr. 0.2 Mio), Emissionsspesen (ca. SFr. 0.1 Mio) sowie der Umsatz- und Emissionsabgabe (ca. SFr. 1 Mio). Für die Berechnung der Emissionskosten sei auf Abschnitt 4.3 im 2. Teil verwiesen.

Argument der Umverteilung zwischen Gläubigern und Aktionären spricht in der Schweiz die Tatsache, dass kaum je Anleihen von schweizerischen Schuldnern notleidend werden. Somit dürften solche Effekte kaum der Grund für negative Ueberschussrenditen sein. Endgültige Klarheit kann nur durch empirische Studien gewonnen werden, die allerdings auch hier mit erheblichen Schwierigkeiten verbunden wären. Mehr Gewicht könnte allerdings ein anderes Agency-Argument haben. Interpretieren nämlich die Investoren die Verwendung von OA/WA als einen Entscheid von Eigennutzen-maximierenden Managern zuungunsten der Aktionäre, ist ein Kursrückgang die logische Folge. Als Erklärung verbleibt das Argument der asymmetrisch verteilten Informationen. Dieser Ansatz kann die empirischen Beobachtung recht gut erklären. Um jedoch die Gültigkeit des Myers/Majluf- oder des Miller/Rock-Modells zu erhärten, sind vergleichende Berechnungen von Ankündigungseffekten von anderen Finanzinstrumenten notwendig, insbesondere auch um zwischen den beiden Modellen unterscheiden zu können.

Anhang 1
Verzeichnis der Optionsanleihens-Emissionen in Schweizer Franken

Emissionsdatum	Emittent	Coupon	Nom. wert (Mio.)	Laufzeit (Jahre)	Optionsobjekt	Optionslaufzeit (Jahre)	Ankündig' Effekt berechnet
7/70	SITA Investment	6.5	2	5	Inh	ca. 5	
6/71	Schw. Bankgesellschaft	6	100	12	Inh	ca. 1	
8/72	Schw. Bankgesellschaft	5	100	10	Inh	ca. 5	
10/72	Schw. Kreditanstalt	5	90	12	Inh	3.7	
12/72	Schw. Hypotheken- + Handelsbank	5.75	10.5	6	Nam	ca. 0.5	
1/73	Interfood	5.5	20	10	Inh (B)	ca. 6	
5/73	Merkur	5.5	10	15	Inh	3.5	
5/73	Hero	5.5	20	15	Inh	ca. 4	
6/73	Schw. Industriegesellschaft	5.5	35	15	Inh	10.0	
9/73	Ciba-Geigy	5.5	80	10	PS	ca. 3	
4/74	Bank Neumünster	6.75	6	8	Nam	2.7	
11/74	Interdiscount	9	9	8	Inh	6.1	
9/75	Schw. Kreditanstalt	6.25	120	12	Nam	5.3	
6/76	Siegfried	5.5	10	10	Inh	3.5	
4/77	Stork AG	6	15	10	Inh	4.5	
9/77	Brown, Boveri & Co.	4	100	13	PS	5.2	*
11/77	Swissair	4.25	37.6	15	Inh	5.1	
11/77	Elektrowatt	3	81	8	Inh	5.5	*
12/77	Schw. Volksbank	4	100	10	St.A.	6.0	
1/78	von Roll	4.25	80	15	PS	5.4	#
6/79	Gewerbebank Baden	3.5	12	10	Inh	5.0	
6/79	Mikron	3.75	10	11	Inh	8.0	*
12/79	Pirelli	4.75	60	10	PS	6.0	*
7/80	Schw. Kreditanstalt	4.5	160	10	Inh	3.2	*
12/80	Schw. Kreditanstalt	5	100	10	Nam	5.5	*
4/81	Bank in Gossau	5.5	4	8	Nam	4.2	
4/81	Schw. Kreditanstalt	5	107	12	Inh	3.2	#
4/81	Schw. Kreditanstalt	5	23	12	Nam	3.2	#
5/81	Bank Leu	6	50	8	Inh	2.6	*
6/81	Schw. Bankverein	6.25	150	10	Inh	3.3	*
7/81	Schw. Bankgesellschaft	6.25	175	9	Nam	5.2	*
12/81	Swissair	5.75	76	15	Inh	5.0	*
2/82	Schw. Bankverein	6	150	9	Nam	3.4	*
4/82	Schw. Kreditanstalt	5.75	248.2	12	Inh	5.1	#
4/82	Schw. Kreditanstalt	5.75	51.8	12	Nam	5.1	#
5/82	Schw. Bankgesellschaft	5.25	150	9	Inh	3.6	*
2/83	Sika	4	40	12	Inh (B)	2.9	*
5/83	Konsumverein Zürich	4	20	12	PS	4.6	#
7/83	Brown, Boveri & Co.	4	150	11	PS	5.2	*
10/83	Maag	4	30	12	PS	5.5	
10/83	Zellweger Uster	4	30	12	PS	4.1	
10/83	Mövenpick	4	20	12	Inh	4.0	#
11/83	Interdiscount	4	18.6	12	Inh	4.5	#
12/83	Elektrowatt	3.5	99	12	Inh	5.5	*
3/84	Schw. Bankgesellschaft	3.75	150	9	Nam	4.5	*
5/84	Intershop	3.5	50	10	Inh	4.8	#
6/84	Huber + Suhner	4.5	15	12	PS	5.5	
10/84	Jacobs Suchard	3.75	80	8	PS	4.2	*
10/84	Schw. Kreditanstalt	3.75	100	8	Nam	4.9	*
11/84	Schw. Bankverein	4	150	10	Nam	3.1	*
1/85	Bank Leu	4	50	10	Inh	3.9	*
2/85	Schw. Kreditanstalt	3.75	100	11	Inh	5.3	*
2/85	Schw. Kreditanstalt	3.75	50	9	Nam	5.3	*
5/85	Nestlé	3.25	300	8	Nam	3.5	*
5/85	Merkur	3.5	20	10	Inh	5.5	*

Anhang 1
Verzeichnis der Optionsanleihens-Emissionen in Schweizer Franken

Emissionsdatum	Emittent	Coupon	Nom. wert (Mio.)	Laufzeit (Jahre)	Optionsobjekt	Optionslaufzeit (Jahre)	Ankündig' Effekt berechnet
5/85	Intershop	3.5	50	10	Inh	5.8	*
5/85	Schw. Bankverein	3.25	200	5	Nam	1.5	*
7/85	Globus	3.25	40	10	PS	4.6	*
7/85	Schw. Bankgesellschaft	3.25	250	10	Inh	3.4	*
7/85	Bâloise	3.25	125	12	PS	3.7	*
8/85	Bank Bär	3.25	50	10	Inh	5.1	*
8/85	Schw. Bankverein	3.25	200	10	Nam	3.3	*
9/85	Basler Handelsbank	3.75	20	10	Inh	3.2	*
9/85	Gotthard Bank	3.5	50	10	PS	5.2	*
9/85	Bank Leu	3.25	50	10	Nam	4.2	*
9/85	Schw. Volksbank	3	125	10	St.A.	3.1/4.9	*
10/85	Ems Chemie	3	28	8	Inh	2.9	#
10/85	Schw. Bankgesellschaft	3	150	10	PS	5.0	*
11/85	Kantonalbank Jura	3	25	9	Inh	5.1	*
11/85	Schw. Bankverein	3	200	10	PS	4.8	*
12/85	Allg. Aargauische Ersparniskasse	2.75	50	12	St.A.	4.8	
12/85	Elektrowatt	2.5	150	11	PS	4.5/5.5	
12/85	Crossair	3.25	15	10	Nam	4.8	
1/86	Fortuna Vers.	2.75	50	10	PS	4.7	*
2/86	Pirelli	2.75	100	10	PS	5.0	*
2/86	Rieter	2.5	30	10	PS	4.3	*
2/86	Bank Leu	2.75	100	10	Gold	3.0	*
2/86	Kanton Jura	3	50	10	Inh Bq.Ct. Jura	4.8	*
3/86	Gotthard Bank	2.5	50	10	PS	5.5	#
3/86	Spar+Leihkasse Bern	3.25	16	10	Inh	5.3	
3/86	Zellweger Uster	2.5	50	12	PS	3.3/5.3	*
3/86	Gewerbebank Baden	2.75	21	10	Inh	5.3	
4/86	Caisse d'Epargne + Crédit	2.75	20	10	Inh	4.7	
4/86	Hypothekar- + Handelsbank	3	25	10	Inh	3.9	*
4/86	Solothurner Handelsbank	2.75	18	10	Nam	5.6	
4/86	EG Laufenburg	2.5	100	10	PS	4.3	*
4/86	Genossensch. Zentralbank	2.75	40	11	Inh	4.6	
5/86	Banca d. Svizzera Ital.	2.5	50	10	PS (B)	3.5/5.7	*
5/86	Intersport	2.5	10	10	PS	5.1	
5/86	Schw. Bankverein	2.5	200	12	Nam	3.5/5.5	*
5/86	KW Laufenburg	2.5	100	10	PS	4.8	*
6/86	St.Gall. Creditanstalt	3	12	10	Inh	5.4	
6/86	Schw. Bankgesellschaft	3	300	12	Nam	5.3	*
6/86	EKN Nidwalden	3	20	10	PS	4.0	
6/86	Sparkasse Berneck	2.75	8	10	PS	4.0	
6/86	Gebr. Sulzer	2	100	10	PS	3.3/5.3	*
6/86	Basler Handelsbank	3	20	9	PS	4.4	*
7/86	Georg Fischer	2.75	80	10	PS	3.2/5.2	*
7/86	Bâloise	2.5	121	8	PS	3.7	*
7/86	Fuchs Petrolub	2.75	30	10	PS	5.2	*
8/86	Bank vom Linthgebiet	3.5	35	10	PS	4.4	
8/86	Schw. Kreditanstalt	3.25	100	14	Nam	6.0	*
9/86	Luzerner Landbank	3.25	30	10	PS	4.8	
9/86	Centralschw. Kraftwerke	3.25	80	12	PS	5.0	*
9/86	Schw. Bankverein	3	200	15	Nam	6.2	*
9/86	Oerlikon Bührle Hldg.	2.75	150	10	PS	4.2/7.2	#
9/86	Schw. Volksbank	2.5	165	10	St.A	1.5/3.1	*
10/86	Gurit-Heberlein	2.5	40	10	PS	3.2	*
10/86	Balair	2.5	20	11	PS	5.1	*

Anhang 1
Verzeichnis der Optionsanleihens-Emissionen in Schweizer Franken

Emissionsdatum	Emittent	Coupon	Nom. wert (Mio.)	Laufzeit (Jahre)	Optionsobjekt	Optionslaufzeit (Jahre)	Ankündig' Effekt berechnet
12/86	Hesta Holding	2.5	40	12	Inh Zellw.-Ust.	3.6	*
12/86	Schw. Bankverein	4.75	200	10	Bond	2.0	*
12/86	Hilti	2.25	100	12	PS	5.0	*
12/86	Konsumverein Zürich	2.25	40	10	PS	2.7/5.2	*
1/87	Haldengut	3	20	10	Nam	3.6	*
1/87	Motor Columbus	2.5	100	10	Inh	4.4	*
1/87	Hürlimann	2.75	18	10	Inh	5.0	
1/87	Cementia	2.25	60	10	PS	5.1	*
2/87	Zehnder Holding	2.75	15	10	PS	5.3	
2/87	Davos-Parsenn Bahn	2.75	20	10	PS	5.1	*
2/87	Walter Rentsch	2	40	10	PS	4.3	*
2/87	Bank in Liechtenstein	2.5	100	10	PS	4.3	
2/87	Mövenpick	2.5	30	7	PS	5.2	*
2/87	Schw. Industriegesellschaft	2.5	50	10	PS	4.8	*
2/87	Biber Holding	2.25	50	10	PS	5.1	*
2/87	Dätwyler Holding	2.25	60	12	PS	5.3	#
3/87	Schw. Kreditanstalt	2.875	200	10	Gold	3.0	*
3/87	Spar- + Leihkasse Wartau-Seveln	3	4	10	Inh	5.2	
3/87	Sika	2	60	10	PS	4.7	#
3/87	Fin. Crédit Swiss First Boston	3.25	100	10	Gold	3.0	
3/87	SMH	2.25	100	10	PS	3.6	*
3/87	Zürcher Ziegeleien	2.25	60	10	PS	3.0	#
3/87	Maag	2.75	60	12	PS	5.1	*
4/87	EKN Nidwalden	2.5	25	10	Inh	4.1	
4/87	Hoffmann La Roche	0	250	10	Gold	3.4	*
4/87	Gewerbekasse Bern	3.25	20	10	Inh	5.2	
4/87	Sandoz	2.25	150	10	PS	4.3	*
4/87	Zellweger Uster	2.25	50	12	PS	5.1	*
5/87	Hügli Holding	2.5	15	10	PS	5.0	
5/87	Bank in Langenthal	3.25	25	10	Inh	5.2	#
5/87	Schw. Bankgesellschaft	3.25	200	10	Gold	3.0	*
5/87	Walter Meier Holding	2.5	40	10	Inh (B)	4.2	#
6/87	Atel	2.75	125	12	PS	4.2	*
6/87	CTA	2.5	50	8	GS	8.0	*
6/87	Nestlé	2	300	10	PS	5.0	*
6/87	Brown, Boveri & Co.	3.5	148	12	Inh/Nam	4.3	#
7/87	Zürcher Kantonalbank	3.25	100	9	Gold	3.0	
8/87	Georg Fischer	2.25	45	11	Inh/Nam	4.5/6.5	*
8/87	Brauerei Eichhof	2.75	20	10	Nam	3.9	*
9/87	Konsumverein Zürich	3	20	9	PS	3.8	*
9/87	Netstal Maschinen	2.75	20	10	PS	5.0	#
9/87	Swissair	3	100	14	GS	4.1/6.1	*
9/87	Banque Cantonale Vaudoise	3	60	12	PS	5.2	*
9/87	Feldschlösschen	2.5	50	10	PS	4.2	*
9/87	Schw. Bankverein	4.5	250	10	Index	3.4	*
9/87	Balair	3	20	9	Nam/PS	3.3	*
9/87	Elektrowatt	2.75	125	10	PS	4.7/5.7	*
10/87	Banque Vaudoise de Crédit	3.5	30	10	St.A.	5.1	
10/87	Holzstoff Holding	2.25	40	10	PS	4.1	*
10/87	Rieter	2.75	75	10	PS	5.1/7.1	*
10/87	Hürlimann	2.875	45	9	PS	3.5	*
10/87	Linth + Sprüngli	5.25	40	10	PS	5.1	*
10/87	Merck	2.25	100	10	Inh	3.1/5.1	*
2/88	Schw. Bankverein	4.75	150	12	Bond	1.0	*

Anhang 1
Verzeichnis der Optionsanleihens-Emissionen in Schweizer Franken

Emissions-datum	Emittent	Coupon	Nom. wert (Mio.)	Lauf-zeit (Jahre)	Op-tions-objekt	Options-laufzeit (Jahre)	Ankündig' Effekt berechnet
3/88	Zürich Vers.	2.25	250	6.75	PS	2.7	*
3/88	CS Holding	2.5	150	8	Inh SKA	5.1	*
4/88	Hilti	2.5	100	9.5	PS	4.0	*
6/88	von Roll	3.25	100	10	Inh	4.2	*
6/88	Winterthur Vers.	2.5	240	8	PS	3.4	*
7/88	Schindler	2.75	100	7	PS	3.9	*
7/88	Mövenpick Holding	2.5	50	10	PS	4.2	*
8/88	Vontobel Holding	3.75	86.5	10	Inh	5.2	*
8/88	Schw. Volksbank	3	100	10	St.A.	4.5	*
9/88	Vetropack Holding	3.25	20	8	PS	4.1	*
9/88	Schindler Holding	3	100	9	PS	4.3	*
10/88	Atel. de Charmilles	3	30	7	PS Georg Fischer	1.1	*
10/88	Gebr. Sulzer	5	100	7	PS	4.0	*
12/88	Bucher Holding	3	30	8	Inh	4.0	*
12/88	Intershop Holding	3	100	8	Inh	4.6	#
12/88	Keramik Holding Laufen	2.25	50	7	PS	4.0	*

Quellen: - Emissionsprospekte
- NZZ
- SBG, Aktienführer
- SBV, Aktienführer

Bemerkung: Berechnung des Ankündigungseffekts
- *: in Stichprobe zur Berechnung des Ankündigungseffekts enthalten (vgl. Tabelle 3.10)
- #: Ankündigungseffekt nur bezüglich Konditionsbekanntgabe berechnet (vgl. Tabelle 3.15)

Anhang 2
Verzeichnis der Wandelanleihens-Emissionen in Schweizer Franken

Emissionsdatum	Emittent	Coupon	Nom. wert (Mio.)	Laufzeit (Jahre)	Wandelobjekt	Ankündig' Effekt berechnet
1/57	Landis & Gyr Holding	3.25	15	15	Nam (B)	
6/60	Landis & Gyr Holding	3.5	21	-	Nam (B)	
3/61	Brown, Boveri & Co.	3	35	10	Inh (A)	
5/61	J.R. Geigy	5	20	10	GS	
9/61	Bergbahn Flims AG	4	0.9	18	Inh	
12/61	Maschinenfabrik Oerlikon	3	9	10	Nam	
3/62	Diva Holding	6	2	8	Nam	
2/63	Schw. Volksbank	3.25	44	12	St.A.	
4/63	Banque Romande	4	13.2	10	Inh	
6/63	Soc. Genev. d'Instrument de Physique	3.5	7	10	Inh	
8/63	Brauerei zum Gurten	3.5	5	10	Nam	
9/63	Landis & Gyr	3	27	-	PS	
10/63	Dr. A. Wander AG	3.75	20	11.5	N (B)	
10/63	Landis & Gyr Holding	3.75	44.2	-	PS	
10/63	Schw. Kreditanstalt	3.5	180	15.1	Inh	
1/65	Albergo Termale	6	3.5	19.9	Inh	
4/65	Ciba AG	4.5	48	12.7	Inh	
9/65	J.R. Geigy AG	4.5	35	10.2	Nam	
11/65	Juvena Holding	6	2.5	12.1	Inh	
6/66	Globe Air AG	6	3	10	Nam	
5/67	BBC	5	82.5	4.9	Inh (A)	
7/67	Soc. des Remontées Mécaniques	6	0.5	10	Inh	
5/68	Bank Rohner	5.5	15	12	Inh	
10/68	Mikron	4.75	4	11.7	Inh	
10/68	Schw. Bankgesellschaft	4.5	160	10.2	Inh	
3/69	Schw. Kreditanstalt	4.5	144	11.8	Inh	
7/69	Swissair	5	78.1	12.4	Inh	
6/70	Sprecher & Schuh	5.75	12.8	12.5	Nam	
1/71	Hypothekar- und Handelsbank	6.25	22.5	7.8	Inh	
3/71	Landis & Gyr	6	58.5	15	PS	
5/71	Gebr. Sulzer	5.75	80	10.6	PS	
6/71	Eidgenössische Bank	5.75	27.5	10.5	Inh	
7/71	Mikron	5.75	5.1	12	Inh (Mikron Hldg.)	
4/72	Lonza	4.75	40	18.6	Inh	
6/72	Società Immobiliare	5.75	6	12	Inh	
9/73	Züblin	5.75	7.5	12.2	Inh	
10/73	Intershop	5.75	18.8	10	Inh (A)	
6/74	SSIH	7.75	25	10.5	Inh	
10/74	Società Immobiliare	7.25	4.9	12	Inh	
11/74	Juvena Holding	8.5	25.8	9.6	Inh	
7/75	Bergbahnen Meiringen-Hasliberg	8.5	3	10	Inh	
11/75	Gebr. Sulzer	6.5	120	10.1	PS	
11/75	S.A. Transport Aérien (SATA)	7.5	15	10.1	Nam	
12/75	Schw. Bankverein	6	120	11	PS	
5/76	Feldschlösschen	5.5	19	10.3	Inh	
7/76	Zürich Vers.	5	73.2	8.4	Inh	
9/76	Netstal Maschinen	5.75	8	8.2	Inh (B)	
6/77	Bank Leu	4	30	5.5	PS	#
9/77	Georg Fischer	4.75	50	12.3	PS	
9/77	Atel. Charmilles	4.75	7.5	9.5	Inh (A)	*
3/78	Hypobank Lenzburg	4.75	10.4	4.8	Nam	
3/78	Elektrowatt	3	105.6	15.2	Inh	#
4/78	Schw. Kreditanstalt	3.25	168.8	15.7	Inh	
4/78	Schw. Kreditanstalt	3.25	41.3	15.7	Nam	
5/79	Bank Leu	3.25	39	4.6	PS	*

Anhang 2
Verzeichnis der Wandelanleihens-Emissionen in Schweizer Franken

Emissions-datum	Emittent	Coupon	Nom. wert (Mio.)	Lauf-zeit (Jahre)	Wan-del-objekt	Ankündig' Effekt berechnet
6/79	Téléverbier	3	5	5	Inh	
11/79	Gebr. Sulzer	4	100	10	PS	
1/80	Schw. Volksbank	4	100	4.9	St.A.	*
4/80	Schw. Bankverein	5	100	4.7	Inh	#
4/80	Schw. Bankverein	5	75	4.7	Nam	#
6/80	Bank Leu	4.75	50	4.5	Inh	*
9/80	Brown, Boveri & Co.	4.5	105	12.3	Inh/Nam	*
11/80	Adia	5	27	10.5	Inh	#
3/81	Pirelli	6.25	50	8.3	PS	#
5/81	Schw. Volksbank	5.75	100	7.6	St.A.	*
5/81	Centralschweiz. Kraftwerke	5	39	12.5	Inh	
7/81	Oerlikon Bührle Holding	5.75	150	10.5	Inh	
6/82	Zürich Vers.	5	120.6	8.5	Inh	*
10/82	Schw. Bankgesellschaft	4.5	150	7.5	Inh	*
3/83	Winterthur Vers.	4	240	10.7	Inh	#
3/83	Bank Bär Holding	4	30	8.3	Inh	#
1/85	Schw. Bankgesellschaft	3.75	140	9.2	Nam	*
4/85	SASEA	5.75	50	5.2	Inh	
4/86	Kudelski	2.5	15	10	PS	
5/86	Landis & Gyr	1	30	-	PS	
10/87	SASEA	3.25	92.1	5	Inh	*
3/88	Fortuna Vers.	2.75	40	7	Inh/PS	*
3/88	Fuchs Petrolub	2.75	17	7	Inh/PS	*
5/88	Michelin	2	125	9.5	Inh	*
6/88	Ciment Portland	3.25	31.5	8	PS	*
7/88	SASEA	4	76.4	5	Inh	
7/88	Ciba-Geigy	2	150	10	PS	
7/88	Ems-Chemie Holding	2	160	4.7	Inh	#
8/88	Bank Bär Holding	2	140	5	Inh	*
10/88	Interdiscount	1	60	4.7	Inh	*
11/88	Araser Verkehrsbetriebe	3.75	10	6.4	Inh	

Quellen: - Emissionsprospekte
 - NZZ
 - SBG, Aktienführer
 - SBV, Aktienführer

Bemerkung: Berechnung des Ankündigungseffekts
 - *: in Stichprobe zur Berechnung des Ankündigungseffekts enthalten (vgl. Tabelle 3.10)
 - #: Ankündigungseffekt nur bezüglich Konditionsbekanntgabe berechnet (vgl. Tabelle 3.15)

Anhang 3
Verzeichnis der Optionsanleihens-Emissionen in Fremdwährung

Emissionsdatum	Emittent	Coupon	Währung	Nom. wert (Mio.)	Laufzeit (Jahre)	Optionsobjekt	Optionslaufzeit (Jahre)	Ankündig' Effekt berechnet
6/71	Alusuisse	7	US$	35	10	Inh	4.25	
9/75	Ciba-Geigy	6.75	DM	50	10	PS	10.00	
6/78	Winterthur	5	C$	50	8.5	Nam	2.50	
5/83	Schw. Kreditanstalt	7	US$	150	7	Inh	5.00	*
5/83	Schw. Bankverein	6.25	US$	100	10	PS	5.47	*
6/83	Pirelli	6.75	US$	40	5	PS	5.00	*
10/83	Ciba-Geigy	6.75	£	25	10	PS	10.00	*
8/84	Bank Leu	7.75	US$	40	5	PS	4.00	*
9/84	Swissair	8	US$	25	7	Inh	5.00	*
11/84	Schw. Bankverein	3.125	DM	200	10	PS	4.79	*
12/84	Schw. Bankgesellschaft	3	DM	200	7	Inh	5.00	*
12/84	Ciba-Geigy	8.75	FF	200	8	PS	6.10	*
7/85	Schw. Kreditanstalt	4	DM	100	5	Inh	5.00	*
9/85	Schw. Volksbank	6.5	US$	75	5	St.A.	3.12/4.87	*
10/85	Adia	4.5	DM	100	10	PS	5.13	*
10/85	Pirelli	8.1	FF	200	10	Inh/PS	5.28	
10/85	Schw. Bankgesellschaft	6	US$	100	7	PS	5.00	*
11/85	Mövenpick	3	DM	75	7	PS	5.09	*
11/85	Schw. Bankverein	5.5	US$	100	7	PS	4.75	*
12/85	Schw. Kreditanstalt	2.625	DM	150	10	Elektrowatt PS	4.53/5.53	*
1/86	Schw. Bankgesellschaft	5.5	US$	300	7	PS	3.82/5.99	*
1/86	Pirelli	3	DM	100	7	Inh/PS	6.95	*
1/86	Schw. Bankverein	2.75	DM	200	10	PS	5.62	*
4/86	Banca d. Svizzera Ital.	4	US$	25	7	PS	3.42/5.68	*
5/86	Surveillance	3	US$	100	10	GS	5.05	*
6/86	Bank Leu	2.5	DM	100	10	PS	5.25	*
6/86	Intershop	2.75	DM	100	10	Inh	6.25	#
7/86	Lindt & Sprüngli	2	DM	60	7	PS	5.11	*
7/86	Pargesa	4	ECU	100	10	Inh	5.00	#
9/86	Schw. Bankverein	2	Yen	20000	7	PS	6.05	*
11/86	Pirelli	3.25	US$	75	7	PS	6.98	
11/86	Inspectorate	3.5	US$	75	7	PS	5.08	*
11/86	Schw. Kreditanstalt	2	DM	150	7	Inh	4.95	*
12/86	Jacobs Suchard	2.75	DM	100	10	PS	3.94/5.94	*
12/86	Jacobs Suchard	3	US$	150	7	PS	3.92/5.92	*
12/86	Schw. Kreditanstalt	4.875	US$	100	10	Inh	5.45	*
1/87	Nestlé	5	US$	100	10	PS	4.84	*
3/87	Inspectorate	2	DM	200	5	PS	0.33/4.08	*
9/87	Elektrowatt	3.25	DM	150	7	PS	4.71/5.71	*
10/87	Lindt & Sprüngli	3.25	DM	100	7	PS	5.09	*
10/87	Schw. Bankverein	4.5	hfl	200	7	PS	4.04	

Quellen:
- CSFB, London (Bondware)
- AIBD, Weekly Eurobond Guide
- SBG, Aktienführer
- SBV, Aktienführer
- NZZ

Bemerkungen:
- Laufzeit auf ganzes Jahr gerundet (da Liberierungsdatum i.d.R. unbekannt)
- Berechnung des Ankündigungseffekts:
  - *: in Stichprobe zur Berechnung des Ankündigungseffekts enthalten (vgl. Tabelle 3.10)
  - #: Ankündigungseffekt nur bezüglich Konditionsbekanntgabe berechnet (vgl. Tabelle 3.15)

Anhang 4
Verzeichnis der Wandelanleihens-Emissionen in Fremdwährung

Emissionsdatum	Emittent	Coupon	Währung	Nom. wert (Mio.)	Laufzeit (Jahre)	Wandelobjekt	Ankündig' Effekt berechnet
2/69	Alusuisse	4.75	US$	60	18	Inh	
5/71	Ciba-Geigy	7.25	£	10	20	PS	
6/74	Ciba-Geigy	8	£	10	20	PS	
6/75	Ciba-Geigy	8.25	£	10	20	PS	
?/75	Winterthur Vers.	7	US$	30	6	Inh	
5/76	Schw. Bankgesellschaft	5	US$	108	5	Inh	
?/76	Schw. Kreditanstalt	4.25	US$	100	15	Inh	
12/76	Sandoz	4.75	US$	64	12	PS	
5/77	Schw. Bankgesellschaft	4.5	US$	120	10	Inh	
6/78	Winterthur Vers.	5	C$	50	8	Inh	*
9/78	Intershop	5.25	US$	24	12	Inh	
12/78	Brown, Boveri & Co.	4.25	US$	84	15	PS	*
1/79	Ciba-Geigy	4	US$	99.9	15	PS	
6/79	Schw. Kreditanstalt	4.75	US$	100	14	Inh	
8/79	Schw. Bankgesellschaft	5	US$	115	10	PS	
6/80	Alusuisse	6.5	US$	80	13	PS	*
6/80	Schw. Bankverein	6.25	US$	120	10	PS	*
6/80	Gotthard Bank	7	US$	10	7	PS	*
7/80	Paribas	6.25	US$	41.1	10	Inh	
12/81	Winterthur Vers.	7	US$	80	8	PS	*
3/83	Surveillance	6.25	US$	49.95	10	GS	#
4/83	Intershop	6	US$	24.5	10	Inh	*
5/83	Sandoz	5	US$	59.3	12	PS	*
8/83	Elektrowatt	5	US$	51.9	15	Inh	*
10/83	Banca d. Svizzera Ital.	6	US$	20	10	PS (B)	*
12/83	Brown Boveri & Co.	4.25	US$	57	12	PS	#
3/84	Surveillance	4.5	US$	50.7	10	GS	*
12/84	Gotthard Bank	7	US$	15	5	PS	
6/85	Sandoz	4.25	US$	99.54	12	PS	*
7/85	Pirelli	7	US$	50	10	Inh/PS	
7/85	Pirelli	4	DM	120	7	Inh/PS	
7/85	Pirelli	7.5	£	40	15	Inh/PS	
1/87	Bank Bär	2	DM	150	7	PS	*
4/88	Inspectorate	5	£	69.3	10	Inh	
8/88	Gotthard Bank	6	US$	20	7	PS	

Quellen: - CSFB, London (Bondware)
- AIBD, Weekly Eurobond Guide
- SBG, Aktienführer
- SBV, Aktienführer

Bemerkungen
- Laufzeit auf ganzes Jahr gerundet (da Liberierungsdatum i.d.R. unbekannt)
- Berechnung des Ankündigungseffekts:
  - *: in Stichprobe zur Berechnung des Ankündigungseffekts (3. Teil) enthalten
  - #: Ankündigungseffekt konnte nur bezüglich Konditionsbekanntgabe berechnet werden

Literaturverzeichnis

Abt, Roland [1986], Instrumente und Verfahren der Finanzierung international tätiger Unternehmen, Diss., Zürich

Agrawal, Anup / Mandelker, Gershon N. [1987], Managerial Incentives and Corporate Investment and Financing Decisions, The Journal of Finance, Vol. 42, No. 4 (September), 823 - 837

Albisetti, Emilio et.al. [1987], Handbuch des Geld-, Bank- und Börsenwesens der Schweiz, 4. Aufl., Thun

Aldred, Peregrine [1987], Convertibles and Warrants, London

Alexander, Gordon J. / Stover, Roger D. [1977], Pricing in the New Issue Convertible Debt Market, Financial Management, Vol. 6, No. 3 (Fall), 35 - 39

Altman, Edward I. [1984], A Further Investigation of the Bankruptcy Cost Question, The Journal of Finance, Vol. 39, No. 4 (September), 1067 - 1089

Ambarish, Ramasastry / John, Kose / Williams, Joseph [1987], Efficient Signalling with Dividends and Investments, The Journal of Finance, Vol. 42, No. 2 (June), 321 - 343

Ang, James S. / Peterson, David R. [1986], Optimal Debt Versus Debt Capacity: A Disequilibrium Model of Corporate Debt Behavior, Research in Finance, Vol. 6, 51 - 72

Asquith, Paul / Mullins, David W. Jr. [1986], Equity Issues and Offering Dilution, Journal of Financial Economics, Vol. 15, No. 1/2 (January/February), 61 - 89

Atkinson, Thomas R. [1967], Trends in Corporate Bond Quality, New York & London

Auerbach, Alan J. [1985], Real Determinants of Corporate Leverage, in Friedman, Benjamin M. (Ed.), Corporate Capital Structures in the United States, Chicago, 301 - 322

Baltensperger, Ernst [1978], Credit Rationing. Issues and Questions, Journal of Money, Credit, and Banking, Vol. 10, No. 2 (May), 170 - 183

Bank für Internationalen Zahlungsausgleich (BIZ) [diverse Jahrgänge], Jahresberichte. 1. April .... - 31. März ...., Basel

Bank für Internationalen Zahlungsausgleich (BIZ) [diverse Jahrgänge], Entwicklung des internationalen Bankgeschäfts und der internationalen Finanzmärkte, Mai und Oktober, Basel

Bank Vontobel [1988a], Berechnungen zu Optionen auf Schweizer Aktien, abgedruckt in: Finanz und Wirtschaft, Nr. 27, 9. April 1988, S. 37 (und in anderen Ausgaben)

Bank Vontobel [1988b], Wirtschaftsstudien. Aktienmarkt Schweiz: Options- und Wandelanleihen; Fakten und Konsequenzen, Zürich

Bank Vontobel [1990], Aktienmarkt Schweiz: Emissionstätigkeit 1989/90, Zürich

Barclay, Michael J. / Litzenberger, Robert H. [1988], Announcement Effects of New Equity Issues and the Use of Intraday Price Data, Journal of Financial Economics, Vol. 21, No. 1 (May), 71 - 99

Barnea, Amir / Haugen, Robert A. / Senbet, Lemma W. [1981], An Equilibrium Analysis of Debt Financing under Costly Arbitrage and Agency Problems, The Journal of Finance, Vol. 36, No. 3 (June), 569 - 581

Barnea, Amir / Haugen, Robert A. / Senbet, Lemma W. [1985], Agency Problems and Financial Contracting, Englewood Cliffs

Baumol, William J. / Malkiel, Burton G. / Quandt, Richard E. [1966], The Valuation of Convertible Securities, The Quarterly Journal of Economics, Vol. 80, No. 1 (February), 48 - 59

Bischoff, Andreas [1988], Optionsscheine japanischer Gesellschaften auf dem Schweizerfranken Kapitalmarkt. Analyse der Märkte und ausgewählter Optionsscheine, Diplomarbeit an der Hochschule St.Gallen

Black, Fischer / Scholes, Myron [1973], The Pricing of Options and Corporate Liabilities, The Journal of Political Economy, Vol. 81, No. 3 (May/June), 637 - 654

Blazenko, George W. [1987], Managerial Preference, Asymmetric Information, and Financial Structure, The Journal of Finance, Vol. 42, No. 4 (September), 839 - 862

Boemle, Max [1986a], Unternehmungsfinanzierung, 7. Aufl., Zürich

Boemle, Max [1986b], Wertpapiere des Zahlungs- und Kreditverkehrs sowie der Kapitalanlage, 7. Aufl., Zürich

Bradford, William D. [1987], The Issue Decision of Manager-Owners under Information Asymmetry, The Journal of Finance, Vol. 42, No. 5 (December), 1245 - 1260

Bradley, Michael / Jarrell, Gregg A. / Kim, E. Han [1984], On the Existence of an Optimal Capital Structure: Theory and Evidence, The Journal of Finance, Vol. 39, No. 3 (July), 857 - 878

Brealey, Richard / Myers, Stewart [1984], Principles of Corporate Finance, 2. Aufl., Auckland etc.

Brennan, Michael / Kraus, Alan [1987], Efficient Financing under Asymmetric Information, The Journal of Finance, Vol. 42, No. 5 (December), 1225 - 1243

Brennan, Michael J. / Schwartz, Eduardo S. [1977], Convertible Bonds: Valuation and Optimal Strategies for Call and Conversion, The Journal of Finance, Vol. 32, No. 5 (December), 1699 - 1715

Brennan, Michael J. / Schwartz, Eduardo S. [1980], Analyzing Convertible Bonds, Journal of Financial and Quantitative Analysis, Vol. 15, No. 4 (November), 907 - 929

Brennan, Michael J. / Schwartz, Eduardo S. [1982], The Case for Convertibles, Chase Financial Quarterly, Vol. 1, No. 3 (Spring), 27 - 46

Brigham, Eugene F. [1966], An Analysis of Convertible Debentures: Theory and Some Empirical Evidence, Journal of Finance, Vol. 21, No. 1 (March), 35 - 54

Buchmann, Christoph [1987], Japanische Emissionen auf dem schweizerischen Kapitalmarkt, unveröffentlichte Diplomarbeit an der Universität Basel

Burkhalter, René [1978], Les aspects financiers des emprunts obligataires convertibles et des emprunts assortis d'un droit d'option, Diss., Bern etc.

Chen, Andrew H. / Kim, E. Han [1979], Theories of Corporate Debt Policy: A Synthesis, The Journal of Finance, Vol. 34, No. 2 (May), 371 - 384

Constantinides, George M. [1984], Warrant Exercise and Bond Conversion in Competitive Markets, Journal of Financial Economics, Vol. 13, No. 3 (September), 371 - 397

Constantinides, George M. / Grundy, Bruce D. [1986], Optimal Investment with Stock Repurchase and Financing as Signals, Research Paper Series No. 887, Graduate School of Business, Stanford University

Constantinides, George M. / Grundy, Bruce D. [1987], Call and Conversion of Convertible Bonds: Theory and Evidence, Center for Research in Security Prices Working Paper No. 180, Graduate School of Business, University of Chicago

Constantinides, George M. / Rosenthal, Robert W. [1984], Strategic Analysis of the Competitive Exercise of Certain Financial Options, Journal of Economic Theory, Vol. 32, No. 1 (February), 128 - 138

Copeland, Thomas E. / Weston, J. Fred [1983], Financial Theory and Corporate Policy, 2. Aufl., Reading etc.

Cox, John C. / Rubinstein, Mark [1985], Options Markets, Englewood Cliffs

Crouhy, Michel / Galai, Dan [1988], Warrant Valuation and Equity Volatility, unveröffentlichtes Manuskript, June 1988

Dallèves, Louis [1963], L'obligation convertible en droit comparé et spécialement en droit suisse, Diss., Sion

Dallwig, Kurt [1935], Convertible Bonds, Würzburg

Dann, Larry Y. / Mikkelson, Wayne H. [1984], Convertible Debt Issuance, Capital Structure Change and Financing-Related Information. Some New Evidence, Journal of Financial Economics, Vol. 13, No. 2 (June), 157 - 186

Dealers' Digest Inc. [div. Jahrgänge], Directory of Corporate Financing, Semi-Annual Directory, New York

DeAngelo, Harry / Masulis, Ronald [1980], Optimal Capital Structure under Corporate and Personal Taxation, Journal of Financial Economics, Vol. 8, No. 1 (March), 3 - 29

DeGroot, Morris H. [1987], Probability and Statistics, 2. Aufl., Reading etc.

Dubacher, René / Zimmermann, Heinz [1989], Risikoanalyse schweizerischer Aktien: Grundkonzepte und Berechnungen, Finanzmarkt und Portfolio Management, Vol. 3, No. 1, 66 - 85

Eberle, Markus [1989], Das Preisverhalten von Optionsscheinen bei Bezugsrechtsemissionen - Eine Untersuchung anhand Schweizer Rahmenbedingungen, Lizentiatsarbeit an der Universität Bern

Eckbo, B. Espen [1986], Valuation Effects of Corporate Debt Offerings, Journal of Financial Economics, Vol. 15, No. 1/2 (January/February), 119 - 151

Emanuel, David C. [1983], Warrant Valuation and Exercise Strategy, Journal of Financial Economics, Vol. 12, No. 2 (August), 211 - 235

Erb, Alfred [1986], Der Prospekt und die Prospekthaftung bei Anleihens-Emissionen am Schweizerischen Kapitalmarkt, Diss., Basel

Escher, Martin [1971], Die Besteuerung der Wandelanleihe im schweizerischen Recht, Diss., Zürich

Fama, Eugene F. [1980], Agency Problemes and the Theory of the Firm, Journal of Political Economy, Vol. 88, No. 2 (April), 288 - 307

Fama, Eugene F. / Fisher, L. / Jensen, Michael C. / Roll, Richard [1969], The Adjustment of Stock Prices to New Information, International Economic Review, Vol. 10, 1 - 21

Fama, Eugene F. / Jensen, Michael C. [1983a], Agency Problems and Residual Claims, Journal of Law & Economics, Vol. 26, No. 2 (June), 327 - 349

Fama, Eugene F. / Jensen, Michael C. [1983b], Separation of Ownership and Control, Journal of Law & Economics, Vol. 26, No. 2 (June), 301 - 325

Farmer, Roger E.A. / Winter, Ralph A. [1986], The Role of Options in the Resolution of Agency Problems: A Comment, The Journal of Finance, Vol. 41, No. 5 (December), 1157 - 1170

Fischer, Edwin O. / Heinkel, Robert / Zechner, Josef [1989], Dynamic Capital Structure Choice: Theory and Tests, The Journal of Finance, Vol. 44, No. 1 (March), 19 - 40

Forstmoser, Peter / Meier-Hayoz, Arthur [1976], Einführung in das schweizerische Aktienrecht, Bern

Franke, Günter [1987], Costless Signalling in Financial Markets, The Journal of Finance, Vol. 42, No. 4 (September), 809 - 822

Friend, Irwin / Lang, Larry H.P. [1988], An Empirical Test of the Impact of Managerial Self-Interest on Corporate Capital Structure, The Journal of Finance, Vol. 43, No. 2 (June), 271 - 281

Gabriel, Luciano [1986/87], Preisgestaltung und Beurteilung von schweizerischen Optionsanleihen als Finanzierungsinstrument, Finanzmarkt und Portfoliomanagement, 1. Jahrgang, Nr. 1, 51 - 61

Galai, Dan / Schneller, Meir I. [1978], Pricing of Warrants and the Value of the Firm, The Journal of Finance, Vol. 33, No. 5 (December), 1333 - 1342

Gastineau, Gary L. [1988], The Options Manual, 3. Aufl., New York etc.

Geske, Robert [1979], The Valuation of Compound Options, Journal of Financial Economics, Vol. 7, No. 1 (March), 63 - 81

Green, Richard C. [1984], Investment Incentives, Debt, and Warrants, Journal of Financial Economics, Vol. 13, No. 1 (March), 115 - 136

Green, Richard C. / Talmor, Eli [1986], Asset Substitution and the Agency Costs of Debt Financing, Journal of Banking and Finance, Vol. 10, No. 3 (October), 391 - 399

Grossman, Sanford J. / Hart, Oliver D. [1982], Corporate Financial Structure and Managerial Incentives, in: McCall, John J. (ed.), The Economics of Information and Uncertainty, Chicago, S. 107 - 140

Hämmerli, Heinz [1986], Aspekte des schweizerischen Emissionsgeschäftes, in volkswirtschaftlicher, bankbetriebswirtschaftlicher und juristischer Sicht, Diss., Bern und Stuttgart

Harris, Milton / Raviv, Artur [1985], A Sequentiel Signalling Model of Convertible Debt Call Policy, The Journal of Finance, Vol. 40, No. 5 (December), 1263 - 1281

Haugen, Robert A. / Senbet, Lemma W. [1978], The Insignificance of Bankruptcy Costs to the Theory of Optimal Capital Structure, The Journal of Finance, Vol. 33, No. 2 (May), 383 - 393

Haugen, Robert A. / Senbet, Lemma W. [1981], Resolving the Agency Problems of External Capital through Options, The Journal of Finance, Vol. 36, No. 3 (June), 629 - 647

Haugen, Robert A. / Senbet, Lemma W. [1988], Bankruptcy and Agency Costs: Their Significance to the Theory of Optimal Capital Structure, Journal of Financial and Quantitative Analysis, Vol. 23, No. 1 (March), 27 - 38

Heinkel, Robert [1982], A Theory of Capital Structure Relevance under Imperfect Information, The Journal of Finance, Vol. 37, No. 5 (December), 1141 - 1150

Heinkel, Robert / Zechner, Josef [1988], The Role of Debt and Preferred Stock as a Solution to Adverse Investment Incentives, Working Paper Faculty of Commerce, The University of British Columbia, October

Hepp, Stefan W. [1989], Occupational Pension Schemes in Switzerland - An Emerging New Investment Force, Salomon Brothers Inc.

Herger, Beat [1990], Wandel- und Optionsanleihen am Schweizer Kapitalmarkt. Eine Untersuchung des Nutzens und des Risikos für Anleger und für Emittent, Lizentiatsarbeit an der Universität Basel

Heubel, Gerd [1983], Das Problem der Konversion von Wandelschuldverschreibungen aus der Sicht des Emittenten und des Anlegers, Diss., Hamburg

Hoffmeister, J. Ronald [1977], Use of Convertible Debt in the Early 1970s: A Reevaluation of Corporate Motives, The Quarterly Review of Economics and Business, Vol. 17, No. 2 (Summer), 23 - 31

Ingersoll, Jonathan E. Jr. [1977a], A Contingent-claims Valuation of Convertible Securities, Journal of Financial Economics, Vol. 4, No. 3 (May), 289 - 321

Ingersoll, Jonathan E. Jr. [1977b], An Examination of Corporate Call Policies on Convertibles Securities, The Journal of Finance, Vol. 32, No. 2 (May), 463 - 478

Ingersoll, Jonathan E. Jr. [1987], Theory of Financial Decision Making, Totowa

Israel, Ronen [1988], Capital and Ownership Structure, and the Market for Corporate Control, Working Paper J.L. Kellogg Graduate School of Management, Northwestern University

Jacob, Nancy L. / Pettit, R. Richardson [1984], Investments, Homewood

Janjigian, Vahan [1987], The Leverage Changing Consequences of Convertible Debt Financing, Financial Management, Vol. 16, No. 3 (Autumn), 15 - 21

Janssen, Friedrich [1982], Bedeutung und Ausstattung von Wandel- und Optionsanleihen. Eine empirische und theoretische Analyse unter besonderer Berücksichtigung der Veränderungen des Verwässerungsschutzes, Göttingen

Jennings, Edward H. [1974], An Estimate of Convertible Bond Premiums, Journal of Financial and Quantitative Analysis, Vol. 9, No. 1 (January), 33 - 56

Jensen, Michael C. / Meckling, William H. [1976], Theory of the Firm: Managerial Behavior, Agency Costs and Ownership Structure, Journal of Financial Economics, Vol. 3, No. 4 (October), 305 - 360

Jensen, Michael C. / Ruback, Richard S. [1983], The Market for Corporate Control. The Scientific Evidence, Journal of Financial Economics, Vol. 11, Nos. 1 - 4 (April), 5 - 50

Jensen, Michael C. / Smith, Clifford W. Jr. [1985], Stockholder, Manager, and Creditor Interests: Applications of Agency Theory, in: Altman, Edward I. / Subrahmanyam (eds.), Recent Advances in Corporate Finance, Homewood, 93 - 131

John, Kose [1987], Risk-Shifting Incentives and Signalling Through Corporate Capital Structure, The Journal of Finance, Vol. 42, No. 3 (July), 623 - 641

John, Kose / Williams, Joseph [1985], Dividends, Dilution, and Taxes: A Signalling Equilibrium, The Journal of Finance, Vol. 40, No. 4 (September), 1053 - 1070

Kalay, Avner [1982], Stockholder-Bondholder Conflict and Dividend Constraints, Journal of Financial Economics, Vol. 10, No. 2 (July), 211 - 233

Kalay, Avner / Shimrat, Adam [1987], Firm Value and Seasoned Equity Issues. Price Pressure, Wealth Redistribution, or Negative Information, Journal of Financial Economics, Vol. 19, No. 1 (September), 109 - 126

Kim, E. Han [1982], Miller's Equilibrium, Shareholder Leverage Clienteles, and Optimal Capital Structure, The Journal of Finance, Vol. 37, No. 2 (May), 301 - 319

Kim, Wi Saeng / Sorensen, Eric H. [1986], Evidence on the Impact of the Agency Costs of Debt on Corporate Debt Policy, Journal of Financial and Quantitative Analysis, Vol. 21, No. 2 (June), 131 - 144

Kim, Yong O. [1990], Informative Conversion Ratios: A Signalling Approach, Journal of Financial and Quantitative Analysis, Vol. 25, No. 2 (June), 229 - 243

King, Raymond [1986], Convertible Bond Valuation: An Empirical Test, The Journal of Financial Research, Vol. 9, No. 1 (Spring), 53 - 69

Kjer, Volkert [1981], Optionsanleihen. Analyse und Gestaltung einer Finanzierungs- und Anlageform, Berlin

Kolodny, Richard / Suhler, Diane Rizzuto [1985], Changes in Capital Structure, New Equity Issues, and Scale Effects, The Journal of Financial Research, Vol. 8, No. 2 (Summer), 127 - 136

Kormann, Rolf [1965], Die Wandelanleihe im schweizerischen Recht, Diss., Bern

Leland, Hayne E. / Pyle, David H. [1977], Informational Asymmetries, Financial Structure, and Financial Intermediation, The Journal of Finance, Vol. 32, No. 2 (May), 371 - 387

Lewellen, Wilbur G. / Racette, George A. [1973], Convertible Debt Financing, Journal of Financial and Quantitative Analysis, Vol. 8, No. 5 (December), 777 - 792

Litzenberger, Robert / Talmor, Eli [1988], Tax Policies and Corporate Decisions; Incongruity of Value Maximization with Shareholder Utility Maximization, The John E. Anderson Graduate School of Management at UCLA Working Paper No. 4-89

Litzenberger, Robert H. / Van Horne, James C. [1978], Elimination of the Double Taxation of Dividends and Corporate Financial Policy, The Journal of Finance, Vol. 33, No. 3 (June), 737 - 750

Loderer, Claudio / Zimmermann, Heinz [1988], Stock Offerings in a Different Institutional Setting: The Swiss Case, 1973 - 1983, Journal of Banking and Finance, Vol. 12, No. 3 (September), 353 - 378

Löffler, Antje-Ulrike [1987], Anleihen. Nationale und internationale Anleihensformen als Finanzierungsinstrument und Kapitalanlage, Diss., Bern und Stuttgart

Margrabe, William [1978], The Value of an Option to Exchange One Asset for Another, The Journal of Finance, Vol. 33, No. 1 (March), 177 - 186

McDaniel, William R. [1983], Convertible Bonds in Perfect and Imperfect Markets, The Journal of Financial Research, Vol. 6, No. 1 (Spring), 51 - 65

Meier, Peter [1986/87], Der Einfluss der Restlaufzeit bei der Bewertung von Schweizerfranken-Optionsscheinen, Finanzmarkt und Portfolio Management, 1. Jahrgang, Nr. 3, 25 - 36

Merton, Robert C. [1973], Theory of Rational Option Pricing, Bell Journal of Economics, Vol. 4, 141 - 183

Merton, Robert C. [1974], On the Pricing of Corporate Debt: The Risk Structure of Interest Rates, The Journal of Finance, Vol. 29, No. 2 (May), 449 - 470

Mesler, Donald T. [1985], Warrants. Analysis and Investment Strategy, Chicago

Mikkelson, Wayne H. [1981], Convertible Calls and Security Returns, Journal of Financial Economics, Vol. 9, No. 3 (September), 237 - 264

Mikkelson, Wayne H. [1985], Capital Structure Change and Decreases in Stockholders' Wealth: A Cross-sectional Study of Convertible Security Calls, Friedman, Benjamin M. (ed.), Corporate Capital Structure in the United States, Chicago

Mikkelson, Wayne H. / Partch, M. Megan [1986], Valuation Effects of Security Offerings and the Issuance Process, Journal of Financial Economics, Vol. 15, No. 1/2 (January/February), 31 - 60

Miller, Merton H. [1977], Debt and Taxes, The Journal of Finance, Vol. 32, No. 2 (May), 261 - 275

Miller, Merton H. [1987], The Informational Content of Dividends, Dornbusch, Rudiger / Fischer, Stanley / Bossons, John (eds), Macroeconomics and Finance. Essays in Honor of Franco Modigliani, Cambridge & London, 37 - 58

Miller, Merton H. / Rock, Kevin [1985], Dividend Policy under Asymmetric Information, The Journal of Finance, Vol. 40, No. 4 (September), 1031 - 1051

Modigliani, Franco / Miller, Merton [1958], The Cost of Capital, Corporation Finance and the Theory of Investments, American Economic Review, Vol. 48, No. 3 (June), 261 - 297

Monthly Statistics of Japan (div. Jahrgänge), Tokyo

Müller, Hans Rudolf [1936], Convertible Bonds, insbesondere nach Schweizer Recht, Diss., Zürich

Myers, Stewart C. [1977], Determinants of Corporate Borrowing, Journal of Financial Economics, Vol. 5, No. 2 (November), 147 - 175

Myers, Stewart C. [1984], The Capital Structure Puzzle, The Journal of Finance, Vol. 39, No. 3 (July), 575 - 592

Myers, Stewart C. / Majluf, Nicholas S. [1984], Corporate Financing and Investment Decisions When Firms Have Information That Investors Do Not Have, Journal of Financial Economics, Vol. 13, No. 2 (June), 187 - 221

Narayanan, M.P. [1988], Debt versus Equity under Asymmetric Information, Journal of Financial and Quantitative Analysis, Vol. 23, No. 1 (March), 39 - 51

Noreen, Eric / Wolfson, Mark [1981], Equilibrium Warrant Pricing Models and Accounting for Executive Stock Options, Journal of Accounting Research, Vol. 19, No. 2 (Autumn), 384 - 398

OECD [diverse Jahrgänge], Financial Market Trends, Februar, Mai & November, Paris

OECD [diverse Jahrgänge], Financial Statistics Monthly, Section 1: International Markets, Paris

Ofer, Aharon R. / Natarajan, Ashok [1987], Convertible Call Policies. An Empirical Analysis of an Information-Signaling Hypothesis, Journal of Financial Economics, Vol. 19, No. 1 (September), 91 - 108

Pilcher, C. James [1955], Raising Capital with Convertible Securities, Ann Arbor

Poensgen, Otto H. [1965], The Valuation of Convertible Bonds: Part I: The Model, Industrial Management Review, Vol. 7, No. 1 (Fall), 77 - 92

Poensgen, Otto H. [1966], The Valuation of Convertible Bonds: Part II: Empirical Results and Conclusions, Industrial Management Review, Vol. 7, No. 2 (Spring), 83 - 98

Ross, Stephen A. [1977], The Determination of Financial Structure: The Incentive-Signalling Approach, The Bell Journal of Economics, Vol. 8, No. 1 (Spring), 23 - 40

Rusch, Horst [1956], Die Wandelschuldverschreibung, Berlin

Samochowiec, Jolanta [1989], Wandelanleihen als Waffe gegen Raider?, NZZ, Nr. 108, Freitag, 12.Mai, S. 37

Schlede, Klaus G. / Kley, Karl-Ludwig [1987], Praxis der Finanzierung deutscher Unternehmen durch Optionsanleihen, in: Busse von Colbe, Walter et.al., Bilanzierung von Optionsanleihen im Handelsrecht, Heidelberg

Schmid, Hans [1979], Geld, Kredit und Banken, Bern und Stuttgart

Schweizerische Bankgesellschaft (SBG) [div. Jahrgänge], Schweizer Aktienführer

Schweizerischer Bankverein (SBV) [div. Jahrgänge], Aktienführer

Schweizerischer Bankverein (SBV) [1986], Optionsanleihen, Anlageinstrumente: Obligationen (Abteilung Finanzanalyse und Anlageberatung), Basel

Schweizerische Kreditanstalt (SKA) [1986], Das Emissionsgeschäft in Schweizerfranken. Ein Handbuch der mittel- und langfristigen Finanzierung durch Ausgabe von Wertpapieren, 2. Aufl., Zürich

Schweizerische Nationalbank [1982], 75 Jahre Schweizerische Nationalbank. Die Zeit von 1957 bis 1982, Zürich

Schweizerische Nationalbank [diverse Jahrgänge], Monatsbericht, Zürich

Schweizerische Treuhandgesellschaft [1987], Steuern in der Schweiz, 5. Aufl., Basel

Sigrist, Dieter [1987], Die Kotierungsbestimmungen der Börsen, Le droit du marché financier Suisse, colloque organisé par le centre d'études juridiques européennes de la facultà de droit de Genève, Genève, 299 - 308

Smith, Clifford W. Jr. [1986], Investment Banking and the Capital Acquisition Process, Journal of Financial Economics, Vol. 15, No. 1/2 (January/February), 3 - 29

Smith, Clifford W. / Warner, Jerold B. [1979], On Financial Contracting. An Analysis of Bond Covenants, Journal of Financial Economics, Vol. 7, No. 2 (June), 117 - 161

SOFFEX (Swiss Options and Financial Futures Exchange AG) [1987], Vocabulary, Vokabular, Vocabulaire, o.O.

Spatt, Chester S. / Sterbenz, Frederic P. [1988], Warrant Exercise, Dividends, and Reinvestment Policy, Journal of Finance, Vol. 43, No. 2 (June), 493 - 506

Stevenson, Richard A. / Lavely, Joe [1970], Why a Bond Warrant Issue?, Financial Executive, Vol. 38, No. 6 (June), 16 - 21

Stover, Roger D. [1983], The Interaction Between Pricing and Underwriting Spread in the New Issue Convertible Debt Market, The Journal of Financial Research, Vol. 6, No. 4 (Winter), 323 - 332

Stulz, René M. [1988], Managerial Control of Voting Rights: Financing Policies and the Market for Corporate Control, Journal of Financial Economics, Vol. 20, No. 1/2 (January/March), 25 - 54

Stulz, René M. / Johnson, Herb [1985], An Analysis of Secured Debt, Journal of Financial Economics, Vol. 14, No. 4 (December), 501 - 521

Swiss Bank Corporation [1987], Swiss Warrants, Institutional Research (Financial Analysis and Investment Advisory Division), Basel

Thatcher, Janet S. [1985], The Choice of Call Provision Terms: Evidence of the Existence of Agency Costs of Debt, The Journal of Finance, Vol. 40, No. 2 (June), 549 - 561

Titman, Sheridan / Wessels, Roberto [1988], The Determinants of Capital Structure Choice, The Journal of Finance, Vol. 43, No. 1 (March), 1 - 19

Uhlig, Andreas [1989], Gegenläufige Entwicklungen am Eurobondmarkt, NZZ, Nr. 23, Samstag/Sonntag, 28./29. Januar, S. 11f

Union Bank of Switzerland (UBS) [1983], The Euromarket. Money and Capital Market without National Borders, UBS Publications on Business, Banking and Monetary Topics No. 82, Zürich

Union Bank of Switzerland (UBS) [1984], The Underwriting Business in Switzerland, UBS Publications on Business, Banking and Monetary Topics No. 93, Zürich

Vock, Thomas [1987], Aspekte der Unternehmungskontrolle. Eine Analyse für die Schweiz, Diss., Zürich

Warner, Jerold B. [1977], Bankruptcy Costs: Some Evidence, The Journal of Finance, Vol. 32, No. 2 (May), 337 - 347

Wasserfallen, Walter [1986/87], Die Finanzmarkttheorie - Eine Uebersicht, Finanzmarkt und Portfolio Management, 1. Jahrg., Nr. 2, 21 -27

Watson, Maxwell et.al. [1986], International Capital Markets: Developments and Prospects, IMF Occasional Paper No. 42, Washington

Weber, Richard [1967], Kapitalbeschaffung mit Partizipationsscheinen und Wandelobligationen. Eine betriebswirtschaftliche Untersuchung, Diss., Zürich

Weger, Gerd [1985], Optionsscheine als Anlagealternative, Wiesbaden

Weil, Roman L. Jr. / Segall, Joel E. / Green, David Jr. [1968], Premiums on Convertible Bonds, Journal of Finance, Vol. 23, No. 3 (June), 445 - 463

Who Owns Whom. Der Schweizerische Beteiligungsatlas 1987, Zürich

Willener, Erwin [1986], Vorratsaktien, insbesondere Uebernahme von Vorrats- bzw. Reserveaktien durch abhängige und nahestehende Gesellschaften, Diss., Zürich

Williams, Joseph [1988], Efficient Signalling with Dividends, Investment, and Stock Repurchases, The Journal of Finance, Vol. 43, No. 3 (July), 737 - 747

Wydler, Daniel Rolf [1987], Preisbildung neuemittierter Obligationen. Eine empirische Untersuchung schweizerischer Obligationen für die Jahre 1980 - 1982, Diss., Köln

Zimmermann, Heinz [1986], Kapitalerhöhungen und Aktienmarkt. Untersuchungen zur Preisbildung auf dem schweizerischen Aktienmarkt in der Zeitperiode von 1973 bis 1983, Diss., Köln

Zimmermann, Heinz [1987], Zur ökonomischen Bedeutung von Finanzmarktinnovationen, Aussenwirtschaft, Vol. 42, Nr. II/III (September), 163 - 198

Zimmermann, Heinz [1988a], Eine Analyse des Couponabschlages bei schweizerischen Optionsanleihen, Schweizerische Zeitschrift für Volkswirtschaft und Statistik, Vol. 124, Nr. 3 (September), 405 - 419

Zimmermann, Heinz [1988b], Preisbildung und Risikoanalyse von Aktienoptionen, Grüsch

Bitte beachten Sie die folgenden Seiten!

Standardwerke für jeden Bankfachmann und Studenten

Prof. Dr. Hans Schmid
Geld, Kredit und Banken
Ein modernes Lehrbuch für Unterricht und Selbststudium
«Bankwirtschaftliche Forschungen» Band 55
2., vollständig überarbeitete Auflage, 391 Seiten,
gebunden Fr. 58.–/DM 68.–

Prof. Dr. Ernst Kilgus
Bank-Management in Theorie und Praxis
«Bankwirtschaftliche Forschungen» Band 74
2., überarbeitete Auflage, 421 Seiten, gebunden Fr. 74.–/DM 88.–

Prof. Dr. Christine Hirszowicz
Schweizerische Bankpolitik
«Bankwirtschaftliche Forschungen» Band 78
2., überarbeitete Auflage, 537 Seiten, gebunden Fr. 80.–/DM 96.–

Haupt

Standardwerke für jeden Bankfachmann und Studenten

Dr. Jürg Regli
Bankmarketing
«Bankwirtschaftliche Forschungen» Band 94
2. Auflage, XVI + 229 Seiten, kartoniert Fr. 38.–/DM 45.–

Prof. Dr. Conrad Meyer
Die Bankbilanz als finanzielles Führungsinstrument
«Bankwirtschaftliche Forschungen» Band 96
2. Auflage, X + 655 Seiten, gebunden Fr. 80.–/DM 96.–

Prof. Dr. Christine Hirszowicz
Der Oktober-Crash 1987
«Bankwirtschaftliche Forschungen» Band 112
134 Seiten, gebunden Fr. 28.–/DM 34.–

Haupt

Trust Banking

Dr. Christoph Auckenthaler
Trust Banking
Theorie und Praxis des Anlagegeschäftes
«Bank- und finanzwirtschaftliche Forschungen» Band 135
363 Seiten, 79 Abbildungen, kartoniert Fr. 58.–/DM 70.–
ISBN 3-258-04420-1

Das traditionelle Portefeuille-Management und die moderne Portfolio-Theorie werden in einer umfassenden Übersicht dargestellt und beurteilt. Der Autor zeigt einen möglichen Weg, die moderne Portfolio-Theorie in die Praxis umzusetzen.

Haupt